传统节日与社会治理

基于辽宁满族村落的田野调查

邵凤丽 著

辽宁大学出版社 | 沈阳

图书在版编目（CIP）数据

传统节日与社会治理：基于辽宁满族村落的田野调查/邵凤丽著. --沈阳：辽宁大学出版社，2024.3
 ISBN 978-7-5698-1529-0

Ⅰ.①传… Ⅱ.①邵… Ⅲ.①满族－节日－少数民族风俗习惯－研究－辽宁②满族－乡村－社会管理－研究－辽宁 Ⅳ.①K892.321②D638

中国国家版本馆CIP数据核字（2024）第050085号

传统节日与社会治理：基于辽宁满族村落的田野调查
CHUANTONG JIERI YU SHEHUI ZHILI: JIYU LIAONING MANZU CUNLUO DE TIANYE DIAOCHA

出 版 者：	辽宁大学出版社有限责任公司
	（地址：沈阳市皇姑区崇山中路66号 邮政编码：110036）
印 刷 者：	沈阳市第二市政建设工程公司印刷厂
发 行 者：	辽宁大学出版社有限责任公司
幅面尺寸：	170mm×240mm
印　　张：	18
字　　数：	365千字
出版时间：	2024年3月第1版
印刷时间：	2024年3月第1次印刷
责任编辑：	陈晓东
封面设计：	韩　实
责任校对：	郝雪娇

书　　号：	ISBN 978-7-5698-1529-0
定　　价：	89.00元

联系电话：024-86864613
邮购热线：024-86830665
网　　址：http://press.lnu.edu.cn

本书系国家社科基金青年项目"中华传统礼仪的文化内涵及其传承研究"(项目编号:19CKS042)阶段性成果、辽宁省社科基金项目"社会治理视域下辽宁满族节庆仪式的重建与创新研究"(L18CMZ002)结项成果。

序　言

萧　放

在经济全球化的时代，要想保证世界文化的丰富性与多样性，就必须强调保持不同民族、不同地域文化的个性，文化生态的保护与自然生态保护同等重要。对于当代中国来说，民族传统节日是亟待抢救保护的文化遗产。遗产不是历史的陈迹，遗产是一笔可贵的精神财富。民族传统节日是在长期的民族历史发展过程中逐渐形成的，它是民族文化传统传承的重要载体，是凝聚社会群体的重要力量。民族节日是文化对话、交流、理解、欣赏的桥梁，它是调整社会内部关系的最佳方式之一，同时，节日是展示个人才艺、表彰伦理道德、弘扬民族精神的时机。传统节日因其特有历史文化内涵，在当代社会有着特定的文化功用。

（一）传统节日是传承民族文化的有效方式

传统节日是民族时间认知的重要标志，它起源于民族成员对年度时间的感受与时间经验，不同地域，不同民族的人有着不尽相同的时间认知方式。雷夫金说："时间带着口音发言，每个文化都有一套独特的时间纹路。了解一个民族，就是在了解居民看待时间的价值。"中国的传统节日是民族文化的集中体现，它不仅体现了民众内在的时间意识，以及这种意识所体现的文化观念，同时是民族文化传统周期性复现的重要时机，民族文化通过节日进行着有效的家庭与社会传承。

首先，节日是传承民族文化的重要载体。民族文化在当代社会更多的时候是隐藏在后台的,或者说它是一种文化底色。在经济全球化的时代,人们的日常生活日益趋同,人们对外来的文化也采取越来越宽容的态度。对于希望继续保持民族文化本色的国人来说,周期性出现的民族传统节日异常重要。人们利用节日定期进行传统的表演与传统的教育,使传统在民众生活中得到延续与加强。传统有时隐藏在生活的背后,隐藏在人们的思想深处,人们要选择具体特殊的时间将它呈现出来,人们通过各种节俗活动,在耳濡目染中自觉理解、接受传统,从而实现传统的传递与继承。

其次,节日保守与强化着民族文化传统的记忆。民族文化传统记忆需要持续地反复加强,民俗节日的周期性出现,不断地为人们提供脱离日常世俗时空,回归神圣的历史时空的现实条件。人们在节日状态中,通过各种节日仪式与传说的讲述,直接面对自己的祖先,反复重温传统,体味传统,使传统始终具有鲜活的生命,给民族文化的传人以生动的文化力量。

(二) 传统节日是提高民族自信心的重要途径

民族自信心是维护民族尊严与文化本位的精神基础,一个民族如果缺乏自信,就会在精神迷茫中失去自己的民族位置。特别在当今全球化的浪潮中,在经济一体化的挤压下,面对强势文化的巨大压力,民族自信心显得更为重要,保持高度的民族自信是自立于世界民族之林的重要保证。民族自信不是空洞浮夸与盲目自大,民族自信需要强大的实力作为支撑,它建立在强大的经济基础之上,同时也建立在深厚的文化基础之上。

我们对于经济基础在提升民族自信心方面重要性的认识,容易理解和认同,但对于培植民族文化根本,以树牢民族自信心方面,缺乏充分的认识。固然一个民族在经济上的贫弱会影响到民族形象与尊严,让它缺乏自信,可是假如一个民族失去它的文化根基,它可能就不只是缺乏自信,而是失去自己民族的精魂,心甘情愿地成为他人文化的附庸。相反，如果我们坚守自己的文化传统，保持"威武不能屈，贫贱不能移"的浩然之气，那么我们的民族就有着复兴的希望与光明的未来。

近代以来中国所走过的历程正说明这一点。今天中国的经济成就举世瞩目，中国正日益上升为经济大国，但是我们民族立身的传统文化正逐渐稀薄减少，不少年轻人对于依附西方强势经济进入中国的生活方式兴趣浓厚，对于来自欧美的西洋节日，也觉得时尚有趣，从而倍加追捧。人们对于外来文化的新鲜与好奇无可厚非，在文化多元化的时代，人们有不同的文化消费需要同样可以理解。重要的是，我们不能因此而丢掉维系中华民族血脉的文化传统，我们可以"美人之美"，但切忌"东施效颦"。

历史悠久、文化灿烂的中华，在经济社会全面转型的今天，正在巨量流失着自己的文化资源，而这些非物质文化遗产正是我们建立文化自信的重要的精神基础。可是目前有相当一部分人，对自己的文化缺乏自信，对民族文化的深厚内涵缺乏真正的认识。有鉴于此，我们应该尽量利用各种机会展示传统文化的魅力，增强民族的自信。传统节日，是民族文化的心结。人们通过节日饮食、节日仪式、节日信仰与传说、节日艺术等集中展示民族文化的精华。我们在民族节日活动中，纪念自己的先人，触摸我们民族的魂灵，回归文化根本。传统节日在当代社会的价值与意义，就在于我们不断地给自己创造回归传统的机会。我们通过回归传统来辨识、确认自己的文化身份，树立我们的民族自信。

邵凤丽博士自研究生阶段开始和我学习传统节日文化，拥有扎实的节日研究基础，毕业后长期致力于东北区域节日研究。本书通过对辽宁省内三个满族村落的深入田野调查，呈现了东北地区满族大型节日的重建状态，并分析了其与社会治理的关系。作者提出，在社会转型时期节日研究要回归日常生活。回归日常生活的节日研究要求将节日主体的生活诉求作为节日问题讨论的出发点与终点。

节日研究应从节日主体的角度出发，理解当代节日重建的动因、具体实践过程以及作用，还要总结节日重建的特征与存在的问题，意在可以为理解"个体化"时代里作为公共仪式的大型节日活动的存续动力提供合适思路。从社会治理角度看，当下东北满族传统节日重建在乡村社会治理方面发挥了积极作用，传统节日重建有利于传承乡土历史，稳固治理根基；强化民族认同，传承乡土记忆；涵养村风民风，促进乡风文明；助力经济发展，推进乡村振兴。但是传统节日要想在当下助推乡村社会治理的实现，必须通过具体的方式和路径，首先，要吸收更多的参与主体，让民众、乡村精英、乡贤、地方政府、学者、媒体等都参与其中，共同推动节日重建。其次，要丰富节日活动、营造节日空间、提炼与创新节日符号。既传承具有重要历史意义和价值的节日活动、节日符号传统，同时也根据生活现实增加与拓展新的节日活动、节日符号，并注重挖掘节日内涵，让节日从形式到内涵都与现代生活紧密结合。最后，要充分发挥现代媒介的传播作用，加大节日传播力度，让传统节日得到更多的社会关注和接受。

邵凤丽博士为人正直勤奋，为学严谨认真，近年来在礼仪民俗、节日民俗方面推出多项扎实成果，是当下年轻学者中的佼佼者，是历史民俗学领域的新生力量。对于年轻后学取得的成绩与进步，我感到欣慰。期待邵凤丽博士在未来的教学科研中取得更优异的成绩。

萧放于北京寓所
癸卯年腊月初七（2024年1月17日）

自 序

作为一宗重大的民族文化遗产，传统节日是民众年度时间生活中的重要节点，在传统社会生活中发挥着极为重要的作用，是民众精神信仰、伦理关系、娱乐休闲、审美趣味与物质消费的集中展现，具有丰富的历史文化内涵。[①] 然而，随着时代的变迁、社会的转型发展，当下传统节日正面临复兴与重建的重要问题。

传统节日的复兴与重建，直接受到社会结构和文化观念的影响。20世纪80年代以来，在现代化、城镇化、市场化等诸多外力的促动下，传统乡村社会结构和文化观念都发生了极大变化，甚至出现村落公共精神和公共道德式微的"个体化"现象。[②] 与此同时，一些大型公共节日也在悄然兴起，甚至成为一些乡村中的新型生活方式与发展资源。实际上，两种截然不同的生活状态正反映出处于转型时期的中国乡村社会的多面性与多元化特征。对大型公共性节日仪式的关注也为当下节日研究的日常生活转向提供了鲜活个案，同时也为社会治理研究提供了新课题。

近年来，民俗学界开始转向日常生活研究。刘晓春指出，"民俗学的日常生活研究，不是以日常生活为对象，而是以日常生活作为目的和分类的方法，重新把握现代社会中的民俗现象，在流动的、

[①] 萧放：《传统节日：一宗重大的民族文化遗产》，《北京师范大学学报》（社会科学版）2005年第5期。

[②] 阎云翔：《中国社会的个体化》，陆洋等译，上海译文出版社，2012年版第5页。

意向性建构的'共同体'中探究民俗的意义"①。在具体的操作过程中，要"回到民俗的实践主体，探究在何种语境中，不同的实践主体传承民俗、跨媒介传递民俗、跨语境转换民俗的动机、需求与目的。在这一过程中，民俗发生了怎样的变化？生成了哪些新的意义？"②萧放也指出，"以实践为中心的民俗学研究，不是极其细致地描绘具体事件或个人行为，而是发现事件之中各类因素在时间与空间中的联系，并描摹这些联系变化的轨迹。这些联系及轨迹都通过身体性的行动展现出来，但同时也被话语所讲述和反思"③。因此，实践民俗学要求我们通过民俗现象去倾听实践主体自己的解释，理解他们的生活世界。

本书通过对辽宁省三个自然村落的田野调查，呈现东北地区满族大型节日的重建状态，分析其作为公共仪式的节日属性，探究大型节日重建与乡村社会治理之间的内在关联。当代重建的满族大型节日，按性质差异可以分为两大类。一是传统的内聚型节日，这类节日重在对传统节日的传承，以神灵信仰、血缘伦理为精神核心，以本地民众为主要参与群体，形式上沿袭传统的节日仪式。二是新型的开放共享型节日，此类节日突破地域、民族限制，并在传统节日神灵信仰、血缘伦理等精神核心基础上，重点将传统节日作为独特的地方文化资源，旨在通过对节日仪式的建构，将节日打造成展现满族文化的象征场域，推动民族文化、乡村社会的发展。

当代传统节日的重建并非无源之水、无本之木，而是发生在悠久的历史传统基础之上的。为了更加清晰地呈现当代节日重建的状态，本书利用地方志、文人笔记以及正史等文献资料，加之当代学者的研究成果，编写了满族节日志，意在追根溯源，呈现满族节日

---

① 刘晓春：《探究日常生活的"民俗性"——后传承时代民俗学"日常生活"转向的一种路径》，《民俗研究》2019年第3期。

② 刘晓春：《探究日常生活的"民俗性"——后传承时代民俗学"日常生活"转向的一种路径》，《民俗研究》2019年第3期。

③ 萧放、鞠熙：《实践民俗学：从理论到乡村研究》，《民俗研究》2019年第1期。

体系的丰富性与历史性。从节日志编写体例上看，满族节日志既遵循传统节日志的书写范式，按照一年四季时间先后顺序描述各节日的人伦、信仰、娱乐等要素，同时强调节日志撰写的时间性和地域性。所谓节日志的时间性，即按照文献材料先后梳理节日要素，给予节日要素以具体发生时间。而节日志的地域性是指同一时间内再按照地域进行分别描述，给予具体节日要素以发生空间。虽然这些节日都在辽宁地域内，但是辽东、辽南、辽西等地的节日习俗并非完全一样，也存在地域小传统差异。因此，这是一部满族节日志，也兼具节日史性质。将历史发展与区域空间相结合，立体展示节日发展脉络，是这部满族节日志所努力追求的，但是由于材料丰富程度不足，加之个人学术能力有限，只能暂且做出尝试，不足之处，敬请方家指教。

目　　录

序　言

自　序

上编　传统节日与社会治理

绪　论 ………………………………………………………………… 3

第一章　传统内聚型节日的重建
　　　　——辽中蒲河村的个案 ……………………………………… 11

第一节　蒲河村概况 ……………………………………………… 11

第二节　五月十三重建 …………………………………………… 19

第三节　节日空间重建 …………………………………………… 31

第四节　节日主体的多样性与经费筹集 ………………………… 35

第二章　开放共享型节日的重建
　　　　——新宾腰站村的个案 ……………………………………… 41

第一节　腰站村概况 ……………………………………………… 42

第二节　清明节的传承与重建 …………………………………… 44

第三节　春节的传承与重建 ……………………………………… 54

第四节　节日主体的多样性与经费筹集 ………………………… 57

第三章 传统节日的展演式发展
——沈北静安村的个案 ………………………………… 62

第一节 静安村概况 ……………………………………… 62
第二节 传统节日展演 …………………………………… 64
第三节 节日空间重建与节日主体的多样性 …………… 83
第四节 经费筹集与对外宣传 …………………………… 86

第四章 传统节日在乡村社会治理中的作用 ……………… 92

第一节 传承乡土历史，稳固治理根基 ………………… 94
第二节 强化民族认同，传承乡土记忆 ………………… 97
第三节 涵养村风民风，促进乡风文明 ………………… 99
第四节 助力经济发展，推进乡村振兴 ………………… 101

第五章 传统节日促进乡村社会治理的方式与路径 …… 105

第一节 扩大节日主体，社会治理多元化 ……………… 105
第二节 丰富节日活动，社会治理仪式化 ……………… 108
第三节 挖掘节日内涵，社会治理深入化 ……………… 110
第四节 修建节日场所，社会治理空间化 ……………… 111
第五节 打造节日物品，社会治理符号化 ……………… 112
第六节 加大节日宣传，社会治理扩散化 ……………… 113

结　语 ……………………………………………………… 116

下编　满族节日志

第一章　春季节日 ………………………………………… 121

一、立春 ………………………………………………… 121
二、春节 ………………………………………………… 124

三、元宵节 …………………………………………… 164
四、填仓节 …………………………………………… 181
五、二月二 …………………………………………… 185
六、花朝 ……………………………………………… 193
七、上巳节 …………………………………………… 195
八、山神爷生日 ……………………………………… 198
九、清明节 …………………………………………… 200
十、领神节 …………………………………………… 210

第二章　夏季节日 …………………………………… 212
一、佛诞节 …………………………………………… 212
二、端午节 …………………………………………… 213
三、关帝圣会 ………………………………………… 222
四、虫王节与青苗会 ………………………………… 225

第三章　秋季节日 …………………………………… 228
一、立秋 ……………………………………………… 228
二、七夕节 …………………………………………… 229
三、丰收祭祀节 ……………………………………… 232
四、中元节 …………………………………………… 233
五、中秋节 …………………………………………… 237
六、重阳节 …………………………………………… 245

第四章　冬季节日 …………………………………… 252
一、狩猎节 …………………………………………… 252
二、送寒衣 …………………………………………… 253
三、天长节 …………………………………………… 256
四、腊八节 …………………………………………… 259

参考文献 ………………………………………………… 264

后　记 …………………………………………………… 270

上 编

传统节日与社会治理

绪　　论

节日是满族民俗生活的重要时间节点，也是满族历史文化的重要构成。在满族历史文化研究过程中，学者对满族节日文化予以了多方关注，下面分两个方面进行综述。

一、满族节日研究

（一）满族节日整体研究

在满族节日研究中，学者关注了满族节日来源问题以及与汉族等其他民族节日的关系问题。卢光指出："满族先民曾以草青草黄计时，或以大马哈鱼泛江计岁。在那个年代，热烈的火祭、神奇的柳祭、隆重的鱼祭、庄严的海祭等各种萨满祭礼，是氏族或部落的盛大节日。渤海时期，中原汉地的重要节日已传入东北。……辽金时期，女真人从契丹人那里学习继承了许多岁时习俗。……满族入关以后，汉族的大部分节日被满族所接收，满族又将自己民族的岁时习俗融进了这些传统节日，使之更加绚丽多彩。实际上，东北和北京地区的许多传统节日是满汉共有的风俗。"[①]

刘中平、鞠延明指出："满族具有悠久的历史，其先民已形成了许多节庆习俗，且见于诸多文献记载。随着与汉民族交往的加深，尤其清兵入关之后，满族吸收了汉族及其他民族的风俗文化，同时保留了一些本民族的特色，形成了满汉历史文化结合的岁时习俗。"[②]

在满族节日研究中，江帆以一种不同以往的学术视角，聚焦东北满族的独特"生境"，将"年"视为满族日常生活的"高潮"，将"年俗"视为满族民俗文化中的"高点"，运用多学科的理论与方法，对满族年俗文化建构的生态定位、生态特征、文化意蕴与功能及其在当代的变迁等进行了剖析。作者指出，无论满族年俗发生怎样的变迁，其精神内核从来都没有改变。满族的年俗文化，作为历代满族民众生存智慧的库存与积淀，当代社会应对其价值予以重新

[①] 卢光：《论满族岁时习俗》，《黑龙江民族丛刊（季刊）》，1998年第4期。
[②] 刘中平、鞠延明：《传统岁俗节日中的满族特色》，《满族研究》2009年第4期。

审视与评估，深入挖掘其潜藏的文化特质与精神内核，使其在满族社会的可持续发展中发挥特有的功能与作用。①

也有学者从文化人类学的角度解读满族节日。阿拉腾、康志滨指出："在满族钮祜禄氏的祭祀仪式中，根据与神灵达成的互惠协议，在早祭、夕祭及背灯祭中，人首先从'猎物之主'那里得到灌注了'生命力'的猎物，同时得到各种神灵的佑护；然后再树立一根神杆，设立一个微型世界，返还从早祭、夕祭及背灯祭祭祀对象中得到的利益，并且通过集体行为，将整个氏族凝聚起来。祭祀对象虽然主张包含了诸如佛、菩萨及关帝等外来神灵，然而，通过祭祀行为及流程的考察，可以发现隐藏于祭祀深层的实质上仍然是传统的内容。"②

也有学者对节日与萨满教的关系进行研究。李岩、张春阳指出：满族节日"祭祀猎神、海神、山神、农神、马神等，既是萨满教祭祀活动，同时也体现了满族以生产丰收为主要目的特殊的生产习俗。足见满族以祭祀为内容的岁时习俗与生产生活密切相关，且深受萨满教信仰观念的影响。"③

在满族节日的当代传承方面，王光通过对辽西满族家族祭祖活动的调查指出："我们看到了祭祖习俗随着社会体制的变化，尤其是在生产方式发生巨变的冲击下，人们思想观念的深刻变化，而发生着日渐式微的变化，这种变化，标志着以血缘关系为纽带的家族、祖先统治权威势力的瓦解。与此同时，我们也看到了由于市场经济的冲击，法制观念已在人际关系中发挥着越来越明显的支配作用。"④

（二）具体节日研究

满族传统节日众多，有春节、元宵节、二月二、清明节、端午节、中元节、中秋节、重阳节等。学者对这些具体节日的研究，主要分为历史研究和当代传承研究两大范式，其中当代传承研究成果更加丰富。

春节是最盛大的节日，节俗活动众多，也备受满族民众的喜爱。在满族春节节日研究中，徐立艳对吉林省九台市（今长春市九台区）的世居满族石姓家族春节进行了调研，指出："据家谱记载，其家族在此居住已有300余年历史。他们与当地的汉族、朝鲜族长期共处，其语言、信仰、生活习俗等方面都发生

---

① 江帆：《满族春节习俗的生态特征与文化意蕴》，《节日研究》（第三辑）2011年第1期。
② 阿拉腾、康志滨：《满族春秋大祭的文化人类学解读——以钮祜禄氏祭祀礼仪为例》，《满语研究》2016年第1期。
③ 李岩、张春阳：《萨满教对满族岁时节俗的影响》，《通化师范学院学报》2008年第9期。
④ 王光：《最后的祭坛——北宁终氏家族"供影"祭祖习俗的调查》，《民俗研究》1998年第1期。

了较大变化,但这个家族一直保留着颇具民族特色的习俗文化,延伸着满族及其先民的传统信仰和丰富的精神文化生活。……在这种节日生活中,家族成员团聚在一起,可以愉悦身心,宣泄心理压力,培育家族意识,强化家族人伦,更有意义的是可以建立集体的文化认同和加强民族文化记忆,使更多的年轻人能够懂得这些融入民族血液的民俗文化是值得保护和发扬的。"①

对于春节祭祖活动的未来发展,孙炜冉认为"随着新时代强势文化的冲击,满族祭祖习俗日渐式微,只有为数不多的家族,还偶尔举行祭祖仪式,但也仅仅是传统祭礼中的一部分,即家神祭礼,惟有居住在吉林省九台市莽卡满族乡的石氏家族,完整地传承延续着家神祭、野神祭这一古老的原生态的祭祖礼仪。目前,该家族在世的老一代传承人年事已高且身体状况不佳,急需对新的传承人强化培训,使其尽快全面掌握祭礼仪规和技能。传承人的培训不仅需要大量的时间、精力,尤其是需要培训经费,石氏家族目前自身已无力再承担这笔费用,若不及时采取有效措施,石氏家族祭祖习俗有失传的可能。"② 邵凤丽通过对吉林乌拉街满族春节的调查,指出:"春节祭祖是当代乌拉街满族民俗生活的重要构成部分。春节期间,满族民众按照传统习俗,先备办祭品、设置'吊杂',再'亮谱'、'接神',举行隆重的祭祖仪式。祭祖仪式的年度举行,凝聚了多重文化价值和社会价值。祭祖既可以表达族人对祖先的崇敬之情,又可以重构尊尊亲亲的家族伦理秩序,也有利于传承家族历史记忆。作为民族文化的重要载体,满族祭祖仪式包含丰富的满族文化象征符号,有特色的祭品、祭器、仪都是满族文化认同的表现。"③ 陈华泽对沈北静安村春节祭祀活动进行了调查,指出"与传统的满族家祭不同,静安村的家祭更多地增加了联系满族同胞感情,面向游客的意味。祭祀的开展,也让村民增加了心灵的依托以及对家族的依赖。但是对祭祀本身的了解还是不够的,这需要静安村村民一点点积累。尤其是,如何让祭祀能够保持活力,家族代代都有人愿意传承,让它每年都能够持续下去,是一件非常值得思考的事情"。④

二月二是一个重要的满族节日,但是在当下却发生了变化。吉国秀、詹娜、李阳通过调查指出:"东北地区的二月二已从调整人与自然关系的意义中

---

① 徐立艳:《节日文化展演与家族民俗保护——以吉林九台石姓满族龙年春节为例》,《黑龙江民族丛刊(双月刊)》2014年第5期。
② 孙炜冉:《满族石氏家族祭祖习俗调查》,《满族研究》2009年第3期。
③ 邵凤丽:《当代乌拉街满族春节祭祖仪式现状及其价值》,《广西师范大学学报(哲学社会科学版)》2013年第2期。
④ 陈华泽:《满族春祭的新形态——以沈阳市静安村祭神祭天典礼为例》,《满族研究》2019年第2期。

悄然退出，逐渐演变成为一个调整人与人之间关系的岁时节日。如今东北地区的二月二俨然成了老年人的节日，年轻人已不再注重相应的仪式和行为。一个几千年来具有农耕意义的二月二节日给当代年轻人留下的，只有'剪龙头'、'吃猪头肉'、'起名带个龙字'等一些模糊、碎片化的记忆，东北地区'二月二'节日传承出现了部分主体的缺失。"①詹娜通过对辽东地区二月二的调查指出："时至今日，'二月二'节俗仍然在当地有所传承，其仪式的宗教意识淡化，实用功能凸显，并具有调节农耕周期、传承农耕知识、祈盼农事顺利的地方性功能与意义。正是通过民众的个体与集体记忆的描述，仪式程序及信仰心理的不断强化和巩固，传统农耕知识与技术智慧得以延续传承。"②另外，赵书指出："七月十五是满族孝亲节，在进关前是满族的重大节日，进关后仍是北京满族重大节日，主要民俗事项有赛威呼、放河灯、赏月等。"③

在满族节日当中，颁金节是一个新兴节日，命名于1989年，因具有特殊历史文化属性而受到学界关注。1989年10月，在辽宁省民族研究所与丹东市民委主办的首届满族文化研讨会上，确定"满洲"族名的农历十月十三日被定名为"颁金节"，每年的这一天举办满族的"定名日"即颁金节庆祝活动。颁金节，又称"命名日""诞生日""纪念日"等。颁金节满语全称为"颁金札兰"。"颁金"汉译为"生长""生成""生气勃勃"等；"札兰"汉译为"节日""喜庆之日"。"颁金节"意为满族"诞生之日""生气勃勃的节日"。关于为什么要设立一个新的节日，戴淮明指出："满族传统节日数量不太多，而且大多属于祈福、祛病类的信仰节日，如盼望丰收的填仓节、免除虫害的虫王节、抚慰亡灵的中元节、免受病困的走百病，等等。这些节日，从文化学的角度而言，都是建立在前现代文化观念和生活模式的基础之上的，但在现代社会，都在很大程度上失去了延续和发展的土壤。这就从客观上要求产生一个包容性更广泛、涵盖内含更广、更适应现代生活的全民族的新节日。颁金节正是为满足这一需求而生。"④戴淮明还指出："经现代命名与重新构建，其原有的形式及内容都发生了很大的变化。满族颁金节已历史性地演化为现代命名节日而承继满族节庆文化的核心内涵和多种民族民间文化样式，为民族传统节日承传与发

---

① 吉国秀、詹娜、李阳：《东北地区"二月二"节日传承、记忆碎片化与主体缺失》，《文化学刊》2009年第2期。
② 詹娜：《仪式、记忆与知识传承——辽东满族"二月二"节俗调查》《满族研究》2009年第3期。
③ 赵书：《满族民间节日——中元节》，《满族研究》2004年第4期。
④ 戴淮明：《传统民族节日的现代命名与重新构建——以满族颁金节为例》，《黑龙江民族丛刊（双月刊）》2011年第2期。

展作出示范效应。"① 谢红萍对北京颁金节进行了调研，指出："在全球化时代多元文化的冲击下，民族身份愈加模糊，由此导致对于民族文化认同的反思。不论是大传统，还是小传统，为了寻求民族的认同和实现文化的传承，均呈现了从'想象的共同体'到'共同体的想象'的转换。在此过程中，通过'生存性智慧'策略性的运作，历史记忆得以重塑，民族身份得到确认，民族认同得以加强，文化传承得以实现。"② 沙奇、龙开义对新疆满族村落苏拉宫村的颁金节进行了调研，指出："今天生活在苏拉宫村的满族人200余人，他们原是清朝时期从东北派驻新疆的满族官兵的后裔。由于政治的需要，他们迁徙到一个相对陌生的环境，并与东北满族在地理上形成了较大的隔离。经过二百余年的居住、繁衍，其语言、文化、生活习俗等受到当地民族文化的影响，发生了诸多变化，但他们却仍然保持着较强的满族族群认同意识。"③

(三) 节日要素研究

万建中、詹娜指出："饮食民俗是整个民俗系统的物质基础，也是民俗系统内部与自然生态系统关联最为密切的层面之一。饮食民俗是在特定的地理区位与气候条件限定下，人们对食物资源与种类进行智慧性地认知、利用与选择的结果。辽宁满族人在长期的生产生活中对本区域生态位建立了正确的认知，并形成生态特征非常明显的饮食习俗。尤其在春节饮食中，人们更是追求节日饮食的精、细、全，无论是春节食品的材料准备，抑或是制作工艺、食用方法等皆是日常饮食技艺的提升与精化。在饮食民俗的建构中，辽宁满族人逐渐形成了饮食偏好的因地制宜、节日食品的粗粮细作以及营养均衡的应时而做等饮食特点，充分体现了饮食习俗的生态意蕴与生存智慧。"④

作为满族民俗文化的重要组成部分，近年来满族节日研究取得了丰硕成果，学者就节日的历史渊源、主要习俗活动，以及节日信仰等问题进行了集中讨论。同时，也有学者关注了传统节日的当代传承问题，认为满族节日在传承历史传统的基础上，与当下生活相结合，出现了新的变化。

---

① 戴淮明：《传统民族节日的现代命名与重新构建——以满族颁金节为例》，《黑龙江民族丛刊（双月刊）》2011年第2期。

② 谢红萍：《节日的构建与都市的想象——以北京市满族颁金节为例》，《满族研究》2017年第3期。

③ 沙奇、龙开义：《节日展演与族群认同——以新疆满族村落苏拉宫村"颁金节"为例》，《喀什师范学院学报》2012年第4期。

④ 万建中、詹娜：《满族饮食习俗的生态意蕴与生存智慧——以辽宁满族春节饮食为例》，《党政干部学刊》2014年第12期。

二、社会治理研究

社会治理是一个新概念。"治理"的定义源自1995年联合国全球治理委员会名为《我们的全球伙伴关系》的研究报告,"治理"是"个人和各种公共的或私人的机构管理其共同事务的诸多方式的总和。它是使相互冲突的或不同的利益得以调和并且采取联合行动的持续的过程"。基本含义是指"在一个既定的范围内运用权威维持秩序,以增进公众的利益"[①]。2013年,党的十八届三中全会通过的《中共中央关于全面深化改革若干重大问题的决定》中使用了社会治理概念后,至今社会治理的基础理论研究已经取得了一定的成果。龚维斌、魏礼群、郑杭生、周红云、姜晓萍等学者对社会治理的概念、方法、主体等宏观理论问题进行了深入研究,并提出全面深化改革必须创新社会治理体制。创新社会治理体制,是对国家建设的新要求和新部署,将"社会管理"提升为"社会治理"更加突出党委和政府主导下的多元社会主体共同参与、良性互动,更加突出源头治理、综合施策、标本兼治、健全机制。创新社会治理体制更强调"双向互动"的过程,更突出"参与"的要素,强调发挥社会力量的参与和人民群众的主体地位。同时,金太军、张翼、李雪萍等对社区治理路径、社会组织、社区参与等具体问题进行了理论联系实际的个案分析,这些学术成果为本书提供了必要的理论基础。

(一) 文化治理研究

文化治理是社会治理的重要内容。文化治理是一个国家在特定的政治、经济、社会背景下,从国家发展需求出发,建立发展目标,以该目标为引导形成国家发展计划书,并对当时的文化发展进行干预。

节日是中国传统文化的重要组成部分,在中华民族灿烂而漫长的历史长河中持续发挥着维护社会和谐、维持社会秩序、延续人伦、传承历史的多重功用。"改革开放后的传统文化复兴潮流为传统节日的重建提供了良好的机遇与条件。传统节日在当今社会语境下适应时代发展与民众需求,体现出新的节俗风貌,它们与国家民族的精神文明建设,与新时期及新时代的时代精神,与商贸活动和文创旅游,与对百姓民生的关注结合得更加紧密,成为中国人民精神文化生活和国家精神文化建设的重要依托,在满足人民对美好生活的向往方面展示出长足的发展潜力。"[②] 节日功能的发挥是从内而外的,"社会生活的强制

[①] 全球治理委员会:《我们的全球伙伴关系》,牛津大学出版社1995年版,第2—3页,转引自俞可平《作为一种新政治分析框架的治理和善治理论》,《新视野》2001年第5期。

[②] 萧放、贾琛:《中国传统节日的传承与变革》,《社会治理》2020年第7期。

性，只有假借精神方式才能真正见效，而这一点需要传统节日习俗更好地介入。假如一个社会的治理只会利用外在的强制手段，那么它只能勉强使社会成员被迫听从安排，而不会形成一种内心值得敬畏的道德力量。社会的治理真正能够有效控制社会成员的主要原因是依赖治理本身被赋予的道德权威，而非物质霸权"[1]。

已有学者提出要充分利用传统民俗文化促进社会治理。万建中指出："民俗体现了民的主体性和广泛性。民俗又将民情、民心、民声、民主、民怨注入到自身本体之中，使人们生活包含温情与欲望，民俗事象较之任何文化意识形态和生活形态都更强烈地表现出普遍的人文精神，这是民俗文化之于社会治理最为重要的意义。民俗关注人最基本的生活状态、情感活动、价值观。民俗应该是维系社会基本秩序不可或缺的力量，是永远存在的普遍社会文化现象。"[2]

（二）新乡贤研究

满族节庆仪式的传承与创新需要新乡贤的积极参与，新乡贤对当代社会治理具有重要意义。但由于新乡贤问题刚刚提出，学界还没有系统的理论成果，只有对新乡贤的重要性、特点、类型的简单归纳。自 2015 年来，《人民日报》多次发文，提出要重视新乡贤，《用新乡贤文化推动乡村社会治理现代化》[3]《重视现代乡贤》[4] 等文指出乡贤是当下乡村社会治理的重要依靠力量。现代社会存在两种乡贤：一种是"在场"的乡贤，另一种是"不在场"的乡贤。一方面，他们扎根本土，熟悉乡村和传统文化；另一方面，他们具有新知识、新眼界，对现代社会价值观念和知识具有一定把握。因此，新乡贤成了连接传统与现代的桥梁。当代中国需要乡贤文化的复兴。这不是传统士文化的回归，而是要实现社会贤达和社会体系的有机融合、现代社会治理在乡村基层的有效落实。

（三）村落精英研究

满族传统节日重建的重要主体是村落精英。高忠严按照精英的资源优势，将精英分为文化精英、经济精英、政治精英等，并指出："村落精英利用其所掌握的文化、经济或人脉资源、权威话语，在互动中整合、调节村落文化生

---

[1] 郭荣茂：《传统节日习俗传承与社会治理创新——海峡两岸（晋江）七夕返亲节考察》，《汕头大学学报（人文社会科学版）》2018 年第 12 期。
[2] 万建中：《民俗与基本社会秩序维系》，《社会治理》2016 年第 6 期。
[3] 黄海：《用新乡贤文化推动乡村社会治理现代化》，《人民日报》2015 年 9 月 30 日。
[4] 张颐武：《重视现代乡贤》，《人民日报》2015 年 9 月 30 日。

活,在村民参与的共同努力下,以'善治'推动村落公共空间的建构和文化振兴。"① 龚晓洁、丛晓峰、赵宝爱指出:"村落的分化与整合是当代中国农村发展过程中的两种现象,在社会转型、社会体制改革、社区结构分化的条件下,村落精英参与村里的活动,不仅可推动村庄经济的发展,而且可唤醒村民的社区观念,强化社区认同,促进社区的整合。在一定程度上讲,社区整合程度的高低和社区凝聚力的强弱,不能离开村落精英等'核心人物',村落精英的缺位或能力不足,往往是村落低度整合的主要因素之一。"② 丛晓峰指出:"在新农村建设的过程中,村落精英仍扮演着重要的角色:在村庄政治行动中,可以动员村民的选举参与、普及政治知识、参与村庄治理;在经济活动中,他们则是积极的市场参与者、市场风险的承担者以及专业合作的推动者;在生活方式上,他们则传播城市生活习惯、卫生习惯以及影响着村民的价值观念。"③ 吴春来指出:"政治统合与行政吸纳对农村精英参与治理起到了促进作用,但未能有效解决闲置精英参与不足和村级公共治理缺位的问题。在村级治理行政——自治非均衡形态下,产生了行政悬浮和自治空转的结构性特征。当自治场域内精英主体能够有效集聚和自治赋权时,体制外乡村精英参与村级公共治理才可行并能够有效运转。村落精英参与治理,其核心在于激发闲置精英的参与功能来破解村落治理缺失的困境,其运行机制在于村落协商共治和自我监督管理,其治理导向在于促进村落公共事务的解决。村落精英自治对未来优化乡村治理结构具有积极意义。"④

---

① 高忠严、马佳:《村落精英与公共空间建构——以传统古村落山西襄汾陶寺村、北李村为例》,《文字文化》2018年第1期。
② 龚晓洁、丛晓峰、赵宝爱:《村落精英与社区整合》,《山东社会科学》2010年第3期。
③ 丛晓峰:《发展与驱动:当代村落精英的社区角色分析》,《济南大学学报(社会科学版)》2010年第4期。
④ 吴春来:《乡村振兴背景下的自治赋权与精英参与——湖北秭归县"二长八员"村落自治个案分析》,《北方民族大学学报(哲学社会科学版)》,2020年第4期。

第一章　传统内聚型节日的重建

——辽中蒲河村的个案①

当下的乡村社会正在经历着急剧的转型，大量人口外流，村落空心化、老龄化，加之现代科技改变了原来的劳作方式，网络信息技术又不断带来信息冲击，这些都直接影响了乡村社会的发展。在这种情况下，作为村落岁时生活的重要构成，传统节日是否能继续保持新鲜活力、服务于村落社会的发展呢？萧放指出："中国传统节日近代以来经历了从衰微到复兴的过程，当代传统节日处在复兴与重建的历史关口，如何使传统节日成为传承民族文化的载体，并适应现代社会的需要是我们必须回答的问题。"②

村落是节日仪式举行的重要空间，满族节日也成为很多满族村落寻找自我发展道路的重要选择。当下，民俗传统是乡村振兴的重要文化资源，"开展乡村集体活动是增强乡村团结的重要方式，也是乡村治理的有效手段。如果一个乡村没有集体活动，没有公共活动，它不可能凝聚起来"③。因此，有效发掘传统节日资源，助推乡村社会治理的实现和乡村振兴成为很多满族村落的选择。

第一节　蒲河村概况

蒲河村位于辽宁省沈阳市辽中区刘二堡镇，在辽中区北25公里处的珍珠湖东侧，因流经辽中境内的蒲河而得名，又因大多数村民都是满族人，也叫蒲河满族村。据当地新修的家谱记载，现居住在辽中蒲河村的村民大多是爱新觉罗密雅纳支系，以"肇"为姓。清朝入关前，一部分随多尔衮到关内作战，另一部分则留守在盛京十里码头（沈阳的马路湾）镇守京城。雍正二年（1724

---

① 蒲河村调查小组成员：邵凤丽、任杰、李文娟、李泽鑫、祁业华等；调查时间：2017年—2019年。
② 萧放：《传统节日的复兴与重建之路》，《河南社会科学》2010年第2期。
③ 萧放：《民俗传统与乡村振兴》，《西南民族大学学报》（人文社会科学版）2019年第5期。

年），又奉旨移防到辽中、新民一带。此后，便世代生活在这里。

一、蒲河村地理历史情况

蒲河村明确记载有一定人口规模活动的时间是在清代。根据《沈阳市志》记载，满族人口在沈阳市的各县区都有分布，尤其是以东陵区为主要聚居点，而新民、辽中两县以及苏家屯区次之。[1] 蒲河村所属的刘二堡镇位于辽中县（今沈阳市辽中区）的东北部，19世纪末20世纪初的辽中县情况如《辽中县文史资料》当中所记载："我县当时属于辽（阳）、新（民）、承（德）、镇（安）、海（城）等州县的边缘地带，清政府对这里的统治极其薄弱；又因地处九河下梢，低洼易涝地区，水患频繁，匪患经年不息。人民生活极为困苦。"[2] 这里讲述了辽中县在当时的地理弱势，因为地势低洼，所以水患频繁，人们的生活极其贫困。

当时的地方官员为了改变生活境况，在清光绪三十二年（1906年），"经奉天将军赵尔巽奏准于清廷，于9月15日（夏历七月二十七日）建新治辽中县。派梁寿相为设治委员（即第一任知县），从新民、辽阳、承德、黑山、海城等州县的边沿地区划出土地2600平方公里，人口30余万，以阿司牛录（今辽中镇）为县城"[3]。牛录是满洲八旗军的基层单位，在清军入关之前，东北地区是以牛录为基层单位的，每一个牛录满丁是300人。当时辽中境内总共有十余个牛录，包括"敖司牛录（今县镇）、乌伯牛录（今乌伯牛）、偏岗乌鹊牛录（今偏卜子）、巴沙牛录（今八三卜）、大邦牛录（今达邦牛）、小邦牛路（今小邦牛录）、冷司牛路（今棱子卜）、沙图牛录（今蒲河村）、达都牛录（今台按钮卜）、西佛牛录（今台安西佛村）"[4] 等。清军入关后，清政府介入整顿治理，才开始设置州县。1725年，雍正皇帝下旨颁布整顿，让这支爱新觉罗的子孙迁到了现在的蒲河村，当时名为沙图牛录。他们来到这里后，傍湖而居，互帮互助，开垦土地，引水造田，在生产、生活中凝心聚力，共同造就了蒲河村。

自从辽中县于1906年建置以来，除了刘二堡镇外，还包括新民屯、杨士岗、潘家堡、四方台、乌伯牛乡等共57个行政村。辽中县内地势平坦，土壤

---

[1] 沈阳市人民政府地方志编纂办公室：《沈阳市志16》，沈阳出版社1994年版，第216页。
[2] 中国人民政治协商会议辽中县委员会文史资料征编委员会编：《辽中文史资料第1－2辑》，1989年版，第37页。
[3] 辽中县人民政府地方志办公室编：《辽中县志》，辽宁人民出版社1993年版，第9页。
[4] 肇江耀、肇存玉、肇国栋编：《爱新觉罗宗谱·密雅纳支》，1995年版，第9页。

肥沃，整个县区的居民以种植水稻、玉米、大豆、花生等为主。新中国成立后，县内为了提高粮食产量，就开始逐年修建水利工程，开发水田。①

1970年，对于蒲河村来说，是一个特别的年份。在这一年，村落所在地址要修建团结水库，在政府的动员下，部分村民搬离故土，当时对于蒲河村村民的政策是辽中县境内随便去，有亲投亲有友靠友，到哪个村就可以落那个地方的户口，没有去处或者没有亲戚朋友的村民就留了下来。当时村子里的满族人口约200户，占总人口的95%，外姓很少，留下来的这些村民相互扶持，将蒲河村从村子西边的河堤处搬迁到现址。该村是一个典型的同姓血缘结合的村落。经过这次搬迁后，原蒲河村整体往东移了约1000米，搬迁后村民的生活方式并没有太多改变，而且多数村民认为水库的修建有利于当地农业发展，可用于农业灌溉，给居民生活带来了便利。

2019年，蒲河村共有2个村民小组，村民近300户，全村总人口有1000余人。其中，满族人口比例90%以上，他们都是爱新觉罗·密雅纳支的后代。蒲河村村民的经济来源以种植水稻为主，兼以经商、养殖、外出打工来养家糊口。蒲河村的产业较多，有棚菜、运输、养殖业、小型工厂等等，村里的养殖业已经成为主导产业，近两年村民的人均收入已经近2万元。蒲河村的治理情况较好，2002年以来，蒲河村每年都会获得沈阳市环境整治达标单位、党群共富先进单位、市级文明村等荣誉称号，2006年还获得了辽宁省先进集体、辽宁省先进党支部的荣誉称号。

2019年，蒲河村有耕地面积2300余亩，以水稻种植为主，农作物面积2100余亩，大棚的种植面积约200亩，村里还有渔业，鱼池占地资源300余亩，另外，还有部分荒地。蒲河村以农业为主，还有淡水鱼养殖、狐貉养殖、棚菜种植（精品采摘）、稻田河蟹养殖等。在辽中区的各村中，蒲河村的经济发展情况整体较好。近几年，蒲河村修建了29个高标准温室大棚，大棚内种植各种蔬菜及精品水果，其中"搞点柿"小柿子，是蒲河村的代表性产品。据村民讲述，这种小柿子的种植过程中需要用豆浆养护，以保证其高品质，这使得其在辽中区市场上成为供不应求的产品。现在村里建立了电商平台，小柿子还可以通过微信、快手等电商平台销往全国。蒲河村村民依据地理优势，利用珍珠湖湖水养殖稻田河蟹，经过两年的摸索实验，稻田河蟹已经在2018年秋季正式上市，并形成了"珍珠湖河蟹"品牌。同时，蟹田大米也成为市场追捧的重要商品，还没收获，就已经被预购一空。

---

① 沈阳市人民政府地方志编纂办公室：《沈阳市志16》，沈阳出版社1994年版，第61页。

图 1－1　珍珠湖景区的满族文化节举办现场
拍摄时间：2019 年 6 月 15 日　拍摄人：任杰

　　蒲河村的养殖业也远近闻名，其中狐貉养殖在辽中区已经初具规模，是辽中区具有发展特色的养殖业之一，经济效益十分可观。村民养殖的狐狸和貉子有多个品种，包括蓝狐貉、水貂、乌苏里貉等。蒲河村凭着狐貉养殖产业的规模化和养殖品种的多样化，逐渐开创出了自己的品牌，打响了蒲河村养殖产业的旗号，不但牢固地占领了东北市场，而且还远销上海、广州、河北等地。狐貉养殖产业不仅给村里的养殖户带来了丰厚的经济效益，同时也为振兴辽中地区、发展当地经济作出了突出贡献。

图 1－2　蒲河村村民养殖的貂子和狐狸
拍摄时间：2019 年 11 月 9 日　拍摄人：任杰

蒲河村没有经营性的集体资产，村级集体固定资产总额约300万元，村一级的可支配收入主要来源于村内的鱼池和荒地的开发承包。近年来，在乡村振兴战略的背景下，蒲河村在村党支部的带领下做出了全新的改变，环境卫生和村容村貌都得到了有效的改善。为了方便村民出行，村里新安装了160盏路灯，同时修缮了村里的综合活动室，减少了生产经营性支出，节省了大量不必要的开支，而且村支部会将村务、财务进行全面公开，村子的发展相对稳定。

图1－3 蒲河村治理后的村容村貌
拍摄时间：2019年6月6日　拍摄人：任杰

蒲河村的发展优势较多，不仅有产业、地域和交通优势，还具有优越的历史文化优势，因此在发展旅游、观光、民俗等方面，是其他周边村落无法比拟的。蒲河村和隔壁的北长村共用一条南北路，这条路上每个月都会有两天农贸大集，名叫北长大集。北长大集在沈西地区家喻户晓，经常出现在电视新闻里，每个月的3号和9号开集。据统计，北长大集日平均接待消费者约5000人。蒲河村将集市打造成了具有民族特色的满族特色大集。

蒲河村村民的精神文化生活非常丰富，他们自发组建了广场舞队、民族舞蹈队、篮球队、合唱团等，大大提升了村民休闲文化生活质量，村民的精神面貌亦得到了很大的提升。满族旗袍秀和满绣表演不仅带有民族特色，还充分展示了创业"女主角"的魅力。蒲河村还打算将满绣项目与乡村民俗旅游产业结合起来，使"盛京满绣"成为辽中的一个响亮品牌，让更多的女性走上创业致富的道路，让更多的农村女性实现自己的人生价值，努力把满绣培训基地打造成辽中女性的创新创业孵化平台，更好地为刘二堡镇的经济发展助力。

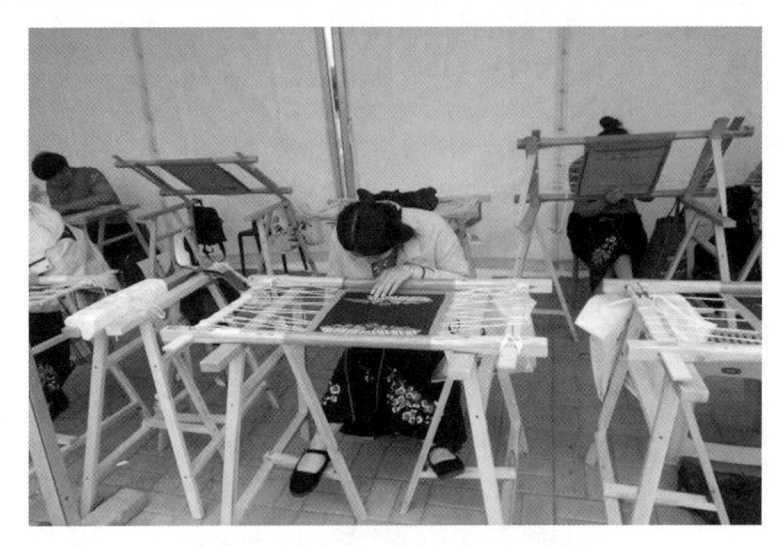

图1-4 满族文化节中的满族刺绣表演
拍摄时间：2019年6月15日　拍摄人：任杰

二、肇氏家族史

关于蒲河村肇氏家族族源，据该族新修的家谱——《爱新觉罗宗谱·密雅纳支》记载，密雅纳子孙于雍正初年奉调辽西，属于留驻的旗兵，家谱具体记载如下：

"清朝是以少数民族的满族定鼎中原的，自来诸多汉人就对之抱有敌对情绪，纷纷抵制清军之进入，加上西有刚刚退出北京的李自成闯王军，南有残明南京政府，所以刚入关的清朝政府，正处在八面楚歌声中，而后方东北也是定都沈阳未久，东有朝鲜在时时窥视情况，西临强悍的蒙古仍不能完全放心，所以当时的决策者在到处都需要甲兵情况下，只好拆东墙补西墙，所以只知□□后方许多军事单位，变成了有名无实的空架子……又按《八旗通志》《兵制志》载，康熙二十九年移山海关汉军兵九十二人建巨流河佐领，它虽不是空壳，但与原定三百人一佐领之数，还是相距甚远的，及于康熙末雍正初，国泰民安，用兵较少阶段，雍正皇帝下定决心大刀阔斧地对八旗编制进行整顿，于雍正二年十一月二十三日下旨颁布整顿，结果我密雅纳子孙就是在这次谕旨中由十里码头调来巨流河佐领名下当差听遗（遣）了，所以蒲河村老一辈有段传话云：'我们在巨流河水恰（或称英洽）佐偏见中下当差'。据《钦定八旗通志》《兵制志》载，康熙年间盛京省驻防兵丁为六千八百三十一名，共分十五城关，十六门及九个路,其中的一个路置官司员士兵二百人。那么为何偏偏把这批爱新觉罗氏调来此地?实际是事出有因的,此次的整顿作旗规模宏大,涉及面广,这是自太祖建旗以来首次大规模整顿,所以我驻十里码头左翼镶黄旗,被列在了整顿之列。

"按照作旗制度,组成原则是'亦兵亦农',八旗兵向是有了战争便是兵,回到家便从事农耕,所以清代规定'八旗兵丁的调转,是按丁田的所在调转之'。我们是左翼镶黄旗,衙门设铁岭,所以我们的'丁田'都放在辽西一代,也就是说雅密纳子嗣的旗地均放在西起色家古城子东止前尖山子一线上,因此我们便被带到这里来。按《八旗通志·兵制志》记载:'先后有的领兵官司反映有些宗室、觉罗在驻军中不听调度,影响极其不好,后来清政府隧(遂)在八旗中,将宗室、觉罗抽出,另立了觉罗牛录若干个,由满族佐领领导之'。按巨流河佐领原本康熙间调汉军建成,看意思雍正二年整顿八旗时将其变为觉罗牛录,佐领官司也,改为满族的永恰了。看来我们这批觉罗之来,也许与这条有些瓜葛哩。佐领衙门所辖区域称为'界'。巨流河界是很宽广的,南边辽河以西满都户,也在他的辖区之内。我们蒲河村从同治七年建关帝庙,佐领衙门特赠铁钟一口,钟上铸有'巨流河界',重一百八十斤,这足以说明佐领衙门与我们这支以蒲河为中心的觉罗的亲匿(密)关系,也说明了这支觉罗在此地的分量了。

"我们这支觉罗到此,并非一般的老百姓闲搬家,而是八旗兵移防,所以我们上节标题才写作'奉调'的。军人向以服从命令为天职,有令必行,清初的八旗更是如此,否则就不会有以少胜多的'沙(萨)尔浒'大战大胜。我们此次的移防是按雍正二年十一月二十三日皇帝谕旨而行的,八旗移防是携带家族的。皇字组密雅纳十九子当代断嗣者八人,其余十一人第十一子彻尔赫职位昭陵(北陵)防卫,第十七子阿尔诂及十九子七十均去京为官,余下八人本人或其子嗣均奉调辽西即今辽中县境。编虽于巨流河佐领名下,落户地点九处,恰在一条横线上,自西向东为色家古城子黄土坎、黑鱼泡、金山卜、高灯卜、蒲河村、北长寿岗子、金海卜,想象原来他并非有何目的而安排只是巧然偶合耳。

"这些点的概况是:派驻我家古城的是密祖第九子'福'字诂里布,逝后葬我家古城子老坟立主;……派驻蒲河(村)者为葛尔诸次子'玄'字法尔赛,逝后葬蒲河南老坟立主;葛尔诸第七子'玄'监察院索住,逝后随母葬海家老坟;派这里尚有密祖长子葛纳之长子,'玄'字拜哈赉,逝后葬蒲河会家坟立主;……;驻金海卜者是落脚黑鱼泡阿乃子,于乾隆年间迁来;……前尖山落户者是阿乃第五子'胤'字萨里海,到此之后,便定居在后街,密祖第六子额尔赛子嗣也同落此地,只是他支人要较萨里海支人早到一段,他们也是同额尔弼支人一样,同来自色家古城子,来后定居于卜的前街。在这九个地方,以蒲河(村)派驻的支派最多人丁最多,也在说明密雅纳支在这里的土地多,位置恰在这条带子的中心,而且这些人又都是密雅纳的子子孙孙,所以可以想象得到这支八旗满洲镶黄旗的觉罗红带子,自是以蒲河(村)为当然核心的。"[1]

从以上家谱的内容可得知,雍正年间密雅纳支奉命至辽西驻守巨流河,因为密雅纳支的田地都在辽西,而且当时天下太平,清朝又实行亦兵亦农政策,无战争时他们便是农民,所以密雅纳支因田而调来辽西,世代在辽西繁衍,直至今日形成了以蒲河村为首的爱新觉罗姓氏满族村。

密雅纳支家谱记录得如此详细和完整还要归功于村民 ZJY 的不懈努力,村民们都非常认可他所做的工作。"……也费很大精力,不光我一个人,死的好几个了,都死去了,那时候调查,不像现在,那轿车往外一开,那时候哪有车,有时候用徒步走,挨村调查。像我那时候,有个摩托,驮着我那个叔叔,上这上那到处跑。上哈尔滨把那老谱借来了,我们又复印的,完了再调查。"[2] 因此,现今编撰的家谱《爱新觉罗宗谱·密雅纳支》是在参照 1935 年老谱的基础上,又经过 ZJY 等人四处走访,寻找散落在各地的包朗阿后代支派后不断完善而谱成的。自 ZJY、ZPL 等人接手续谱一事后,从 1958 年第一次修谱算起,截止到现在,共进行了 4 次修谱工作。当然,在 20 世纪中期,家谱的记载与编录被迫中断,"烧过是烧以前的,是大清最后的,是哪里谱的?在白旗堡,新民县原来叫做白旗堡车站,不叫新民。白旗堡就是由满人形成的一个旗,是一个军区管辖的一个堡,一个部落,这就叫做白旗堡。……记不了,谁敢记啊?要是被发现,那可不得了。"[3]

关于家谱保存事宜,据 ZJY 讲述,现在附近的各个村子都有一个负责管理家谱的人,每个堡子都由固定的人来负责,当需要编修家谱时便召集各个堡子的人前来商讨,把各个堡子的情况编写录入家谱当中。关于家谱内容所承载的时代特点,以前女性是不会记入家谱的,但是在最近的一次修谱中(4 年前),有人提出要把女性也记入家谱,因此开始把出嫁的女儿和姑爷的名字记

---

[1] 《爱新觉罗宗谱·密雅纳支》(上册),1995 年版,第 9—12 页。
[2] 访谈对象:ZJY;访谈人:李泽鑫;访谈地点:辽中蒲河村祭祖祠;访谈时间:2017 年 6 月 7 日。
[3] 访谈对象:ZPL;访谈人:祁业华;访谈地点:辽中蒲河村祭祖祠;访谈时间:2017 年 6 月 7 日。

入家谱，生育的儿女只记录是男孩还是女孩，不记录具体姓名。ZJY介绍："现在我续的那个谱，姑娘也续下了，姑爷叫什么名字写上了，有几个孩子写上了。再往下续，是人家别的姓，你不能续，是不这个道理？……姑爷不续，他也就续个名，没有他的位置。在姑娘的旁边，女，叫什么名字，嫁到哪个地方，几个孩子，男或者女，就完成了，再往下不续了。"① 然而，在本次修谱之前出嫁的女儿从来不会记录在谱，但是被娶进家门的媳妇是要记入家谱的，ZJY给予的解释是，嫁出去的女儿是人家的人，不再和家族有关了，生育的孩子都是人家的，所以以前家谱从来不记录出嫁的女儿。但是随着社会的发展，受男女平等思想的影响以及家族内部某些成员的提议，ZJY等人便将出嫁的女儿也记录在谱中，出嫁女儿的旁边是姑爷，下面是他们生育的孩子。家族内提议将出嫁的女儿也计入谱中大多数是因为只有女儿的家庭，他们每年都作贡献，但是到最后家谱内却没有自己后代的名字会觉得内心不平衡，所以在大家商议后才开始把出嫁的女儿也记入家谱当中。

《爱新觉罗宗谱·密雅纳支》家谱得以完好地延续至今，与其独特的管理方式密不可分。雍正年间，密雅纳九子奉命来到巨流河边，沿河驻扎，形成九个村落，蒲河村位于九个村子的中间，对周围各村影响比较大，所以在编写家谱时，ZJY带领族人在沿河各村寻找密雅纳后人，在搜集整理后进行编写，并且规定每个堡子有一个专门负责记录本堡子家谱的人。每当需要编修家谱时，各堡子的家谱负责人便聚集在一起进行商讨，然后一起进行家谱的编修。这种将责任分到堡子的方式为家谱的编修提供了方便，也保证了家谱的准确性和细致性。古人云："水有源，树有根，家有谱。水无源而涸，树无根则萎，家无谱则亲疏难别昭穆难分。"家谱和国史、方志一样，都是中华民族传承历史和发展文化的载体。家谱对一个家族而言可以追溯家族的由来和变迁，可以辨别亲疏，是中国传统文化的重要组成部分。

第二节　五月十三重建

在我国，各地民间都有"大旱不过五月十三"的谚语，认为这一天下雨预示着风调雨顺、国泰民安。因为传说这一天是关老爷磨刀的日子，磨刀需要水，所以会下雨，这一天在很多地方又被称为"雨节"。在民间传说中，五月

---

① 访谈对象：ZJY；访谈人：祁业华；访谈地点：辽中蒲河村祭祖祠；访谈时间：2017年6月7日。

十三是与关公紧密相关的,有"关老爷磨刀日""关帝生日"等多种说法,并产生了贺雨、祭拜等一系列习俗活动。"(五月)十三日为关帝会(俗名单刀会),四乡关帝庙悬灯挂彩,关门一日。屯会备猪酒往祭,欢饮而还。又谓雨节,俗云大旱不过五月十三,时如亢旱,咸于此日属望之。"① 这天,上至官府,下到普通百姓,都要举行祭祀关公的活动,关帝庙也会举行庙会。

满族人重视关帝祭祀。"农历五月十三日,传说是关羽的生日。满族特别信仰关圣帝君(关羽),故举行庙会,前往关帝庙朝拜。"② 清代时,关羽得到了极高的赞誉,祭祀典礼甚至作为国家祭神祭天的重要典礼之一。蒲河村祖先堂中,供奉的有南三位:恩古伦佛、正古伦佛、佛库伦佛;北五位:彰嘉古佛、看家古佛、佛托妈妈、华严大师、南海大士,其中的彰嘉古佛便是关公。肇氏家庭供奉祭祀的神位中,已将关圣帝君作为保家神而加以祭祀。

关公信仰在流传的过程中形成了大量的传说故事,传说关公显灵帮助过满族祖先,满族人便将关公视为祖先。他们赋予关公很多具有自身民族特色的灵验传说,这些灵验传说塑造了关公"万能神"的地位。族人们在每年的农历五月十三都会举办关公祭典,在这样长期的祭祀过程中,关公与满族族人之间的关系日益密切,逐渐由"外神"转化为"内神",成为满族公认的祖先神,所以每年的关公祭典也相当于祭祖。

一、蒲河村五月十三的历史

蒲河村五月十三节日活动的复兴源于自身的传统,即长期积累的国家力量渗透和外力冲击下自我调整、重构的具体经验,祭祀仪式的复兴其实是传统文化的再造与循环再生。在肇氏族人的信仰生活中,每年农历五月十三的祭关帝日是全村一年中最重要的活动,像平常的正月初一、十五等年节,人们也会三三两两地到庙内上香。个体家庭内的祭祖活动也时常有之,不过日期不固定,一般在年底进行。

"看个好日子,没有固定的,就是自个儿心愿嘛,许什么保我平安啦、多挣点钱啦、给老祖先一头猪啦,然后咱们大家伙儿十桌八桌的,请大家伙儿吃,自己家的规模就没有那么大了,(请的都是)亲朋好友的。咱们老肇家的老祖先不像是别人家的老祖先,每年过年都供猪头,咱们就是如果你要是许了愿了,说今年给老祖先(供)一头猪,咱们(上供的)猪只许吃,不许卖,完

---

① 凤凰出版社编选:《中国地方志集成·辽宁府县志辑14》,凤凰出版社2006年版,第114页。
② 鲍晓华主编:《朝阳市少数民族志》,辽宁民族出版社2004年版,第220页。

事儿祭祀的时候，上供（用），平时的时候咱们初一、十五就上香，磕头就行。"① 但祭祖一般会选在冬季时节。"元旦以前或元旦以后，就是年前，基本是年前的事儿，阴历年之前的事儿。家里边都有老祖先，不祭祖的情况下就什么也没有，就是你不给猪的情况下就什么也没有，不像汉族人每年过年都供猪头、上供品啦，咱们都没有。"② 这也就是在五月十三的祭祀活动中只给满族祖先上香的原因，ZJY也说："因为关公帝，今天祭祖的时候有供品，老祖先不祭祀的时候就没有，都是上香，烧香。"③

图1－5　蒲河村祭祖祠
拍摄时间：2019年6月6日　拍摄人：任杰

当然，祭祀规模也大小不一，人们常用"三头猪"和"一头猪"来区分"大祭"和"小祭"。"我愿意给三头猪就大祭，小祭呢，你家庭环境不好，就许一头猪，都了不起，大祭是一早有一个，分朝祭和夕祭，（早上）三点钟以后朝祭，晚上呢，十点钟以前，这是祭祀中的两头猪，南边一个（南面三个香楪给一头猪），北边一个（五个香楪给一头猪），还有一个索罗杆子祭，也有一

---

① 访谈对象：ZLH；访谈人：李文娟；访谈地点：辽中蒲河村祭祖祠；访谈时间：2017年6月7日。
② 访谈对象：香房人员；访谈人：李文娟；访谈地点：辽中蒲河村祭祖祠；访谈时间：2017年6月7日。
③ 访谈对象：ZJY；访谈人：李文娟；访谈地点：辽中蒲河村祭祖祠；访谈时间：2017年6月7日。

口（头）猪，三头猪呢，分两天办，三天祭，过去是五天，太烦琐，都是家办，就是古来习惯，传来的就这么做，就这么有。……小祭就一口（头）猪，就给那关老爷一口（头）猪，都是给祖先祭的……小祭的话，索罗杆就不祭了，猪不是也有喉骨，那喉骨一整，完事儿了套在索罗杆上就完事了。"[①] 关于大祭、小祭的具体流程及事宜，人们普遍认为过于烦琐，并且蒲河村也很少举办大祭，所以人们对大祭的描述也多模糊不清。

2007年，ZJY和ZYS对大祭、小祭的状况进行了整理。

大祭内容如下：

择吉日，避主祭之属。第一日阿哥带索绳（红彩绳），格格带五色塔哈布（蓝彩绳），福晋太太头戴花，准备祭用具，挑小豆，做蒸糕，均都清洁，抓好猪，请看家古佛，（在日不落之时）拈一字香，众班跪下，行三扣礼，敬盅换酒，然后看家古佛复位。第二日子时（朝祭）主祭祀者拈香斗中卍字，福晋、太太举案齐眉，敬盅换酒，折壶三次叩首，供酒三盅，请香池，三拈香，行三拜九叩礼，蒸糕十二盘，请二位大士，香池入西南神洞，压摩诃神纸二张，一张在压大门左，均剪二十五钱，先在黄蒙帐中塔之敬献牲，用笤帚身腿绑红绳，主祭者拈一字香，福晋太太阿哥侍众人均跪下行全礼。主祭者祷告愿心，用祭酒入牲左耳领牺（摆为头领），助祭者众班人等向主祭人向安叩喜，放鞭炮，木郎放倒，褪毛解骨十二件，入锅滚熟捞入槽盆摆件，叩礼，按块入碗用汤罩之，由少福晋双手奉供案上，拈香叩全礼，撤祭，赐宾客食之，棕骨用摩诃神纸遮压在门后，请二位大士香池复位。是日戌时（夕祭）请北五位香池，塔青蒙帐排乾方位木郎在左，供糕十五盘，换酒五次，献牲如早晨，供件肉汤罩五碗，仍由少福晋奉供案上，箸顺塔碗中，更匙仰之，备灯，福晋动箸顺桌外边，羹匙入碗向里合之，槽盆牲头刀动向北，惊沧铃曰，献灯撒祭同早晨。第三日寅时索罗杆祭，搭灶南北门，用前日剩余肉汤作满洲粥（达子饭），内人不用外锅粥，外人不用内锅粥，主祭人请全香池在供案上，抬香三次，福晋太太换酒行全礼。

索喇树一株（以杨柳代之）放堂门左上挂神纸八十一条塔哈布搭索绳上，绳长三百六十五寸四分，拴北头斜鱼上，另一头拴树上，主祭者在神位设供案拈卍字香敬忠换酒，献牲滴酒浇十字，领牲、剥皮、用木钩十二把围绕烤之，解骨摆件，撒祭均同前日，稍穿喉骨，木斗割肉一块五谷粮一把，取乌鸦救驾之意，下系黄绳三尖神纸一张，午刻，助祭祀者领肉净地埋之，日西斜时，用

[①] 访谈对象：ZJY；访谈人：李文娟；访谈地点：辽中蒲河村祭祖祠；访谈时间：2017年6月7日。

二童子扛树，另一童子兜揣馍馍鱼二尾，送东南清净处，礼成方积尽善。

小祭内容如下：

小祭用时一天猪一口，黑色，正猪，无杂毛，无病，此祭与大祭基本相同，择吉日吉时，阿哥挂索，格格挂塔哈布，福晋太太戴花，请香池八位，主祭人拈香八根行三跪九叩礼，敬盅换酒，摆黏米粥十碗，两碗扣合放中央，由少福晋传送供案，清水八碗，酒八盅，筷子放碗上，匙在碗外仰之，剪摩诃神纸两张，均剪二十五钱，请木郎放供案左右，白蜡两根点着放两边，香三遍，福晋在供案前敬酒三次，行三跪九叩礼，请二位大士入西南神洞，下压摩诃神纸一张，另一张压大门左（以示此家祭祀）。抬猪到房门前，用新笤帚扫身，腿绑红绳抬供案前，头朝北，左耳领牲，全班人跪下，犬皮抛出，杂姓必避，助祭人恭读祭词，领牲后，全体向主祭人向安叩喜（行满族礼），鸣放鞭炮，撤祭，祭肉赏宾客食之。入席前供菜六碗于神位前，每碗各割肉、血、肝、肠一块，热汤罩之，由少福晋传送供案，助祭人取筷顺碗旁，木郎放倒，匙放入碗中，向里合，主祭人拈香，全班人行三跪九叩礼后，请二位大士复位，入夜上灯点白蜡，拈香，务使香烟持续不断，睡前香池复位。次日晨刻，祭品倒入桶中，送东南清净地撒之，以谢乌鸦救驾之意，礼成尽善。

小祭单祭索罗杆程序：

无条件大祭的可在丰年进行，用猪一口，神杆立石座中，备绳索三百六十五寸四分，多三五倍均可，五谷粮放入斗中，馍馍数个、鲤鱼两尾、黄绳二尺、黄纸一张，祭前同样择吉日吉时，木斗下绑黄绳三尖神纸挂上、索喇树立堂门左，索绳挂塔哈布一个，绳一头拴树枝上，另一头拴鱼上请全香池，敬盅换酒往地下浇十字，行三叩礼，抬猪，跪下。助祭人恭读祭词：今不为别事，为的福晋太太、阿哥儿郎，幸福安康吉祥如意，万事顺遂。敬酒三次，小猪领牲，领牲后众人向主祭人问安叩喜，鸣放鞭炮，撤祭，福晋、格格、阿哥摘绳索入神匣中，割件肉一块入木斗，主祭人领赏祭肉一块，选净地埋之，日落前差二童子，兜揣馍馍提鲤鱼，另一童子扛索喇树送东南净地抛旷野中，睡前香池复位，礼成方称尽善。

二、2017年祭典情况[①]

许愿者所求主神为关老爷，其他诸如祖先神、南海大士、华严大士等则兼祭。ZJY谈道："村中百分之六七十的人都信关公，信老祖宗，大家来了磕一

[①] 主要调查人：邵凤丽、李文娟、李泽鑫、祁业华；调查时间：2017年6月6日—7日。

磕头,烧一烧香,保佑升官发财,身体健康,每年这天杀的这头猪都是个人许的愿,买来供大伙儿吃。大家都抢着献这头猪,这都得排号呢,明年能不能挨上你还不一定呢。这边养鱼的多,都是人工养殖的池塘,养殖业比较发达,许多养鱼、养猪大户都来许愿,保佑事业兴旺,如果愿望实现了,就花几千块钱买头猪还愿,给庙上的就是给关公的,为了把这个猪给大伙儿吃了,(祭祀活动都要早点儿)你要是太晚了,人都来了,得干等着。这时间都是商量的,往年的时候太晚了,大伙儿都没吃到这头猪,就时间都定晚了,因为现抓现杀,吃不到这块肉。为了吃这个肉,所以说定的时间比较早。"基于此种原因,这一次祭祀活动定在了农历五月十三日凌晨3点30分左右。

3时30分—3时40分:维持秩序,村民们围着猪呈弧形排开,里外有三层左右,穿旗袍的女性在西,穿马褂的男性在东。

主持人语:"面向关老爷站好,大家不要来回走动,不要说话,请大家保持肃静,请脱帽站好。吉时吉日,山门大开,2017年6月7日,农历五月十三,关帝圣会,今天由我来主持,各族人,老少爷们儿,兄弟姐妹,大家早上好。五月十三是关老爷的圣诞日,说白了就是生日。为了悼念关公,我们在这里欢聚,在这里祭祀,在这里祈祷、盼望着风调雨顺,国泰民安。(祈祷)秋天有个好收成,国家各行各业突飞猛进,蒸蒸日上,百姓生活,直奔小康,(为)早日实现中国梦而奋斗。下面我给大家介绍一下我们的家庙。大家站的这个地方,不是寺院,没有和尚没有道姑,高大的排(牌)门楼上清楚地写着'祭祖祠',它是我们满族人祭祖的地方,换句话说,也就是家庙门。楼下边有两只汉白玉石头狮子,日夜蹲坐在那里,欢迎各地朋友到来。门口西边有一块石碑,上边记载着满族第一位仙人的出生地点和经历,供大家观看。走进门楼是一条砖铺小路,路两边是绿杨垂柳,盛夏时节特别好看。路两边还有路灯和八旗漫画,更增加了盛会的气氛。平时这里没有喧闹,更显得清净优雅。走进三门,右手边是索罗杆,它是纪念乌鸦、喜鹊的,因为罕王在此树下遇难,树上落满了乌鸦、喜鹊,骗走了敌军,罕王躲过了一难,为了纪念他,我们满族人家大门口东侧墙里面都立有索罗杆。再往前走是钟楼,里面挂着一口大钟,这口钟是我们村老前辈1776年建庙时购建的,至今已有200多年了,左手边有两块石碑,上边记载着近期建庙时大家奉献的捐款,那是功德碑,正殿东房山还有几块功德碑。

"正殿里边供奉着关公、关平、周仓,偏殿供奉着南海大士、华严大士,西厢房供奉的是我们满族爱新觉罗祖先,前门房供奉着十不全、送子观音、保家仙。整个家庙我给大家介绍完了。

"今天的祭祀主要说关公。关公是汉人,我们满族人为什么要祭祀他呢?

关公死后我们满族先人有难祷告求关公保佑，结果关公显圣，真来帮忙，化险为夷，躲过一劫，他对我们满族人有救命之恩，所以我们供奉他，敬仰他，一代一代传下去。他在我们满族祖先佛龛上左边第一位，彰嘉古佛，就是关公，他是我们心中的神，心中的佛，我们永远怀念他。下面请鸣钟。"

3时49分：鸣钟。五十四下，快十八慢十八不快不慢又十八。

主持人语："钟声五十四下，声声入耳，响彻云头，惊天动地，驱恶行善，祈祷未来，国富民强，直奔小康，早日实现中国梦。下面介绍一下祭祀人ZH（一家），原来他们都是蒲河村人，只因修大坝，全村动迁，已搬家北长村落户，现在沈阳市，有请祭祀人ZH及家人，到前边来，大家鼓掌欢迎。"

3时52分：主持人语："下面有请主祭人ZPL老先生为大家念祭关帝文，大家都跪下，都跪下。"

ZPL：

祭关帝文

维公元二零一七年农历五月十三，岁次丁酉，蒲河艳阳丽天，清风入怀，觉罗子孙暨信众，复汇聚于蒲河觉罗祭祖祠，谨以丝竹之乐、鲜花素果、牲礼芳茗美醇，以表赤诚之心，恭祭关帝，并赞颂：

    伟哉关帝，何其盛美。
    忠义仁勇，圣神武文。
    千秋彪炳，万世光辉。
    德服中外，名烁古今。
    四海共仰，九州同尊。
    举世无双，千古一人。
    坌而英豪，绝伦逸群。
    忠贯日月，义炳乾坤。
    仁爱有道，勇武无敌。
    神州名扬，华夏威震。
    伏惟尚飨！

3时59分：领牲。

将黑猪抬到众人面前（重285斤），猪头朝东，肚子朝北，背朝南，左前腿系红绳，代表着喜庆，是老一辈人留下来的风俗习惯。先用扫帚在猪的身上扫七下。扫帚翻个，用另一面扫七下。扫帚再翻个，再往猪的身上扫五下。按照从头到脚的方向扫。祭祖所用牲品必须是黑色、无杂毛，公猪。在过去，办祭前一年就开始将猪分槽分圈饲养。现在的牲品已经很少由自己饲养，主要在市场上挑选好，在祭祀前一两天买来放在庙内，由专人看管。

4时00分—7时25分：放鞭炮结束，期间村民们陆续到此祈福许愿。

7时25分：跳萨满舞。

9时00分：吃饭直至结束（八大碗：八碗六盘，原为八碗八盘）。

活动期间，用广播多次播放族歌《长白山与布勒湖》：

长白山矗立在东方，像那神龙遨游绿色的海洋，天地造化万物丰富的宝藏，人杰地灵的福地带来迹象。她像巨人一样，翘首在龙背上，承载愿景无限世间的梦想，像那远航的巨轮乘风破浪。

布勒湖水溯源在天上，圣洁美丽仙女沐浴梳妆，手捧玉液琼浆撒向八方，把那爱新觉罗哺育成长。瞭望远方，充满着希望，为把未来开创积蓄着能量，再展宏图大志奔向前方，奔向前方。

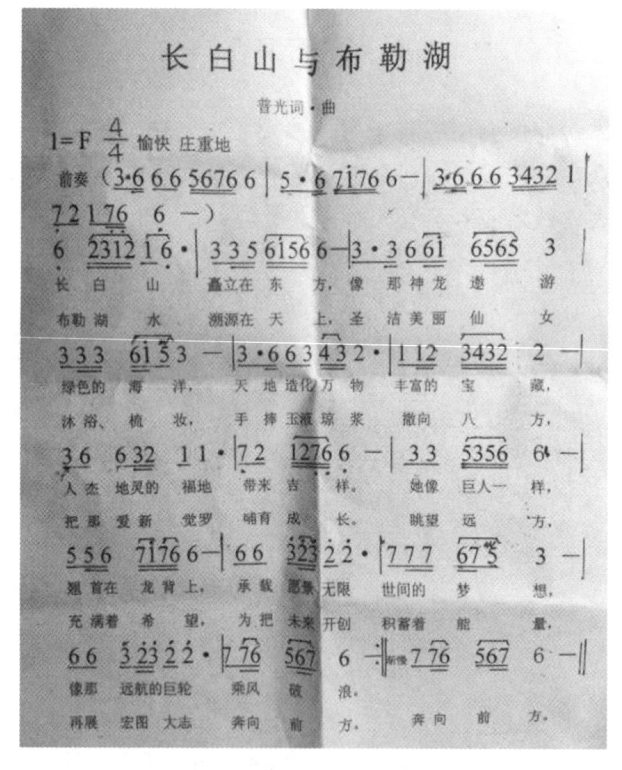

图1—6　蒲河村肇氏家族族歌

三、2018 年祭典情况①

2018年农历五月十三日,即肇姓家族祭关圣大帝暨辽中蒲河爱新觉罗家庙落成242周年庆典。今年与往年不同,地区各级领导会莅临现场,所以祭祀活动在领导到来之后才正式开始,比往年稍迟。

7时30分左右,黑猪送至,身着满族服饰的村民陆续来到,沈阳市满族协会、分会的人也赶来参与。家庙门口的圆桌上放着100多份肇氏史料供大家翻阅(以ZJY为首组织家族人员筹资印刷),蒲河村的FYL等几位妇女为大家分发佩戴红花,因为这是喜事,戴红花代表喜庆。

9时05分,沈阳市民委文教处、辽中区委统战部、刘二堡镇党委副书记等地方领导莅临现场,祭祀活动开始。三人抬黑猪至报恩堂前,猪头朝东,肚子朝北,背朝南,左前腿系红绳。并拿扫帚按从头到脚方向扫猪身两侧,绑住三蹄,左前腿系红绳。满族村民围在报恩堂前呈弧形排开,穿满族服饰者站在最前排,女在西,男在东。

9时15分:村民ZYS宣布祭祀活动正式开始,致欢迎词:

大家静一静,咱们的活动马上开始了,肃静肃静!

尊敬的各位领导、各位来宾、各位族胞及父老乡亲,大家早上好!

今天是农历五月十三,即关圣大帝诞辰之日,也是我们蒲河家庙建庙242周年的纪念日,我们每年都会选在这个日子来祭祀关圣大帝和我们的祖先,我代表蒲河满族家庙全体成员对大家的到来表示热烈的欢迎和忠心的感谢!莅临此次活动的领导有:沈阳市民委文教处某某处长、辽中区委统战部某某副部长、刘二堡镇党委某某副书记、镇统战部某某委员,大家表示欢迎!

我们这次祭祀活动的宗旨是增强民族凝聚力,传承民族文化,弘扬民族精神,加强民族团结,促进社会和谐。我们全体满族同胞要紧紧地团结在以习近平同志为核心的党中央周围,充分发挥自己的聪明才智,为实现中国梦做出应有的贡献,切实实现"中华民族一家亲,同心共筑中国梦"。

谢谢大家!

9时28分:喜登萨满携徒弟表演萨满舞,祭祀神调,驱鬼避邪。

9时45分:主持人宣布,由ZPL宣读祭关圣大帝祭词:

祭关帝文

维公元二零一八年农历五月十三,蒲河艳阳丽天,清风入怀,觉罗子孙暨

---

① 主要调查人:邵凤丽、金丹妮、杨乐乐;调查时间:2018年6月26日。

信众，复汇聚于蒲河觉罗祭祖祠，谨以丝竹之乐、鲜花素果、牲礼芳茗美醇，以表赤诚之心，恭祭关帝。

9时52分：家庙负责人ZQG宣布领牲仪式开始，满族民众全体下跪，面向关老爷，鸣钟十八响。

10时10分：领牲仪式结束，黑猪被抬出家庙。燃放礼炮，村民陆续上香祈福许愿。

烟雾缭绕之中，"满韵祈福"翩翩而舞，尽显满族风情。另外还有由满族村民组成的广场舞表演，艳丽的服装、飘摇的彩扇、优美的节律、灵动的步伐无不彰显着肇氏族人的热情好客。

最后将祭祀用的猪做成食物搬上餐桌，大家共享满族特色八大碗。满族人认为祭品是带着福气的，它不仅会带来好运，也寄托着祈愿和情感。

四、2019年祭典情况[①]

基于蒲河村民俗祭祀活动的影响力，为弘扬民族文化，打响蒲河满族文化名片，结合珍珠湖湿地旅游亮点，经刘二堡镇党委、政府研究决定，将2019年的第243届关帝祭祀活动定名为"辽中区蒲河满族文化节"。2019年6月15日上午8时，家庙里已经略显拥挤，这次的祭祀是村民ZQL进行还愿，献牲一口，感谢关公福佑。

8时30分活动正式开始，ZYS致欢迎词：

尊敬的各位领导、各位来宾、各位族胞、父老乡亲们，大家早上好！今天是农历五月十三，是关老爷的圣诞日，也是我们蒲河家庙建庙243周年庆典暨辽中区刘二堡镇满族文化节之日，在此有幸请到了各级领导和各位来宾，我代表蒲河满族家庙全体成员，对大家的到来，表示热烈的欢迎和衷心的感谢！我们这次祭祖活动的宗旨是提升民族的凝聚力，传承民族文化，弘扬民族精神，增强民族团结，促进社会和谐。我们全体满族族胞要紧紧地团结在以习近平同志为核心的党中央周围，充分发挥自己的聪明才智，为实现中国梦做出最大的贡献！中华民族一家亲，同心共筑中国梦！鸣钟十八响，鸣钟震鼓唤起百代阿哥孝父母，人杰地灵激励万世儿郎报祖恩！

在祭礼典礼上，作为与祖先进行沟通的重要的文字表述，祭文历来承载着神圣的使命。本次由ZPL宣读祭关帝文：

维公元二〇一九年农历五月十三日，岁次己亥，艳阳丽天，清风入怀，广

[①] 主要调查人：邵凤丽、任杰。调查时间：2019年6月25日。

大信众，复汇聚于蒲河觉罗祭祀祠，谨以丝竹之乐、鲜花素果、牲礼芳茗美醇，以表赤诚之心，恭祭关帝，并赞颂：

> 伟哉关帝，何其盛美。
> 忠义仁勇，圣神武文。
> 千秋彪炳，万世光辉。
> 德服中外，名烁古今。
> 四海共仰，九州同尊。
> 盖世无双，千古一人。
> 生而英豪，绝伦逸群。
> 忠贯日月，义炳乾坤。
> 仁爱有道，勇武无敌。
> 神州名扬，华夏威震。
> 伏惟尚飨！

ZPL宣读完祭文后，ZQG开始主持祭祀仪式，念祭词：

> 追风千古，望祭白山，肇□东土，朱果呈祥。
> 紫气东来，人杰地灵，继后世续，源远流长。
> 新逢盛世，政通人和，关帝满人，章嘉古佛。
> 满人习俗，觉罗移风，引导善行，灾厄不兴。
> 风调雨顺，百姓安宁，追思先祖，功德不忘。
> 吉日吉时，请来支派，本人口愿，自发心愿。

今有爱新觉罗·QL献畜一口，歌功颂德，祈祷未来。今不为别事，为的是福晋太太、阿哥儿郎，幸福安康，吉祥如意，万事顺遂。

> 栽香三柱，乐队奏乐，敬酒三杯。
> 敬酒三次，小猪领牲，乐队停止。

猪已领牲，行三扣礼：一叩首，诉求关老爷，保佑我们广大的人民风调雨顺，五谷丰登。二叩首，诉求关老爷，保佑我们的国家繁荣昌盛，国泰民安。三叩首，诉求关老爷，保佑我们族人的生活蒸蒸日上，万事恒昌。

礼成，各位长辈大喜，主祭人大喜，鸣放鞭炮。

下一个节目，民族舞表演，满韵风情。

2019年的祭祀仪式比起2018年相对简单，少了萨满祈福这一项。在与ZJY的交谈中，得知有人认为蒲河村本没有萨满，历来祭祀也没有请萨满，今年就把这一项取消了。所以今年的祭祀仪式便是由上香、敬酒、领牲、鸣放鞭炮、分食福肉这几项组成。祭祀仪式过后人们坐下来一起分享福肉、聚餐，全场座无虚席，气氛十分热闹。

同时，因为刘二堡镇政府的参与，今年的活动规模比较大，政府以爱新觉罗家族的祭祖为契机举办了以"美丽满族村，魅力珍珠湖"为主题的满族文化节，所以这边祭祀完毕，很多人来到珍珠湖景区参与满族文化节，现场安排了百人满族旗袍秀、满族刺绣表演、文艺演出、满族村特色产品展示和品尝满族八大碗等满族特色活动。

从2017年到2019年，在节日活动方面，蒲河村主要延续了传统的节日祭祀习俗，整个活动以关帝祭祀、祖先祭祀为主，同时增加了满族舞蹈表演、演唱族歌等具有观赏性、娱乐性的活动。

图1-7 祭祀仪式现场，正在领牲
拍摄时间：2019年6月15日　拍摄人：任杰

现在，蒲河村五月十三祭典活动参与人数逐年上升，除了原来的附近村民外，沈阳、鞍山等外地族胞越来越多地参与其中，同时地方政府将五月十三祭典和其他满族文化活动相关联，使得祭典活动规模不断变大，呈现良好发展态势。

上编　第一章　传统内聚型节日的重建——辽中蒲河村的个案

图1-9　满族文化节中文艺演出现场
拍摄时间：2019年6月15日　　拍摄人：任杰

第三节　节日空间重建

　　节日的重建首先需要依赖相对稳固的节日空间。满族历史上十分崇拜关帝，据邓子琴考证："满洲尚跳神，无论富贵贫贱，皆于室内供神牌……最尊处所供奉之神为观世音大士，次为关帝，次为土地，故用香盘三也。"① 武田昌雄也说："满人从先只知祭天、祭朱果仙女、祭长白山神，并不知祭别的神。清太祖建国之后，和明朝要神像，明朝给送来观音菩萨、关帝、土地，三种神像，满人就又供这神。"② 受历史传统的影响，蒲河村人信仰关帝，且没有因为社会转型、村落搬迁而中断。

　　"祭之以祠，是朱熹在《家礼》中提出的首要原则。"③ "在当代祭礼重建过程中，家族组织依然重视对家庙、祠堂、墓地这样的神圣空间的保护与

---

① 邓子琴：《中国风俗史》，巴蜀书社1988年版，第326页。
② [日]武田昌雄：《满汉礼俗》，上海文艺出版社1989年版，第317页。
③ 邵凤丽：《裴氏家训参与基层社会治理的路径》，《社会治理》2018年第8期。

坚守。"① 对于蒲河村人来说，村落中最神圣的空间要数关帝庙。村民称为家庙，庙门口的石坊上写着"祭祖祠"，2019年更名为"蒲河满族文化传承基地"。

图1-9　蒲河满族文化传承基地
拍摄时间：2019年11月9日　　拍摄者：任杰

一、家庙修建历史

蒲河村家庙的位置在今沈阳市辽中区珍珠湖东大堤东侧约300米处，庙内有清佐领衙门特赠的铁钟一口，钟上铸有"巨流河界"，此钟重180斤，说明当时这支爱新觉罗族系在佐领衙门占有举足轻重的位置。另庙内还有咸丰九年（1859年）所立的功德碑2块，经过百年的风雨仍屹立不倒，现已被《辽中区文物志》收录。

---

① 邵凤丽：《当代祭祖礼仪传统重建的内在生命力》，《文化遗产》2018年第4期。

图 1—10 咸丰九年（1859 年）的石碑
拍摄时间：2019 年 6 月 6 日　　拍摄人：任杰

1970 年，为修建团结水库，蒲河村村民从村子西侧的河堤处搬迁到现今住址。从 1970 年搬迁算起，蒲河村虽仅有 50 年的短暂历史，但是他们对于关帝的祭祀却有着悠久的历史和文化积淀。在调查中得知，2019 年该家庙已经建成 243 周年，而在 20 世纪六七十年代，祭祀不可避免地中断了，直到改革开放后才允许修建和改进这个庙宇。至今仍矗立在庙内斑驳不堪的石碑，总算得上是老物件了，由于当年一个被砌在墙里，一个被借给粮库打点了，它们才免遭损坏，可谓是历史的见证者了。

自 2003 年家庙重建以来，都是边筹集资金边进行修缮，有钱了就修一点，一直到现在，才有了现在的家庙。该族族谱《爱新觉罗宗谱·密雅纳支》对家庙规模也有过简单描述："在蒲河村西北一华里，面积六百平方米，建在水沟边，不占耕地面积，后东殿主体关帝庙一间，西殿菩萨一间，东南角有钟楼，前殿祖先堂子一间，西间是看护舍，还有没建完的满族历史文物馆，道前建有牌坊一座，气势宏伟，光宗耀祖，显神威祀求风调雨顺，国泰民安，民族振兴，幸福吉祥。（祭祖祠）二〇〇三年建成，每年香火盛旺，朝拜的（人）不断，每年有三个节日，阴历正月初五（接五路财神节）、五月十三日（祭关帝日）、八月十五日（关帝诞辰日），满族人、汉族人都来朝拜，保一方百姓平平安安，净化人心，不搞迷信活动，只是朝拜求得每年有个好收成、幸福安康、吉祥如意。"① 这里是对2003年重新修建的家庙的描述。

根据村里人的记忆，家庙之前是在村西的河堤处，在1951年，由于河里涨水，家庙被水冲塌。直到2003年才重建了家庙，即祭祖祠，祭祀活动重新恢复，直至现在。

2019年6月15日，蒲河满族村被辽宁省满族协会确定为辽宁省满族文化传承基地，祭祖祠的名字也被更改为"蒲河满族文化传承基地"。目前已申得资金，修缮家庙门前的路，铺上了彩砖，以便于满族活动的后续开展，更好地传承满族文化。

二、肇氏家庙空间分布

在肇氏家庙门口竖有一块石碑，上面是"满族源流考"，具体内容如下：

国姓：爱新觉罗

我先世发源于长白山东部，有著名的布库里山。山下有池，布库里湖里池。（今称园池）相传有三仙女，自天而降，来池中沐浴长白山。恩古伦，次曰正古伦，季曰佛库伦。浴罢登岸，恰有神鹤衔朱果置季仙女服上，她拾口含之，惧入□□，临感胎情孕产一男，母以桦树皮为舟，顺流而下，抵三姓息战乱乃被□□□部落首领，此即爱新觉罗氏始祖布库里雍顺，复传多世，到了肇祖□皇帝□。督孟特穆在鄂多里城（今敦化城东）。后迁居新宾县，定居至□祖直皇帝□□满福生六子，我五祖包朗阿支派密雅那支居辽中新民地区开荒造□渔□。□生繁衍生息自今爱新觉罗氏族。沿海先民与鱼鸟共生，图腾宗族符合祭祖立杆祭神鸟祭天习惯。它又反映了原始氏族某些情景，说明满族也如其它民族一样，走过相同发展的道路，后人仍不忘祖先功德，立祠堂供奉，立坊光祖耀宗，显神威祀，求风调雨顺，国泰民安，民族兴旺，幸福吉祥。

二〇〇六年八月十五日立

家庙的核心建筑是一座报恩堂，里面供奉着关公。

关于"报恩"在蒲河村还流传着这样一个传说。在某一次战斗中，满族先人落难，被追兵给围城了。奇怪的是，城内原本并没有什么人，但关老爷显灵之后，整个城内就灯火通明，满满的都是人，随即把追兵都给吓退了。最终，满族先人逃脱了追兵的围捕。自此，每次出兵时，满族先人都要提前祭祀一下

---

① 记载于该村爱新觉罗族谱《爱新觉罗宗谱·密雅纳支》。

关老爷，以祈求旗开得胜。虽然这只是一个简单的传说，且说法不一，但饱含了蒲河村满族人对关帝的感激之情。

报恩堂西侧屋内供奉着华严大士、南海大士。

院落西方——祖先堂

  南三位：恩古伦佛、正古伦佛、佛库伦佛

  北五位：彰嘉古佛、看家古佛、佛托妈妈、华严大士、南海大士

祠堂外，西南方——胡三太爷、子孙娘娘、十不全

祠堂外，东北方——城隍、土地

除此之外，这座家庙内还竖立有满族特有的神物——索罗杆。索罗杆亦称作"神杆""得胜杆""祖宗杆"等。在满族民间传说中，索罗杆原是老罕王努尔哈赤年轻时上山采参用的"索拨棍"；而民间在杆座下放的三块"神石"，则是老罕王采参打猎时烧饭用的"支锅石"。

索罗杆在满族家祭中祭天还愿时使用，祈祷感谢天神（满语称"阿布卡恩都哩"）的赐福和保佑。通常每次大祭都要更换新的索罗杆或重新立杆，并用杆尖蘸猪血，把猪的喉骨套在杆尖上，杆顶端还绑有猪内脏等碎肉以及五谷杂粮，这些都是用来饲喂乌鸦或喜鹊的，因为在民间有"狗救驾""鹊救驾"的故事。

这座家庙占地面积虽然较小，房屋建筑也都是简易房屋，但这已经是肇氏族人多年努力的成果。当初，为了筹集修建家庙的经费、争取土地，以ZJY为主要带头人的肇氏族人耗费了大量的时间和精力，协调各种关系，从一开始的一间房子，后逐年修建，扩展到现在的四间房子，一个小院子。对于一个经济并不富裕的东北乡村来说，建造这样的家庙非常不易。庙里的功德碑上记载了历年来捐资者的名字和捐资数额，多是50元、100元、200元，500元以上的人很少。可以看出，这个家庙虽然占地面积较小，修建得也十分简单，但已经是倾全族之力所能建造的最好的。在东北地区，这样的满族家庙建筑也十分稀少。

第四节　节日主体的多样性与经费筹集

一、参与者身份的多样性

自蒲河村的五月十三祭祀恢复以来，每年的组织者与参与者不断增加，规模不断扩大。活动组织者从以ZJY为主到现在的多人出力，ZPL每年负责诵

读关帝祭文，ZJY的儿子ZQG每年都会参与活动担任仪式主持人，村民ZYS现在成为继ZJY后的下一代祭祀仪式传承人，还有村支书也对活动尽心尽力，并加入了辽宁省满族经济文化发展协会，在协会中任理事。

作为祭祖祠主体，蒲河村肇氏家族是祭祀活动的主要参与者。"家族是中国传统社会的基本单位，以祭祖活动为核心的家族文化一直是凝聚中国村落共同体的精神纽带。"[1] 在对肇氏家族成员的访谈中了解到，参与群体不只有蒲河村的肇氏家族，还有来自全国各地的满族族胞。由于有刘二堡镇政府的参与，2019年蒲河村的五月十三祭祀活动规模比较大，据不完全统计，参与人数已超5000人，远远超过了村子的接待能力。

女性能否参加祭祀或者在祭祀中扮演什么角色？一直有学者将此作为研究对象。"女性在成长的过程中，其家族身份逐渐被社会化为与男性不同的类型。当人们在考虑宗族关系的时候，常把女性排斥在外。"[2] 在东北典型的满族村落蒲河村，满族女性同样也不例外。关于参加此次祭祖活动的女性人员组成，"全是儿媳妇，俺老肇家的女性都能参加，外姓不可以参加，俺老肇家祭祖必须全都是本族的。女儿都嫁出去了，一般都是儿媳妇参加这种活动"[3]。因此，祭祖活动的人员组成除了肇氏家族的男性成员外，其余的全部都是嫁入本族的女性成员。在领牲后，肇氏家族男性人员则需行跪拜礼，磕三个头，女性人员行抚鬓礼。并且在调查时也能发现，女性在祭祀活动中主要从事的是一些琐碎细小工作，前期庙宇卫生的打扫，供品的摆放等也全部由她们来完成。不可否认，女性是满族祭祀生活中的一个重要群体，她们在祭祀的各个环节中都发挥着不容忽视的作用。

那么，出嫁的女儿能否参与祭祀？王卫华在《论女性在血缘亲属体系中的"外人身份"——以榆钱树春节家祭为个案》一文里，明确表示"在中国农村汉族社会，女性在其生长的血缘亲属体系中被看作'外人'，其最突出的现实语境是春节期间的祖先祭祀活动，'外人'禁忌使这种身份被极端强化"[4]。"嫁出去的姑娘泼出去的水，她们嫁到外姓了吧，她可以来进香，祭（祖）就

---

[1] 贺少雅、萧放：《礼仪实践：当代乡贤参与基层社会治理的重要途径》，《社会治理》2016年第2期。

[2] 王卫华：《论女性在血缘亲属体系中的"外人身份"——以榆钱树春节家祭为个案》，《民俗研究》2012年04期。

[3] 访谈对象：ZLH（女，当时在报恩堂内负责敲磬）；访谈人：李文娟；访谈地点：辽中蒲河村祭祖祠；访谈时间：2017年6月7日。

[4] 王卫华：《论女性在血缘亲属体系中的"外人身份"——以榆钱树春节家祭为个案》，《民俗研究》2012年04期。

不行。家里也是，没嫁出去的，祭祖和上香都可以，出嫁的就不可以，她嫁出去了，就是外姓人了，吃饭行，猪肉可以吃。"① 在采访其他女性成员时，她们的回答也颇具一致性："出门的姑娘，你回娘家了，买盒香给娘家，谁愿意给上就给上，一般情况就是上个香，买点供果，这就完事儿了。"② 当然，也存在极少数的例外情况，在调查过程中，一位阿姨是这样说的："比方像我出门的女儿，说要许愿，回来上头猪，上俺家来，一样，那也行。（笔者问：也就是说，您女儿既可以在自个儿家，也可以回来娘家呗？）她婆家是汉族，那不行。"③ 也就是说，人们依据具体情况，对祭祀主体进行适当调整是可能的。但这种情况的发生毕竟也是极少数的，而周围人或者家庭其他成员对此有何种看法，而夫家又如何看待这种情况，不免还需画上问号。

二、经费的筹集与使用

"当代家族为了保障祭礼的举行，需要寻找经济来源支付祭礼中的各种费用。"④ 在村庙的修建过程中，资金支持是重中之重，祭祀经费以众筹为主。而在村子当中，经济精英是提供资金支持的最佳人选。蒲河村的产业以农业种植为主，淡水鱼养殖、狐貉养殖、棚菜种植、稻田河蟹养殖等并举。蒲河满族村在辽中村级地区整体经济发展得较好，村内还有很多私人小型企业，比如饲料厂等，对于这些经商的村民来说，关公恪于职守、光明磊落的优秀品质激励他们一定要诚信经营。这些人热心于村子的发展，依靠自己的企业、产业为村子的文化活动、家庙建设等方面给予一定的资金支持。村民也尽自己的能力，有钱出钱，有力出力。每年的五月十三祭典，家庙门口会放一个功德箱，捐款在50元以上都会被写入功德簿，活动参与者可以自行捐款。筹集来的资金大多用于购买祭祀用品、布置场地费、伙食费以及祭祖祠的修缮工作，资金的使用明细也会进行公布。

---

① 访谈对象：ZLH（女，当时在报恩堂内负责敲磬）；访谈人：李文娟；访谈地点：辽中蒲河村祭祖祠；访谈时间：2017年6月7日。
② 访谈对象：香客（女）；访谈人：李文娟；访谈地点：辽中蒲河村祭祖祠；访谈时间：2017年6月7日。
③ 访谈对象：香客（女）；访谈人：李文娟；访谈地点：辽中蒲河村祭祖祠；访谈时间：2017年6月7日。
④ 邵凤丽：《当代祭祖礼仪传统重建的内在生命力》，《文化遗产》2018年第4期。

图 1—11 功德碑
拍摄时间：2017 年 6 月 7 日　　拍摄人：邵凤丽

经过十几年的发展，蒲河村的五月十三祭典也越来越有名气。每年的祭祀活动都以微信公众号宣传为主，2019年的五月十三祭典因为有镇政府的参与，活动规模较大，镇政府在其官方网站公布活动流程，这样的宣传力度前所未有。辽宁日报、沈阳帅正新闻、中新网辽宁新闻等媒体，对2019年的满族文化节进行了实况报道。祭典现场展出多种蒲河满族村产的特色农副产品，比如草莓、小柿子、香瓜、葡萄、蟹田大米等，地点设在珍珠湖景区，既将村子的特色农副产品推广了出去，又提高了景区的知名度，镇政府以蒲河村五月十三祭典为契机举办满族文化节，是带动村子经济发展、提升村庄形象的精明策略所在。

蒲河村的五月十三祭典，给当地带来前所未有的发展机遇，每年来蒲河村的人数都呈上升趋势。蒲河村祭祀活动的传统民俗文化影响力已经扩展到全国，据蒲河村村委会给出的统计，2019年民俗祭祀活动参与祭典人数突破5000人。全国各地的满族同胞自发地来到蒲河满族村，身穿满族服饰，参加目前东北地区较具特色、较完整的民间满族祭祀活动。因为村庙场地受限，活动减少了对外宣传，但每次参加活动的人员数量依然在不断增长。

"在萨林斯看来，人对生活的看法并不是受特定的物质条件决定的，相反，人们对生活的看法（即人类学者眼中的'文化'）决定着人们物质生产、交换和消费的方式。"① 在社会发展中，尽管外在的生活环境会发生种种变化，但是作为一种传统，节日习俗会比较稳定地被人们不断重复实践着，在现代生产生活空间中得到传承，并被赋予新的时代功能，以新的方式和途径进行再生产。作为村落公共仪式，重建后的五月十三的基本活动都是对传统的沿袭，杀猪祭神、祭祖的节日仪式被较为完整地保存了下来。这个过程也都是村民自发组织、参与的，没有受到过多外部力量的干涉。对于蒲河村人来说，五月十三是他们祭神、祭祖的大日子，强烈的伦理意识，促使他们自然而然地将这一传统延续下去。五月十三的主要活动就是祭祀，虽然近年来也增加了穿满族服饰、跳满族舞蹈、播放满族歌曲等新的活动，但是祭祀活动无疑是这一天中最神圣的仪式。正因为"中国传统节日的精神核心是神灵信仰与家族伦理，这是传统节日的魂灵"②，五月十三，守住了信仰、伦理的节日灵魂，才能在中断之后，克服重重困难，顺利重建，并继续对蒲河村人的生活产生影响。同时，对关帝、祖先的信仰，也是蒲河村人处理现实生活问题的一种历史资源。蒲河村人相信关帝、祖先十分灵验，生活中遇到问题时会来祈求保佑。这种"民俗性"③的思维方式，不仅在蒲河村内部得到了传承，即使是那些已经外迁的人们，也会按照这样的思维方式处理他们的生活问题。在300余年的村落发展历史中，曾有大量族人外迁，尤其是20世纪70年代村落搬迁时，外迁的村民很多，但是这些人在五月十三时还会回到村里参加活动。在他们遇到困难时，会去关帝庙许愿，等愿望实现后，他们非常高兴地出钱购买祭祀猪，自己作为祭主，参加领牲仪式，向关老爷还愿。

格尔茨说："我以为所谓文化就是这样一些由人自己编织的意义之网，因此，对文化的分析不是一种寻求规律的实验科学，而是一种探求意义的解释科学。我所追求的是析解（explication），即分析解释表面上神秘莫测的社会表达。"④ 对于蒲河村村民来说，作为公共仪式的五月十三是他们祭祀关帝、祭祀祖先的重要节日，重建五月十三就是他们的"社会表达"，他们正在进行自

---

① 王铭铭：《萨林斯及其西方认识论反思——〈甜蜜的悲哀〉代译序》，王铭铭：《非我与我——王铭铭学术自选集》，福建教育出版社2000年版，第161页。
② 萧放：《传统节日的复兴与重建之路》，《河南社会科学》2010年第2期。
③ 民俗性，就是实践主体在意向性生成的语境中，运用既有的心理图式（民俗知识与传统，以及现代社会图式化的媒介知识）感知、表象现实生活世界，并且赋予其意义，即通过神话化、传说化、故事化、寓言化、谚语化、仪式化等民俗化方式建构一种现实感，这种通过各表象建构起来的现实感，虽然与现实之间存在着距离，却具有其社会文化意义。刘晓春：《探究日常生活的"民俗性"——后传承时代民俗学"日常生活"转向的一种路径》，《民俗研究》2019年第3期。
④ ［美］克利福德·格尔茨：《文化的解释》，韩莉译，译林出版社1999年版，第5页。

己的文化再生产。在当下蒲河村的村落生活中，五月十三的重建具有延续历史记忆、凝聚族人、增强个体身份认同、促进村落和谐等多方面的社会功能，同时也是蒲河村人充实自己的精神世界、应对现实生活的重要支撑力量。

第二章　开放共享型节日的重建

——新宾腰站村的个案①

当下满族节日的发展中，出现一种新的类型，即将传统的节日打造成极富满族文化特色的开放共享型节日，突破原有的民族、村落限制，在更加广阔的空间中推动满族传统节日的重建与发展。

腰站村坐落于新宾满族自治县上夹河镇西约 3.5 公里，行政上隶属于上夹河镇。从行政区划上看，腰站村所隶属的上夹河镇西北为新宾满族自治县的边界镇南杂木镇，正北与清原满族自治县接壤，西南为汤图乡，正西连接抚顺县，因而上夹河镇是新宾满族自治县与临县的边界镇。腰站村距抚顺市 60 公里，距新宾镇 61 公里，大致为新宾至抚顺的中间点。这样的地理位置与行政隶属关系，使腰站村成为清代京城与关外祖陵清永陵的必经之地。②

"腰站村与我国其他满族村庄有着不同的最大特点是，该村是目前辽宁东部满族发祥地中唯一的清皇室后裔聚居地，据史料，该村在历史上曾是建州女真——当代满族的发祥地的核心区域范围，属于建州女真的苏克苏浒河部（今苏子河），是努尔哈赤起兵的重要地方，为建州女真的核心范围。该村的历史之悠久、影响之深远，被誉为目前国内外研究满族文化的'活化石'。后来……该村村民虽然在服饰、语言、劳动方式等方面也强烈地受着他族文化（主要是汉族、蒙古族、朝鲜族文化等）的影响，但是该村人的心理认同上仍然秉承强烈的民族文化意识，至今还保留着较为浓厚的民族习俗，如在村民的道德观念、价值观念等方面也多继承了满族的传统。该村与皇亲有关的肇氏家族占到相当比重，这是目前国内满族地区罕有的现象，也致使该村成为一直受到国内外学术界作为各种学术研究的重要满族村落基地。"③

---

① 腰站村调查小组成员：邵凤丽、刘波、任杰、武静静、王静文、闫妍等；调查时间：2018 年—2019 年。
② 张晓琼、何其芳：《满族——辽宁新宾县腰站村调查》，云南大学出版社 2004 年版，第 2 页。
③ 罗莉主编：《腰站村调查》，中国经济出版社 2010 年版，第 1 页。

第一节　腰站村概况

作为满族聚集地，1999年抚顺市旅游局将腰站村定为满族民俗旅游定点村，辽宁省民族和宗教事务委员会将腰站村定为国家研究满族定点村。2014年，腰站村被列入全国第三批"中国传统村落名录"。

腰站村历史悠久，先后隶属于战国时的辽东郡、西汉时的玄菟郡、三国时的魏国、唐朝的南苏郡、金代的东京路、元代的沈阳路、明代的建州右卫，努尔哈赤在新宾建立后金政权后又归后金管辖。腰站村最早的村名可追溯到明朝的嘉穆珊寨，清王朝入关以后，腰站村正式载入史册。[①]

图2-1　腰站村村碑
拍摄时间：2019年1月11日　　拍摄人：刘波

新宾县境内的清永陵被誉为关外第一陵，这里埋葬着清王朝的6位祖先，与沈阳市境内的昭陵和福陵统称关外三陵。腰站村是清代皇帝回兴京祭永陵的"御间"，即"中间站"。腰站村自努尔哈赤时代即有爱新觉罗氏大家族世居村内，所以皇室东巡一般都以此村为食宿驻地，这样安全可靠。皇族阿塔先后任

---
① 罗莉主编：《腰站村调查》，中国经济出版社2010年版，第5页。

永陵城守尉副尉，后任兴京城守尉，85岁卒，埋葬在腰站村后山。

据《爱新觉罗宗谱》记载，腰站村肇氏先祖清皇族旁支爱新觉罗·阿塔出生于后金天聪七年（明崇祯六年，1633年），隶属满洲右翼镶蓝旗，康熙七年（1668年）升为山西巡抚，康熙八年（1669年）降为四品官，康熙二十五年（1686年）九月授永陵副尉，受命回兴京守陵。他带着十三个儿子中的七个儿子离京赴任，一路走到腰站这个地方，看到这里山清水秀，背靠状如莲花之山，是为宝地，便对家人说："这个地方很好，我们住在这里吧！"于是将六个儿子及家小留在腰站，自己带着十二子巴图赴永陵上任。阿塔的六个儿子在腰站村繁衍生息至今，逐渐形成了以爱新觉罗氏为主的满族村，村名也由此而来。"肇"，就是"爱新觉罗"的简化。

图 2—2　腰站村现存的清皇室的红带子
拍摄时间：2019 年 4 月 6 日　拍摄人：刘波

阿塔及腰站村六大支与努尔哈赤的共同祖先是猛哥帖木儿（也写作"猛特穆""孟特穆"）。猛哥帖木儿是明朝时建州左卫指挥使，其后代索长阿和觉昌安，分别是努尔哈赤的三祖父和祖父，因此，腰站村爱新觉罗氏与努尔哈赤同出于建州左卫女真。从亲属关系上来说，索长阿是努尔哈赤的三祖父，再从索长阿到阿塔为第五代，阿塔与清朝第一个入关的皇帝福临属同一辈，是康熙皇帝玄烨的叔叔辈。为此，清顺治五年（1648年）追尊猛哥帖木儿为"肇祖原皇帝"，其孙福满为"兴祖直皇帝"，福满之四子觉昌安（努尔哈赤的祖父）为"景祖翼皇帝"，觉昌安之子塔克世（努尔哈赤的父亲）为"显祖宣皇帝"。

"肇""兴""景""显"四祖埋在永陵，索长阿和福满第五子包郎阿埋在永陵陵宫墙外东北山底之下。"肇""兴"二祖是腰站村爱新觉罗氏及努尔哈赤的共同直系祖先。至今，腰站村肇氏家族供奉在"祖宗板"上的五位祖先是"肇""兴""景""显"四祖及努尔哈赤。

阿塔系满洲镶黄旗，因此阿塔系统的爱新觉罗氏属于皇室旁系子孙，其名号称为"觉罗"，系红腰带，所以有"腰站红带子"之称。因此，清时腰站村肇姓村民享受清皇室旁系待遇，系红带子。每生一男孩要到盛京（今沈阳市）报户口，入《爱新觉罗宗谱·己册》，领一条红带子，作为贵族标志，死时必须带走；每年享有二十四两白银俸禄和粮食二十一石二斗；男孩结婚给白银二十两，丧事给白银三十两。

如今的腰站村，虽然后期有大量其他满族姓氏和汉族人的迁入，人口增多，村庄扩大，但依然保留着历史原有的格局。"玄菟古道（罕王路）"从村中穿过；"上下马石"被砌在临街院墙里；"东、西安乐堂"（皇帝祭祖时的驿站）遗址还清晰可见，高高的卫墙还依旧挺立在那里，圈出当年的轮廓。临街两口近20米深大井依然保存完好。尚有三条红带子在肇氏子孙手中保存，如今俨然成了历史岁月的见证。正因有着深厚的历史积淀，腰站村也展现出依托其历史文化资源而追求更长远发展的诉求，依靠满族节日来达到促发展、求合作的目的，并对自身村落社会治理做出调适。

第二节　清明节的传承与重建

从2018年开始，腰站村开始组织大型的节日活动。这些活动主要集中在清明节和春节期间。

一、节日形态

据《爱新觉罗宗谱》记载，腰站村肇氏祖先阿塔是努尔哈赤三祖父（即努尔哈赤祖父的三弟）索长阿之孙龙锡的次子，生于后金天聪七年（明崇祯六年，1633年）。索长阿这一支系繁衍较快，所以孕育的人才也最多。阿塔隶属满洲右翼镶蓝旗，康熙五十六年（1717年）卒，年84岁，生子十三人，其中六人留居于腰站村，留格居街里，察馨居街前，尹登居西北山根下，察库丹居西头后街，哲尔恩居东边，赛必图居后台子，成为今天腰站村爱新觉罗肇氏的六大主要支派。腰站村的春节、清明节祭祀活动也围绕阿塔及其他肇氏祖先展开。

腰站村2018年及2019年清明节举行的两次祭祖活动的具体过程大同小异，一是村落家祠的叩拜、献牲，二是墓地插"佛托"。2019年春节前的阖族祭祖仪式，与清明时节的祭祖活动程序基本相同，只是清明祭祖需要肇氏族人前往肇氏祖墓插"佛托"，而春节前的祭祖没有这部分活动。

图2－3　腰站肇氏家族祭祀先祖的神堂
拍摄时间：2019年1月12日　　拍摄人：刘波

无论是清明祭祖还是春节年前的祭祀活动都区分家祭和公祭，家祭是腰站村肇氏家族内部的祭祀，公祭则是面向所有参与者的祭祀活动。总的来说，整个仪式活动遵循敬神、献牲、领牲、分食福肉等程序。

一、2018年清明祭祀活动①

4月4日家祭

在腰站村村委会举行的爱新觉罗家族祭祀仪式，主要是本村肇氏族人参加，约200人。

早7时，族人们开始净面、洗漱、更衣。

之后，萨满开始准备供品，摆放神器。

早8时左右，仪式现场陆续来了很多本家族的人，祭祀仪式也随即开始。

---

① 主要调查人：邵凤丽、王静文、佀妍；调查时间：2018年4月5日。

首先，萨满先点上年息香（面香，是用东北石碇子花的叶片晒干做的一种香），与此同时，肇氏族人把备好的一头黑猪抬入房屋西间的祖宗板下，萨满开始诵读祭词，说明为何祭祀，是谁献猪一口，祝愿语等。祭词诵读完毕，爱新觉罗肇氏族人齐磕头。领牲开始，用清水或者酒倒入黑猪耳中，黑猪摇晃耳朵，则表示祖先神灵领受献牲。家祭的领牲过程不允许外人观看，只有爱新觉罗肇氏男性族人及媳妇参与。领牲之后，族人再次磕头。开始宰杀献牲黑猪，处理猪肉，从宰杀、褪毛、开膛，再到分解，这个过程大约持续一个半小时。将收拾好的猪按照萨满的要求分解后，进行下一步的摆供，本村爱新觉罗肇氏要将南面三个香炉请出，供在西南墙脚下，这三个香炉分别代表释迦牟尼、观世音菩萨、地藏王菩萨。屋内供桌上剩下南面一个香炉，北面五个香炉，萨满开始祭摆供肉，把分解的十二块黑猪肉按照整猪原样摆在槽盆内，槽盆放在供桌正前方的地上，将整块猪网油蒙在猪脸和猪头上，供桌上的每个香碟前的碗里也要摆肉，这些肉是从宰杀黑猪分裂成的十二块肉上取下来的，每块取一点即可。萨满开始祈祝，跳肉神舞，唱诵神歌娱神，之后，按辈分排列磕头，这次磕头自家姑娘也可以参与，爱新觉罗氏的媳妇不磕头，行摸鬓礼。

中午时分，厨师备饭，大家开始进餐。家祭的时候主要是以猪肉为主，也有黏火勺，与公祭时吃饭有所不同。

4月5日公祭

公祭是从2018年开始的，因为举行公祭需要多方力量的共同筹划和努力，以前仅靠肇氏家族组织，人力物力明显不足，操办比较困难。2018的公祭，依靠沈阳市满族联谊会和抚顺市满族联谊会的支持，祭祀活动得以顺利举行。

4月5日早，公祭在腰站村村委会举行。ZHC负责组织到场人员签到。根据ZHC讲述，今年的祭祖活动是由沈阳市满族联谊会和抚顺市满族联谊会主办，腰站村承办的，所以规模比较大，不限于肇氏家族参加，还有关姓、佟姓等满族族人参与，本次祭祖活动预计有300人参加。[①] 到8时55分签到仪式结束，大概280人到场，每人交费100元，发放证件，上写"满族祭祀活动——贵宾证"，该证件主要是午餐凭证。可能是天气比较恶劣，路途遥远，所以到场的人数没有达到预期。

上午9时祭祀仪式正式开始，由ZHC主持。据其自述，他4月2日就赶回了村里，为此次祭祖仪式统筹安排。

仪式的第一项是爱新觉罗后裔肇氏家族代表ZYJ宣读祭文：

[①] 访谈对象：ZHC；访谈人：邵凤丽、王静文、闫妍；访谈时间：2018年4月5日；访谈地点：腰站村村委会。

巍巍白山，滔滔黑水。
日精月华，育我先祖。
千年一脉，源远流长。
骑射渔猎，繁衍北疆。
民风淳朴，尚武争强。
明末乱世，太祖发祥。
遗甲十三，大业开创。
编建八旗，军政一体。
征战生产，治国兴邦。
佟关马索，齐富那郎。
五百氏族，合力赞襄。
赫图阿拉，立国称汗。
迁都辽沈，拓土开疆。
太宗继位，文武并扬。
满洲颁金，大清发祥。
顺治入关，华夏一统。
康乾百年，国运宏昌。
文治武功，疆域辽阔。
各族一体，中华辉煌。
当今盛世，改革开放。
百业振兴，民富国强。
八旗后辈，自强不息。
奋发共进，和谐安康。
追思先祖，功德不忘。
敬备香烛，祭拜显扬。
保我子孙，平安康泰。

第二项是由喜登萨满主持献牲仪式。

这是满族祭祀过程中极为重要的仪式，祭祀的猪必须是纯毛的黑色公猪，在满族人看来，纯毛的黑色公猪象征着纯洁，以此做供品，显示后人对祖先的至高尊崇之情。黑色公猪一般是在举行祭祀的前几天从市场上买来，由族中专人负责。整个献牲的过程是由喜登萨满带领自己的两个徒弟完成的。首先就是三人围着猪笼，边敲手鼓边念祭文，这个过程大约持续了5分钟左右，之后在喜登萨满的指挥下，族人们抬着黑猪来到村委会大门口，将清水倒入黑猪耳中，猪不断地摇晃耳朵，表示祖先领受献牲，之后由喜登萨满诵读祭词，说明为何祭祀，是谁献猪一口，祝愿语等，在喜登萨满念诵祭词的同时，爱新觉罗肇氏后代子孙磕头，磕头礼毕后，开始宰杀黑猪，处理猪肉，褪毛，开膛，分解，这个过程大约花费了一个半小时，之后将收拾好的猪按照萨满的要求分解成八块。整个献牲仪式就此结束。

第三项分为两个部分同时进行：一是肇氏族人前往祖坟进行祭祀，二是其他人由肇氏家族人带领走御路、观古树。

阿塔后裔到祖坟进行祭祖。从村委会到祖坟大概是1公里的路程，大家按照姓氏和辈分排成两队，有秩序地向祖坟行进，各自手里拿着提前制作好的"佛托"。"佛托"是满族清明特有的祭祀物品，一般是由满族人自己亲手制作的，用上五彩纸，剪成钱币的样子，绑到杨柳枝上，做成树的形状，远远望去，迎风飘扬。在满族族人看来，"佛托"是摇钱树的象征，同时也寓意着子孙满堂。关于"佛托"的传说，各地说法均有不同。据说金代女真族即有插"佛托"的习俗，到现在大约有八九百年的历史了，那时"佛托"的含义比较简单，主要是为了给坟墓做标记，因女真族是游牧民族，经常迁徙，所以为了方便辨认祖先坟茔，就以"佛托"来做记号。后来随着时间的不断推移，"佛托"也不断地被人们赋予更多的含义，诸如摇钱树，多子多孙等美好的寓意。

图2—4 腰站肇氏家族家庙
拍摄时间：2019年4月6日　拍摄人：任杰

祭祀队伍先到达的是肇氏家族的家庙，家庙大约1米高，里面摆放了牌位和供品，肇氏族人按照辈分依次行跪拜祭拜礼，由肇氏本族辈分最大的人作为代表进家庙里上香，其余族人在庙外行跪拜礼。

祭祀家庙完后，人们向山上继续走，走 200 多米就来到了祖坟，祭祀的对象主要是龙锡、阿塔和阿哈以及察馨。据说是因为龙锡等人的墓多次遭人盗取，所以 2013 年清明节，肇氏族人将龙锡、阿哈、阿塔等墓培修圆整，将位于墓地下方的赛弼图墓培起坟包。2014 年清明节，家族给龙锡立碑。龙锡父子之墓位于墓地最上沿，都有石桌。新碑高 115 厘米，上书金字："爱新觉罗龙锡之位　腰站肇氏家族　二〇一四年清明节立"。

祭祀祖坟时由一位在镇政府工作的肇氏族人代表主持。首先向族人讲述先祖历史，主要是阿塔的经历，侧重于讲述其做官经历，最高曾官居二品。之后是宣读祭文，主要是讲述祖先的丰功伟绩，对祖先进行歌颂和赞扬，表达族人的崇敬之情。最后是行跪拜之礼，插"佛托"。供桌上的供品是族人提前摆好的，整个猪头朝上置于供桌中央，两侧摆放了香蕉、火龙果、橙子等水果。跪拜时是按照姓氏辈分行三跪九叩之礼，首先是肇氏，然后是佟氏、关氏。同一姓氏中，按照辈分大小进行跪拜。行礼之后插"佛托"。祭拜祖坟的仪式结束后，桌前的供品被族人们一抢而空。这是满族习俗，认为供品有吉祥好运的意味，但是猪头不能抢，是要拿回去族人们一起享用的，以分享祖先的恩泽。整个祭祀祖坟的过程大约 40 分钟，全程有媒体拍摄录像。

图 2—5　墓园坟前的供桌及供品
拍摄时间：2019 年 4 月 6 日　　拍摄人：刘波

祭祀队伍从祖坟回来之后，即开始进行下一个仪式——分享福肉。此仪式由喜登萨满主持，族人把献牲刚处理好的黑猪抬到供桌前方，这里的供桌上摆放的供品与祖坟前的供品有很大不同，主要是中间没有摆放猪头，只是摆放了些许水果。喜登萨满敲鼓，由两个徒弟围绕着黑猪边转圈边念祭文，持续了5分钟左右，之后喜登萨满退场，由两个徒弟主持族人们行跪拜之礼，首先是肇氏家族代表人行礼，两个徒弟一个念满文，一个说汉语。之后依次是关氏代表，佟氏代表行礼，此过程大约10分钟结束。

仪式的最后是品尝满族传统特色美食——腰站传统酿酒、自制大酱、酸菜、笨榨豆油、满族八大碗、黏火勺、苏耗子、驴打滚、黏豆包、酸汤子、杀猪菜、满族传统原味火锅等八碟八碗，即八个汤八个凉菜，主要都是以昨日祭祀宰杀的黑猪为原料制作，还有一些炸鱼干，据说是腰站村特产。

二、2019年清明公祭①

（1）设置神堂供案

与2018年清明和2019年1月春节祭祀仪式不同，这次清明祭祖没有设置祖先神堂。2018年4月清明祭祖是在保存村里最后一根红带子的那户人家设置了祖先神堂，有拜祖先神堂的仪式。2019年1月是在村口的饭店临时设置的祖先神堂，也有先拜祖先神堂的仪式。此次清明祭祖没有神堂，直接在村委会前的庭院中摆放了供案，供案设置在两块下马石的中间，上面放置了三碗供菜。

祭祀的供案在正式举行的前一天就已布置好，与年节一样，共祭祀9位祖先神灵，左极供奉佛祖如来、观音菩萨、关公关云长、万历妈妈，右极供奉肇祖原奥帝孟特穆、兴祖直帝福满、景祖异皇帝觉昌安、显祖宣皇帝塔克世、太祖高皇帝努尔哈赤。左极为4位神灵，右极为5位祖先神。

（2）请牲

仪式的具体过程省去了上香敬酒（因为没有神堂，这些仪式被省去），直接从请牲仪式开始，都由喜登萨满和他的一位徒弟YJCY完成（2019年1月份祭祖仪式是4位）。萨满的徒弟大喊"请牲"，早已备好的供献牲猪（纯黑无杂毛）被抬到供案前，喜登萨满和他的徒弟围绕着牲猪敲打手鼓。

（3）领牲

领牲仪式是满族祭祖仪式当中最重要的环节。由萨满将酒杯中的酒倒入牲

---

① 主要调查人：刘波、任杰；调查时间：2019年4月6日。

猪的耳朵，牲猪开始嚎叫，耳朵扑棱起来，表示祖先神灵已经"领牲"。萨满大喊"领牲"，同时停止敲打手鼓，礼成。礼毕的同时，鞭炮响起，主持人宣讲："慎终追远，缅怀先祖，爱新觉罗·阿塔后裔，扫墓插'佛托'。"同时，牲猪开始被放血，等血盛满一大盆，爱新觉罗家族人人手持"佛托"，按辈分排好队伍，上山祭祖。

（4）解骨摆件，跳肉神舞

放血完后的牲猪被抬到村口去毛宰杀，然后解骨摆件，放在供案前的案板上。最后，萨满围绕摆好的猪肉跳肉神舞，跳完肉神舞后人们分食福肉。

（5）插"佛托"

祭祖仪式完成后，肇氏家族的人前往莲花山半腰处的祖坟处插"佛托"，祭奠先祖。"佛托"的制作一般分四个步骤，具体如下：

①剪五彩条

准备好五色彩纸（5 种颜色即可），拿出一张纸折成 6 份，头一剪需要斜着剪，剪出 3 个锯齿，开始剪"钱币"，像铜钱一样，外圆内方，意味着给死去的先人送钱。每两个"铜钱"之间需剪两个锯齿，按顺序依次进行。一般每一张纸需要剪出 10 个"铜钱"，因为旧时候十文钱为一吊钱。最后并不把多余的纸减掉，多余的纸像树叶一样在下面坠着，末了将像树叶的那几条纸捏在一起，"铜钱"在下面垂着，剪好后的五彩条很像一串铜钱。

②扎花

"佛托"上用的花一般都是荷花，也有用牡丹花或芍药花的。花的颜色决定这家在什么旗，如果这家是正黄旗就扎一朵黄色的花，正红旗就扎一朵红色的花，正白旗就扎一朵白色的花，正蓝旗就扎一朵蓝色的花。如果是镶黄旗就在黄花下边衬白边（形状像叶），镶红旗就衬绿边，镶白旗就衬黄边，镶蓝旗衬红边。现在抚顺新宾的人们为了寻求美观，一般几种颜色的纸叠在一起，五颜六色，饱满且漂亮。

③备木棍

扎"佛托"用的木棍必须是柳木，长大约 1 米，木棍上面削尖，下面削成斜茬，这是为了便于插在坟头，也是因为柳树易活，象征着生命的生生不息。

④粘绑

以上几个步骤完成后，把剪好的五彩条用线绑在柳树棍的顶端，花绑在顶端，做成像拂尘一样。这就是"佛托"的制作全过程。

图 2—6 坟茔上的"佛托"
拍摄时间：2019 年 4 月 6 日　拍摄人：任杰

到达祖坟前，先到山脚下的家庙处祭拜"六将军"（也称"黄大仙"），祭拜之后再上山到先祖坟茔处。"六将军"庙左边有座先祖坟，为"爱新觉罗·赛必图"的坟茔和墓碑，墓碑由肇氏子孙于 2018 年清明节敬立。其他先祖坟茔在莲花山下半山腰处（半山腰偏下）。位于半山腰处的先祖坟茔总共有 5 处，立碑 5 块，坟茔墓碑位置（位置，并非辈分高低）如下：

爱新觉罗·龙锡
（2014 年肇氏子孙敬立）

爱新觉罗·阿塔　　　　爱新觉罗·阿哈
（2018 年清明肇氏子孙敬立）　（2018 年清明肇氏子孙敬立）

爱新觉罗·尹登　　　　爱新觉罗·查馨
（2018 年清明肇氏子孙敬立）　（2018 年清明肇氏子孙敬立）

全部族人到达祖坟前时，肇氏族人开始诵读祭文。祭文内容：

三祖索长阿，贝勒宁古塔。
和洛嘎善地，故城兴族家。
五子五大宗，后裔布天下。
同为兴祖孙，爱新觉罗娃。
阿塔守祖陵，威名传华夏。

> 族源年代远，宗支繁衍大。
> 分布地域广，姓氏有变化。
> 理全甚费力，续谱工程大。
> 族人不相识，不知是一家。
> 查史续宗谱，源流搞清它。
> 需要全族人，心齐共参加。

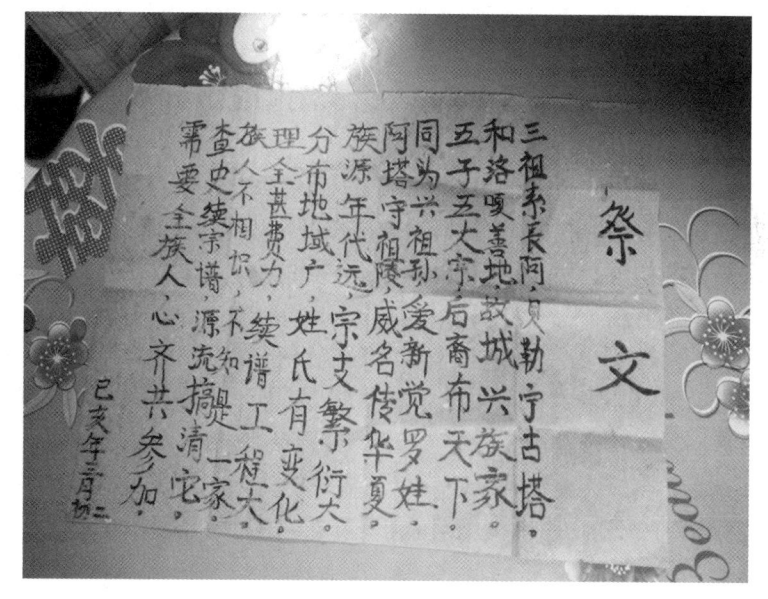

图2—7 腰站村满族肇氏家族清明祭祖祭文
拍摄时间：2019年4月3日　拍摄人：任杰

祭文诵读完毕，即焚烧化纸，肇氏家族按辈分开始祭拜插"佛托"。随着时间的推移，插"佛托"的意义也在不断地延伸，它不仅表现了对死者的祭奠，同时又意为摇钱树，表示给已故的人送去钱财。插"佛托"的木杆由容易存活的柳木制作而成，因此，插"佛托"的习俗又有保佑子孙兴旺、相传不息之意。插"佛托"这种习俗活动，始终贯穿着对已故长辈们的孝敬和怀念之情，以各种礼节来表达对祖先的敬仰，同时又祈盼先人保护子孙后代，祝愿后人平安吉祥、繁衍兴旺。插完"佛托"，肇氏家族众人返回村子，参加宴饮，分食福肉。

（6）分食福肉

牲猪向祖先神灵供奉完后，剩下的一部分用作祭祀后的宴饮食材。此次活动的餐食是农村举行大型活动典型的"流水席"，与春节祭祀时聘请外地的流动饭店不一样，这次餐饮是由腰站本村的一位小伙子负责，菜品也不是传统的满族八大碗,而是家常菜,餐饮的费用在此次活动的经费当中支出。

第三节　春节的传承与重建①

2019年腊月里的祭祀仪式与清明祭祖一样,也是分两天举行。11日举行家祭,12日举行公祭。11日家祭一般不对外开放,由肇氏族人参加。12日的公祭则完全对外开放,各路亲朋好友都可以参加。家祭的仪式和公祭的仪式并无差别,只是肇氏族人先举行一次家祭,再举行一次公祭,公祭更注重对外的宣传。

此次祭祀活动由主祭人ZQH和腰站村村长ZYJ负责,沈阳满族联谊会给予资助。这次还有蒲河村的ZYS、ZQG两位助祭人负责主持祭祀。

此次祭祀的场地设置在腰站村村口的一个小饭店,祭祀祖先的神堂供案也临时设置在小饭店内。

祭祀的神堂供案在11日举行家祭之前就已布置好,总共祭祀9位神灵祖先,左极供奉佛祖如来、观音菩萨、关公关云长、万历妈妈,右极供奉肇祖原奥帝孟特穆、兴祖直帝福满、景祖异皇帝觉昌安、显祖宣皇帝塔克世、太祖高皇帝努尔哈赤。左极为4位神灵,右极为5位祖先神。每位神灵祖先各摆4个碗碟,共计36个碗碟,用来装呈祭品,9双筷,9把勺。祭品主要有供肉、打糕、清茶。

1月12日公祭

12日上午,参加祭祀的人陆续到达,前来参加的人士都需签到,肇氏族人与外界人士分开签到,签到无需缴纳费用。

介绍来宾

上午9:00,祭祀仪式正式开始,第一项是助祭人ZHC宣读前来参加祭祀活动的来宾名单。

上香敬酒

来宾名单宣读完毕后,助祭人ZHC接着讲道:"水源木本承先泽,春露秋霜启后坤。今天是清兴祖直皇帝福满第十六世孙,爱新觉罗·QH祭祀先祖仪式,有请爱新觉罗·QH夫妇同大家见面。"主祭人ZQH夫妇同来宾打完招呼后,在助祭人的协同下,主祭人分别为9位神灵先祖上香。紧接着主

---

① 主要调查人:刘波、任杰;调查时间:2019年1月12日。

祭人跪于神堂供案前敬酒，每次敬酒都将酒杯高高托举，直到9位神灵先祖都敬酒完毕。在此过程中，助祭人念诵祝词，敬酒结束后行跪叩礼。主祭人妻子复行敬酒跪叩礼。

萨满跳舞请牲

此仪式过程由喜登萨满及其三位助手完成。先是其中一位萨满助手跪于神堂供案前，用满语念诵祭词，同时主祭人妻子端酒站于后方，喜登萨满与另外两名助手手敲萨满鼓。萨满助手祭词诵读完毕后，行叩拜礼，主祭人妻子将酒供放于案前。此时，萨满的另一位助手大喊"请牲"，早已备好的供献牲猪（纯黑无杂毛）被抬到供案前，喜登萨满和两位助手围绕着牲猪敲打手鼓，顺逆时针各转三圈。

图2—8 满文"福"字
拍摄时间：2019年1月11日
拍摄人：任杰

领牲

领牲仪式是满族祭祖仪式当中重要的环节。萨满助手大喊"请主祭领牲"，同时喜登萨满和助手都停止敲打手鼓。此时，主祭人及其妻子面朝神堂供案跪在最前，其他族人按辈分跪其后，助祭人开始念诵祭词。

祭词内容：

追风千古，望祭白山。
肇创东土，朱果呈祥。
紫气东来，人杰地灵。
继后世续，源远流长。
新逢盛世，正逢人和。
满人习俗，觉罗移风。
引导善行，灾厄不兴。
风调雨顺，百姓安宁。
追思先祖，功德不忘。
吉日吉时，请来支派。
本人口愿，自发心愿。

爱新觉罗·QH，请祖宗，供奉老祖先，献畜一口，歌功颂德，祈祷未来。今不为别事，为的是福晋太太，阿哥儿郎，幸福安康，吉祥如意，万事顺遂。

祭词诵读完毕后，助祭人倒三杯酒交于主祭人妻子，主祭人妻子高举放有三杯酒的托盘三次，然后由主祭人将酒杯中的酒倒入牲猪的耳朵中，倒入第一杯酒时，牲猪耳朵扑棱起来，表示祖先神灵已经"领牲"。

图 2—9　腰站村村委会
拍摄时间：2019 年 1 月 11 日　拍摄人：任杰

礼毕

"领牲"后，助祭人宣示众族人行三叩礼。助祭人念诵道："一叩首，祈求祖先保佑我们的族人风调雨顺，五谷丰登；二叩首，祈求祖先保佑我们的国家繁荣昌盛，国泰民安；三叩首，祈求祖先保佑我们的族人蒸蒸日上，万事恒昌。主祭人纳吉，各位长辈们纳吉，礼毕！"同时，室外开始燃放鞭炮。

届时，主祭人和村主任邀请参观的各位来宾前往村委会听讲座，讲座内容为腰站村的发展历史，由村主任负责，讲座结束后还有旗袍协会带来的旗袍表演秀。

供献福肉

礼毕后，在村委会召开讲座的同时，牲猪被抬到村口去毛宰杀，然后分割为几大块。与此同时，在神堂供案前放置案板，将分割好的牲猪肉摆好，每部分都由助祭人割几小块，供置于祖先神灵的供碗当中。

分食福肉

将牲猪向祖先神灵供奉完后，剩下的一部分用作祭祀后的宴饮食材。此次祭祀后宴饮所做餐食既有满族传统的八大碗，又有其他菜品，每桌12道菜，用来宴请参加祭礼的亲朋好友，让大家都能吃上"福肉"。菜品包括："杀猪菜"（酸菜炖血肠），红烧肉，山菜扣肉，肉沫粉条，"炸三样"（炸猪腰子、猪脾、鸡冠油，鸡冠油指猪大肠上的猪油），四喜丸子，炸面棒，炸小河鱼，花生米，黄瓜干炒土豆干，酸菜粉条，鲤子鱼，肝肠。除了菜品，每桌还配有肇氏家族中妇女亲手包的苏叶饽饽。宴席上用不完的猪肉都会分于肇氏家族众人，以享祖先福馈。

此次负责菜肴制作的人员并非村里的人，而是城乡常见的"流动厨房"（村镇有红白喜事，专门负责做菜的人，通常从食材到桌椅板凳都自备）。肇氏家族的妇女主要制作苏叶饽饽。

图2-10 做好的苏叶饽饽
拍摄时间：2019年1月12日
拍摄人：刘波

第四节 节日主体的多样性与经费筹集

一、参与者身份的多样性

腰站村节日活动的主要组织人员为ZQH、ZHC及腰站村村主任ZYJ。ZQH和村主任ZYJ是腰站肇氏家族的核心成员，也是肇氏家族中有分量的人物，活动的号召由二人负责。活动过程中，三人分工协作。ZYJ主要负责整个仪式活动的准备工作和收尾工作。ZQH负责接待同族亲友，ZHC主要负责仪式的主持和接待外来人员。当然，这是主要的区分，其他各个方面，如接待外来宾客、招呼同宗的亲友、准备工作当中的一些事情等，都要互相配合。

ZQH，生于腰站村，是清兴祖直皇帝福满第十六世孙，后到沈阳市发展，从事建材行业，时任沈阳满族联谊会副会长，也是节日活动的主要发起人。对于ZQH而言，腰站村是他的故乡，参与节日活动主要是为了凝聚家族亲情，寻找先祖根源，同时谋求村子的发展。

ZYJ是腰站村的村主任，也是节日重建的关键人物，他负责祭祀前后诸多事情的打理，保证整个祭祀活动顺利进行。作为村主任，ZYJ以村落的发展为第一诉求，他希望通过传统节日重建，对外宣传腰站村，寻求村子的发展机会。

ZHC是索长阿之后，2017年他从沈阳来到腰站村寻根问祖。在村前看到一处满文，他认为这个满文写得不规范，于是与村主任ZYJ进行了沟通，就这样与村子建立了长期的联系，后来多次来到村子，帮助组织节日活动。

2019年年前祭祀时，腰站村还从辽中蒲河村邀请了ZYS和ZQG两个熟悉满族祭祀流程的人来主持领牲仪式。

对于腰站村来说，清明节和春节都是重大节日，村委会组织大型祭祀活动自然少不了村里人。在活动现场，很多肇姓村民自发组织起来，携带各种祭祀用品，一起参加祭祀活动。另外，腰站村有多个姓氏，除了肇姓族人外，其他邻里也在祭祀活动中帮忙做事，但不参与祭祀活动。

在活动开始之前，村子已经通过多种方式向外发出了邀请函，很多人赶来参与活动。

这些参与者来自各个不同行业，有中国摄影家协会会员、辽宁摄影协会会员、沈阳市公安局工作人员、辽宁省文化旅游厅工作人员、辽宁设备管理协会工作人员、抚顺旗袍协会工作人员、某地产集团工作人员、辽宁省设备管理协会工作人员，以及某些个体从业者等等，也有个人兴趣爱好者，如满族兴趣爱好者。

2019年清明节时，还有专门从北京赶来参加腰站村清明节祭祖的人员，有人民日报社德孝中华周刊指导委员会全国负责人、全国助产先进个人道德模范、全国爱国主义教育纪念馆馆长、中国诗歌协会会员等等。

二、经费的筹集

从2018年清明祭祖到2019年清明祭祖这三次祭祖活动来看，祭祖的主要负责人和资金来源都为ZQH个人，赞助方为沈阳市满族联谊会和抚顺市满族联谊会。2018年清明祭祖由沈阳市满族联谊会和抚顺市满族联谊会主办、腰站村承办，外加肇氏家族精英阶层的努力，才使得清明公祭举办起来。2019年春节前祭祖，祭祀由主祭人和腰站村村主任ZYJ负责，沈阳满族联谊会给予资助，资金由主祭人ZQH负责。这次祭祖是ZQH个人祭祖，并未收取参与费，一个原因是个人祭祖，另一个原因是得到沈阳满族联谊会和其他相关部门的资助，活动的规模也很大，前后两天宰杀牲猪三头，分食福肉的菜肴和席面也十分丰盛。2019年清明祭祖仪式与2018年相比，从聘请同村人来包揽流水席及两次祭祖仪式菜品的方面相比较，都能显现出经费不足的情况。更主要的是参与及来访人员每人都需缴纳100元，ZHC在仪式举行的前后都多次广播要求签到交费才能参加分食福肉的流水席，这种情况一是腰站村没有给予这次活动充足的经费，二是由于前期不打算大办，也并未拉到相关部门的赞助。从调研中了解到，之后不会再举办这种大型的祭祖活动，依据ZHC的说法，之后祭祖会遵循传统的"三年一小办，五年一大办"的规定。可以看出，活动经费不足问题依然是制约节日重建的重要因素。

为了更好地宣传腰站村举办的清明节祭祖和春节祭祖活动，活动开始前数天，组织者就会进行对外宣传，宣传对象主要是肇氏族人、其他满族民众、研究人员、满族文化爱好者等。

现在，腰站村节日祭祀活动的消息发布及前期的宣传主要通过网络进行。2018年12月26日，ID为"满语金标"的金标（从事满语教学，也是满族传统活动的积极参与者和宣传者）在微信朋友圈发布邀请函，内容为："2019年1月11日、12日，新宾、上夹河、腰站，满族分享福肉大典，竭诚欢迎族胞参加，将有祭祖、萨满、歌舞等活动。"金标还建立了"1月12日腰站满族吃肉大典"微信群，将参加的人拉入群聊并且统计人数。2019年清明节举行祭祀活动的消息发布及前期的宣传也通过网络进行，主要是微信群及朋友圈。邀请信息如下：

邀请函

各位群友：

中国传统村落——腰站村（新宾满族自治县上夹河镇）定于四月六日（星期六）上午九点在村部举行大型宗亲会：

1. 将有上级有关部门领导参加；
2. 举行祭祖仪式（献牲、萨满祈福、扫墓、插佛托、吃福肉等）；
3. 参观古井、古御道、古榆等。

此次宗亲会旨在传承民族文化、弘扬民族精神、振兴满族经济、促进社会和谐。期待您为中国传统村落的发展献计献策！

参会费：每人100元（含午餐费）；

报名电话：YJ 139＊＊＊＊＊＊＊＊　　QH 156＊＊＊＊＊＊＊＊

腰站村宗亲会筹委会

2019年3月20日

网络上可见关于相关活动的具体报道。"爱新觉罗总谱网"发布了《新宾满族自治县腰站村举行满族祭祖仪式》的新闻,搜狐的自媒体平台"满语"栏目可见《中国传统村落腰站村　清明节满族传统祭祖仪式》的报道,新宾满族自治县文化馆发布的《新宾满族自治县腰站村举行满族祭祖仪式》的文章对近年的祭祖仪式也从民俗学角度给予关注,还有一些个人的自媒体对腰站村的祭祖活动进行了历史梳理、活动报道。

腰站村的节日祭祖仪式是在国家弘扬优秀文化传统,提倡民族自信,发扬文化自信的背景下发展起来的,诸多具有历史文化底蕴的村落以这个文化建设的浪潮为契机,寻求发展且效果明显,腰站村也不例外。作为辽东地区清皇族后裔聚居的腰站村,作为与清皇室同姓的肇氏族人,他们有深厚的历史底蕴是毋庸置疑的,但在日异月殊的历史变迁中,腰站村受族人迁居外地及其他因素的影响,节日祭祀先祖的仪式也更多的是小家当中的祭奠,阖族进行的宗族大祭早已不在,甚至难以考证其历史上是否有这样的传统。时代发展至今,一方面基于寻根问祖、追寻先祖源流世系、维系家族的文化认同,另一方面源于为腰站村寻求发展契机,肇氏族人中ZQH、ZHC等文化精英联合腰站村村主任,查经阅典,根据历史资料,重建满族传统的祭祖仪礼,慎终追远,考奠先祖,加强族亲联系。腰站肇氏家族的发展和腰站村的发展是互相联系、不可分离的。肇氏家族通过举办家族祭祀活动来召集亲朋及各路人士,更多的也是谋划村子未来的发展,腰站村发展得好,腰站的肇氏家族及其他姓氏家户才会发展得好。腰站村近些年来依托传统节日举办大型的祭祖活动,从根本上而言,旨在重新凝聚族亲,维系族群关系,协调村落治理,促进村落发展。

同时,对于腰站村村民来说,清明节、春节有历史传统,是他们一直在过的节日。但是,近年来的公祭仪式对他们的影响也十分明显,有了公祭仪式,村落历史得以重现,民族身份更加被重视,仪式确实产生了实际影响,但是与组织者的初衷相比还差较远。腰站村希望通过举行这些祭祖仪式的展演,达到宣传村落及寻求与外部合作的机会来发展村落的目的,但在举办活动的过程中发现,外来参与群体的数量并没有达到他们的预期,能与之合作发展的也寥寥无几,并没有给村落的发展带来显著的效果。对于未来的节日祭祖活动要如何举行,腰站村人也很迷茫。

出现这种现象,反映出节日的重建不仅是仪式和物质层面的重建,更为重要的是精神内核的重建。"精神是文化的核心,节日精神是凝聚群体、组织仪式活动的心理保障"①，腰站肇氏家族祭祀先祖的祭仪和插"佛托"，是其通过肢体语言的内在情感的表达，让参与仪式中的族人身怀敬畏与感恩意识，从而实现其与先祖及繁衍生息的乡土自然的沟通和联系，保证族人社群的伦理秩序，最核心的还是子孙后代对先祖的缅怀及祈求肇氏子孙繁荣昌盛，家族能更加凝聚团结。阿塔、龙锡和阿哈是腰站村肇氏族人的祖先，对祖先的祭祀能够起到慎终追远的作用，但是对于非肇氏后裔，尤其是非满族人来说，阿塔、龙锡和阿哈只是历史人物，并没有太多的特殊意义。插"佛托"作为一种独特的文化形式，可以被观看、消费，但是参观者无法体会里面蕴含的祖先信仰、血缘伦理的深刻内涵，因此初次的新鲜感过去之后，他们很少会再次选择来这里过清明节。从腰站村清明节的构建可以看出，当下满族节日的重建需要重视精神核心的有效传递。

---

① 萧放：《传统节日的传承与重建》，《新湘评论》2019年第3期。

第三章 传统节日的展演式发展

——沈北静安村的个案[1]

在传统社会，节日属于具体的一个村落或数个村落，具有鲜明的内聚性，节日的传承以满足村落内部民众的需求为直接目的。但是随着社会的不断发展，当下满族节日正在逐渐发展成为全体满族人回忆过去、重拾民族身份的一种仪式行为。

辽宁省沈阳市于洪区静安村近年来大力恢复传统满族节日，如春节、元宵节、填仓节、二月二、清明节、开山节、五月节、八月节、颁金节等。静安村位于辽宁省沈阳市于洪区马三家子街道，是沈阳市的一个满族聚居村落。村庄南邻 304 国道，北邻大兴线，西邻蒲河景观带静安林海段，主要农作物是玉米和水稻。

第一节 静安村概况

静安村历史悠久，曾名静安社、静远堡、静安堡等。公元 900 年前后，这里归属辽国，是边境重镇，宋和辽、金在此多有交锋。1442 年，明朝在辽东修建了一条长城，称为"辽东边墙"。该段长城是三个不同时期修筑的人工屏障，是防御蒙古族、女真族侵袭的军事设施。"辽东边墙"初建成时，其规格是五里建一墩，十里建一台，三十里左右建一个城堡，珠连璧贯，千里相望。静安堡就是这三十里一堡之一。据《全辽志》记载："静远堡官军三百四十一员名。堡东地势平漫，临境陈宁堡可按伏，沿边原无通贼道路。远宁小墩，远房小墩，远腹小台，远安小台，静长小台，静久小台，静远小台，静江小台，远得大台，远威小台，远夷小台，殷孙儿台，鲍家台，钮三宫台。"[2] 又《辽东志》有"静远堡官军三百六十四员名，堡东地势平漫，临境陈宁堡可按伏，

---

[1] 静安村调查小组成员：邵凤丽、朱妍、胡佩佩、任杰；调查时间：2018 年－2020 年。
[2] （明）李辅：《全辽志》卷二，韩钢点校，科学出版社 2016 年版第 117 页。

沿边原无通贼道路。远服小台，远房小台，远夷小台，远镇小台，远威小台，远宁小台，远安小台，远得大墩，静疆小台，静边小台，静久小台"①的记载。当时，静安堡驻有官兵364名，以此为原点向南北延伸，共有墩台68座，负责辽阳、沈阳两地兵马的互为策应。静安堡现今尚存边墙的部分陈迹。村西北面原来村小学附近，其地势较高的地带就是静安堡的遗址。

明正统七年（1442年），在明古长城上修筑城堡，下属墩台十四座，静安堡地处要冲，是明沈阳中卫的重要门户。明末，东部女真、西部蒙古曾多次侵扰此地。清《读史方舆纪要》载："静远堡卫西七十里，与定辽卫之长营堡接界。其相近又有陈宁堡。又平房堡，在卫西北三十三里。堡北去边十里，堡南有河一道。弘治十七年（1504年）建永利闸一座于河东南，以遏贼骑，使不得渡河犯卫城。□上榆林堡，在卫西北四十里。其相近者，有倒塔儿空堡，万历末增置。又十方寺堡，在蒲河所西北。其南有马空堡，亦万历末增置。"②"又旧《志》云：县西南六十里有静安社，即故柳城郡城，隋唐时亦为柳城治。误也。《新唐志》平州有柳城军，永泰元年置，或即此地。元曰：'静安社'。嘉靖三十一年（1552年），置静安堡。"③清《畿辅通志》有记"静安堡在昌黎县西南六十里，明嘉靖三十一年置"④。《钦定盛京通志》："净烟堡城西六十里，周围半里，南一门即明之静远堡。"⑤

明天启元年（1621年），努尔哈赤率兵攻陷辽东重镇沈阳后，该堡明军投降后金，静安堡归后金所有。据静安村瓜尔佳氏哈拉"大清顺治六年二月十日立"的满洲谱单记载：家谱一世祖为索尔贺，二世祖费英东，为后金开国五大臣之一。在四世祖时兄弟八人迁到此村，从此满族人在此繁衍生息，静安村也成为满族聚居村落。最初静安村内主要由那、关、国、鄂四姓构成，后随着人口规模的不断扩大，国姓和鄂姓迁走，村中的满族人只留下了关姓和那姓两大

---

① （明）任洛：《辽东志》卷三，http://www.guoxuedashi.com/a/5992y/70254n.html，浏览时间：2021年1月14日。
② （清）顾祖禹：《读史方舆纪要》卷三十七，山东八，http://www.guoxuedashi.com/a/265a/5049s.html，浏览时间：2021年1月14日。
③ （清）顾祖禹：《读方史舆纪要》卷十七，北直八，http://www.guoxuedashi.com/a/265a/5027i.html，浏览时间：2021年1月14日。
④ （清）李卫：《畿辅通志》，第7部分，http://www.guoxuedashi.com/a/5947x/80485t.html，浏览时间：2021年1月14日。
⑤ （清）阿桂：《钦定盛京通志》卷二十九，城池一，http://www.guoxuedashi.com/a/19682o/263826s.html，浏览时间：2021年1月14日。

户和唐姓一户。①

近年来，静安村满族文化发展趋势良好。

2017年12月19日，静安村获批为"沈阳国际满语文传承保护实验区"。

2018年4月15日下午，由沈阳师范大学国家民委民族文化工作基地主办、沈阳国际满语文传承保护实验区承办的第三届中国满语文书法展赛在沈阳市于洪区马三家街道静安村隆重开幕。

2018年6月10日，"沈阳满族联谊会于洪区静安堡分会"举行了挂牌仪式。

2018年9月12日，沈阳市于洪区民族事务委员会批准静安村为少数民族村。

图3－1 满韵之家荣誉角
拍摄时间：2020年11月14日　拍摄人：朱妍

第二节　传统节日展演

传统的中国乡土社会，村落是大规模人口聚集而居形成的地理区域。在一座座村落中，为适应生产生活的需要，人们依地理环境、风土人情，经历一代

---

① 陈华泽：《满族春祭的新形态——以沈阳市静安村祭神祭天典礼为例》，《满族研究》2019年2期。

代先辈的积淀，发明创造出适合本族群的文化。民俗文化作为乡村传统文化传承的具体承载形式，具有普遍性和集体性的特征，是乡村民众在日常生产生活中形成和积淀的关于生活范式、礼仪、习俗和价值观念的传统文化形式。① 乡村社会中，传统节日的复兴、仪式活动的再现既可以展现民俗文化的历史形貌，又可以促使人们参与和认知民俗文化，唤醒民族认同感与凝聚力。

中国古人将天地自然与时序相对应，并与民俗传统相融合，创造了不同于常日的节日，传统节日之所以能长久传承，根本原因在于其精神文化内涵的世代传承，而文化内涵的传承又是以节俗活动为直接载体的。对于国家而言，全民共享的节日文化是传承民族历史、民族情感的重要载体，是维系国家统一、社会和谐的重要纽带。对于民众而言，周而复始的年节体系在无形而漫长的时间河流上形成稳定的世俗生活框架，人们可以对时间富有期待、做出计划，更重要的是，人们可以在传统节日之中重温传统、积蓄力量，回归群体、获得慰藉，同时也以超越日常的体验调剂世俗。② 辽宁省沈阳市于洪区静安村满族传统岁时节日的重建，对当代文化复兴同样具有重要意义。静安村的节日传统承载着满族人民的精神内涵，节日中的各项活动是他们对自身民族身份的认同及对满族文化的热爱。

静安村近年来大力重建传统节日，在 NY 等人的组织参与下，春节、正月十六、填仓节、清明节、开山节、五月节、中秋节等节日都得到了重建。

一、春节

年末祭天祭祖活动是对过去一年风调雨顺、百姓安康进行的总结，同时也是祈愿可以在新的一年里祖国繁荣昌盛，民族团结，国泰民安。

自 2018 年静安满族村成立以来，祭天祭祖便成为必不可少的庆典活动，许多外地的满族同胞们也慕名前来，和村民们欢聚一堂，共庆新年。

2020 年祭天祭祖活动在"满韵之家"的主办下，吸引了各界人士前来参加，有官方与非官方两类群体。一方面是以学者、媒体与政府人员等为主的外在力量的介入。其中有吉林大学、辽宁大学、沈阳师范大学、日本神奈川大学的师生，以及研究萨满史诗的韩国学者，对相关的文化内容进行调研；有于洪区的公安干警来维护活动秩序；以及新北方的媒体记者对活动过程的跟进报道。另一方面是民间自发参与的力量。其中包括静安村村民，还有萨满，以及

---

① 鲁可荣、曹斐浩：《乡村传统民俗文化的集体记忆重构及价值传承——以妙源村"立春祭"为例》，《浙江学刊》2020 年第 2 期。

② 萧放、贾琛：《中国传统节日的传承与变革》，《社会治理》2020 年第 7 期。

从四面八方赶来参加活动的人。

仪式活动的第一项是"请神"。由喜登萨满为两位主祭萨满穿神衣，戴神帽，系腰铃后开始敬年息香。萨满们边唱神词边摇晃腰铃，走在村民旁边，由村民给灶神、门口、屋外天地神的香炉上香，上香之后再回到祖宗板前磕头。敬酒，再磕头。萨满给神敬酒，唱请神词，后跪在门口请神。

请神后，萨满开始准备领牲。人们将猪从外面抬到室内桌子上，猪头朝西，肚子朝南，并用红布条把猪的左前腿缠上，取吉祥之意。萨满唱诵神词，领牲。萨满把白酒灌进猪耳朵，猪耳朵动了就代表着神接受了祭祀。萨满大喊"领牲"，这一仪式完成。

图 3-2 祭天祭祖活动之领牲
拍摄时间：2020 年 1 月 12 日　拍摄人：朱妍

把猪解剖后要进行的是"摆件"，猪分成八个部分后再分别抬回神堂，同时猪的一些杂碎也会留下来放在一边。这既意味着向祖先供奉的是从头到尾的整头猪，又为下面祭天仪式所需做准备。而后萨满开始唱神歌，跳肉神。

"祭柳"也叫"祭祀佛托妈妈"。佛托妈妈是掌管生育的女神，祭祀佛托妈妈可以祈子祈福，保佑孩子健康成长。萨满将子孙绳从佛托妈妈袋里取出，一头系在祖宗板上，另一头系在屋内门口上方的柳枝上。柳枝旁摆上小桌，小桌上的碗中装有水团子。在场的孩子们或是结婚后无子的女人都可以坐在炕上，以取求福求子之意。接着举行祭神箭礼。萨满举起箭触碰羽毛部分并用神箭上的麻线触碰柳枝，然后将箭竖立放置，继续击打神鼓。这时希望得到福气的孩子需要跪下来，萨满用神箭触碰小孩的头部。男孩行跪礼，女孩行扶鬓礼。

接下来是祭天仪式。祭天时需要将跳肉神时的猪杂碎掺着稻草绑在神杆后放在桌上。然后由喜登萨满为主祭萨满戴神帽递腰铃。主祭萨满向神杆撒五谷杂粮，这一过程需要告祭三次，每说完一次就撒五谷杂粮一次。喜登萨满和另一位萨满则在旁边击神鼓。撒完五谷后洒水。最后将神杆放在门口南侧的木栏上，祭天仪式结束。

祭天后是祭先祖。萨满首先把西面神坛上的祖宗板用红布蒙起来，然后开始准备祭北墙，在北炕上准备香烛供品，祭祀自家先祖。最先叩拜的是整个村里辈分与年纪最大的长者。老人先向祭坛三叩首，后又向北炕摆供处三叩首。之后一位接着一位，村民按照村子里的辈分相继叩拜。

祭祀仪式结束后，由静安村满族村民自编、自导、自演了一台文艺演出，向人们展示满族特色的歌舞表演及才艺互动，现场气氛十分活跃。

祭祀活动是人们与祖先之间情感沟通的一条纽带，缅怀先祖、祭天祭神不仅增强了民族的文化自信心，而且也加强了家族成员间的亲属认同感。举办祭祀仪式能够号召子孙们寻根溯源，共同祝愿国泰民安、民族团结，以此构建民族的文化记忆，对于维护民族团结、继承中国传统文化、弘扬民族精神具有十分重要的作用。

二、正月十六

正月十六，也叫放偷日、放偷节，相传这一天，如果说有人犯错误了，或者说偷盗了，也不抓他，以劝说为主。

2018年3月3日是农历的正月十六，NY和满族村民以及慕名而来的人们，在静安村神堂，共同庆贺满族的传统节日。活动内容的有骨碌元宵、照贼、跳篝火舞、走百病、玩请笊篱姑姑游戏等等。

1. 骨碌元宵

据NY介绍，满族的元宵与南方的汤圆略有不同。[①] 元宵的馅是用糖、花生、玫瑰等各种佐料，经过熬制成型。用笊篱将元宵的馅球在水中先过一下，然后放到黏米粉，也就是糯米粉中，进行摇晃，使馅球均匀地粘满黏米粉，这个过程就叫做骨碌元宵。

2. 照贼

正月十六日夜，满族家家燃起灯火，主人提着灯笼照遍屋内各阴暗角落及庭院僻静之处，名曰"照贼"。"照贼，照贼，贼来抓贼"，这个活动是正月十六这天的主要内容之一，所以这个节日也叫做"放偷日"。这天，由一名小男

[①] 访谈对象：NY；访谈人：朱妍；访谈时间：2020年5月2日。访谈方式：微信。

孩手提灯笼在前，众人手拿偷来的铁锹、扫把等物品随后，在房前屋后各处行走，并高喊"照贼，照贼，贼来抓贼"。

3. 请笊篱姑姑

请笊篱姑姑的游戏也是这个节日的重头戏。相传当年努尔哈赤被敌军追到河边，有个姑姑正在用柳条笊篱洗菜，她急中生智用笊篱绑上红绳送努尔哈赤过河。努尔哈赤"黄衣称汗"不忘救命之恩，封其为"笊篱姑姑"女神。这天的游戏过程是：一个满族小男孩提着灯笼，妇女们拿着笊篱随其后在烟囱下站一站，然后去茅房再转三圈，回到屋里到南炕上围桌子左转三圈、右转三圈，边转嘴里边说"笊篱姑姑回家来，南院后院看一看"，然后小男孩面朝北，开始做游戏。"笊篱姑姑下山来，身披彩头戴花，姑姑灵姑姑灵，我们问你什么可要答应？"可以问收成、事业、学业、婚育等，点头表示答应，仰头表示不同意。

4. 抹黑、走百病

"走百病"本是满族妇女特有的岁时节俗，但至近代，与满族杂居的汉族男女老幼也都吸纳了此种风俗，据说现在各个社区里的走圈健身方式就来源于此。做完请笊篱姑姑的游戏后，NY带着大家来到外面"走百病"。满族人相信"锅底灰"为百草霜，可治百病，寓意消除百病，于是大家往脸上抹黑，称为"打画墨儿"，然后去蒲河冰面上踏雪滚冰，祈求新的一年健康平安。结束之后，大家燃起篝火，一起载歌载舞，欢度节日。

图 3-3 挂嬷嬷人
拍摄时间：2021 年 3 月 23 日　拍摄人：那阳

与2018年相比，2019年的放偷日增加了挂嬷嬷人的活动。"嬷嬷人"是满族民俗剪纸的俗称。"嬷嬷人"剪纸起源于原始母系社会，由满族人祭奉祖先之物"嬷嬷人儿"演变而来。人们认为其有神力，对其非常崇拜。这一天，静安村手巧的妇女提前将嬷嬷人剪好，然后把自己的愿望写在许愿条上，和嬷嬷人一起挂到院子东南角的柳树上，祈愿心想事成，梦想成真。

三、填仓节

填仓节是象征新一年五谷丰登的节日，意为填满谷仓祈求丰调雨顺。满族内流行着关于填仓的儿歌，表达了满族人民对五谷丰登的渴求。

添仓儿歌

添仓玛发（爷爷）添仓来，
五谷粮食添到俺家来，
黑豆喂了牛，
麻子榨了油，
好面蒸饽饽，
小米熬稀粥。
今日迎来老添仓，
面视添仓烧柱香。
慈祥添仓神灵显，
添财添寿添吉祥。

填仓节又称添仓节。所谓添仓就是将一盆苞米碴子干饭放进粮仓、粮囤或粮缸内，并用秫秸扎成马的形状插在饭盒中，寄希望此马能日日驮粮进仓，第二天和第三天都要往盆里加添苞米碴饭，俗称"添仓"。填仓节民俗讲喜进厌出，这天囤里要添粮，缸里要添水，门口放些木炭灰以镇宅，以求一年顺当富足。2019年农历正月二十五这一天，静安满族村民聚集静安神堂，欢度满族人民传统填仓节。填仓节活动过程如下：

首先，NY用草木灰围出九个仓形，把五谷杂粮放在簸箕里，按顺序填入仓中，中间放一块瓦代表仓盖，以示仓满，然后妇女们手持萨满鼓围仓，跳起吉庆丰收的吉祥鼓舞，寄托了人们对新一年粮食丰收的良好愿望。其次，用秫秸扎成小马，驮粮。满族是马背上的民族，自然离不开马。这一天，村民们把煮好的高粱米饭放在炕上。一个满族大爷用秫秸熟练地扎成了一个小马。然后，将小马放在饭盆上，意思是马往家驮粮，丰衣足食。再次，测雨水望收成。NY跟村民们提前将秫秸劈开，中间夹十二个黄豆粒依次排开，每个豆象征一个月份，用绳子把两头扎好，于前夜放入水缸中，第二天取出，看看哪颗豆子大，就代表哪个月份降水量偏大。最后，请笊篱姑姑占卜收成年景。即满族村民用一根筷子问笊篱姑姑今年的收成如何，过一会儿，姑姑回答，用筷子在粮食上写写画画，就能知道一年的丰歉了。占卜结束，大家都围着看结果，显示出满汉文的丰收，预示今年会五谷丰登，是丰收之年。

整个祈祷丰收的仪式过后，要吃饺子。听老人讲，这天的饺子包得越大，年猪长得越肥，因为满族是一个喜食猪肉的民族。于是大家开始忙忙碌碌地包饺子，剁肉、拌馅儿、擀皮，不一会儿，一个个胖大圆润的饺子就成型了。满族是一个敬祖爱宗的民族，每逢节庆都要祭祀祖先，煮好的饺子捞出锅，第一盘敬祖先，因为一切来自祖上，感恩祖先的功德，保佑年年风调雨顺。

四、二月二

满族二月二的节俗活动传承悠久、内容丰富。静安神堂自2018年起每年农历二月初二都会举办一些传统的民俗仪式欢庆二月二。如"引龙""照虫烛""熏香""撒灰囤"等都是静安村满族人在这一天中重要的节俗活动。

满族人一般在年前杀猪，三十用猪头祭祖，过了初六将猪头撤下，放到"哈什"（仓房）里，一直放到二月二才拿出煮吃。头肉，寓意鸿运当头。

农历二月一日，原本是满族的肉食节，烀猪头的日子。后来因为与二月二龙抬头日子时间相近，就把二月二叫成烀猪头的日子了。二月一日晚，满族村民先用火将猪头的毛烤掉，洗净，入锅炖半熟，将其供奉于祖宗板下，祭祀祖先。次日，也就是二月二当天，妇女们把肉回锅煮熟，取出来切成小块，大伙儿一起分着吃，这就是吃祭肉，相当于吃了祖先赐给的福肉。

前一天夜晚，家中的满族妇女吃过晚饭后会聚坐在桌前一起穿龙尾。龙尾是用圆形或方形的彩色小块布料和秫秸穿成串，挂在衣服上，称为"戴小龙尾"，寓意在新的一年里有精神头、平安健康、事业步步高升。小孩戴上后寓意学业有成，独占鳌头。在静安满族村孩子们的口中还流行着这样一句谚语："二月二龙抬头，龙不抬头我抬头！"初二一大早，妇女们就会将其缝在小孩的衣襟上，以求孩子健康成长，驱邪避害。

清晨，大人们用草木灰、谷糠或者是灶灰、石灰撒在院内。从井沿引至水缸，摆成龙形。传说龙是管雨水的神，可以保佑风调雨顺。又因自古以来，人们俗信龙是居住在水中，所以二月二这天满族人在引龙撒灰时，总是离不开水。因为静安村距离河流较远，所以NY和家人便从院子中的水井旁引到院子里，用草木灰画上弯弯曲曲的"龙道"，在院子里用草木灰画出"粮囤儿"，意为把龙从水中领到院子里，然后致祭，以求五谷丰登。此外，NY 还在房门口按北斗七星的位置用灰画出七个仓，并在中间画上十字，添上五谷，用来表示粮囤。然后把麦子、谷子、苞米等杂粮均撒在每个粮囤内，将鸡、鸭等家畜放出，看家畜先吃掉哪种粮食，就意味着哪种粮食来年会丰收。

吃韭菜合子也是二月二一项重要的习俗活动。这天，人们烙韭菜合子吃，又称为"吃龙鳞"。韭菜合子馅里有韭菜和肉，肉菜谐音有财，而且是久财。人们认为吃龙鳞可以唤醒龙王，保一年风调雨顺。此外，还有一种说法：北方过去多虫灾，村里烙饼的老人说叫"烙虫瞎"，也是二月二这天还要吃饼。满族妇女在这天烙饼，认为可以将家里、田里的虫子烙死，来年定会有个好收成。

此外，惊蛰前后毒虫开始滋生繁衍，活动频繁。辽宁地区的满族人通常会在惊蛰这天驱除害虫。一般来说，这一活动都是在夜晚举行。傍晚黑天以后，NY 和其他村民在静安神堂内点着蜡烛，照向房梁和墙壁，同时还用棍子、扫帚敲打墙壁、门框、火炕等地。这些虫儿一见到光亮就会跑出来，人们借机把虫子消灭掉，避免遭受毒虫侵害。

图 3—4　静安神堂陈设
拍摄时间：2020 年 11 月 14 日　拍摄者：张绵雨

五、清明节

清明节是中国的传统节日，同时清明节又是满族传统祭祀节日。在我国东北地区，满族是人数较多的少数民族之一，满族清明节的节俗活动独具特色。

2018年4月6日清明节，静安村那拉氏举行了祭祖活动。此次祭祖活动在那拉氏DHS家举行。这一天那姓族人备以果品佳肴，香帛冥金，致祭于祠堂前，凭吊先祖。

清晨，秉承满洲祭祀传统，人们会在祖坟插"佛托"。插上柳枝，预示着家族会兴旺发达。人们在清明头两天到附近的柳树林里挑选大拇指粗的直溜柳树枝条，大约三四尺长，剥去外皮，竿子尖系上长长的彩纸条子，这就是"佛托"。

上午，那姓家族成员聚集在那拉氏DHS家中，一同制作"佛托"。关于"佛托"的制作方法各地略有不同，这里是由剪五彩条、扎花、备木棍、粘绑等步骤组成。制作时，先准备红、黄、蓝、白、绿五种颜色的彩纸，然后剪出形似一串大钱的五彩条；接着是扎花，佛托上一般用荷花，也可以用牡丹或者芍药，花的颜色要与家族所在旗的旗色相同；最后截取约1.5米长的柳条，并将花绑在柳条上。插"佛托"不仅表达对死者的祭奠，还表示永保子孙兴旺平安之意。同时，"佛托"又被视为摇钱树，插"佛托"也有给已故先人送钱的含义。①

图3—5 佛托
拍摄时间：2021年4月4日　拍摄人：那阳

"佛托"制作完成后，人们拿着"佛托"来到祖先的墓址，将"佛托"插

---

① 刘仁智、尹忠华：《清明插柳　遥寄哀思——辽宁省级非遗代表名录项目满族清明节插佛托习俗》，《侨园》2020年第1期。

于祖坟上，叩头祭拜后离开。回到家中，满族妇女们开始准备为祭祖活动制作满族的传统美食。

祭祖仪式开始，首先是相关领导致辞，NY致主祭文。主持人的主持词和主祭文都是满汉双语。

祭祀第二项，祭祖。由村内的长者率先叩拜，依次按辈进行。男子行叩头礼，女子行抚鬓礼。

第三项，祭祀米神。村民在院内打米糕。

第四项，萨满跳神祭祀米神与肉神。

活动结束后，参加此次祭祖活动的各地族人一起聚餐。

2019年的清明节祭祀活动较2018年多了续家谱这一环节。上午9时左右大家便聚齐，男女老少手拿"佛托"，驱车前往墓地。人们将纸钱、鲜花、水果、酒摆在墓碑前面，并将做好的"佛托"插在坟头上，然后那氏后人在坟前磕头行礼。返回后，祭祖仪式开始，NY致主祭文与祖训。

以下为祭文节选：

维公元二零一九年四月五日，值清明节，那氏族人谨以果品佳肴，香帛冥金之仪，致祭于祠堂前，凭吊列祖列宗！

物有报本之心，人有思祖之情，饮水定当思源，为人不忘根本。

清明良辰，春意融融，万象更新，那氏后裔会聚祖先神位前，列果陈香，叩拜，彰祖宗之功德，表后世之虔敬！

树有根则旺，水有源则流，水流千里则出一源，树有千寻根深枝茂，我那氏后裔当虔心校学祖宗光辉榜样，常念家和万事兴，铭记德才兼备，堂堂正正做人，踏踏实实做事，爱国守法，尊长爱幼，孝敬父母，和睦邻里，勤俭自强，奋发有为！

欣逢盛世，国泰民安，昌隆繁盛，家族兴旺，此乃先祖厚德，福佑子孙。今后我那氏族人，训子孙之孝道，以继祖风，告慰祖上，永赐吉祥，保佑我族，万代永昌！

祖训：

吾姓那拉，源远流长。白山黑水，是其故乡。
渔猎为生，勤劳善良。先贤创业，后辈发扬。
少当树立，远大理想。胸怀祖国，志在四方。
科技时代，读书为尚。业精于勤，学毁于荒。
立身之本，修德为纲。德才兼备，展翅高翔。
遵纪守法，身家安康。夫妻相处，贵互理让。
家庭和睦，百业兴旺。赡养父母，理所应当。

培养之女，勤谨莫忘。溺爱生娇，驰则放荡。
发财致富，人人向往。进财合道，他人赞赏。
取之不易，群诽众谤。乐善好施，千古流芳。
美色悦人，情理之长。正常交往，共勉互帮。
遇事远虑，无忧无伤。那拉子孙，铭记心上。
倘能如教，前程无量！

祭文、祖训宣读完毕，那氏家族开始续家谱。家谱每年一续，不同于其他登记着新生儿名字的家谱，这里的家谱只登记着去世者的姓名。在祖先神位前，两位主持人分别用满语和普通话主持祭拜礼。那氏后代按照长字辈、树字辈、振字辈、文字辈顺序依次进行叩拜祖先。大部分人穿着满族传统服饰，男子行叩头礼，磕头三次。女性则向满族祖先行抚鬓礼。

祭祀结束之后，大家共同分享供桌上的祭品。祭拜过祖先，满族女性身穿满族服饰，在音乐的伴奏下翩翩起舞，两曲舞蹈之后，人们唱起了满族歌曲，歌声动听悦耳，欢乐的气氛感染着在场的每一个人。

祭祖流程的最后，参加活动的人一起用餐，在饭桌上聊天闲谈，其乐融融。

清明祭祖活动严肃、隆重、恭敬、诚挚，通过虔诚地祭祀祖先，寄望后裔繁昌，源远流长。重视祭祀祖先，是中国礼仪的显著特点。祭祀祖先具有良好的社会教化功能，有助于培养社会成员的品德，加强社会成员之间的团结，维护社会的稳定。我国幅员辽阔，民族众多，清明祭祖的习俗因地域而有所差异，不同民族地区的清明祭祖也丰富了传统文化。

六、开山节

满族是长白山世居的古老民族，世代以渔猎为生。满族笃信万物有灵的萨满文化，不但从大自然中索取生存必需品，同时倡导感恩和回馈自然，所以在每年的四、五月间举行开山节仪式，面向长白山进行祝福祈祷。满族儿女坚信是山神赐给了百姓幸福生活，保护万物生灵繁衍生息，保佑一方风调雨顺、五谷丰登。

为表达满族儿女对满族祖先的敬仰之情，对天地万物的感恩之情，2018年5月6日，静安村的满族同胞再次身穿节日盛装，依照旧俗在静安神堂举行开山节祭山神活动。关于此次活动，静安村并没有通过自媒体与网络等途径对活动开展对外宣传，因而本次活动的主要参与者为静安村村内的满族居民。在祭祀活动中，人们首先在祭台上摆放新鲜的瓜果并点燃香烛，供祖先享用。接着男性先进行叩头礼祭拜，女性后跪行抚鬓礼。祭祀先祖完毕后，大家来到蒲河岸边的静安林海踏青挖野菜,并进行林中烧烤等活动,重拾祖先饮食习俗,席地而坐,生火烤肉。满族同胞们欢聚林中,共唱满族歌曲、跳满族舞蹈。

七、五月节

古代满族是游猎民族,对节气的变化非常敏感,所以端午节的节俗最早来源于对夏至节气的神秘感。满族人把端午节称为"五月节",又叫"药香节",过节的时间是五月初一到初五,往往和夏至连在一起,为祛病禳灾的节日。

2019年6月7日,也是夏历五月初五,当天在NY的组织下,静安村民以及慕名而来的满族同胞和学者在静安神堂相聚一堂共同庆贺五月节。

1. 踏露水,折艾蒿

满族人讲究到郊外踏露水和在房檐下插艾蒿。一大早,静安村的男女老幼都到野外踏青去了。据村民们讲,用这天的露水洗手,擦眼和眉毛,可以避免生疮疖、闹眼病,一天的精气神儿就会焕发出来。踏青回来,在家门口折一大把艾蒿在手里,插于房檐下,浓浓的艾蒿香气浸满双手和衣服,还可以驱走蚊蝇,防止瘟疫。

图3—6 端午节的静安神堂
拍摄时间:2019年6月7日 拍摄人:任杰

2. 绣荷包

五月节这天，静安村的巧手媳妇或姑娘们，用绫罗制成五彩荷包或香囊，里面装上艾草，用来驱虫，表面刺上鲜艳的花鸟图案，精致可爱，争奇斗胜。姑娘们将绣好的荷包佩戴在身上，既显示出自己的精巧工艺，又给节日增添了祈福禳灾的节日气象。另外，它还可被当作爱恋的情物，赠给意中人。五彩荷包是很有地方特色和民族特色的民间手工艺品，也为静安村的五月节带来了祥和。

3. 挂葫芦，剪葫芦窗花

据静安村五月节活动组织者NY介绍，满族人之所以喜欢葫芦，是因为葫芦是"福禄"的谐音。再加上满族人擅长剪纸，所以村民们用红色毛边纸剪成葫芦，里面收进"五毒"图案，象征镇邪的宝物把"五毒"均收入肚里。这种宝葫芦剪纸，称为"葫芦花"，"葫芦花"据说能辟"五毒"，五月初一贴出，五月初五午时摘下扔掉，称为"扔灾"。

4. 祭祖

满族人有在五月节祭祖、求福驱灾的活动。在静安村也不例外，村民们在活动现场摆好供桌，献上瓜果、鱼等供品来祭祀先祖，以此来慎终追远、追本溯源，游子也可在这一天祭祀先祖，怀念故乡。

5. 系五彩绳

为孩子系五彩绳是五月节的重要习俗，它有祈福纳吉的美好寓意。五彩绳被称之为"长命缕"，"长命缕"是长命锁的前身。长命缕更多表达的是长辈对晚辈的祝福，其意义在于锁住小孩的命，避免病魔疫鬼危害小孩。每逢五月节，静安村家家户户都在门楣上悬挂五色丝绳，以避不祥，家中的大人将五彩绳绑扎在年轻人和小孩的腕上，以祈求辟邪去灾，祛病延年。

6. 包传统苇子叶粽子

每年五月初，满族百姓家家都要浸糯米、洗粽叶、包粽子。对于一般老百姓来讲，只有吃上了粽子，才算过上了五月节。

7. 撞蛋

除了吃粽子，满族人五月节还要吃煮鸡蛋，因为人们认为在这一天吃煮鸡蛋可以一年不得病。为了增加趣味性，一般人们会在吃前做撞蛋游戏，即双方各持自己的鸡蛋互相碰撞，先碎的一方就算输了，而输的时候也就是鸡蛋下肚的时候，胜出者则有一年不得病的说法。

8. 骑马射柳

骑马射柳也是五月节的一项活动。先将柳树干中上部削去一段青皮，使之露白，作为靶心。然后参赛者依次驰马拈弓射削白处，射断柳干后驰马接断柳在手者为优胜。明代时，是把鸟雀贮于葫芦中射葫芦。这种节日竞技相沿成习，清代把葫芦挂树上射葫芦以祛病。如今静安村的骑马射柳习俗，是将葫芦悬挂于树上，几人轮流骑马射葫芦，射进葫芦寓意身体健康、吉祥如意，是幸福生活的开始，旁人为骑马射柳者呐喊助威，现场一番热闹景象。

9. 斗草

五月节这天，满族儿童还喜欢玩一种叫"斗百草"的游戏。参加游戏的两人相对站立，双手持草，各持一草或花茎的两端。游戏开始后，二草相勾，双方各自把草向自己方向拉，谁的草或花茎被对方拉断谁为输，然后用"打赢家"的顺序赛下去，直至选出最后胜利者。这就要求参赛者在参赛前注意寻找那些草或花茎韧的作为自己的"选手"，无意中形成识别花草的要求。那种能"斗"倒各草的"选手"，则成为大家公认的当日"百草王"。

10. 拉地弓游戏

拉地弓，是满族民众在农业生产间歇时普遍开展的一项较力型活动。其具体形式是双方皆席地而坐，两足相抵，双手同握一根木杠或锄把，往自己方向拉，以将对方拉起为胜。静安村民们轮流上场较力，赢者继续，输者离场。

11. 投壶

投壶是古代士大夫宴饮时做的一种投掷游戏。静安村的投壶游戏，是将沙包扔到葫芦内，很具娱乐性。

12. 鱼叉捕鱼

满族人民自古以来就从事着捕鱼和狩猎活动，数千年来世代传习。满族人善用鱼叉、钩钓，他们熟悉各类鱼的习性和活动规律，创造了各种捕捞工具，涌现出许许多多捕鱼能手和闯荡大海的弄潮儿。鱼叉捕鱼是满族渔猎民族最深的记忆。五月节时，静安村的人们通过用鱼叉捕鱼的方式来纪念先祖，追忆满族的渔猎文化，体验收获的喜悦。

13. 歌舞表演

在游戏之余，人们也能看到乡间大道上，妇女们身着满族传统服饰，载歌载舞，营造出一片热闹、祥和的气氛，将五月节活动推向高潮。

与2019年过五月节的民俗活动相比，由于疫情的影响，静安村在2020年的端午节并没有大规模举办活动，而是参加了沈阳北部网络直播基地的网络直播，在淘宝网上售卖静安村民们制作的满族传统手工艺术品。

愈是民族的，就愈是独特的，民族传统节日文化是中华民族传统文化的体现，是民族精神的表达。满族传统节日文化积淀深厚，内涵丰富，具有强大的生命力。静安村的五月节活动饱含满族特色节日习俗，从村民们的一言一行中皆可看出他们对于满族传统文化的热爱，也正是由于这份热爱和坚持，优秀灿烂的民族文化在历史的长河中才得以继承和发扬。

八、八月节

农历八月十五，恰值三秋之半，故称中秋，而满族人将其称为"八月节"。为继承民族传统节日习俗，弘扬优秀传统文化，静安村于2019年9月13日，在NY的组织下举行满族传统八月节庆祝活动，并邀请各界满族文化爱好者前往体验。

当天参加节日活动的人非常多，有当地的村民、来自其他地区的满族同胞、前来调研的学者和学生、沈阳民俗表演团以及电视台的记者等，挤满了静安神堂。

这一天，节日活动内容繁多，主要有以下几项：

1. 制作满族美食

（1）榔头饽饽

饽饽，满族特色面食糕点，一般由黏高粱面、大小黄米制成。满族是渔猎民族，长期在野外捕猎和征战，携带黏食类饽饽，既省事又扛饿，慢慢地形成了吃饽饽的习俗。神堂中，几个穿着满族服饰的女性正在忙碌。她们将清洗过的黄米放在锅中；十几分钟过后，蒸熟；然后放在清洗过的石板上，两边各有一人用木榔头交替敲打，直至黄米黏成一块，捡起放在案板上拌熟黄豆粉切块，用白糖蘸着即可食用。这种饽饽口感香甜软糯，很受欢迎。

（2）苏耗子

苏耗子又称"黏耗子""苏叶饽饽""苏叶干粮"，是满族及东北地区常见的面食。据当地民众介绍，这种糕点的做法是：将黏高粱米煮熟后磨成黏米面，提前和成柔软的面团放在盆里发着。小红豆在大锅里煮烂，加糖，制成红豆沙馅儿。将黏米面团揪成小剂子，用手按成圆饼，把红豆馅儿放进去，包成长圆形，然后在外面裹上一片紫苏叶。把包好的苏叶饽饽肚皮朝下放在面板上，叶尖是头，叶柄是尾，活生生一个紫绿色的小老鼠，所以称之为"苏耗子"。随后将包好的苏耗子整整齐齐地放在屉子上，蒸15－20分钟即可出锅，稍凉后便可直接食用了，味道香甜，还带有苏子叶的清香。

（3）六碟六碗

满族宴会从古代开始就有六碟六碗的身影。据《满族旗人祭礼考》记载："宴会则用五鼎八盛，俗称八中。年节婚丧富家多用八中碗，次之小碗，再次之六碟六碗。"如今看来，静安村的宴会酒席在宴会饮食的制作形式上还是较好地保留了满族人的饮食习俗，是六碟六碗的形式。但六碟和六碗并非将食物限定在六碟肉和六碗菜中，盛载食物的餐具也没有限定在碟子和碗上，主要是指上菜的数量，呈上这一年来所丰收的食物，例如豆角、玉米、豆腐、鱼、绿叶的蔬菜、猪肉等。

饭桌上大家都对菜品赞不绝口，一位满族女性回忆道："记得小时候搁家过年逢节或者谁家有喜事就吃六碗，村子里的亲戚和边上的邻居家也要摆桌开席招待，炕上地上都是桌子，长辈都在炕上座。屋外的嗑瓜子吃花生炒苞米豆闲聊等着，前一波吃完换了碗筷后一波再上。像你们这些小孩子都不能上席。"①

2. 满族传统民间游戏

（1）剪纸

满族剪纸是重要的民间特色文化之一，历史悠久，内涵丰富，题材多样。如有熊、豹、虎、鹰的图形，表达满族人民对动物神的崇拜，以驱邪避灾，防治疾病的侵袭。梅花、喜鹊、龙凤寓意爱情；牡丹、海棠寓意荣华富贵……满族人通过剪刀、刻刀、蜡版等工具进行勾稿、打叠、连接，制作剪纸成品。因为这一天是中秋节，所以剪纸的主题是兔子，这源于嫦娥奔月和玉兔的传说，一方面是因为兔子繁殖能力强，代表着人丁兴旺，另一方面是因为兔子代表着吉祥如意。

（2）游戏舞蹈表演

当天由于下雨，不能进行户外活动，于是大家在屋里做起了游戏——翻绳、欻嘎拉哈等。翻绳就是拿一根绳两头系结，一般两个人玩，一人用手撑绳，另一人翻转绳子，玩出各种花样。嘎拉哈是一种流传于中国东北妇女和儿童中的传统游戏，因使用嘎啦哈（猪、羊、狍子等动物后腿中间接大腿骨的那块骨头）作为道具而得名。玩法是，两人或三人，在炕上或桌子上，共同出四个嘎拉哈，胜负主要是以积累的数字多少而定，两个一样的为一分，三个一样的为十分，四个一样的为二十分，累计相加，最后谁的分多谁胜。当天，几位满族妇女身穿传统服饰，手持鼓，跳起了吉祥舞。据介绍，这种鼓是满族特有的，属女士用具，由羊皮纸制成，中间画有牡丹，代表富贵吉祥，下端扇柄串有铜板，摇晃时丁零作响。精彩的舞蹈表演，不仅传承了本民族的传统文化，也给八月节增添了热闹的氛围。

3. 学习满语

文字和语言作为一套符号体系，是一个民族的记忆，是民族文化的发展和延续。静安村为了传承满语和满文字，开展了满语教学。当天，NY当老

---

① 访谈对象：满族女性；访谈人：朱妍；访谈时间：2019年9月13日；访谈地点：静安村。

师,现场教授满文。村民们传着关于满文字的顺口溜:中间一根棍,两边都是刺;加上圈和点,就是满文字。这个顺口溜让人很容易就记住了满文字的特点。

4. 祭祖

祭祖在神堂里进行。神堂里供奉着用满语书写的满族先祖的牌位,两边放着燃烧的蜡烛,供桌上摆放着瓜果及月饼。

仪式开始,村民们陆续进入神堂,他们身穿满族服饰,男子着袍褂,女子着旗袍,妇女大都梳二把头。满族现在流传下来的旗袍,不同于民国时期流行的修身、展现女性身体之美的旗袍。

负责人NY进行祭拜,紧接着,他用满语高声主持族人进行参拜,男子三叩首,行磕头礼,女子行抚鬓礼。

祭祖仪式隆重肃穆。一方面,人们通过祭拜祖先,表达了对先祖的敬畏之情,同时祈愿祖先庇荫后辈,保佑家族昌盛,人丁兴旺。另一方面,祭祖仪式还加强了民族的内聚力,使满族人保持着对本民族文化的自信力,为传承民族文化做出贡献。

图3—7 祭台
拍摄时间:2019年9月13日 拍摄人:胡佩佩

5. 祭月

满族人过中秋不叫赏月，而称供月，这是满族先民祭月遗风。满族人在深山打猎，很早就开始对日月星辰变化进行观察，以此来计算方位和时间，祭月之俗也是非常悠久。

祭祀大都在晚上，祭台上挂有：一是应季火红鸡冠花，代表生活火红；二是毛豆枝，代表丰收；三是一块鲜藕，取藕断丝连之意。中秋是团圆节，人们以此向远方的亲人表达思念之情。供桌上摆放瓜果。供果有讲究，西瓜是不可缺少的供品，取团圆之意。摆供时不同水果摆在一起有不同寓意，如桃和石榴，寓多寿多福，橙子意为心想事成，月饼为八块，代表八旗。祭拜时也有禁忌，有男不祭月、女不拜灶的习俗。当地女性村民一个接一个祭拜，向月亮许愿，祈求美好姻缘或健康顺遂。

祭月结束之后，大家一起回到神堂，拍照留念，共同分享西瓜和月饼，聊天话相思，共度八月节。

九、颁金节

颁金节是满族人一个十分重要的节日，时间为每年农历十月十三日，是满族人的族庆，也是纪念清太宗皇太极正式确定"女真"为"满洲"的日子。"颁金"为满语音译，有"生""生成""生机勃勃"之意。因为颁金节不是法定节假日，为了让大家共同参与，所以全国各地的满族同胞会在颁金节正日子前后举办庆祝活动，农历十月也被称为颁金月。古朴简单的静安神堂，便是举行祭祀的场所。

2018年11月4日，是满族颁金节383周年。祭祀流程主要有震米、领牲、打米糕、上香、上供、摆件子、跳肉神几个步骤。祭祀活动由喜登萨满主持。喜登萨满在神像面前磕三个头，然后跪着将萨满铃系在身上，将神帽戴在头上，村民们将事先选好的猪置于供奉的神位前，猪头的方向需要正对着神位的方向。猪的毛色必须纯黑，无一杂色。领牲需要将热酒灌入猪耳。若猪耳动，则视为吉祥；不动，则要重新祷告。待猪耳动过之后，便将猪于神位前宰杀。这时候，小米蒸熟了。村民们把蒸熟的小米放在神位前进行敲打。敲打成黏稠状之后，在小米的表面涂抹一层东北特产油茶面，由未出阁的格格将小米捏成长五厘米、宽三厘米左右的长方形米糕。摆供品之前，总负责人NY在祭台前点燃九根香，分别供奉灶神、天地神等各路神明。供桌上除了苹果、香瓜、橘子、香蕉、红枣等供品，还有刚刚捏好的米糕和米酒。米糕有八碟，每碟有八个，碟上放着一双红筷子。盛放米酒的酒杯也有八杯。献牲之后的猪被宰杀成八块，包括猪头、脖圈、前后腿等等，按顺序摆放在桌子上。摆件子完成之后，开始跳肉神。这也是非常隆重的一个环节。萨满除了使用萨满鼓，还使用了法铃。最后，跳肉神结束，喜登萨满跪在神像面前，将萨满铃、神帽等一一卸下，再次磕三个头起身。跳肉神结束，便是撤件子，之后满族族胞磕头，喜登萨满在旁边用满语和普通话进行主持。仪式完成后，参加活动的人一起其乐融融地用餐，期间还跳了满族舞蹈，唱了满族歌曲以助兴。

图 3—8　做米糕
拍摄时间：2020 年 11 月 14 日　拍摄人：朱妍

2020 年的活动的举办与以往有些不同。这次活动由沈阳市于洪区教育研究中心社区学院主办，静安村"满韵之家"协办。

现场活动分为两部分，第一部分是在静安社区村支部委员会举行 2020 年于洪区学习型城市建设工作会议暨洪区全民终身学习周开幕式。会上先后由马三家街道办事处副主任，于洪区教育研究中心副主任发表讲话，为于洪区社区教育的发展、"满韵之家"睦邻学习点的前景，以及传承满族民族文化引领了方向。并特邀沈阳大学满族文化研究所所长讲授满族文化，以及"满韵之家"睦邻学习点创始人兼负责人 NY 介绍睦邻学习发展情况及颁金节知识。活动的第二部分是欢度节日，进行了各种游戏活动，有欻嘎拉哈和投壶、踢毽子等。做完游戏后大家离开村委会回到了神堂，开始做打糕并祭拜祖先。由于疫情的影响，2020 年没有请萨满，也没有杀猪献祭。到神堂内，人们手脚麻利地把洗好的糯米放在锅里，添水、烧火，大概二十分钟后，闻见淡淡米香。

把米弄出来放在石板上，身着满族服饰的人们开始用榔头敲打糯米，使之成为膏体。打好后端到里屋炕上由满族未出阁的格格们加上糖，裹上炒熟的豆面，最后切成条状，就成了香喷喷的饽饽了。吃完饽饽后，要进行祭祖了。村民 NY 是这次祭拜的主祭人，祭祖时 NY 呼喊村民来叩拜，男性先进行祭拜，女性后行抚鬓礼祭拜。祭拜完，大家一起离开，去聚餐。

颁金节是满族的族庆日，也是静安村满族村民举办的重要传统节日，是静安村满族节日序列中重要的一环。每到节期，都会吸引来自辽宁的满族同胞、政府文化部门、新闻媒体、学者们以及对满族传统文化感兴趣的各界人士的积极参与，唤起更多对满族特色文化的关注和重视，增强了满族凝聚力和认同感。颁金节活动发挥了联系满族同胞感情、增加民族间凝聚力的功能。

第三节　节日空间重建与节日主体的多样性

一、空间新建

静安村内有一座静安神堂，位于村内一传统农家院中。此院本是普通民宅，后改建为神堂。院子的东南方立着索罗杆，东南角栽着柳树。院子里挂着灯笼、彩旗，贴着对联和福字。

神堂南墙外面供奉天地神牌位并设香炉。

屋里的北墙挂着当地村民的老照片，南边是炕。满人以西边为尊，祭坛就在房间的西侧。在祭坛一侧的墙壁上挂着努尔哈赤和皇太极的画像，下面的神龛内供奉着《钦定满洲祭神祭天典礼》和《八旗满洲氏族通谱》。祭坛上摆放着祖宗板，祖宗板的两侧分别是香烛和香筒。神牌前摆放着香碟和香炉。此外还有白酒、米酒和打糕等祭品和筷子。在神坛最外侧的两端放着两只神铃。

二、参与者身份的多样性

静安村能够成功多次举办大型节日庆典活动，首先得益于其强大的组织力量。从整体上看，静安村节日重建的身份群体有以下几种：

1. 地方政府

地方政府的支持是静安村节日重建中重要助力。2020 年 11 月 18 日，沈阳市委常委、市委统战部部长就少数民族工作赴于洪区进行调研。于洪区委书记，沈阳市民族和宗教局副局长，于洪区委常委、区委办公室主任，于洪区委常委、区委统战部部长等陪同。一行人来到马三家街道静安村，参观了静安村满族家庙和特色农业种植项目，并观看了满语文字书写授课和满族手工艺制作。静安村的满族村落建设得到了政府的肯定，沈阳市委常委、统战部部长也提出建议进一步做好少数民族传统文化的发掘和传承。党委和政府要深入探索新方法新举措，加大对少数民族传统文化的发掘和保护力度，在人才、政策方面给予倾斜，民族和宗教部门要多关注民族村的发展建设，将少数民族传统文化与美丽乡村建设、特色文旅产业项目结合起来，让村民享受到发展红利，进一步促进少数民族传统文化传承发展。[1]

此外，在经济上，于洪区街道服务中心、于洪区教育局、于洪区教育社区学院与于洪区教育研究中心都给予了大力支持，助力节日重建中文化空间的修缮，并为活动提供所需物资。于洪区街道服务中心满韵之家睦邻学习点拨款1万元用于购买日常活动服装。于洪区教育局拨款3万元，用于满韵之家维修活动室，购买服装道具。2020年于洪区教育局社区学院给予了大力支持，为睦邻学习点投入2万元资金。2020年9月，于洪区教育研究中心拨付2万元用于维护和修缮，并适当添置一些服装和活动用具。地方政府的支持为静安村的节日重建提供了物质保障。

2. 村委会

在静安村村委会的正确领导、大力支持下，静安村满族特色文化的发展与传统满族节日重建得以健康发展。2017年，"NY满韵之家睦邻学习点"成立，静安村村委会提供了活动用房。一间教室，一间活动室，几张书桌，数把椅子，一群热爱满族文化的人相聚在此，搭建起静安村满族文化复兴的一座温室。2020年9月2日，静安村村委会组织计划对睦邻学习点活动室进行修缮，向于洪区教育研究中心就静安村满韵之家睦邻学习点房屋修缮及增添设施款一事提出请示，希望在政府的支持下，为满韵之家睦邻学习点提升学习环境，并购买器材、服装等物品。

---

[1] 《市委常委、统战部部长王镇就少数民族工作赴于洪区进行调研》，"于声洪亮"公众号，2020年11月19日。

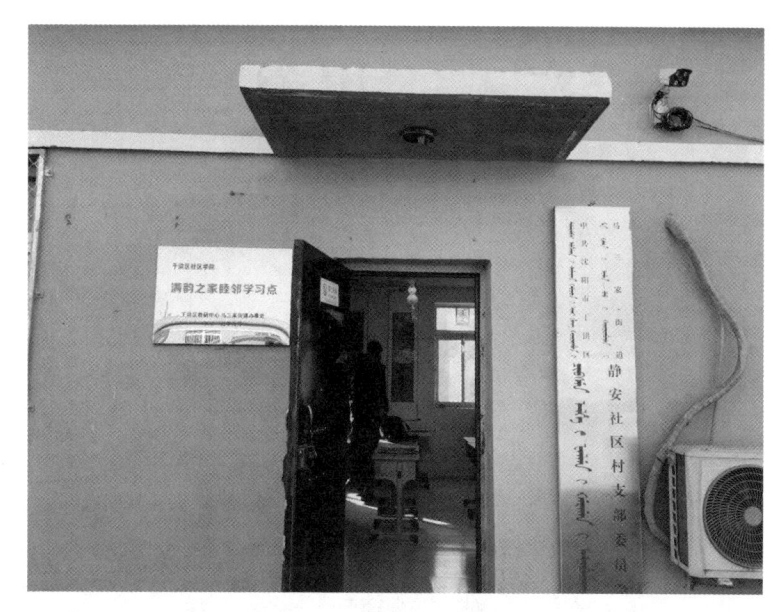

图 3−9　满韵之家睦邻学习点
拍摄时间：2020 年 11 月 14 日　拍摄者：朱妍

3. 乡村精英

NY，满族名叫那拉·DHS，是土生土长的静安人。2015 年，NY 不经意间看到一副满文对联，就被满文吸引住。2016 年，到满族中学学习满语，开始参加各种满族活动与满族联谊会，结识到更多的满族人。2017 年 6 月，他第一次当起了教书先生，在村里教起了满语。一开始人不多，但随着时间的推移，学习的人越来越多，后来，在 NY 的组织下，成立了"满韵之家睦邻学习点"。

NY 除了教满语，还积极弘扬满族文化，恢复满族习俗，不仅教村民写满语对联、跳满族舞蹈、过满族节日、重拾传统民俗，还是全国第一个组织恢复了公共满族神堂的人。NY 作为静安村乡村精英的代表，先后组织过满族祭天祭祖过大年、正月十六放偷节、正月二十五填仓节、二月二引龙回家、清明节插佛托等众多满族节日活动。同时，NY 还会发朋友圈或联系新闻媒体朋友来参加采访静安村组织的活动，宣传民族文化，借此扩大静安村传统村落影响力，吸引更多人前来参加活动。NY 在日常生活中良好的交际圈，形成了广泛的社会关系网，并且具有较强的组织能力，这使 NY 成为静安村节日重建中的重要推力。

4. 村民

文化空间重建的主要力量是村民们的自发捐款以及义务劳动。2019 年修缮静安神堂，村民们组织自发捐款，金额从 5 元到 666 元不等，共有 42 位捐款人，合计5000余元。房屋修缮期间，村子里有空闲的村民们还会前去静安神堂帮忙割苇子苫，出车拉草帘、拉炕板，打扫卫生、干零活，为重建静安神堂贡献自己的一份力量。此外，当地村民还将自家满族特色物件无偿捐献给神堂，包括祖宗匣、花瓶、炕桌、蓑衣、羊皮纸等物。

图3—10　村民准备聚餐食物
拍摄时间：2020年11月14日　　拍摄者：朱妍

每逢满族传统节日或举办民俗活动时，村民们还会主动帮忙张罗活动聚餐时的饭菜，不计酬劳，不顾辛苦，积极主动地参与到静安村节日重建中。

5. 外界人士

静安村的节日活动是公众共享的节日，凡是愿意参与的人都可以参与其中。每年节日活动之前，村子都会通过多种方式对外宣传，吸引更多的外来人参与。这些外来人中有新闻媒体记者、高校师生、摄影爱好者以及其他满族文化爱好者等。

第四节　经费筹集与对外宣传

一、经费的筹集与使用

自2018年6月沈阳满族联谊会静安堡分会正式成立以来，静安满族村所举办的系列民俗活动得到了社会各界人士的支持与参与。静安神堂、满语文传承保护实验区等活动空间的修建费用及其他经费主要来源于以下三个方面：

其一，居民自筹。静安神堂作为静安村满族节日文化重建中的标志性建筑，同时也是仪式活动举办所需要的重要场所。在静安神堂修缮之初，满族村民以及其他社会各界人士自发捐款并积极发起义务劳动。2019年静安神堂修缮的个人捐款额从5元到666元不等，共有42位捐款人，合计5199.88元，用于交房租以及房屋修缮所需的人工费、工具费用等。此外，当地村民还将自家满族特色物件无偿捐献给神堂，包括祖宗匣、花瓶、炕桌、蓑衣等物。正是在村民们一物一件的填充下，静安村的满族文化空间才得以重建。

其二，政府支持。静安村满族文化的传承，是在于洪区政府与静安村村委会的大力支持下发展壮大的。静安村村民在NY的带领下积极开展满族文化传承工作，多次参加省市区满族文化活动，逐渐得到有关部门给予的资金上的支持与帮助。2020年于洪区教育局社区学院给予了大力支持，为睦邻学习点投入2万元资金。2020年9月于洪区教育研究中心拨付2万元用于维护和修缮，并适当添置一些服装和活动用具。

其三，自费活动。静安村重建满族传统节日活动为民间自发，所花费用AA制，18周岁以下免费参加。如端午节、中秋节、颁金节等活动人均费用50元，祭天祭祖活动人均费用100元。

表3-1　　2020年静安村新年祭天祭祖活动经费来源统计表

捐款金额	捐款人数
50元	26人
100元	50人
200元	3人
1000元	2人
总计	
8900元	81人

二、对外宣传

目前，国家主张文化自信，实施乡村振兴战略，大力提倡复兴传统文化。而文化的复兴与节日的重建离不开各方渠道的宣传报道。一方面是以政府为代表的国家官方政策消息发布的力量宣传；另一方面是以现代媒介为主的新闻报道与个人微信朋友圈等网络技术的传播。对静安村节日重建活动的宣传，提高了静安满族村的知名度，扩大了静安村节日重建的影响力，对满族文化的发展具有积极的意义，有利于构建民族共同体，展现满族人民的精神面貌。

1. 政府官网

以政府为代表的国家政策消息发布力量的宣传，是静安村节日重建外力宣传过程中的重要推力。每逢村内举办满族特色节俗活动，辽宁省沈阳市于洪区相关政府部门就会在活动前期发布相关文件，鼓励人民群众积极参与，传承优秀传统文化。活动后期，于洪区文化馆与中共于洪区委宣传部会通过政府网站或官方公众号等宣传途径对活动内容进行大力宣传并报道，推广静安村满族传统文化。政府官方的宣传，在某种程度上更是对静安村节日重建工作的肯定和鼓励，进一步促进了满族优秀民俗文化的继承与发展。

在举办 2020 年祭天祭祖活动时，中共沈阳市于洪区委宣传部于 2020 年 1 月 3 日发布文件进行宣传。为深入贯彻习近平新时代中国特色社会主义思想，党的十九大和十九届二中、三中、四中全会精神，以及习近平总书记在深入推进东北振兴座谈会上的讲话精神，传承中华民族传统文化，增进民族团结，坚持民族文化自信，充分展示沈阳作为清文化主要发源地和传承地的地域文化特色，充分展示沈阳作为国家历史文化名城的文化底蕴，更好地讲好沈阳故事、传播好沈阳声音，制定了活动方案。① 活动方案中主要包括活动主办单位、活动时间及地点、活动内容几方面。

2020 年 11 月 15 日，于洪区文化馆、于洪区教研中心社区学院对静安村举办的满族 385 周年"颁金节"庆祝活动内容，进行了文章报道并附有精美的现场活动图片。此外，为纪念"文化和自然遗产日"，宣传《中华人民共和国非物质文化遗产法》，沈阳市于洪区文化旅游和广播电视局也以"非遗传承，健康生活"为主题，在于洪区马三家街道静安满族村开展了一系列具有鲜明满族特色的传统民俗文化活动，并于活动后期通过官方公众号进行报道。静安村节日重建过程中，政府官方力量的宣传为节日活动的成功举办起到了重要作用。一方面，地方政府响应了国家政策的号召，推广优秀传统文化；另一方面，为传统民俗村落的发展提供了强大的支撑。

2. 新闻媒体

新闻媒体的存在为人们获更多新闻报道提供了便利，扩宽了人们获取信息的渠道。随着静安村民俗活动举办规模的扩大，知名度的提高，静安村的民俗活动不再局限于内部传播，而是向外部扩展，受到辽宁省内各新闻媒体的采访报道。静安村的民俗传承具有民族特色，符合当下国家乡村振兴政策以及社会

---

① 见 2020 年 1 月 3 日，中共沈阳市于洪区委宣传部宣，沈阳市于洪区静安村满族过大年祭祖祈福活动方案。

发展要求，媒体的大力报道有利于人们了解静安村，了解满族文化。

2018年3月3日，农历正月十六，《沈阳日报》乐拍团一行四人，来到静安村，与村民们共同庆贺满族的传统节日——放偷节，通过新闻媒体报道，带领读者切身体验骨碌元宵、照贼、请笊篱姑姑、走百病等满族传统节俗活动，感受浓郁的节日氛围。2019年9月13日，沈阳电视台也对静安村中秋节活动进行了现场采访，并刊登在《沈阳日报》上。节日当天，来自各地的满族族胞及满族文化爱好者百余人，身着满族传统节日盛装，在静安堡一座满族小院里隆重举行了传承活动。在祭祖仪式结束后，大家坐在炕上剪兔子窗花，并玩起欻嘎拉哈、翻绳、撞拐、投葫芦、赛威呼等满族传统游戏。[①]

3. 个人微信朋友圈

作为一个满族人，NY相比村里其他人来说了解更多的满族传统文化知识，扮演着民俗精英的角色。他结识了一些志同道合的人，共同致力于满族传统文化的继承与发扬。同时，他是沈阳盛京昂吉组织（非营利性满语教学机构）的一员，NY举办的民俗活动背后也有着满语班成员的支持。因此，在满族文化传承的场域中，NY作为个体存在，有着广泛的交际圈，结识到更多的满族文化传承人，为民俗精英的身份展现奠定了基础。

微信朋友圈的存在打破了人们生活领域的边界，人们往往会运用朋友圈这一公共平台来分享私人生活或新闻链接等内容，朋友圈内的朋友们通过浏览、转发、分享等行为有效地传播扩散了消息。这时，微信朋友圈作为自媒体存在，具有媒介的功能。NY作为静安村满族民俗活动的主要负责人，是这些活动的信息源，节日的时间、活动的内容都是以NY为中心向外围辐射。NY通过在朋友圈或微信群内发布活动消息，吸引更多的满族同胞或喜爱满族文化的人们前来参加活动。

每次举办活动，NY都会提前一周或者两周在微信上发布消息，告知大家。如2019年6月6日，NY在微信朋友圈发布邀请函：

忠实践行习近平总书记关于"没有高度的文化自信，就没有中华民族伟大复兴"重要讲话精神，我们于6月7日在静安堡过满族传统"五月节"，即药香节，旨在看好家底，弘扬继承民族传统节日习俗，欢迎您的参与！

具体流程：

1. 折艾草，插房檐

2. 绣荷包

[①] 《中秋节"祭祖拜月"体验满族传统习俗》，《沈阳日报》，2019年9月16日。

3. 剪葫芦窗花

4. 祭祖

5. 挂葫芦，系五彩线

6. 包传统苇子叶粽子

7. 撞蛋

8. 骑马射柳

9. 斗草

10. 游戏拉地弓

11. 投壶

12. 鱼叉捕鱼

13. 载歌载舞

最后，品当地特色"六套碗"。

辽宁电视台来做节日报道，大家想上镜的欢迎来围观。

参加人员要求穿满族服装，交30元餐费。

同时，一些去过静安村参加活动的人也会利用自己的交际圈传播消息，辐射自己身边的人。如 TWB、YBN 等利用自己的公众号、朋友圈分享静安村的活动。另外，随着活动越来越多，一些专注满族文化的公众号如"满语"，也会进行宣传。"满语"公众号在2020年推送名为"1月11日、12日沈阳市静安满族村将举行迎新年满族传统祭天祭祖典礼　大家抓紧报名啊"的消息，具体内容如下：

沈阳市于洪区马三家子街道静安村，是少数民族村，位于沈阳国际满语文传承保护实验区之中，村内有"沈阳满族传统节日习俗""满族祭天祭神典礼""沈阳满族那氏家祭"三个非物质文化遗产保护项目。此次，祭天祭祖，杀年猪分福肉，为满族传统祭祀民俗传承活动！祭祀所奉之神为《满洲祭神祭天典礼》所载之众神，所祭之祖为《八旗满洲氏族通谱》所载满族各氏族祖先。据了解，此次祭天祭祖活动，旨在弘扬满族传统文化，包括满族传统服饰、传统萨满信仰、满族传统游戏、饮食等。展示浓郁的满族特色风情，以此扩大族群内部交流，感念祖先恩德，祈祷江河奔腾、福泽生灵、福寿延绵，共同祈愿祖国繁荣昌盛，民族团结，国泰民安。

典礼时间安排在2020年1月12日，地点是沈阳市于洪区马三家子街道静安村满族萨满神堂。

整个祭祀活动从准备到正式典礼需要一天多时间。从2020年1月11日晚上开始准备，仪式内容包括烧启坛香、净房子、告祭、震米、蒸制打糕、上供、磕头。12日上午正式开始，仪式包括燃香、请神、领牲、净猪、祭天、跳肉神、送神、送杆子、吃福肉、满族歌舞表演及才艺互动等。

此次活动为民间自发，费用 AA 制，18 周岁以下免费参加。参与者将获得手写满文福字、春联。

按照传统习俗，活动中，凡食祭肉者，不得一边吃肉一边出门，必下咽方准出祭室。

NY 也对此次活动进行了宣传，其原文如下：

中国·静安第三届满族过大年祭天祭祖典礼定于 2020 年 1 月 12 日，活动为民间自发，费用 AA 制，人均 100 元（本村村民每人 50 元），18 周岁以下，免费参加！只要你是满族人，你的祖先就在供奉祭祀之列。此次活动既是对我们民族文化的继承和发扬，也是对我们的地域文化的展示，希望大家本着坚定文化自信的理念，参与其中！活动有随手礼一份！村民参加活动费用为 50 元，不含随手礼。2020 年 1 月 12 日新年祭祖活动开始报名了！

对于静安满族村而言，从节日空间的新建到节日活动的再现，再到传统节日精神的复兴，岁时节日不仅是人与自然的时序性活动，也是静安村满族历史序列中的一环。村民们通过对传统文化的历史记忆重构如今的节日文化。这个村子为自己构建起一段绵延的社区史。在这个历史中，每个人都在描绘，每个人都在被描绘，描绘的行为从未中断。日常生活几乎没有给自我表现留下什么余地，因为个人在如此大的范围内记忆与共。[①] 每到节期，满族传统节日庆祝活动就会吸引辽宁的满族同胞、政府文化部门、电视台等媒体、学者们的积极参与，唤起更多的对满族特色文化的关注和重视这些活动增强了满族同胞对满族文化的认同感，也让村民增加了心灵的依托以及对家族的依赖。

静安村的活动更多地发挥了联系满族同胞感情、增加民族间凝聚力的功能。活动的开展使他们在构建一种历史，也在塑造某段文化记忆。这是一种民族意识的觉醒，是对自身民族身份的认同，也是重塑自身记忆和身份的过程。从更广阔的层面来说，静安村在凝聚满族同胞情感精神的同时，还提升了乡村文化的影响力和传播力，提高了村落的知名度，有利于村落的可持续发展。这些活动建构了人们的日常生活，包含了丰富的民俗传统和普遍的价值观，比如在祭祀过程中语言和行为的禁忌、对祖先的崇拜等，村民们在此过程中感受到了敬畏与信仰，体验到了先祖们的精神与力量。在生活中，这些将逐渐内化为人们的价值追求，为村落社会文化的繁荣提供支撑。

---

① ［美］保罗·康纳顿：《社会如何记忆》，纳日碧力戈译，上海人民出版社 2000 年版，第 14 页。

第四章 传统节日在乡村社会治理中的作用

党的十八大以来，习近平总书记在治国理念中强调了中华传统文化的重要意义，并为其赋予新的时代内涵。党的十九大报告明确提出要实施乡村振兴战略，健全自治、法治、德治相结合的乡村治理体系。"实现社会治理现代化，既要靠法治，又要靠德治，做到法治与德治相结合、二者并用。而社会治理的根本在于对人的治理，人的治理的核心又在于价值观的塑造，即人心的管理。"[①] 开展乡村集体活动是增强乡村团结的重要方式，也是乡村治理的有效手段。如果一个乡村没有集体活动，没有公共活动，它不可能凝聚起来。共同的节日传统是村民联系的重要纽带，具有凝聚精神、凝聚群体的作用，人们可以在传统节日之中重温传统、积蓄力量，回归群体、获得慰藉，同时也可以超越日常的体验，调剂世俗生活。

进入 21 世纪，在国家、民众、社会组织、媒体、商家等多个力量主体的共同推动下，在复兴传统文化、加强文化治理的社会背景中，伴随着非物质文化遗产保护的持续推进，加之法定假日给予传统节日生存的时空，满族传统节日得以传承、发展。

在社会转型时期，节日研究要回归日常生活。回归日常生活的节日研究要求将节日实践主体的生活诉求作为节日问题讨论的出发点与终点。我们应从节日实践主体的角度出发，理解当代节日重建的动因、具体实践的过程以及作用，还要总结节日重建的特征与存在的问题，这或许可以为理解"个体化"时代里作为公共仪式的大型节日活动的存续动力提供一种合适的思路。

通过调查发现，在"个体化"时代里，一些东北满族村落正在积极推进作为公共仪式的节日重建。在村落精英、村民、村委会等的共同努力下，蒲河村、静安村和腰站村等已经陆续开始了传统节日的重建活动，并取得了一定的成效。究其原因，一是节日传承惯性的推动。近年来，随着外在社会文化氛围的宽松，民俗节日传统得到了重建的机会。在拥有节日传统的村落中，人们自

[①] 萧放、贺少雅：《礼仪实践：当代乡贤参与基层社会治理的重要途径》，《社会治理》2016 年第 2 期。

然而然地利用已有的节日传统，延续自己的生活。二是彰显民族文化特色。为了凸显自己的民族身份和文化，满族民众会主动地选择过满族节日，确认自己的民族身份。三是谋求村落发展的直接目的。随着时代的发展，村落面临着如何发展的难题，满族村落需要找到可以发掘的资源，服务于村落发展的现实需要。

在具体的节日重建过程中，主要是恢复节日习俗，并增添一些具有满族文化特色的物质符号，如旗袍、马褂、旗头、花盆底等满族服饰，还有驴打滚、萨其马、八大碗等满族饮食。这些传统习俗、民族符号是满族民众传承民族集体记忆、强化自我身份认同的方式，因此会得到满族民众的认同和选择。在当下村落生活中，大型公共集体节庆仪式的重建过程也是生产村落公共精神的过程。"过节既费事又花钱，从平日的生活逻辑来看一点也不经济实惠，但节庆活动所取得的公共效益和文化效益却是不可低估的。过节的真正意义，并不是为了物质的增值，而是为了精神文明的建设，为了统一人们的礼仪规范与道德价值观念，为了建立一个美好和谐的社会环境。"[①] 清明祭祀祖先，告诉人们要重伦理、守孝道；五月十三祭祀关帝，告诉人们要忠勇、仁义；春季填仓，告诉人们要感恩自然……正是通过这些传统节日的重建，伦理孝道、忠勇仁义等村落精神得以再现，并为"个体化"时代里的日常生活提供绵绵不断的精神动力。

满族传统节日能够在当下得以传承发展，首先源于节日本身具有符合时代生活需要的价值。"传统节日不是一般假日，它是民族文化情感的凝聚与价值观念的体现。我们应该充分认识它的文化价值与意义，并主动进行传承与建设。"[②]

满族传统节日历史悠长，曾经在传统农耕渔猎生活中发挥着积极作用，但是随着生活方式、社会环境的更易，产生于农耕社会的节日也在发生着变化，并不断地融入当下生活之中。"在经济全球化的时代，要想保证世界文化丰富性与多样性，就必须强调保持不同民族、不同地域文化的个性，文化生态的保护与自然生态保护同等重要。对于当代中国来说，民族传统节日是亟待抢救保护的文化遗产。遗产不是历史的陈迹，遗产是一笔可贵的精神财富。民族传统节日是在长期的民族历史发展过程中逐渐形成的，它是民族文化传统传承的重要载体，是凝聚社会群体的重要力量。民族节日是文化对话交流理解欣赏的桥

---

① 王霄冰：《节日：一种特殊的公共文化空间》，《河南社会科学》2007年第4期。
② 萧放：《传统节日：一宗重大的民族文化遗产》，《北京师范大学学报》（社会科学版）2005年第5期。

梁，它是调整社会内部关系的最佳方式之一，同时节日是展示个人才艺、表彰伦理道德、弘扬民族精神的时机。"① 朱振华从节日与基层社会治理的关系角度认为三德范村年节期间以"扮玩"为文本的艺术表演不仅承载了谋求族群认同、凝聚村落共同体的文化功能。在此基础上，村民还充分运用礼俗智慧，以"扮玩"活动所体现的艺术传统和公共精神为纽带，在实现集体行动的自治机制里潜行着一套历久而弥新的民间自治传统。② 李晓通、冯强、李开文认为西南跨境少数民族传统节日体育对边疆治理具有辅助作用，即促进跨境少数民族传统文化的传承与传播，拓展对外经济交往渠道，开展边疆民族地区群众教育，促进边疆各民族协作互信。③

第一节 传承乡土历史，稳固治理根基

传统节日具有悠久的传承历史，是集体记忆的重要载体。林继富认为清明节的集体记忆绝大部分依托于空间关系，是以情感为基础的，而清明节仪式记忆侧重于"重演"，对于塑造和维持族群、集体的共同记忆、认同起着重要作用。④ 王宪昭认为节日祭祀对传统集体文化记忆具有修复与重塑功能，同时，在当今文化建设中也有必要关注集体文化记忆在节日祭祀中的理性升华与价值实现。⑤ 林磊、朱静辉认为村庄日常生活和集体记忆在习俗活动过程中得到了再生产，同时两者再生产的过程也折射出村民感性与理性交织的行动逻辑和对村庄本体性价值的诉求。所以，在城市化语境下，村庄变迁的形式和路径并不单纯受社会转型影响，也取决于作为文化主体的村民对村庄功能和意义的建构。⑥ 刘慧珍认为在节日外在的集体性狂欢背后承载的是独特的集体记忆，这种集体记忆在集体互动的氛围下得以深化。⑦

---

① 萧放：《传统节日：一宗重大的民族文化遗产》，《北京师范大学学报》（社会科学版）2005年第5期。
② 朱振华：《乡民艺术与民间自治传统——以鲁中地区三德范村年节"扮玩"为个案》，博士学位论文，山东大学，2017。
③ 李晓通、冯强、李开文：《西南跨境少数民族传统节日体育文化的边疆治理辅助价值探析》，《体育文化导刊》2017年第4期。
④ 林继富：《清明节记忆的能动性研究》，人民政协网，2017年4月10日。
⑤ 王宪昭：《论节日祭祀中的集体文化记忆》，《商丘师范学院学报》2017年第7期。
⑥ 林磊、朱静辉：《城市化语境下村庄日常生活与集体记忆的再生产——以武汉市郊区李庄元宵节习俗为个案的分析》，《民俗研究》2017年第5期。
⑦ 刘慧珍：《少数民族传统节日的活态艺术价值与审美评价》，《贵州民族研究》2017年第11期。

传统节日是传承乡土历史的重要场域。"中国的传统节日是民族文化集中体现,它不仅体现了民众内在的时间意识,以及这种意识所体现的文化观念,同时是民族文化传统周期性复现的重要时机,民族文化通过节日进行着有效的家庭与社会传承。"[①] 传统节日具有年度循环特性,这使其对历史文化的传承也具有了延续性。

传统节日里的各种节俗活动,不断再现着该群体的历史文化。"人们利用节日定期进行传统的表演与传统的教育,使传统在民众生活中得到延续与加强。传统有时隐藏在生活的背后、隐藏人们的思想深处,人们要选择具体特殊的时间将它呈现出来,人们通过各种节俗活动,在耳濡目染中自觉理解、接受传统,从而实现传统的传递与继承。"[②]

在蒲河村的调研中发现,由于时代的发展,老一辈人与年轻一辈之间的代沟、隔阂越来越大,老年人尤其是村落精英在一定程度上因无法向年轻人传递传统知识倍感失落。[③] 而五月十三祭典中的各种节日活动,恰好为他们提供了一种自我展现的空间,ZJY 和 ZPL 等人所掌握的大祭、小祭历史文化知识得以重新启用。ZJY 和 ZPL 等人是蒲河村五月十三祭典活动的主要负责人,这一活动因为是历史传统活动,所以一切仪式都要按照传统方式进行。现在村里能够操办这一仪式的人已经越来越少。关于大祭、小祭的具体流程及事宜,人们认为其过于烦琐,并且蒲河村也很少举办大祭,所以人们对大祭的描述也多模糊不清。2007 年,为了让后人能够了解情况,ZJY 带着年轻人专门对大祭、小祭的状况进行了整理,可以说,正是通过一年一次的祭典活动,年轻人才有机会学习掌握这些传统的地方知识。同时,通过祭典仪式,村里人也再次确认了老人们的文化权威,延续了村落的历史。

通过对静安村的调查发现,静安村是满语传承基地。2017 年起,由沈阳市满族联谊会、盛京昂吉满语言文化研究会理事 NY 在静安村农家书屋对热爱满族文化的村民进行免费培训,培训内容涉及满文字母课程、满文书写、日常用语、满语歌曲、满族舞蹈以及传统民俗礼仪,内容丰富,形式多样。满语班的组建,不但丰富了村民们的日常生活,还提升了人们的精神文化素质。同时,也吸引到其他满族同胞与喜欢满语的社会各界人士前来参与学习,有效地

---

① 萧放:《传统节日:一宗重大的民族文化遗产》,《北京师范大学学报》(社会科学版)2005 年第 5 期。

② 萧放:《传统节日:一宗重大的民族文化遗产》,《北京师范大学学报》(社会科学版)2005 年第 5 期。

③ 访谈对象:肇江耀;访谈人:邵凤丽、任杰;访谈时间:2019 年 6 月 25 日;访谈地点:蒲河村。

促进了满语和满族历史文化的传承。

"一篇祭文就是一个家族历史发展的缩影,人们通过祭文的撰写,回顾并建构着家族的历史,尤其是最辉煌的历史时刻"①。在腰站村,人们通过祭祀祖先,不仅使家族历史得以再现,同时也使民族的历史得以再现。正如ZYJ在祭文中所说:

> 巍巍白山,滔滔黑水。
> 日精月华,育我先祖。
> 千年一脉,源远流长。
> 骑射渔猎,繁衍北疆。
> 民风淳朴,尚武争强。
> 明末乱世,太祖发祥。
> 遗甲十三,大业开创。
> 编建八旗,军政一体。
> 征战生产,治国兴邦。
> 佟关马索,齐富那郎。
> 五百氏族,合力赞襄。
> 赫图阿拉,立国称汗。
> 迁都辽沈,拓土开疆。
> 太宗继位,文武并扬。
> 满洲颁金,大清发祥。
> 顺治入关,华夏一统。
> 康乾百年,国运宏昌。
> 文治武功,疆域辽阔。
> 各族一体,中华辉煌。
> 当今盛世,改革开放。
> 百业振兴,民富国强。
> 八旗后辈,自强不息。
> 奋发共进,和谐安康。
> 追思先祖,功德不忘。
> 敬备香烛,祭拜显扬。

恭读祭文是祭祖仪式中非常神圣的环节,也是人们了解历史的一个好时

---

① 邵凤丽:《朱子〈家礼〉与宋明以来家祭礼仪实践》,博士学位论文,北京师范大学,2013。

机。"在仪节设定方面,当代家族组织将恭读祭文作为一个独立仪节,与'三献礼'并列,区别于传统祭礼将读祝文附属于'三献礼'。对于所有参祭人员来说,恭读祭文不仅能表达对祖先的敬意,还能起到传播家族历史、教化族人、加强家族文化认同的现实作用。如果说'三献礼'是通过身体行动表达敬意,而祝文则是通过语言声音表达敬意,且会对参祭者产生深远的影响。"①

同时,一些传统的道德理念也通过节日活动得以传递。插"佛托"是满族清明特有的祭祀仪式,"佛托"上要用五彩纸剪成钱币的样子,绑到杨柳枝上,远远望去,迎风飘扬,寓意着子孙满堂。满族还流传着关于佛托的传说。女真族即有插佛托的习俗,因女真族是游牧民族,经常迁徙,所以为了辨认祖坟便以"佛托"来做记号。后来随着时间的不断流逝,"佛托"不断地被人们赋予更多的含义,诸如摇钱树、多子多孙等美好寓意。

每一片土地都有属于自己的历史,也只有这段历史得到良性传承,才能保证生活在这片土地上的人拥有了自己的根。传统节日就是一个展现乡土历史的重要舞台,一年一度的节日活动让民族的历史文化不断在生活中再现,让人们记忆它、传承它。"民族文化传统记忆需要有持续的反复加强,民俗节日的周期性出现,不断地为人们提供脱离日常世俗时空、回归神圣的历史时空的现实条件。人们在节日状态中,通过各种节日仪式与传说的讲述,直接面对自己的祖先,反复重温传统,体味传统,使传统始终具有鲜活的生命,给民族文化的传人以生动的文化力量。"②

第二节 强化民族认同,传承乡土记忆

节日具有年度循环特性,这种年度循环能够强化节日主体的文化认同意识。每个村落都有自己的文化传统,节日及节日空间重建正是村落传统的集中展现,通过节日空间重建,参加节日习俗活动,遵循并延续本村的村落传统,可以让村民更好地融入村落集体,得到集体的认可,获得安全感和归属感。"村落内聚力是形成村落文化认同的重要条件,文化认同又是保持村落内聚力的内在原因。文化认同是集体认同的重要标志,也是维持村落文化发展的重要

---

① 邵凤丽:《朱子〈家礼〉与宋明以来家祭礼仪实践》,博士学位论文,北京师范大学,2013。
② 萧放:《传统节日:一宗重大的民族文化遗产》,《北京师范大学学报》(社会科学版)2005年第5期。

条件。"① 对于满族村落来说，满族传统节日空间在集体力量下的重建，节日仪式中的民俗活动，如祭祀、文艺表演等是村落内聚力的表现，也体现出鲜明的村落文化认同特点，更能强化民族认同。

"现代民族节日能够催发民族的内聚力，不仅在情感方面同民族有亲近感，同时会以群体的规则为准绳，自觉维护群体的名声和利益。"② 在蒲河村的五月十三祭典活动中，男人们主管祭祀仪式，女人们主管摆供、卖香，村内男女老少各司其职、秩序井然，所有人都尽心尽力参与到祭祀仪式之中，活动本身为参加者之间的感情交流及融合提供了可能的空间和途径，也是村落内部彼此认同的过程。爱新觉罗家族拥有同一个姓氏，在某一个区域范围内，意味着具有共同的血缘，拥有共同的祖先，容易建立起相互之间的认同感。借助祭关公的具体仪式，抒发内心情感，能唤起族人对祖先的缅怀，完成文化认同的情感基础，实现族群认同。

民族认同可以通过具有满族文化标识的物品、物件直接展现出来。静安神堂是一座传统的满族院落，院子的东南方立着索罗杆，东南角栽着柳树。院子里挂着灯笼、彩旗，贴着对联和福字。神堂南墙外面供奉着天地神牌位并设香炉。屋内也按照典型的满族民居方式设置，屋里的北墙挂着当地村民的老照片，南边是炕。满人以西边为尊，祭坛就在房间的西侧。在祭坛一侧的墙壁上挂着努尔哈赤和皇太极的画像，下面的神龛内供奉着《钦定满洲祭神祭天典礼》和《八旗满洲氏族通谱》。祭坛上摆放着祖宗板，祖宗板的两侧分别是香烛和香筒。

无论是蒲河村，还是腰站村、静安村，在节日活动中，很多满族人自发穿上了旗袍、马褂等满族服饰，还在节日现场表演满族舞蹈，穿满族服饰成为满族民众展现民族文化认同的一种重要的方式。

民族认同还可以通过文字、语言来表达。蒲河村村庙前有一块"满族源流考"石碑，上面讲述了满族的族源神话。同时，在五月十三活动现场，人们会反复播放族歌《长白山与布勒湖》：

长白山矗立在东方，像那神龙遨游绿色的海洋，天地造化万物丰富的宝藏，人杰地灵的福地带来迹象。她像巨人一样，翘首在龙背上，承载愿景无限世间的梦想，像那远航的巨轮乘风破浪。

布勒湖水溯源在天上，圣洁美丽仙女沐浴梳妆，手捧玉液琼浆撒向八方，把那爱新觉罗哺育成长。瞭望远方，充满着希望，为把未来开创积蓄着能量，

---

① 孙英芳：《山西"过三十六"习俗与当代乡村社会治理》，《社会治理》2019年第2期。
② 于学斌：《现代民族节日的功能和治理建议》，《社会治理》2018年第9期。

再展宏图大志奔向前方，奔向前方。

人们以歌唱的方式再现了民族的历史，强化了民族认同。

在吉林乌拉街，当地的满族人也十分重视在节日中实现民族文化认同。"对于付氏家族来说，春节祭祖能够实现他们传承家族历史记忆的目的，同时作为一个曾经登上龙庭的民族，付氏族人也为满族曾经辉煌的历史感到骄傲，为自己出身镶黄旗感到自豪，因而他们常说'我们是在旗的满族'。在付氏族人的观念中，满族是一个与众不同的民族。无论是历史文化，还是民俗风情，满族文化都具有独特性。其中，春节'亮谱'祭祖是他们区别于周边其他民族的重要特征之一。满族祭祖仪式中无论是在西屋'亮谱'，还是对狗的禁忌，以及'吊杂'的设置，都是满族文化特色的表现。在这个过程中，付氏族人满怀着对满族文化强烈的认同感和自豪感，试图通过饱含满族元素的祭祖仪式来彰显自己的满族身份和文化特色。虽然现代生活使得不少满族传统文化很难在生活中得以传承，但是，对祭祖习俗的保存是他们保留满族文化记忆的重要途径之一，他们希望通过这个传统仪式将本民族独特的文化保存下来，使之融合在生活当中继续传承下去。"[1]

在节日活动中，不同职业群体被聚集在一起，穿上民族服饰，祭祀祖先、祭祀关帝，吟唱族歌，畅谈生活，之后坐下来一起分享满族八大碗，共同表达自己对民族身份的认同和文化延续的诉求。"民族传统节日是人类多元文化发展和感情交流不可缺少的元素，在维护人类文化多样性中的积极作用已被越来越广泛地认同。"[2] 罗辑、梁勤超认为，在现代社会，为适应地方经济与文化发展的需要，越来越多的族群节庆被地方所"征用"。与传统节庆一样，现代社会中的族群节庆同样也是族群文化的聚合与集中展演，体现了族群的生活、精神与习俗，同时也承载着族群的集体记忆与文化认同。[3]

第三节 涵养村风民风，促进乡风文明

文明乡风建设是建设社会主义新农村的重要内容，文明乡风建设要紧紧围

---

[1] 邵凤丽：《当代乌拉街满族春节祭祖仪式现状及其价值》，《广西师范大学学报（哲学社会科学版）》2013年第4期。

[2] 于桂敏、程绍华、马虹：《民族传统节日的特性及其交际功能探究》，《大连民族大学学报》2016年第4期。

[3] 罗辑、梁勤超：《族群节庆：仪式互动与文化认同——以黎平·中国侗族鼓楼文化艺术节为例》，《贵州社会科学》2016年第9期。

绕社会主义核心价值观进行，传统节日的文化内涵与社会主义核心价值观密切相连。节日是传播美德、弘扬优秀伦理价值观念的重要时间点，也是提升人文素养、改善社会风气、构建和谐社会关系的仪式行为。

节日之所以能够传承上千年而没有中断，是因其含有颇为丰富的文化内涵，滋养了民众的精神世界。萧放指出，20世纪末叶以来，伴随着中国改革开放的进程，中国传统节日处于全面复兴的历史阶段。重新恢复的传统节日，在继承既有文化内涵的基础上，又创新性地发展出新的时代内涵。传统节日的回归对于树立民族文化自信、传承民族文明具有重要意义。[1]

作为民俗文化的构成部分，节日及其习俗也发挥着重要的协调治理功能。如清明节是仲春与暮春之交人们祭奠先祖与踏青游玩的节日，与之相关的节日习俗，主要集中在以上坟扫墓为主的悼念先人的仪式和以游春戴柳为主的踏青活动之中。人们在逝世亲人的坟前焚化香纸，在坟土上插上佛托，扫除坟丘周围的杂草，通过躬身践行的肢体行动和对先祖怀念悼思的内在情感的表达来祭奠先祖，让参与清明节日仪式的人们心怀感恩和敬意，同时也使得人们自己与先祖以及自然界相互联系和沟通，以此来保证存活于世的人们之间的伦理和秩序得以维系。在此过程中，家族及村落中的民众得以团圆相聚，人们的情感得以联系，"小传统"之中群体的关系也更加稳定，是有益于村落社会的协调发展的。除了清明节，中元节的祭祖考奠，十月一的"送寒衣"，年节时的迎送先祖齐家过团圆年莫不如此。鉴于此，以深厚的历史底蕴为基础，腰站村在清明、春节前夕举办大型的祭祖活动，一方面实现族人村户之间情感的维系和村落社会更好的治理，另一方面，节日祭祖也是基层社会自我秩序调整的重要方式。源于先天的血缘关系和对民族身份的认同，满族民众之间很容易建立起彼此信任感，可以在情感上互相交流，生活上互相帮助，这样每个人都以积极的心态参与到族祭礼仪中，不仅实现了家族血缘共同体内部的团结，而且个人心态的平和、心理的健康以及物质生活的稳定也将大力助推村落的和谐发展。

民俗活动的重要功能之一在于增强交流，而交流正是蒲河村五月十三祭典仪式中的重要内容。"仪式活动对于公共精神的宣扬，客观上消弭了不同宗族和姓氏之间的隔阂，起到了调节宗族关系，维系村民之间精神纽带的作用，促进了双方更多的合作和和谐共处。"[2] 如今的年轻人大多在外地打工，平时很少居住在村里，因而并不被其他村民所熟悉。人们在节日仪式活动中互帮互

---

[1] 萧放：《文化复兴与传统节日的回归》，《中国德育》2017年第2期。
[2] 贺少雅：《乡土文化传统对当代农村社会治理的价值探讨——以浙江省松阳县平卿村做福仪式为例》，《社会治理》2018年第5期。

助、共同参与，从陌生变为熟悉或从熟悉变为更加了解，在以后的日常生活中可能会产生更多交往。这种活动也很好地加强了村落与村落之间的交流和沟通，在调解村际个别村民之间纠纷的时候往往具有意想不到的效果。

在满族传统节日当中，尤其在当下重建的大型节日活动中，祭祀祖先是一个重要的节日主题。"祭祖属于家族集体活动，所有成员在仪式中都有自己固定的位置与职责，不能随意变动。作为家族的一分子，每个族人在仪式过程中都要受到家族的规范与制约。在仪式现场，参加祭祀的子孙要按照辈分、年龄划分成不同群体，辈分高者在前，辈分低者在后，以水纹状呈现在祖先面前，然后按照前后顺序依次祭拜祖先。按照付氏家族传统规定，在家族血缘关系中，辈分越高就意味着其在宗族中的地位越高，越会受到后辈的尊重和爱戴，而且辈分高低具有先天确定性，后天无法改变，因而付氏家族的族长会受到全族人的敬重。"[1] 祭祀仪式成为调整血缘关系的重要方式。同时，祭祀仪式也是延续伦理秩序的重要方式。"人们对于祭祖仪式的参与，不仅出于自身强烈的亲情感，同时也受到伦理道德的要求和约束。无论是传统社会还是现代社会，对于祖先的祭祀活动都是彰显孝道的一种重要方式，人们通过定期的祭祀仪式来表达自己对祖先的孝，对家族伦理秩序的认同和维护。"[2]

张勃指出中国历来重视道德教育，将崇高的道德理想融入国家、集体或个体的重要仪式和百姓日常生活的细节之中。让人们在节日以及平时居处、衣服、饮食、待人接物之间习礼行礼、内化道德理念、加强道德修养、提升个人气质。[3] 村落的节庆庙会，让村落成为一个礼俗互动的和谐空间。在这个过程中，民众受到传统价值观念的熏陶，缅怀祖先、礼敬亡人，强调慎终追远、木本水源的根脉意识，使祖先信仰与道德伦理的精神民俗得以传承。节日活动根据时序安排，适应四时八节，尊重自然；村民们热情好客，文明有礼，团结互动，整个村落秩序井然，新时期乡风文明建设得以稳步推进。

第四节 助力经济发展，推进乡村振兴

随着旅游业的发展，以及乡村经济发展的现实考量，传统节日的开发和建

---

[1] 邵凤丽：《当代乌拉街满族春节祭祖仪式现状及其价值》，《广西师范大学学报（哲学社会科学版）》2013年第4期。
[2] 邵凤丽：《当代乌拉街满族春节祭祖仪式现状及其价值》，《广西师范大学学报（哲学社会科学版）》2013年第4期。
[3] 张勃：《春节习俗是重要的德育资源》，《中国德育》2017年第1期。

设已经成为全国多地的普遍性行为，学者们也对这个问题进行了关注。黄清喜、谭富强认为附着在"艾米果"上的历史记忆，是客家人集体情感的结晶，并承载着历代客家人对相关历史事件的记忆；当下，跟随时代前进的步伐，客家人也将这种历史记忆应用于商业生产，这对于我们今天建设具有区域特色的商品、城市形象等问题都有着积极的启示。[1] 董炜纬认为，景颇族目瑙纵歌节在提升旅游业文化内涵方面具有重要意义，目瑙纵歌节在未来的发展应注重民族文化认同感的增强、节日仪式的完整以及节庆品牌的打造等方面。[2] 张红娜通过对"东方情人节"苗族姊妹节的研究指出，发展民族节日文化旅游只有在文化真实性的基础上才能长久发展，否则民族文化旅游就成了无源之水，总有一天会枯竭。[3] 李锦认为，对凉山彝族火把节应进行整体性保护，在整体性保护的框架下从空间上保护其荞麦生产系统、火场与社区的关系，从时间上保护火把节活动的完整序列，从价值观上保护火把节的火崇拜和祖先崇拜。[4] 谢琛琛的硕士学位论文对隆安壮族"芒那节"的保护开发进行了分析，指出壮族"芒那节"承载了壮族的鸟图腾崇拜、娅王崇拜以及稻米崇拜，在壮族"芒那节"的保护与开发过程中要坚持保护与传承的根本目的，具体包括完善"芒那节"活态传承制度、开发隆安"那"文化产业、打造"那"文化精品旅游景点等方式。[5] 张利群认为，"壮族三月三"节庆文化品牌构建必须围绕歌节为核心形成山歌文化内圈以及节庆文化外圈，以"歌"为内容、以"节"为形式，重在凸显歌节文化精神，才能达到构建节庆文化品牌的目的。[6] 黄瑛也认为，"壮族三月三"歌圩需要进行品牌打造，主要是利用现代科技修复创新歌圩的文化内容和形式、建立歌圩生态保护区、培育歌圩传承人等方式。[7]

静安村有得天独厚的地理条件，交通便利，林海茂密，水源充足；而且历

---

[1] 黄清喜、谭富强：《赣南客家清明节饮食的"历史辨析"与文化再生产》，《江西理工大学学报》2017年第4期。

[2] 董炜纬：《民族文化节庆活动对提升旅游业文化内涵的思考——以目瑙纵歌节为例》，《当代经济》2017年第23期。

[3] 张红娜：《民族节日旅游的舞台化研究——以"东方情人节"苗族姊妹节为例》，《智库时代》2017年第17期。

[4] 李锦：《凉山彝族火把节整体性保护路径研究》，《重庆文理学院学报（社会科学版）》2017年第3期。

[5] 谢琛琛：《广西隆安壮族"芒那节"保护与开发研究》，硕士学位论文，广西大学，2017。

[6] 张利群：《"壮族三月三"歌节传承及其节庆文化品牌构建》，《广西师范学院学报（哲学社会科学版）》2017年第3期。

[7] 黄瑛：《广西"壮族三月三"歌圩文化品牌创新策略研究》，《南宁职业技术学院》2017年第6期。

史悠久，孕育了独特的满族文化，各种传统习俗依旧在传承；再者，在 NY 的带领以及村民的积极配合之下，各项活动正如火如荼地展开，整个村子充满了生机与活力。在此之下，整个村子具备了天时、地利、人和之便，大力推进了乡村振兴。在这个过程中，凝聚民族文化和精神内涵的传统技艺必不可少。手工技艺不仅是重要的谋生手段，也是村落物质生活的一个内容，同时还是维系村落生活共同体的文化力量。静安村村民会在空闲时期制作具有满族特色的荷包、粽子、饽饽、旗袍、满族乐器以及春联等进行售卖，不仅可以利用这些产品来提高经济收入，同时还可以传承技艺，向其他民族的人民展示满族文化的多姿多彩。

2020 年，受互联网大趋势影响，静安村村民在端午节参加了政府举办的助农直播，制作了香包、剪纸、彩葫芦、五色绳等满族传统手工艺品，在网上直播售卖。这次直播助农活动由淘宝、抖音双端进行同步直播，共吸引 81 万人次观看，获赞 433.9 万，双端共同登上平台小时热门榜单，累计成交 806 单 1352 件货品，共帮扶农户 20 余户，有效地提升了村落经济收入。因此，手工艺是乡土文化的重要遗产，它具有传承和更新乡土文化的功能，村民们可以通过文化创意来提高村落的经济效益，提升物质生活质量，这样既能传承文化，又可以提高村落知名度，一步步发展，将村中的其他产品销售出去。

同时，民俗活动是经营、服务和消费的聚集场所，它是文化活动与经济活动的完美结合。而且我国民间信仰中蕴含许多激发民众旅游兴趣和旅游好奇心的内容，特别是节日活动中的许多仪式、活动（如祭典），这类活动很容易转化为有地方特色的活动。"依托民族节日发展经济是目前地方政府的思路之一，文化为经济助力是我们赋予现代文化的一个主要任务。"[1] 民间信仰活动事实上成为各类民间艺术和民间娱乐等集中展示演出的大舞台，具有很强的趣味性、参与性和休闲娱乐功能，具有较高的旅游开发价值。"要实现节日长期对经济发展的推动作用……必须以丰富多彩、富有魅力的文化为基础，一方面，对所在地域的基础设施加强建设，增加文化含量，另一方面对地方特色产品、特色文化产业等进行精心的打造。总之，就是要在地方旅游资源的建设上狠下功夫，增加地方魅力，如此才能使民族的节日变成民族振兴、乡村振兴的助推器。"[2]

蒲河村信仰关公还与村民们的农业生产有关，农业生产就是靠天吃饭，农民对气候依赖性很强，祈求风调雨顺、五谷丰登是农业生产中村民最大的心

---

[1] 于学斌：《现代民族节日的功能和治理建议》，《社会治理》2018 年第 9 期。
[2] 于学斌：《现代民族节日的功能和治理建议》，《社会治理》2018 年第 9 期。

愿。中国传统文化中很早就有雨神崇拜，人们如此重视雨神，各地区、各时代的人赋予了雨神多样的形态，关公便是其一，人们认为通过举行五月十三祭典仪式可以获得一年的好收成。在中国的民间信仰中，行业神指各行业从业者拜祭以求保护本行业利益的神灵。关公的财神形象深入人心，很多行业都将关公奉为财神。"精神是文化的核心，节日精神是凝聚群体、组织仪式活动的心理保障。"[①] 蒲河村有养殖业和渔业，也有饲料厂等小型企业，所以对于商人来说，关公这种恪尽职守、坦诚待人、光明磊落、积极进取的优秀品质已经成为他们的一种精神动力，寄托着村里人安居乐业、大吉大利的美好心愿。2019年农历五月十三的祭典仪式和满族文化节，已经成为展示蒲河村的一张亮丽名片。蒲河村通过以节日为契机举办的满族文化节，把握时代脉搏，紧扣时代主题，使满族文化与民族国家联系在了一起。现场展出多种蒲河满族村产的特色农副产品，比如草莓、小柿子、香瓜、葡萄、蟹田大米等，地点设在珍珠湖景区，既将村子的特色农副产品推广了出去，又提高了景区的知名度，是带动村子经济发展、提升村庄形象的精明策略所在。

---

① 萧放：《传统节日的复兴与重建之路》，《河南社会科学》2010年第2期。

第五章　传统节日促进乡村社会治理的方式与路径

第一节　扩大节日主体，社会治理多元化

满族传统节日重建过程中的一个突出特点是多元主体共同参与，村民、村落精英、地方政府、学者、新闻媒体等都参与了传统节日的重建。多元主体共同参与节日重建也是当下社会治理的重要特征之一。

"枫桥经验"表明，社会共治应坚持贯彻党的群众路线方针政策，依靠社会民间力量解决现实问题，充分整合有效资源以促进社会稳定和保障民权民生。社会共治注重多元主体相互联动合作，引导社会和公众参与，破除传统的"管理论"单一、强制的威权色彩。[1] 社会共治过程中，要坚持法治原则，政府充分尊重社会公众的治理知识，灵活运用政策、风俗习惯、村规民约等综合性规范，重组整合可利用的社会资源以解决社会矛盾，从而形成"上合国家大法，下合社情民意"的和谐大局。[2]

随着传统文化越来越受重视，加之乡村振兴的现实需求、非物质文化遗产保护的持续推进，将传统节日作为地方文化资源进行开发建设已经成为一种较为普遍的做法。当代大型公共性节日的开发建设过程中，从参与主体看，一方面是各级政府组织，一方面是地方民众、社会组织，另外还有商人的参与。每一种力量主体在这个过程中都带有强烈的自我目的，或是为了打造地方文化品牌，或是为了带动经济发展，或是为了传承文化。萧放指出："传统节日的复兴重建还应注重发挥多元主体的共建共享作用。多元主体的参与不仅有利于开拓传统节日建设活力，扩大传统节日受众范围，也有利于避免单一决策或单一

---

[1] 曾哲、周泽中：《多元主体联动合作的社会共治——以"枫桥经验"之基层治理实践为切入点》，《求实》2018年第5期。

[2] 湛洪果：《"枫桥经验"与中国特色的法治生成模式》，《法律科学》2009年第1期。

知识造成的行为偏颇。"① 在节日重建过程中，民众、政府、企业、教育机构、科研人员、媒体工作者、文化公益组织等都是参与主体。其中，"民众是传统节日的实践主体和直接感受者；政府在政策引导、资金投入、公共服务、遗产保护方面做了诸多工作；文创企业发掘传统节日的当代价值，创新节日物品设计，开发节日旅游活动，助推了节日市场的活跃；教育部门通过乡土教育、校本课程、传统文化进校园活动等培育了青少年儿童的节日感受与节日认同；高校及科研机构节日文化研究提供着学术支撑；媒体促进了传统节日的普及宣传。"②

民众是节日的实践主体。在满族节日重建过程中，蒲河村、腰站村和静安村都是多元主体共同参与。例如在蒲河村，每年五月十三活动的准备工作、接待工作都是由村民自发完成的，前来祭拜关公的民众多是附近的村民。近年新增的满族舞蹈，其表演者也是村内女性。又如静安村，2019年静安神堂的修缮，村民们自发组织捐款从5元到666元不等，共有42位捐款人，合计5000余元。房屋修缮工作也是由村民完成的。在室内装饰时，村民也纷纷将自家具有满族特色的物件捐献出来。在整个节日活动中，祭祖、骨碌元宵等仪式活动中村民也是重要的参与主体。

村落精英是大型节日活动的重要组织者。在村民当中，还有一个特殊的群体——村落精英，他们是节日重建的重要组织力量。在社会学的意义上，"精英"最初是高高在上的。在帕累托的精英理论中，社会分为非精英阶层和精英阶层，后者又可分为统治精英和非统治精英两个部分。此时，精英不仅是一个涉及社会分层的概念范畴，更与统治地位或政治权力密切相关。现在中国学界常用"地方精英"的概念，不再过多强调其与国家政治权力的紧密联系，精英地位不再被视为仅仅来自国家的赋予，而是更加注重精英在地方舞台上的资源、策略、实践与结构之间的相互交织以及地方精英的持续、变迁、转型或消退的种种图景。由此，对于中国精英群体的认识经历了从国家赋予到官民中介再到强调民间性的地方舞台具体实践的历程。③ 在满族节日重建过程中，蒲河村的ZJY、腰站村的ZYJ、静安村的NY等村落精英是节日文化重建、乡村社会治理中的重要人物，他们不占有经济资本、政治资本，他们的共同点是拥有强烈的历史文化认同和所居地的便利性，从而成为村落社会发展的重要人物。

政府是节日重建的重要依靠力量。在满族节日重建过程中，地方政府在不

---

① 萧放、贾琛：《中国传统节日的传承与变革》，《社会治理》2020年第7期。
② 萧放、贾琛：《中国传统节日的传承与变革》，《社会治理》2020年第7期。
③ 李晓斐：《当代乡贤：地方精英抑或民间权威》，《华南农业大学学报（社会科学版）》2016年第4期。

同程度上参与了节日重建。在静安村，区政府、街道、社区领导多次到村里考察，推动节日重建，同时政府也提供了必要的资金支持，并推进申遗工作。蒲河村所在的辽中区各级政府也参与了五月十三节日重建。与之相比，2018年和2019年三次节日活动中，腰站村村干部参与了节日重建，但其他地方政府部门尚未参与其中。从三个村子节日重建发展状态看，地方政府对节日重建的关注，以及经济帮扶，有利于传统节日顺利重建，是其持续向好的重要保障。

科研人员是节日重建的学术助力。蒲河村、静安村和腰站村三个村落在重建传统节日活动中，都不同程度地吸引了高校及科研机构研究人员的关注。辽宁大学、沈阳师范大学、东北大学等高校及科研机构的研究人员多次参与满族传统节日重建，并有学者撰写了节日研究文章，这些都为满族传统节日重建提供了必要的学术支撑。[①]

新闻媒体是节日重建的宣传员。张勃认为中华传统节日在传统社会有其特定的传播方式，主要依靠人的空间移动、国家政令的颁布以及节日文献的传播来实现。如今中国社会进入了全媒体时代，传统节日的传播体也出现了全媒体化传播的特点。传统节日的全媒体传播，不仅大大提升了传播的速度与广度，而且大大丰富了传播内容，此外，它也密切了传承与传播的关系。从目前来看，通过对节日文化知识的普及、对节日生活的展示与分享，全媒体对传统节日的传播正在产生十分积极的影响。在具体操作方面，应该运用全媒体优势，积极进行中华传统节日网站和公众订阅号品牌建设，并重视文化内涵和核心价值观念的展示，同时更加注重对优秀节日文化的系统化、多样化传播。张勃还提出，我们的身体也是重要的媒体。在当下，有必要强化面对面的交流与共享。合理分配时间，分清轻重缓急，将身体在场的线下交流、共享与身体缺席的线上交流、共享做合情合理的划分与结合。只有这样，才有可能是高品质的节日生活，也才有更强的幸福感，也才能真正实现传统节日的理想功能，实现传统节日的良好传承。[②] 在满族节日重建过程中，新闻媒体发挥了积极作用，促进了传统节日的普及宣传。如在静安村的节日活动中，辽宁日报、辽宁电视台、沈阳日报等新闻媒体曾多次给予报道，扩大了社会影响力，推动了传统节日重建。

萧放指出，文创企业也是节日重建的重要主体，"文创企业发掘传统节日

---

① 陈华泽：《满族春祭的新形态——以沈阳市静安村祭神祭天典礼为例》，《满族研究》2019年第2期。

② 张勃：《传统节日的全媒体传播》，《光明日报》2016年2月19日第5版。

的当代价值，创新节日物品设计，开发节日旅游活动，助推了节日市场的活跃"①。从目前三个村落的发展情况看，静安村正在积极推动手工业的发展，但是仍处于初步探索阶段，尚未形成一定规模和影响。腰站村、蒲河村尚未发展文创产业。从未来发展看，要想推动传统节日走向更远，节日文创方面需要有所突破。

从以上分析可以看出，满族传统节日重建过程中，已经有众多主体并存，他们之间相互配合，共同推动传统节日重建。但是需要指出的是，在多元主体当中，三个村落的传统节日重建都缺少地方教育部门的参与。萧放指出，"教育部门通过乡土教育、校本课程、传统文化进校园活动等培育了青少年儿童的节日感受与节日认同"②。在静安村、蒲河村和腰站村，目前没有形成节日文化教育体系，地方教育部门尚未参与到节日重建中来。从未来的发展看，传统节日要想在地域社会生根发芽，势必要与青少年的节日文化教育和感受相联系，将青少年对节日的感受和认知作为节日发展的重要组成部分。

因此，村民、村落精英、政府、学者、新闻媒体共同组成了立体化、多维度的满族传统节日实践、宣传、推广平台，共同推进了满族传统节日当代重建。多元主体各司其职，又相互配合，满族传统节日才能产生积极影响，从而推进乡风文明、社会治理的实现。

第二节 丰富节日活动，社会治理仪式化

仪式活动是节日的重要组成部分，每个节日都有相对固定的仪式活动，这些仪式活动具有较强的历史传承性，蕴含并体现着节日的丰富内涵，是当下传统节日参与阶层社会治理的仪式化表现。

萧放指出："节日是区别平常的特殊日子，是社会生活节奏的标志。节日需要有仪式庆祝活动来显示自己的特殊存在，因此复兴传统节日仪式与相关习俗活动，是节日元素建设的重要内容。"③ 在满族传统节日重建过程中，满族民众十分重视重建节日活动，可以说节日活动是节日重建的首要标志。如静安村 2018 年二月二的活动有"引龙""照虫烛""熏香""撒灰囤"等。2019 年

---

① 萧放、贾琛：《中国传统节日的传承与变革》，《社会治理》2020 年第 7 期。
② 萧放、贾琛：《中国传统节日的传承与变革》，《社会治理》2020 年第 7 期。
③ 萧放：《传统节日的复兴与重建》，《河南社会科学》2010 年第 2 期。

五月节的活动有踏露水、折艾蒿、绣荷包、挂葫芦、系五彩绳、包传统苇子叶粽子、撞蛋，还有骑马射柳等，丰富多样。2019年中秋节的活动，一是制作传统的满族美食椵头饽饽、苏耗子、六碟六碗等；二是进行了满族传统民间娱乐游戏，剪纸、翻绳、欻嘎拉哈等；三是学习满语；四是祭祖；五是祭月。其中，春节作为民俗大节，活动更为丰富，2020年春节活动时邀请萨满举行祭神、祭佛头妈妈仪式，静安村村民还自编、自导、自演了一台文艺演出。作为新旧更替的传统节日，春节在民俗生活中备受重视。林继富将春节的仪式活动归纳为"生活的新旧过渡转换仪式""迈过冬天、跨入春天的仪式""维系家族关系、和润家族情感的仪式""强化社会团结、维护生活秩序的仪式""祈愿生活富足、丰产丰收的仪式"[1]。

为什么当代节日重建要重视恢复仪式活动？洛蕾利斯·辛格霍夫指出："借助仪式，人们能够克服社会存在的差异，建构社会秩序和共同的归属感。仪式使人们有可能在共同的行动中邂逅、相知并相互融合。仪式传递情感上的安全感和社会可靠性——在经济、政治和社会不稳定的时代，这一点非常重要。"[2]

对于中国人来说，节日的仪式感是当代节日重建、发挥社会治理作用的关键。"这些群体参与具有模式性的节日仪式活动，它既是传统节日区别于日常时间乃至现代节庆的习俗标志，也是增强群体内部凝聚力的重要方式。人们只有在集体性的节日仪式与活动中才能有身体与心灵的特殊体验，以及实现与传承集体的记忆。我们在传统节日元素中应该充分重视节日的仪式形态，培养节日的仪式感觉，让民众的情感、民众的信仰在节日仪式中得到顺利表达，从而充分发挥传统节日在文化传统的传递与社会教育方面的重要功能。"[3] 只有在民众的心中建立起节日的仪式感，才能让节日真正融入生活，得到人们的认同，节日所承载的丰富内涵才能被接受、传承，节日才能在生活中发挥社会治理的作用。

---

[1] 林继富：《"春节"的仪式意义》，《人民政协报》2021年2月22日第9版。
[2] ［德］洛蕾利斯·辛格霍夫：《我们为什么需要仪式》，刘永强译，中国人民大学出版社2009年版，第5页。
[3] 萧放：《传统节日的复兴与重建》，《河南社会科学》2010年第2期。

第三节 挖掘节日内涵，社会治理深入化

传统节日能够在乡村社会发挥作用，从本质上看缘于传统节日具有丰富的文化内涵。"传统节日是中华民族文化的重要组成部分，它凝聚着中华民族的情感与思想，集中体现了中华文化的精华与民族精神特性，是中国人认知天地人生的重要表达与生动实践。传统节日承载着中华民族的文化血脉，生动地传递着中华文化的价值观，它是维系与促进中华民族文化认同的重要方式。作为越历千年，伴随着民族共同体不断积累成熟的历史记忆与文化遗产，我们理应尊重与呵护。在面临重大时代转变的今天，我们应该有更清醒的文化自觉意识，肩负起更迫切的文化传承的历史使命，对于传统节日，我们需要深入地发现它本身所具有的穿越历史时空的文化内涵，总结与提炼它与生俱来的文化根性，并在适应当代文化生态、符合民族文化建设方向的基础上，进行适当的更新与发展，传统节日犹如一江春水，它的流向与民族文化的生命未来息息相关。"[1] 张勃也指出："文化内涵是传统节日的精神核心，是传统节日文化传承的力量源泉，寄寓于这些结构性要素之中。中华传统节日文化内涵的具体内容，包括对风调雨顺、个人康健、家庭团圆、天下太平的美好期盼，对天地自然的感恩与敬畏，对祖宗先贤的缅怀与尊崇，对亲情的倾注，对乡情的依恋，对弱者的关怀，对爱国之情的执着，等等。更进一步地，这些文化内涵从天人关系、人际关系、义利关系、人格理想等层面，揭示中华传统节日所蕴藏的中华民族主导价值观念和理想诉求。"[2]

满族春节辞旧迎新、敬天祭祖、团圆喜庆，正月十六走冰去病，清明节插佛托祭祖，端午节射柳击球、插艾保健、纪念先贤，这些都是满族传统节日的文化内涵。在乡村社会生活中，信仰、伦理、价值观念可以通过丰富多样的节日活动传递给下一代。萧放指出，当代传统节日重建，"需要高度重视传统节日精神核心的建设。节日作为集体共享的特殊时间，它需要有特定的精神核心，以实现对群体的吸附与主导。精神是文化的核心，节日精神是凝聚群体、组织仪式活动的心理保障，如果节日失去精神核心，节日也就成为没有意义的空洞符号，它离消亡的时间也就不会太远。"[3]

---

[1] 萧放：《传统节日与非物质文化遗产》，学苑出版社2011年版，第1页。
[2] 张勃：《传统节日的全媒体传播》，《光明日报》2016年2月19日第5版。
[3] 萧放：《传统节日的复兴与重建》，《河南社会科学》2010年第2期。

当下满族传统节日在继承传统的文化内涵基础上，亦应随着社会发展而有所变化。"当代传统节日的复兴重建是传统发明与文化再生的过程，在现代文明的全新环境中，奠基于农业社会的传统节日要适应当代社会，其内在性质与外在形式的变化及调整是必然的选择。我们强调节俗传统保护，主要在于保护它的生活服务功能与文化象征意义。同时我们也有责任与义务继承与更新节日传统。"[1] 满族传统节日形成于传统渔猎、农耕社会，在进入现代社会生活后，这些传统节日习俗为适应生活需求，应在外在形式和内涵方面有所调整。2018—2020年，静安村、腰站村和蒲河村在重建传统节日过程中，主要是对传统节俗的延续和展演，是"共同体的想象"的表现，如何将传统节日与现代社会相适应是满族节日未来发展将要面对和必须回答的问题。

第四节 修建节日场所，社会治理空间化

节日场所是节日活动开展的空间场域，固定的节日空间场域也是节日文化的重要构成。尤其是具有历史文化属性的节日空间，本身就具有一定的历史文化意义，在乡村社会能够发挥积极作用，助推乡村社会治理的实现。

在满族传统节日重建过程中，蒲河村的节日空间是家庙，庙门口的石坊上写着"祭祖祠"，2019年更名为"蒲河满族文化传承基地"。这座家庙自20世纪70年代开始筹建，一直到2003年才建成，本是村民祭祀关帝的庙宇，在院内建了家庙，大门口石坊上称之为"祭祖祠"。近年来，为了进一步推动村落发展，又将"祭祖祠"更名为"蒲河满族文化传承基地"。

腰站村的节日空间分为两类，一是肇氏祖先的墓地，这是清明、春节祭祀仪式的场域。村落传说龙锡等人的墓多次遭人盗取，2013年清明节，肇氏族人将龙锡、阿哈、阿塔等墓培修圆整，将位于墓地后方的赛弼图墓培起坟包。2014年清明节，家族为龙锡立碑。二是临行祭祀地。村内公祭活动没有固定空间，因为肇氏家族没有祠堂，以前也没有公祭活动，现在举行公祭只能临时搭建，或是在村委会院内。

静安村的主要节日空间是静安神堂，里面供奉着满族祖先和神灵。静安神堂是租用的村民旧民居，租用、修缮等费用由NY负责筹集。2019年静安神堂的修缮捐款共有42位捐款人，合计5199.88元，这些经费用于交房租以及

---

[1] 萧放：《传统节日与非物质文化遗产》，学苑出版社2011年版，第7页。

房屋修缮所需的人工费、工具费用等。

三个村落的节日空间都经历了重建和新建的过程，其中有很多困难和矛盾，但是人们克服困难，解决矛盾，争取实现空间的重建和新建。从节日发展来看，这些空间的存在，为节日活动的顺利开展提供了空间保障，同时延续了历史文化记忆。

在这些节日空间中，家庙、祖先墓地、神堂都是祭祀性场所，是祭祀祖先和神灵的地方。"对于中国人来说，祠堂、墓地作为重要的家族公共空间，是岁时祭礼举行的重要场所，是人们获得历史感、存在感、神圣感的空间依托，承载着历史文化记忆绵延的重要使命。……作为中国人祖先崇拜的'原初'的神圣空间，祠堂、墓地既是祖灵所依之所，是家族的文化标志物，亦承载着家族的历史文化记忆，人们不愿意丢弃，也不能丢弃'原初'的神圣时空。当代祭礼重建过程中，空间重建作为前提条件而存在，很多家族举全族之力，重建、维护祠堂、墓地等家族公共空间，这是对家族历史文化记忆延续的直接而有效的保障。只有在祠堂、墓地'原初'的神圣空间举行祭礼，才能让人们切实感受到历史的延续、生命的绵长，真正实现身份认同，从而最大限度上发挥祭礼彰显孝道、伦理、秩序的作用。"[1]

第五节　打造节日物品，社会治理符号化

过节的时候，除了热闹的仪式活动，节日给人最直观的印象就是琳琅满目的节日物品，如春节的鞭炮、对联、福字，端午节的粽子、龙舟，中秋节的月饼……节日也正是通过这些物品，参与到了乡村社会治理当中。节日物品在一定意义上是社会治理符号化的表现。萧放指出："节日需要直接可以品尝、观赏、把玩的节日物质产品或节俗象征物。节日是岁月长河中的特定节点，围绕着这一节点，除了仪式活动外，最引人瞩目的是节物。节日的直观呈现需要一套节日物质系统。"[2]

在满族节日重建过程中，不同村落都选择了重现节日物品，有旗袍、马褂等民族服饰，驴打滚、元宵等节日食品，还有佛托、艾草等节日用品，这些节日物品是节日必不可少的组成部分，节日活动也往往围绕这些物品展开。黄涛将节日物品称为节日纪念物，指出节日纪念物对于传统节日现代性的建构作用

---

[1] 邵凤丽：《当代祭祖礼仪重建的内在生命力》，《文化遗产》2018年第4期。
[2] 萧放：《传统节日的复兴与重建》，《河南社会科学》2010年第2期。

有三个方面：一是维系人们的节日情感，丰富人们的节俗活动；二是营造浓重的节日氛围；三是传统节日在现代社会的顺利传承有赖于节日纪念物消费市场的推动。作者同时指出，传统节日纪念物的性质可分为三种情况：其一，旧物新用。指纪念物是传统节日习俗中原有的，但是在现代社会其功能或内涵发生了较大的转变或调适。如鞭炮原是过年时用于避邪或沟通神灵的，现在主要用来制造欢庆气氛。二是创用新物。传统节日原本没有某种纪念物，随着社会变迁，现代人根据生活需要创用新的节日纪念物。比如台湾近年来在中秋节兴起吃烤肉的习俗，中秋月圆之夜，人们在露天场所聚在一起边赏月边烤肉，成为超过吃月饼的中秋食俗。三是旧物旧用。即节日纪念物是传统习俗中原有的，而且现在的使用方式与含义都沿袭旧俗。民俗总是在传承中不断演变的，节日纪念物也在不断地进行功能调整或品种更新。"节日纪念物"概念强调用现代眼光看待和经营节日纪念物，并在保持其优秀传统元素的基础上进行创新性拓展，以适应现代社会生活。① 萧放也指出："我们在节日复兴过程中应充分重视节物与用品的传承与开发，根据节日活动的需要，为各年龄层次与性别的人提供节产品服务。目前中国的节日用品市场尚处于初级阶段，与欧美节日市场比较有很大差距。"②

在静安村、蒲河村和腰站村，人们共同打造的节日物品有旗袍、马褂等满族服饰，还有驴打滚、萨其马等满族饮食，作为满族传统节日的标志性符号，这些节日物品凝聚着满族民众的节日情感，也重现了满族节日的历史、民族的历史，满族传统节日重建过程中，必须重视对带有鲜明满族文化特色的节日物品的开发，既保留重要的历史性节日物品，如萨其马、驴打滚、佛托等，也适时开发新的节日物品，以适应满族现代节日发展的需要。只有开发出充分满足现代节日需求的节日物品，现代节日才能有所凭借，才能真正吸引民众主动参与到节日活动当中，进而促进乡村社会治理的实现。

第六节　加大节日宣传，社会治理扩散化

在新时代的发展环境下，出现了各种促进文化传播的新媒介，新媒介对于文化传播的迅速扩大有着极大的促进作用。网络媒介时代，既有人类认识文化

---

① 黄涛：《节日纪念物与传统节日现代性的建构》，《温州大学学报（社会科学版）》2009年第6期。

② 萧放：《传统节日的复兴与重建》，《河南社会科学》2010年第2期。

传播的结构，又有文化传播中形成的具体的形态结构，新的传播媒介对于传统的文化传播系统具有优化整合的巨大作用，从社会信息系统的层面上来看，在现代科技飞速发展的条件下，微信公众平台、互联网电视、网站等新的传播媒介的出现，不但使现代的文化传播平台发生了改变，还增加了文化传播的渠道，使文化的传播从人与人之间直接的口头传播，发展至触摸屏、虚拟现实、幻影成像、多媒体、互联网等非常多元的文化传播渠道。①

张勃指出："传统节日是中华民族优秀的文化遗产。作为历史悠久的文化传统，中华传统节日在传统社会有其特定的传播方式，主要依靠人的空间移动、国家政令的颁布以及节日文献（如文稿、书籍）的传播来实现。如今，由于电子媒体、数字媒体的发展和普遍使用，综合运用文字、影像、图表、声音等各种表现形式全方位、立体地展示传播，并通过传统媒体和新媒体等多种媒体加以展示，成为普遍诉求和社会现实；同时，除了职业传媒外，人人都可借助数字科技成为制作、复制、发布、传播信息的媒体，正是在这种情况下，中国社会进入了全媒体时代，而传统节日的传播体现出全媒体化传播的特点。"②

在当下满族传统节日重建过程中，各村落不约而同地进行对外宣传。一是利用新闻报纸进行宣传报道。"报纸作为较早出现的一种大众传媒手段也应和着时代的发展需求，品种越来越多，内容越来越丰富，版式更灵活，印刷更精美，报纸的内容与形式也越来越多样化，使之与读者的距离也更接近了。"③ 2018年3月5日，《沈阳日报》发表题为《沈阳蒲河岸边满族村里的传统节日是啥样？滚元宵、照贼、跳篝火舞、走百病……》④ 的报道，对静安村正月十六活动进行了报道。

二是利用网站进行宣传报道。"媒体网站是新闻宣传的主要载体，在文化宣传中发挥着重要作用。作为大众传媒的一种新形态和新'战场'，媒体网站成为传播正能量、弘扬优秀文化的重要渠道之一。"⑤ "中国新闻网·辽宁新闻"在2018年11月20日发表《沈阳市满族联谊会举行"颁金节"383周年

---

① 章静怡：《新媒体对文化传播力的影响与提升研究》，人民网，2015年9月11日。
② 张勃：《传统节日的全媒体传播》，《光明日报》2016年2月19日。
③ 邵凤丽：《家风家训与乡风文明建设——山西闻喜裴柏村的个案研究》，中国社会科学出版社2020年版，第208页。
④ 《沈阳蒲河岸边满族村里的传统节日是啥样？滚元宵、照贼、跳篝火舞、走百病……》，"沈阳日报"公众号2018年3月5日。
⑤ 邵凤丽：《家风家训与乡风文明建设——山西闻喜裴柏村的个案研究》，中国社会科学出版社2020年版，第200－201页。

纪念活动》的新闻，介绍了静安村的颁金节活动。① 沈阳网也对这次颁金节活动进行了介绍。② 满族文化网在2018年4月7日发表《清明期间，满族多地举行祭祖活动》的新闻，对静安村的清明祭祀活动进行介绍。③

三是利用微信公众号进行宣传报道。"随着科技的进步，传统意义上的应用软件已不能满足当代的发展。如今微信的使用更为频繁，它不仅加强了人与人之间的沟通，同时微信公众号这一强大的功能在一定的层次上促进了信息的有效传播。"④ "满语"公众号在2018年3月19日发表推文《沈阳国际满语文保护实验区"过满族传统的二月二龙抬头》，文中对静安村二月二活动进行了介绍。"辽大民俗学"公众号在2018年11月7日发表推文《2018年静安村颁金节田野调查札记》，对2018年静安村的颁金节活动进行了介绍。

"传统节日的全媒体传播，不仅大大提升了传播的速度与广度，而且大大丰富了传播内容，尤其是节日生活即个人或群体如何过节的内容，比如节日饮食、节日服饰、节日活动、节日心情感悟等。此外，它也密切了传承与传播的关系。传承重点在纵向传递，传播则强调横向传递，二者是传统节日两种不同的存在方式，本来关联性不强，但现在关系甚大。传承的好坏极大地影响传播的速度、广度与强度，传播的速度、广度与强度极大地影响传承的效果。在传统节日重振复兴的语境中，传播传统节日的知识、信息，不仅是了解和理解并进而热爱传统节日的必要途径，为传承所必需，而且也在很大程度上营造了传承的氛围。重要的是留言、点赞、评论、发红包、语音说话、音频聊天、视频聊天等交互性功能的设置，保证了身处异地的亲朋好友能够同时参与、分享节日的欢乐。也因此，全媒体时代不仅在很大程度上延续了节日丰富生活、凝聚人心、传承文化、推动经济发展、促进社会和谐、缓释心理压力、满足情感需求等多种功能，也在很大程度上塑造了新的过节的内容和方式。从目前来看，通过对节日文化知识的普及、对节日生活的展示与分享，全媒体对传统节日传播正在产生十分积极的影响。"⑤ 对于乡村社会来说，如何充分利用媒体传播来扩大节日影响是节日传承发展中的一个重要问题和难题。

---

① 《沈阳市满族联谊会举行"颁金节"383周年纪念活动》，中国新闻网·辽宁新闻，2018年11月20日。

② 《满族联谊会纪念"颁金节"383周年》，沈阳网，2018年11月20日。

③ 《清明期间，满族多地举行祭祖活动》，满族文化网，2018年4月7日。

④ 邵凤丽：《家风家训与乡风文明建设——山西闻喜裴柏村的个案研究》，中国社会科学出版社2020年版，第203页。

⑤ 张勃：《传统节日的全媒体传播》，《光明日报》2016年2月19日第5版。

结　语

当下东北满族传统节日重建在乡村社会治理方面发挥了积极作用，传统节日重建有利于传承乡土历史，稳固治理根基；强化民族认同，传承乡土记忆；涵养村风民风，促进乡风文明；助力经济发展，推进乡村振兴。但是传统节日要想在当下助推乡村社会治理的实现，必须通过具体的方式和路径，首先要吸收更多的参与主体，让民众、乡村精英、乡贤、地方政府、学者、媒体等都参与其中，共同推动节日重建。同时丰富节日活动、修建节日场所、打造节日符号，既传承具有重要历史意义和价值的节日活动、节日符号，同时也根据生活现实增加新的节日活动、节日符号，并注重挖掘节日内涵，让节日从形式到内涵都与现代生活紧密结合。最后，利用现代媒介，加大节日宣传，让传统节日得到更多的关注和接受。

满族节日的重建既是历史传统得以传承的过程，也是不断自我创新发展的过程，传承与创新无疑是满族节日发展过程中的两面性。在社会转型时期，节日重建需要注重六个主要方面，即节日主体、仪式活动、文化内涵、空间场所、物质体系、节日宣传。当下，对于满族节日重建，人们将重点放在了外显的仪式活动、物质体系和空间的重建方面。在仪式重建方面，清明插佛托祭祖，端午包粽子、挂艾叶，春节杀黑猪祭祀等。在物质体现重建方面，满族旗袍、马褂等民族服饰，八大碗、萨其马等满族饮食已经成为节日的必备要素。空间方面，重建祠堂、神堂，修整墓地，可以说，节日外显的仪式和物质方面得到了较为充分的重视、体现。与之相比，节日精神核心的重建与发展却相对滞缓。很多节日的参与者并不十分了解节日的历史传统与文化意义。萧放指出："节日并非可有可无，几乎所有的人类文明在历史发展进程中都形成了本民族自己的节日体系和节日文化，这是因为节日具有凝聚精神、凝聚群体的作用。对于国家而言，全民共享的节日文化是传承民族历史、民族情感的重要载体，是维系国家统一、社会和谐的重要纽带。对于民众而言，周而复始的年节体系在无形而漫长的时间河流上形成稳定的世俗生活框架，人们可以对时间富有期待、做出计划，更重要的是，人们可以在传统节日之中重温传统、积蓄力量，回归群体、获得慰藉，同时也以超越日常的体验调剂世俗生活。当代社会，我们更加需要节日的滋养。一方面，社会的分化及价值的多元化需要稳定的节日结构进行整合，另一方面，匆忙而焦虑的日常生活需要温情的节日予以抚慰。所以，重视节日的精神建设，为民众提供精神的归属，是传统节日复兴和重建的根本方向。"[1] 信仰和伦理是传统节日的精神核心，如何将其与现实生活结合，是当下满族节日重建的一个重要问题，亦是难题。尤其是那些脱离了原来的生存环境的开放共享型节日，要让实践主体深刻理解节日的精神核心，并让外来的参观者也了解、体会传统节日的核心精神，而不是只参观、消费外在的物质体系和节日仪式。因此，作为公共仪式的东北满族节日重建还需要在实践中不断摸索经验，寻找更加合适的方式，实现节日精神核心的有效传承与发展。

---

[1] 萧放：《中国传统节日的传承与变革》，《社会治理》2020年第7期。

下 编

满族节日志

第一章　春季节日

一、立春

　　立春是我国二十四节气之一，又称为立春节、岁节、岁旦等。立，有"开始"之意；春，则是春天，代表着温暖、生长。立春的到来意味着一年中万物开始生长，花红柳绿，草长莺飞，人们也开始着手农事活动。在辽宁满族地区的人们会举行一系列的仪式活动，迎接春天的到来，表达人们对春天的美好希冀。早在先秦时期的文献中就有关于立春习俗的相关描述。东汉时期正式产生了迎春礼俗，并出现了有关立春饮食和立春服饰的民间习俗。无论是官方礼俗还是民间习俗，在唐宋时期都得到了巨大的发展。明清之际，民间的立春文化日渐繁荣。

（一）迎春礼

　　迎春是立春前举行的重要活动之一。人们须事先做好准备工作，进行预演，俗称演春，然后才能在立春当天正式迎春。一般来说，迎春是在立春前一日进行的，目的是把春天和春神接回来。据《山海经》记载，春神名叫句芒，又称青帝，人面鸟身，主春事。立春后，人们还会选择在春暖花开的日子外出游春、踏青。民间称这一习俗活动为"行迎春礼"。宣统二年（1910年）《续修桓仁县志》对此便有所记载："立春之日，行迎春礼，民间或作嬉春之戏于东郊。"[①] 立春对农人来说，象征着一年的农作之始，同时，人们也会在这一天举行活动庆贺节日。此外，朝廷官府等的地方官员也会在立春之际，带领下属迎春。清康熙二十二年（1683年）《广宁县志》记："立春先一日，县官率属迎春，士女纵亲。"[②]

　　据辽宁满族县志记载，康熙二十三年（1684年）的《锦县志》所记文献

---

① 凤凰出版社编选：《中国地方志集成·辽宁府县志辑9》，凤凰出版社2006年版，第51页。
② 凤凰出版社编选：《中国地方志集成·辽宁府县志辑21》，凤凰出版社2006年版，第285页。

与《广宁县志》相似，当地的太守率领属下迎春："立春先一日，太守率属迎春，士女纵观。"① 至民国六年（1917年），辽宁铁岭立春时所举行的活动则更为热闹，具有很大的娱乐性，出现秧歌、龙灯、高跷等民间艺术活动，并且还会拈香行礼，对句芒神进行祭拜。"立春为国家盛典。前一日，守土官率僚属，盛陈卤薄（簿）仪仗，杂以秧歌、龙灯、高脚、旱船等剧，并具芒神、春牛往东关高台庙拈香行礼，俗曰'演春'，即迎春于东郊也。次日，依颁行立春时刻，以荆条鞭牛者三，曰'打春'。民国成立此典逐废。按芒神其衣服、鞋帽可验人物之灾详、年景之水旱。束红带，人多疾病；戴帽，则春冷；跣足，则多旱，与常相反，故曰'谑芒'。"② 人们常通过观察句芒神衣帽的干湿，来判定一年的水旱和晴雨，以预判当年收成的好坏，具有占卜预测之义。民国十五年（1926年）《兴城县志》虽称行春礼为"演春"，但内容与上述大致相同。"立春为一岁之首。按旧历，节前一日，地方官率诸色人等迎春于县城东门之外，扮演秧歌杂剧随之，即古迎春东郊之礼，俗曰'演春'。"③

（二）鞭春牛

鞭春牛是满族立春时进行的一项传统民俗活动，又称"鞭土牛"。土牛用土泥塑型而成，称"土牛"。早在周朝，就开始出现立春日鞭春牛的习俗。据《事物纪原》载："周公始制立春土牛，盖出土牛以示农耕早晚。"这种风俗在辽宁地区一直流传至民国。

届时，满族群众会将土牛抬至大街上依次鞭打，打得稀巴烂后，围观者蜂拥争抢碎土，扔进自己家的田里，据说这样可以使谷物丰收。人们常以土牛的颜色判辨今年农物的丰歉。此外，也有用纸糊春牛、句芒神像的，将神像的服饰和春牛的毛皮染色，看其着色程度占年景的好坏。民国十五年（1926年）《兴城县志》载："以纸糊芒神、春牛像。按干支定其服，饰毛皮之色。农民以占年景之水旱灾祥焉。翌日，昧爽县监督，率众官员在署以鞭击牛，俗曰'打春'。自入民国以来此礼遂废。"④ 至民国二十年（1931年），辽宁省义县出现了乞丐扮演的春官形象，活动中有官员、百姓共同参与，当地还传唱鞭牛歌："立春，先一日，地方守令迎春东郊，设彩棚于天齐庙，左供芒神、春牛像，按岁、月、时、干支，以定芒神服饰春牛首身之色。农民辨色以为水旱疾

---

① 凤凰出版社编选：《中国地方志集成·辽宁府县志辑16》，凤凰出版社2006年版，第404页。
② 凤凰出版社编选：《中国地方志集成·辽宁府县志辑11》，凤凰出版社2006年版，第607—608页。
③ 凤凰出版社编选：《中国地方志集成·辽宁府县志辑21》，凤凰出版社2006年版，第537页。
④ 凤凰出版社编选：《中国地方志集成·辽宁府县志辑21》，凤凰出版社2006年版，第537页。

疫之占，此时，装春官者每以丐者充之。翌晨，众官齐集署前鞭牛。曰'打春'。邑令在后，约正在前，各执纸鞭鞭牛，唱曰：一鞭曰风调雨顺，二鞭曰国泰平安，三鞭曰天子万年春，自民国维新，此举遂废。"① 民国二十六年（1937年）《海城县志》记："立春节在正月初旬，若遇闰月年后，即在腊月下旬。旧俗，先立春一日，守土官率属迎春于东郊，颁行时刻，公服祭勾芒神，芒神、春牛像。按岁、月、日时，干支以定芒神服饰及春牛身首之色。农民辨色以为水旱、疠疫之占。翌日清晨，县官复率属至东郊春庙前，鞭牛三匝，名曰'打春'，鼎革后，此举遂废。"② 在今天的一些地区，人们仍会举行鞭春之礼，意在鼓励农耕，发展生产。

（三）食春饼

立春的饮食习俗，不同的地区风俗亦不同。在辽宁满族地区吃春饼、春卷，咬春是最为普遍的饮食文化。春饼就是用面粉烙制成的，一般卷菜而食。最早，是将春饼与菜放入一个盘子里，称为"春盘"。宋代《岁时广记》引唐《四时宝镜》载："立春日食萝菔、春饼、生菜，号春盘。"民国二十年（1931年）《义县志》附有元朝习俗按《京都游览志》云："立春日，于午门赐百官春饼。黄庭坚诗：'麦饼薄于纸'，近俗犹古风之遗。"③ 春卷因为形似蚕，所以又称为"春蚕"。《岁时广记》载："京师富贵人家造面蚕，名曰'探官蚕'。又因立春日做此，故又称'探春蚕'。"而咬春则是指在立春这一天吃萝卜。据明《酌中志》记载："立春之时，无贵贱嚼萝卜，曰'咬春'。"春季人体的新陈代谢加快，选择吃一些维生素丰富的食物和新鲜的蔬菜，更有利于人们的身体健康。

（四）采野菜

春天草木萌发，正是野菜生长的季节。东北地区的满族妇女常在此时挖野菜，称其为"掐春"。掐春是满族特有的节日，没有固定日期。这时候，青年女子们邻里相约，姑嫂相伴，呼朋唤友，穿红戴绿，提篮拎筐到山中采菜采花，游戏娱乐。有一首《掐春》诗，专门描述满族姑娘们掐春的情景："你掐鲜嫩我掐新，女伴欢声摇远林。已是篮中香绿满，犹簪鬓角一枝春。"她们展示采菜采花的动作："鹰展翅"的轻捷、"凤点头"的优美、"龙戏水"的灵动有气势、"狮子滚绣球"的滑稽有趣……她们比赛采菜采花的品种，用菜名花名对对子："龙须菜"对"虎耳草"、"大姑娘菜"对"小孩儿拳"、"狗尾草"

---

① 凤凰出版社编选：《中国地方志集成·辽宁府县志辑18》，凤凰出版社2006年版，第554页。
② 凤凰出版社编选：《中国地方志集成·辽宁府县志辑8》，凤凰出版社2006年版，第209页。
③ 凤凰出版社编选：《中国地方志集成·辽宁府县志辑18》，凤凰出版社2006年版，第560页。

对"鸡冠花"……她们还用"对歌"的形式，表达对幸福的追求、对生活的热爱。① 冬去春来，万象更新。人们在春天到来之际迎春、鞭春、咬春，既感恩着自然的馈赠，又对新一年里五谷丰登、风调雨顺寄予期望。

二、春节

春节在满族节日体系中最为重要，满语称"阿仁叶能叶"，即汉语"元旦"的意思，满族更习惯称之为"过大年"。

春节历史悠久，别名众多，如新正、元日、元旦等，时间为每年的农历正月初一。古称十二月（阴历）为"除月"，十二月的最后一天为"除日"，其晚为"除夕"。一月（阴历）称"元月"或正月，元月的第一天称"元旦""元日""三元"（即岁之元、时之元、月之元）。"除夕"是前一年的最后一天，"元旦"是新的一年的第一天，意味着辞旧迎新。从习俗上看，"奉省岁事，满汉旧俗不同，久经同化，多已相类"②。虽然满族的传统节日很多都与汉族相同，但"满汉旧俗不同"，满族年节也有很多特殊的风俗。③

满族有句民谣说："小孩儿小孩儿你别哭，过了腊八就杀猪。"④ 一进入腊月，满族人家都呈现出一片繁忙的景象。作为满族最盛大的节日，"过大年"的时间从头年的腊月二十三开始，直到正月初五都是喜庆的日子。年前要做很多准备工作，如杀年猪、做饽饽、磨豆腐、做供品，家家户户都要赶集购买过年所需要的物品，如年画、红纸、糖果、蜡、作纸、鞭炮等，这叫"打年纸"，这是因为早年货铺习惯用纸打包人们所买货物，故有"打年纸"之称。家里还要打扫屋子院子，给家人裁制新衣等。

满族春节习俗古已有之，且长盛不衰。清代潘荣陛描写了以前生活在北京的满族人过年的情景："廿五日至除夕传为'乱岁日'。因灶神已上天，除夕方旋驾，诸凶煞俱不用事，多于此五日内婚嫁，谓之'百无禁忌'。"⑤ 祖宗板和大门上已经换上新挂笺。挂笺的颜色，或代表家世，如完颜氏尚白，则剪贴白挂签；或代表所属旗籍，如正黄旗贴黄挂笺。有的满族人家在院子里立一根木竿，竿上挂一面大旗，下面串一个四方木斗，内插八面小旗，再下面挂着各式

---

① 曾武、杨丰陌主编：《满族民俗万象》，辽宁民族出版社2008年版，第103页。
② 东北文史丛书编辑委员会：《奉天通志》卷98，辽沈书社1983年版，第17页。
③ 沈阳市民委民族志编纂办公室编：《沈阳满族志》，辽宁民族出版社1991年版，第286页。
④ 张佳生：《中国满族通论》，辽宁民族出版社2005年版，第242页。
⑤ （清）潘荣陛：《帝京岁时纪胜》，北京古籍出版社1981年版，第40页。

各样的彩灯，正所谓"院内立杆，悬挂天灯"。旗的颜色和灯的颜色与所属族籍的颜色相同。寒风中灯光闪闪，旗帜猎猎，分外艳丽。或红灯耀眼高悬，或冰灯七彩流溢，彻夜通明，壮观可慰。子夜鞭炮齐鸣，开始"接神"。接神之后，大门横一木杆，使鬼不能进来。夜半时分发神纸，高桌抬至院中，高桌上的物品能焚烧的都焚烧。次日清晨再将香碟撤下，焚香叩拜后再请上。

新中国成立后，春节仍然是满族人最隆重的节日，除祭祀与往昔有所不同，其他节庆活动习俗仍沿袭不衰。不同之处在于拜年时，机关单位多集体团拜，而街坊邻里、亲朋好友一般走街串户，恭贺新春。家庭内部仍保留着向长辈问好的拜年礼俗，只是不行叩头礼。春节期间，亲友往来，设宴款待，儿童或嬉戏于街头，或守于电视机前欣赏春节联欢晚会。初五之前，一般都是假期，市内和各县城镇多有秧歌、高跷等文娱活动，且家家户户张灯结彩，喜迎新春。随着人民生活水平的提高，节日多彩程度一年胜过一年。

春节诸多习俗到现在仍保存完整，在辽宁各地民间依旧这般"过大年"。如2001年和2011年间，王庆福在辽宁省本溪满族自治县清河城镇清河城村调查满族民众的过年习俗，调查报告显示当地民众很好地保留了自己民族的风俗，像祭灶、扫尘、备年食、打年纸、烧包袱等，虽然因为时代的变迁有所变化，但大体上保存完整。①

（一）年前

"二十三吃灶糖，二十四写大字，二十五扫尘土，二十六刨猪肉，二十七杀年鸡，二十八把面发，二十九贴对子，三十儿走油，初一磕头。"这是一首耳熟能详的东北民谣。在辽宁丹东的满族地区还流传着其他版本，如"廿三，灶王爷上天；廿四，写大字（写对联）；廿五，做豆腐；廿六，吃猪肉；廿七，宰年鸡；廿八，把面发；廿九，贴道西（对联、挂彩、福字）；卅，支油（走油，用油炸食物）；初一，磕头"②。这句俗语，反映着群众的生活，说出了当地的风俗，道出了过年的一整套流程，是广大人民群众智慧的结晶。直至今天，在满族人民生活的土地上，这句俗语仍在流传。

1. 二十三，辞灶日

春节，并没有一个固定的节俗日期。人们往往自腊月二十三就开始忙年，准备迎接春节的到来。农历腊月二十三，俗称"小年""送灶日"，也称"辞灶

---

① 江帆、詹娜主编：《中国节日志·春节（辽宁卷）》，光明日报出版社2016年版，第266－275页。

② 丹东市民族事务委员会民族志编纂办公室编：《丹东满族志》，辽宁民族出版社1992年版，第61页。

日"。临到腊月二十三，家家户户会换上新灶王贴纸，接灶王。过去，满族人并没有祭灶的习俗。据史料记载："明万历三十六年（1608年），明朝守军向内地缩守40里，建州女真人开始在清河城、碱厂等地生产、生活。"进入清河城的满族先民与原住汉人聚居，受汉族风俗习惯的影响，才有了过小年祭灶的习俗。①

清代潘荣陛《帝京岁时纪胜》一书中写道："廿三日更尽时，家家祀灶。"② 富察敦崇在《燕京岁时记》中则较为详细地记述了清代北京祭灶时的一些吃食："民间祭灶用南糖、关东糖、糖饼及清水草豆而已。"③ 祭灶习俗不仅流传在民间，清宫中也十分重视。晚清时期，溥杰在《回忆醇亲王府的生活》中记载："到了旧历腊月二十三日有祭灶之举，种种的灶糖是必吃的。"皇宫内的祭祀是更为讲究的。在坤宁宫设供案，安神牌、香烛，以麦芽糖为供品，并以黄羊一只为祭。祭祀时，皇帝、皇后先后至坤宁宫佛前、神前、灶前，拈香行礼致祭。亲王、郡王、贝勒等大员在宫内轮值者，次日晚，可准假回家祭灶。足以见得，在当时人们对祭灶的重视程度。④

在辽宁省，不同的满族地区有不同的祭灶习俗。清康熙二十二年（1682年），《广宁县志》载："二十三日夜祀灶神。除夕属官拜上台，卑幼拜尊长，曰'辞岁'。"⑤ 光绪二年（1876年），朝阳满族地区在祭灶时往往会准备糖饼并用稻草扎成一小马送灶："腊月二十三日，预备糖饼，扎一小马，供于送灶之暮。"⑥ 民国初年抚顺满族地区祀灶会举行相应的祭祀仪式："二十三日，俗称'小年'。是夕，以糖果祀灶。毕，捧神牌，跪焚行礼，谓之'送灶'。"⑦ 辽宁省《开原县志》记载："焚灶君之画像而行礼以送之。"⑧ 民国十五年（1926年）《新民县志》载："二十三日向晚，置棹于灶神牌位前，或就釜盖以上，不另设桌陈列秫米、谷草、净水、麦糖各一碗。又用粱秸编制鞍马、鸡、狗三事。将灶神像撕下，家主爇香三柱，叩首，亟将神像及鞍马、鸡、狗一并焚化。燃纸炮于户外，连呼灶王升天后，待新年接神始，设香供。又是日俗名

---

① 江帆、詹娜主编：《中国节日志·春节（辽宁卷）》，光明日报出版社2016年版，第266页。
② （清）潘荣陛：《帝京岁时纪胜》，北京古籍出版社1981年版，第39页。
③ （清）富察敦崇：《燕京岁时记》，北京古籍出版社1981年版，第95页。
④ 溥杰：《回忆醇亲王府的生活》，《晚清宫廷生活见闻》，文史资料出版社1982年版，第269页。
⑤ 凤凰出版社编选：《中国地方志集成·辽宁府县志辑21》，凤凰出版社2006年版，第286页。
⑥ 凤凰出版社编选：《中国地方志集成·辽宁府县志辑23》，凤凰出版社2006年版，第464页。
⑦ 凤凰出版社编选：《中国地方志集成·辽宁府县志辑7》，凤凰出版社2006年版，第51页。
⑧ 凤凰出版社编选：《中国地方志集成·辽宁府县志辑12》，凤凰出版社2006年版，第282页。

为'小年'。"①

糖果是百姓在祀灶时不可缺少的食物。相传，在腊月二十三，灶王爷会到天庭中向玉皇大帝报告一岁中人间各事，直到除夕日再返回。百姓们为了不让灶王爷说坏话，所以在这一天人们向灶神供奉糖果，希望灶王爷吃了甜甜的糖后，粘住灶王爷的嘴，这样他就不能多言了。民国八年（1919年）《凤城县志》记载："二十三日，向晚净拭釜盖，陈粮草、水糖各一碗，爇香三炷，取灶神牌跪焚之，爆竹连声，谓'灶王升天'，亦曰'过小年'。"《盖平县志》描述较为详细："二十三日为'辞灶日'，卖灶糖声遍满街市，家家购之，备祀灶。是夕，以香烛酒馃饴糖共陈，灶神前焚其画像，拜送如仪。并有用饴糖黏灶火门内者，殆仿效昔人醉司命而变通者也。"② 民国十年（1921年）《庄河县志》中描述道："二十三日，各家以糖果祀灶。"③

也有一些地区将灶神称为司命君，祀灶称为"醉司命"，这一天人们用酒把司命醉倒，这样司命就能多说好话，少打报告。宣统二年（1910年）《怀仁县志》记载："十二月二十三日，以春饧祀灶神，馃酒陛前，名曰'醉司命'。"④ 又有《兴京县志》记载："二十三日，以香、饴、纸马祀灶，以酒灌灶前，曰'醉司命'，俗呼'过小年'。"⑤ 到了民国二十年（1931年）《义县志》记述道："二十三日，曰'小年'，为'祭灶日'。先期扫舍宇。是夕，以香烛、饴糖祭灶神，拜而送之，犹古醉司命之遗意。"⑥

人们除了在祭灶时会举行一系列的行为活动，在东北一些满族地区，还流传着关于灶王爷的民谣。民国二十六年（1937年）《续修桓仁县志》载："祭灶：阴历十二月二十三日，俗为'灶王诞'，即灶王上天之日也，又谓'过小年'，人民于是日夜间，焚香燃烛以供之，并有秫秸制成马形，将灶王爷跨于马上，以火焚之，并祝之曰：'灶王爷本姓张，骑着马，挎着枪，上西天见玉皇，好话多说，歹话少说。''灶王爷今年走，明年五谷杂粮多带些来。'于此亦可见，一般人民之心理矣。"⑦

现如今，小年祭灶仍然是满族民众重要的小年习俗。很多城市和农村的满

---

① 凤凰出版社编选：《中国地方志集成·辽宁府县志辑1》，凤凰出版社2006年版，第367页。
② 凤凰出版社编选：《中国地方志集成·辽宁府县志辑13》，凤凰出版社2006年版，第177页。
③ 凤凰出版社编选：《中国地方志集成·辽宁府县志辑14》，凤凰出版社2006年版，第473—474页。
④ 凤凰出版社编选：《中国地方志集成·辽宁府县志辑9》，凤凰出版社2006年版，第51页。
⑤ 凤凰出版社编选：《中国地方志集成·辽宁府县志辑10》，凤凰出版社2006年版，第315页。
⑥ 凤凰出版社编选：《中国地方志集成·辽宁府县志辑18》，凤凰出版社2006年版，第569页。
⑦ 凤凰出版社编选：《中国地方志集成·辽宁府县志辑9》，凤凰出版社2006年版，第370页。

族人家依然按旧俗供灶王、祭灶。江帆等学者调查了2001—2011年间辽宁各地满族民众的节日习俗。调查显示，在腊月二十三这天清晨，满族家庭的主妇要对家里进行彻底的清扫，首先按照从上到下、从里到外的顺序将家中屋顶、门框、柜顶、桌面以及平日里不常清理的地方打扫干净，接着换洗床单、被罩及窗帘等物，然后将清扫出来的垃圾、换洗弃置的旧物等全都扔掉，最后换上新买的装饰用品，这就是"扫尘"。因"尘"与"陈"谐音，寓意"除陈布新"，人们希望借此能将一切霉运和过去一年所有的脏污赶出自己家门，以求来年全家幸福安康①。

腊月二十三黄昏，辽宁民间的满族家庭也都要举行"祭灶神"仪式。祭灶仪式通常由男性家长主持。首先，把馒头、香、酒等供品摆在灶台上，一定要有灶糖。然后，男性家长点燃香烛，全家人对灶王爷、灶王奶奶行跪拜礼，同时，男性家长感谢灶王爷在过去一年里对他们家庭的庇佑，并象征性地把灶糖送到灶王爷嘴边。此时，男性家长经常说："灶王爷本姓张，骑着马，挎着筐，上天言好事，下界保平安。"最后，在全家人的见证下，男性家长将旧的灶王爷、灶王奶奶像扔进炕内焚烧。②

2011年，有学者在辽宁省新宾满族自治县腰站村调查满族春节习俗。调查报告显示，由于现代生活的影响，腰站村村民扫尘时间大多推后了，当地村民大多在腊月二十七、二十八、二十九或者三十上午扫尘。孩子们会唱《扫尘谣》："腊月二十五，掸尘扫房土。腊月二十七，里外洗一洗。腊月二十八，家什擦一擦。腊月二十九，脏土全搬走。"③

在满族民众聚居处，还流传着关于灶王爷的故事：

在很早以前，张家庄有一个叫张郎的小伙子，他长得很俊，娶了个媳妇更是如花似玉。他们结婚五年生了一男一女两个孩子，比爹妈还俊上三分。

一天，张郎对妻子丁香说："给我找件衣裳和路费，我要出门。"

"哦，你要到大王庄放高利贷去，一去就得半年多才能回来。我把棉衣也给你带上，天冷了，一人在外，没人照顾，可要小心哩。"

丈夫要走了，丁香叫醒了两个睡得正香的孩子和爹爹道别。张郎抱起金哥和玉姐亲了又亲，嘱咐他俩要听妈妈的话，他又到西屋和父母双亲告别。

---

① 江帆、詹娜主编：《中国节日志·春节（辽宁卷）》，光明日报出版社2016年版，第71页。
② 江帆、詹娜主编：《中国节日志·春节（辽宁卷）》，光明日报出版社2016年版，第70页。
③ 杨丰陌主编：《御路歌谣：满族民俗传说》，辽宁民族出版社2005年版，第173页。

且说张郎这天刚进了大王庄，迎面来了个大约四十多岁的男人问他："你叫张郎吗？"张郎答说："是。"那人便热情地把他让进一个很阔气的酒家，要了些酒菜和他大吃起来。他二人边吃边唠，称兄道弟，一会儿的工夫竟成了好朋友。

这时，从门外轻飘飘地走进两个女人，张郎一见，这两个女人竟像下凡的仙女一样美。她们俩上穿纱衣紧贴身，脚踏绣花鞋。只见她们来到张郎跟前，冲他甜甜地一笑，然后娇声娇气地问那个四十多岁的人："大哥，他是哪一个呀，就像潘安再世一般。""不要无礼，这是你的哥哥张郎！"那人扭头对张郎说："这两个是我的表妹，到现在还没有个婆家。"这两个女人分别坐在张郎左右，一边给他敬酒，一边向他卖弄风情，弄得张郎颠三倒四，忘了东南西北。

原来，这两个女人是大王庄出了名的风流，她们把张郎接回自己家里，三个人在一起鬼混。这张郎也是个富家子弟，寻花问柳的行家，与两个女人混熟了以后，早就忘了自家的妻室儿女。

秋去冬来，张郎放完了高利贷就要回家了，两个女人做了好多的菜，备了好多的酒，你一杯、她一盏地轮流劝他，把他灌得酩酊大醉，躺在炕上睡着了。她们俩乘此机会，把丁香给张郎做的棉裤给改个乱七八糟，又把剪刀放在他的靴子里。第二天张郎醒后，和她们要棉裤，好回家上路穿。她们俩一边撇嘴，一边说："看你妻子做的好活，这裤子你怎么穿哪？"张郎接过裤子一看，裤裆开了，前腰连到后腰上。只听两个女人又说："这样的女人还当宝贝，干脆休了她算了！你看我们姊妹俩，就赶不上她？"张郎一听，眉开眼笑地说了声"好"，就上路了。

张郎回到家，怎么看丁香怎么不顺眼，晚上，丁香扶张郎上炕歇息，帮他脱靴子时，从靴子里倒出来一把剪刀。丁香吓得目瞪口呆，张郎知道是那姊妹俩干的，却故意把脸一沉："丁香你也忒不安好心了，看你这棉裤做的，叫俺在外边挨冷受冻不算，还想拿剪刀害我！"说着拿起笔写了休书交给了丁香。丁香有口难辩，只好去找公公婆婆。公公婆婆不但不替她说情，还把丁香臭骂了一顿。丁香悲愤万分，嘱咐金哥："以后要好好照看妹妹，要有了后娘，叫你干什么，你就干什么，人没到，声先到，免得挨打。"说完含着眼泪离开了张郎的家。

丁香回到了娘家，后来爹妈相继去世，给她留下不少家产。她心眼好使，经常把吃不完的米面施舍给穷人，还在门口立了个大锅煮粥给叫花子们吃。再说丁香被休以后,张郎家不知怎么遭了天火,烧死了爹妈和儿女不算,连那万贯产业也烧了个精光。他自己虽没被烧死,也弄得腿瘸眼瞎。他去大王庄找那姊妹俩,那两个女人哪还喜欢他这个又瘸又瞎的人,一顿棍棒把他撵了出去。张郎只好四处流浪,走到哪儿要到哪儿,成了叫花子。

  这天,他要饭来到丁家庄的丁香家大门口,丁香把粥施舍给那些讨饭的,可是轮到张郎,锅里就没有了。丁香认出他是张郎,就把他领进家中,给他做了些好吃好喝的。他吃着喝着,忽然在碗里挑出一个玉簪子,他说道:"大娘,这不是你的簪子掉了?"他叫了几声,丁香生气地说:"你凭着贤妻不叫,口口声声叫哪份大娘?"张郎一听是丁香的声音,羞得他无地自容,一头钻进了灶坑里,丁香一把没扯住,也一头钻了进去。从此,他们死后又得团圆。这事叫玉皇大帝知道了,待姜子牙封神的时候,就让他给张郎封了灶王爷,丁香便封了灶王奶奶。每年腊月二十三日,他俩上天向玉帝汇报人间情况,腊月三十半夜才回来。①

祭灶扫尘习俗,传承多年而不衰,表明其适应满族民众的生活,具有极强的历史承继性,寄托了满族民众对美好生活的追求和渴望。

  2. 杀年猪

辽宁满族过年前习惯杀猪。当地农村住户每家都养猪,有养一头的,也有养三四头的,春天天气暖和后开始挑选猪崽喂养,进了冬天就将其宰杀。猪肉一般不对外出售,而是等到过年自家吃,若是还有剩余才会售卖。杀年猪对于满族民众来说很重要,每逢杀猪,乡里乡亲都会来帮忙。为了相互请客帮忙,左邻右舍间一般会错开杀猪的日子。

  由于祭祖仪式的简化,很多人家在腊八过后就准备杀猪了。腰站村一般在腊月二十之前就要把猪放倒。这一天亲朋好友欢聚一堂,大家伙儿在欢声笑语中提前感受到了过年的火热气氛。②

  杀年猪时,先由四五个青壮男丁把猪按倒,捆住嘴巴和前后腿,过秤后把猪放在案板上,案板前放盛接猪血的盆和搅拌猪血的工具。杀猪的屠夫将刀从猪的喉部刺入心脏,待猪血流进接血盆后,不断搅动猪血以免凝固。再将猪放

---

  ① 本溪县民间文学三套集成领导小组:《中国民间文学集成辽宁卷·本溪县资料本(上)》,1987年版,第241—243页。
  ② 江帆,詹娜主编:《中国节日志·春节(辽宁卷)》,光明日报出版社2016年版,第249—250页。

入烧好热水的大锅中,用篦子蘸水煺毛。毛煺干净后重新抬至案板上,先割去猪头、四蹄及尾巴,然后将猪的腹部剖开,取出肠、肚、心、肝、肺等。割掉前后猪腿,剔除大梁骨、肋巴、盆骨,摘掉肉和肠上的脂肪,再按部位将猪肉卸成若干块。将大梁骨、盆骨和部分猪肉放入锅中煮熟捞出,将猪骨上的瘦肉撕下装盘,当地人称"拆骨肉"。猪肉放凉,切成薄薄的白肉片待用,再将事先切好的酸菜放入煮肉的汤锅中煮。另将洗干净的猪肠用细麻线扎好一端,从另一端用烀肉汤加调料兑好的猪血灌进猪小肠,下肉锅煮熟捞出晾凉。吃的时候,将血肠切成段,白肉切成片放入酸菜锅中煮熟,盛出就可食用。满族人家待客,讲究八碟八碗,但酸菜白肉血肠必不可少,也是最富满族特色的一道菜。更有歌谣说:"南北大炕,高桌摆上。黄米干饭,荤油(亦称大油)熬汤,膀蹄肘子,切碎端上,四、六、八盘,先吃血肠。"① 对辽宁沈阳的清河城村来说,杀猪时左邻右舍纷纷前来帮忙,主人家要设宴招待客人,其中,一道酸菜白肉血肠必不可少。②

3. 背灯祭

背灯祭是满族最具特色的风俗,满族人家腊月二十七八祭祖时,要在当天晚上向"万历妈妈"行祭祀礼。祭祀"万历妈妈"时必须将灯全部关掉,故又称"背灯祭"。其最大特点是夜间举祭,且无任何灯火,神秘色彩浓郁。关于背灯祭的由来,据说和罕王努尔哈赤的早年经历有关。

  努尔哈赤,小名小罕子,满族人称"老罕王"。十三四岁时就给明朝的辽东总兵李成梁当差。一天,小罕子给李成梁洗脚,发现他脚底生着三个黑痦子。李成梁说自己全仗着这三个痦子才当上大官的。努尔哈赤立刻说自己的脚心儿长着七个大红痦子。李成梁一听,突然想起皇帝下的密令,要捉拿脚上有七个痦子的人,此人将来必反朝廷。晚上,李成梁让夫人看住小罕子,自己进京禀告皇上。李夫人是一个善良的女人,不忍心让李成梁将他害死。于是,她连忙叫醒小罕子,把大青马和二青马送给他,叫他赶紧逃跑。小罕子跪地说:"妈妈,出头的那天定报您的大恩!"说完,连磕三个响头,打马而去。这时,他饲养的大黄狗也跟了出来,小罕子快马加鞭来到一片大苇塘。追兵们往苇塘里放一把火,大黄狗急忙跑到河里,弄湿皮毛,来到罕王身边把芦苇滚湿,往返许多次,终于滚出一块空地,大火没有

---

① 转引自江帆、詹娜主编:《中国节日志·春节(辽宁卷)》,光明日报出版社2016年版,第73页。

② 江帆、詹娜主编:《中国节日志·春节(辽宁卷)》,光明日报出版社2016年版,第269页。

烧到小罕子。火灭以后,一群乌鸦落在罕王的周围,追兵一看,罕王肯定是被火烧死了,然后就收兵回营了。罕王醒来,看到大青马被烧死,大黄狗也累死了,就发誓说:"我要告诉我的后代子孙,永不杀狗,供奉乌鸦。"自此,满族人就留下了不吃狗肉,不戴狗皮帽子的习俗,且会在院内立索罗杆子,杆子上挂锡斗,锡斗中放些粮食,以备乌鸦食用,其意就是感谢对黄狗和乌鸦的救驾之恩。再说李成梁进京面君,领了圣旨,连夜返回总兵府,早已不见努尔哈赤的踪影。听说是李夫人把小罕子放跑了,气得一时性起,一把将李夫人从被窝中拽出来,不由分说,赤身裸体地拉出去杀掉。努尔哈赤称汗为王以后,为了纪念这位李夫人,便将她画成裸体画供奉,年节晚间,熄灯以后吃"背灯肉",意思是让她趁着天黑,不用害羞,也可以跟大家吃上几口。①

2005年11月,徐立艳在黑龙江省宁安市宁西乡依兰岗满族村,调查此地世居的满族瓜尔佳氏的祭祖习俗。发现在宁安,背灯祭还留有浓郁的传统色彩。祭祀从酉时万星出全时开始,由察玛主导,众族人及来客配合。一切准备工作完成后,熄灯灭火,要求所有的人不得出入,不得吸烟,不得说话。然后由察玛唱背灯神歌,第一组察玛唱完后,抬鼓手起立,站着打三通鼓,念三声"厄罗"(意为敬神)。然后第二组、第三组依次祭拜,与第一组同。第三组唱毕,打三通鼓念三声"厄罗"后,左面打擦器的人需摸黑到祭猪前把插在猪腮上的尖刀拔下来,将刀把向里放在供桌上,接着把猪的右前爪取出放在猪头左边的位置,然后察玛起立,族长喊人点灯。众族人叩拜毕,请"大玛发"神入祖匣,再把祖匣放回北面祖板上,三个香碟放回南面祖板上。撤去酒,由族中有声望的人将前右腿(无爪)的肉割下三五片,敬给族长品尝,并说"安达乌尔滚",表示祭祀之喜,族长也回应"安达乌尔滚",表示同喜。然后将供猪撤下,猪肉重新入锅煮熟。②

金朝力在21世纪初调查承德围场满族蒙古族自治县,尤其是围场、宽城、丰宁三个满族自治县的祭祖习俗时,发现当地也存在背灯祭习俗,只不过仪式形式存在很大差异。背灯祭在祭祖的第一天晚间举行,在众人高唱神歌时突然将灯熄灭,霎时间,万籁俱寂,参加祭祖的人们都整齐地跪在地上,默默向祖先祷告,这就是"背灯祭"。在当地,人们认为此时列祖列宗都要回来享用供

---

① 江帆、詹娜主编:《中国节日志·春节(辽宁卷)》,光明日报出版社2016年版,第116—117页。

② 徐立艳:《宁安满族瓜尔佳氏当代祭祖习俗述略》,《满族研究》2006年第2期。

品，如果屋内有响动，则会惊动祖宗，是对祖先在天之灵的不孝不敬。因此，背灯祭时，屋子里总是鸦雀无声。人们在一片静谧之中，缅怀祖先功绩，并以此来激励自己。①

(二) 除夕

满族人重视除夕，因为它处在特殊的时间节点，农历每年的最后一个晚上，正如光绪三十四年（1907年）的《辽中县志》所载："除夕，为一岁之尽期，故称曰'除夕'。"② 多数人家在除夕之夜都能阖家团圆，尽享欢乐。"人无贫富，家无大小，咸备佳肴，衣服整洁。而又洒扫庭除，桃符一新，爆竹齐鸣。"③ 家家辞旧迎新，恭贺新年。满族人又称除夕为"年关"④，此日"旧岁去新年来矣"⑤。此日为农历每年的最后一个晚上，依旧历，"月逢大建以三十日为除夕，小建以二十九日为除夕"⑥，所以一般是在腊月三十，有时为腊月廿九。

满族人过除夕很是隆重，在辽宁各地，有许多县志均记载了旧时除夕的情形。清朝时，过除夕官员要互相拜谒，如康熙二十三年（1683年）《锦县志》中写道："除夕，属官拜上台，卑幼拜尊长，曰'辞岁'。"⑦ 关于晚清时人们过年的情景，《回忆醇亲王府的生活》一书进行了详细的描述：三十之夜"一夜连双岁，五更分两年"，是名副其实的过年。满族人要守岁，男孩打灯笼放鞭炮，女孩"抓嘎拉哈"，老人烤着火盆，嗑着瓜子讲着古趣儿。一直到"三星打横"（零点左右）时分，全家老少按宪书规定的方向，走出家门去接神。传说三十晚上，诸神下凡，最受欢迎的总是财神。接神时要放鞭炮，放过鞭炮要吃年饺子，谓之团年饭，孩子们给父母拜年。孩子们一起跪倒叩拜，不论平时多么淘气的孩子，此时都毕恭毕敬给父母叩头，表示对父母的孝心。父母给赏钱，叫"压腰钱"，或"叩头钱"。守岁到翌日黎明，一夜不睡觉一年就不得病。孩子们兴高采烈，大人们互相讲着吉祥话，憧憬着新的好年景。王府中的除夕，又有别致之处，据溥杰记载："在给天地四方、神佛祖宗叩头烧香之后，再给各位长辈叩头辞岁领完'压岁'的荷包（内装银锞或银圆之类）以后，在深夜'接神'放鞭炮之后，还需脚踩着洒满院内的芝麻秸（名曰'踩岁'），大

---

① 金朝力：《从承德满族习俗看满族的祖先崇拜》，《满族研究》2006第1期。
② 凤凰出版社编选：《中国地方志集成·辽宁府县志辑1》，凤凰出版社2006年版，第623页。
③ 凤凰出版社编选：《中国地方志集成·辽宁府县志辑1》，凤凰出版社2006年版，第623页。
④ 凤凰出版社编选：《中国地方志集成·辽宁府县志辑14》，凤凰出版社2006年版，第115页。
⑤ 凤凰出版社编选：《中国地方志集成·辽宁府县志辑7》，凤凰出版社2006年版，第51页。
⑥ 凤凰出版社编选：《中国地方志集成·辽宁府县志辑1》，凤凰出版社2006年版，第367页。
⑦ 凤凰出版社编选：《中国地方志集成·辽宁府县志辑16》，凤凰出版社2006年版，第404页。

吃除夕的饺子。"① 可见除夕之热闹，活动之丰富。到了民国时这些习俗仍在流传，如卑幼要拜谒尊长、贴春联、贴新画、挂钱、祭祖供神、守岁、辞岁……民国初年《抚顺县志》记载："除夕日，是为年关。家家贴新画、春联、挂钱。祖先、天地、灶神位前陈列供品，并置香计，供奉诸神纸马。主人焚香叩拜，俗曰安神。是夕，烧烛焚香，彻夜不眠，曰'守岁'。长幼以序叩拜，曰'辞岁'。至子时接神，旧岁去新年来矣。"② 民国六年（1917年）《沈阳县志》中简要描述了除夕的节俗活动："三十日，除夕祀神，祭先祖，贴春联，盛酒食，卑幼谒贺尊长，谓之'辞岁'，岁事毕矣。"③ 民国六年（1917年）《开原县志》中描述道："除夕日为一年之终，家家挂新画于室，贴春联于门，并与家祠灶王、天地前均设香案，罗列供品。并设香斗以供诸神，至夕，焚香燃烛静坐不眠，谓之'守岁'。"④ 到了民国八年（1919年）《凤城县志》载："三十日，是为'年关'，人家各贴新画、春联，粘挂钱纸（有服者否）。天地、灶神、门神各易新像，斗插纸马，几上压铜钱成串（名'压神钱'），外陈香烛、果品，谓供财神。主人焚香叩首。"⑤ 又有民国二十六年（1937年）《海城县志》记载："三十日（小建二十九日）为岁除，又曰'除日'。家家换桃符，贴挂钱。过午，天地、灶神、祖先皆设香案，陈供品，供奉诸神牌位纸马，家长焚香叩拜，俗曰安神。至夕，燃烛焚香，静坐不眠，曰'守岁'。至子时接神，则旧历岁去而新岁来矣。此一岁风俗之大略也。今虽改行阳历，而人民习惯旧俗仍存，志之亦可见社会风俗之一斑。"⑥ 民国二十六年（1937年），《续修桓仁县志》记载："除夕：阴历十二月之末日，为除夕，家家悬灯结彩，粘贴春联，取除旧更新之意，竟夕不眠，曰'守岁'，男女团坐，向火谈天，盖辛苦一年，至此方得休息，故无不欢欣歌舞，饱餐鱼肉，痛饮酒浆，以谋精神上之慰藉也。"⑦ 这些县志均记载了当时满族人家过除夕的热闹景象。

1. 贴对子、窗花、挂笺、门神

满族春节有贴对子、窗花、挂笺、门神的习俗。民国初年《抚顺县志》记

---

① 溥杰：《回忆醇亲王府的生活》，收入《晚清宫廷生活见闻》，文史资料出版社1982年版，第267页。

② 凤凰出版社编选：《中国地方志集成·辽宁府县志辑7》，凤凰出版社2006年版，第51页。

③ 凤凰出版社编选：《中国地方志集成·辽宁府县志辑1》，凤凰出版社2006年版，第198页。

④ 凤凰出版社编选：《中国地方志集成·辽宁府县志辑12》，凤凰出版社2006年版，第282页。

⑤ 凤凰出版社编选：《中国地方志集成·辽宁府县志辑14》，凤凰出版社2006年版，第115页。

⑥ 凤凰出版社编选：《中国地方志集成·辽宁府县志辑8》，凤凰出版社2006年版，第212—213页。

⑦ 凤凰出版社编选：《中国地方志集成·辽宁府县志辑9》，凤凰出版社2006年版，第370页。

载:"除夕日,是为年关。家家贴新画、春联、挂钱。"① 人们通过添新挂彩庆贺新年,祈福吉祥如意。如民国六年(1917年)的《开原县志》中也有同样的描述:"除夕日为一年之终,家家挂新画于室,贴春联于门。"② 民国八年(1919年)的《凤城县志》也载:"三十日,是为'年关',人家各贴新画、春联、粘挂钱纸(有服者否)。天地、灶神、门神各易新像,斗插纸马,几上压铜钱成串(名'压神钱'),外陈香烛、果品,谓'供财神'。"③ 民国十五年(1926年)的《新民县志》载:"十二月除夕。旧历,月逢大建以三十日为除夕,小建以二十九日为除夕。"④ 民国十五年(1926年)《兴城县志》载:"三十日(小月二十九日)是日也,糊春联门神常鲜纸等类挂灯结彩,门庭焕然,祭祖先,供财神,备筵合家聚饮。"⑤ 各地均有此习俗,家家如此,"悬灯结彩,取除旧更新之义"⑥。

每年到腊月三十,满族人家都要把室内外打扫得干净利落,贴对联、福字、年画、窗花、满彩。依旧俗,满族尚白贱红,丧事用红色,起初宫内的对联都是用白绢制作的,后受汉族影响,亦用红纸写春联,"岁除,必贴红纸春联。联贵四、六,岁易新句,或与旧稍同,则不乐"⑦。满族的窗花也很有特色,内容大多表现本民族的生活和传说,如《喜鹊衔红果》《乌鸦救罕王》《神树佑安康》《关东山四怪》等等。⑧ 除夕夜,满族人家还要在门上悬挂弓箭,来提醒人们居安思危。

民国二十年(1931年)《义县志》中详细记述了当地换桃符、门神的习俗:"大建三十日,如遇小建二十九日'岁除',换桃符(《荆楚岁时记》载:'贴画鸡户上,悬苇索于上,插桃其旁,群儿(鬼)畏之。《荆楚岁时记》载:'造桃板著户,谓之仙木。'注:'桃者五行之精,厌伏邪气,制百鬼也。'即今俗称桃符板也。又《风俗通》载:'度朔山桃树下有二神,曰神荼、郁垒,能啖百鬼,故今设桃符以象之也。')、门神,宜春贴。"⑨

大约在清朝初年,贴门神的节俗从关内传入。汉族大张旗鼓地贴门神始于

---

① 凤凰出版社编选:《中国地方志集成·辽宁府县志辑7》,凤凰出版社2006年版,第51页。
② 凤凰出版社编选:《中国地方志集成·辽宁府县志辑12》,凤凰出版社2006年版,第282页。
③ 凤凰出版社编选:《中国地方志集成·辽宁府县志辑14》,凤凰出版社2006年版,第115页。
④ 凤凰出版社编选:《中国地方志集成·辽宁府县志辑1》,凤凰出版社2006年版,第367页。
⑤ 凤凰出版社编选:《中国地方志集成·辽宁府县志辑21》,凤凰出版社2006年版,第538页。
⑥ 凤凰出版社编选:《中国地方志集成·辽宁府县志辑10》,凤凰出版社2006年版,第314—315页。
⑦ (清)杨宾:《柳边纪略》卷4;收入金毓黻:《辽海丛书》,辽沈书社1985年版,第2页。
⑧ 曾武、杨丰陌主编:《满族民俗万象》,辽宁民族出版社2008年版,第96—97页。
⑨ 凤凰出版社编选:《中国地方志集成·辽宁府县志辑18》,凤凰出版社2006年版,第569页。

宋而兴于明。最早的门神是神荼和郁垒，传说两位是亲兄弟，武艺高强，被黄帝任命为门神，保家护宅。从唐初开始改为尉迟恭和秦琼，他们是唐初两位大将军。从明代开始，门神多了起来，三国时的赵云、马超，宋代的岳飞、杨再兴，燃灯道人和赵公元帅也都当过门神。满族沿袭唐俗，仍然是尉迟恭和秦琼。跟满族格格的身材相比，这两位门神的形象可谓高大威武。除夕挂门神，以驱邪避鬼，这是吸收了汉族风俗的结果，门神分为"将军门神""福禄门神""判子门神""娃娃门神"等。现今沈阳故宫藏有宫廷门神。除夕夜分发"神纸"，其后晚辈男子到族内各家"辞岁"。① 关于门神的来历，满族民众有自己的想象。

  唐朝太宗年间，有两个人住在海边：一个名叫山青，每天上山打柴为生；一个叫水秀，每天下海捕鱼为生。山青、水秀二人是好朋友，经常在一块儿喝酒。

  这天山青找水秀去喝酒，水秀说："今天袁守诚先生算得巳时海上大潮，鱼虾最多，叫我别错过了时机，所以今天得去赶潮。"

  二人说这话被东海龙王听到了，心想：怪不得这几天水族连连遭殃，原来竟有会算之人。于是就变成人形，来找袁守诚算算明天几时刮风、几时布云、几时下雨、雨下多少，要难为袁守诚。

  袁守诚把六个大钱摇晃了一下扔在碗里，看了看说："明天辰时刮风，巳时布云，午时发雷，未时下雨，雨下四寸深。"

  龙王问："你要是算得不准怎么办？"

  袁守诚说："我要算不准，退还你卦钱，离开此地，永远不再算卦。"

  龙王说："好吧，咱们明天酉时见。"

  老龙王回到东海龙宫对水族说他怎么跟袁守诚打赌之事，忽然传来玉帝旨意，要老龙王明天辰时刮风，巳时布云，午时发雷，未时下雨，雨下四寸深。

  龙王一听傻眼了，这跟袁守诚算的一点儿不差。不下，违犯天条；要下，我又输给袁守诚了。又一想，有了，我把时辰错开，雨量减少也算他输。于是龙王便巳时刮风，午时布云，未时发雷，酉时下雨，雨下三寸深。到了酉时，龙王来找袁守诚，要袁守诚立刻离开此地，说他算得不准。

---

① 曾武、杨丰陌主编：《满族民俗万象》，辽宁民族出版社2008年版，第97页。

袁守诚说："你不撵我我也走，我无所谓，可是你犯下了天条，今晚半夜子时玉帝派魏徵前来杀你。"

龙王一听傻眼了，跪在地上求袁守诚救他。

袁守诚说："你马上到皇宫求皇上救你，方能保住你的性命。你求皇上晚上与魏徵下棋，特别是半夜子时，千万别让魏徵睡觉，就可保住你的命。"

龙王辞了袁守诚，来到皇宫，求皇上救他。

据说，皇上是唐太宗，龙王见了皇上就说明了来意，要皇上救他。皇上满口答应，说："你放心吧，我肯定拖住魏徵，不让他睡觉。"

再说，玉帝派值日神下界查巡雨量。值日神回报玉帝，说："龙王竟敢抗御旨，一切都不是按御旨行事，这是违犯天条。"

玉帝大怒，派神使要魏徵半夜子时梦里斩龙王。

皇上已答应龙王，就把魏徵请到宫里下棋，直到半夜魏徵忽然打了个盹，连说："哎呀，好杀，好杀！"

皇上忙问："什么好杀？"

魏徵说："臣刚才做个梦把一条龙的头给砍下来了。"

皇上知道完了，答应龙王拖住魏徵，结果没办到，甚感惭愧。

再说龙王被斩，阴魂不散，就到皇宫找皇上，说皇上说话不算数，从此皇上闭上眼睛就是龙王找他索命。

后来，宫里竟闹起邪来，皇上害怕，不敢睡觉，只好找些武将把守宫门，结果别人把守都不好使，只有秦叔宝和尉迟恭把门，宫里才能安安静静。于是就让秦叔宝、尉迟恭二人轮流把守宫门。怎奈高句丽发兵侵犯，秦叔宝和尉迟恭得带兵前去打仗。魏徵想了个法，把秦叔宝和尉迟恭的像画下来贴在宫门上，很好使，龙王阴魂再没来闹。

打那时起，家家都把这二人的画像作为门神贴，就代替了神荼、郁垒，贴在门上，一切妖魔鬼怪都不敢进门，起到镇宅的作用。①

满彩也叫挂笺、挂签，为满族独有，挂笺早期是祭祀场所的饰物，贴在神龛、祖宗板等处，颜色与所属旗色相同。后来，每逢年节都剪刻，贴在门窗和房梁等处，增添了许多喜庆气氛。挂笺用彩纸制作，长方形，上面有文字和图案，下端呈穗状或锯齿状。挂笺贴在祖宗板前方和对联横批下方，所用颜色和

---

① 隋丽：《民间故事家张文英故事选》，辽海出版社2012年版，第66—68页。

数目，各家是有区别的。颜色与祖上所属的八旗颜色相同，数目和祖上来自长白山几道沟相关。例如，祖上来自长白山三道沟，属于正黄旗，则贴三张黄色挂笺；祖上来自长白山四道沟，属于镶红旗，则贴四张红色挂笺。① 关于其由来，还有这样的传说：

  据说，很早以前，有一个农民，他屋里的跟他生活了不到两年，就扔下了一个不到两岁的孩子病死了。

  农民死了老婆，他又当爹又当妈，屋里外头一齐忙活，天天弄得脚打后脑勺。左邻右舍见他憨厚，就帮助他伴个老伴。续妻到家以后，白天他可以安安稳稳地下田干活，晚上回来又能吃到做好的热饭菜。更使他高兴和放心的是续妻十分喜欢这个孩子，把孩子侍候得白白胖胖。

  不到一年，续妻又给他添了个胖小子，一家四口日子过得和和气气。谁知好光景不长，小儿子刚满六岁，农民便一病不起，他妻子把家里值钱的东西都当了给他换药吃，也没治好他的病。临咽气时，他把妻子叫到跟前，指着大儿子说："他才七岁，你要挂……挂……（念）前子啊。"说完就闭上了眼睛。

  丈夫死后，家境越来越穷。后来，续妻只好领着两个六七岁的孩子要起饭来。每当讨点吃的，她都先紧大孩子吃，两个孩子走路走不动了，她先背起大孩子；晚上睡觉了，她把大孩子搂在怀里。由于吃不上，穿不上，天长日久，她也病倒了。快要不行事儿时，街坊邻居问她，还想对孩子嘱咐什么，她只是说："要、要挂……挂（念）前子。"说完就咽了气。

  她对养子的言行，感动了所有的人，为了称颂她的美德，街坊邻居每当过年就用各种颜色的纸，刻成领儿要饭的图案挂在门上、窗上，并把它称作"挂前子"，来作为对她永久的纪念。②

而到了现在，腰站村的满族人家一般大年三十儿早晨，换好新衣服，然后贴春联。③ 清河城村的村民也是如此，每到三十儿吃过早饭，就开始忙活贴春

---

① 丹东市民族事务委员会民族志编纂委员会编：《丹东满族续志》，辽宁民族出版社2009年版，第58—59页。

② 本溪县民间文学三套集成领导小组：《中国民间文学集成辽宁卷·本溪县资料本（上）》，1987年版，第244—245页。

③ 江帆、詹娜主编：《中国节日志·春节（辽宁卷）》，光明日报出版社2016年版，第253—254页。

联，还要贴年画，贴门神、灶神、天地爷画像。①

2. 竖索罗杆

腊月三十这天，满族家家都要竖起一根五六米高的索罗杆子，杆顶安上一浅方形的锡升，锡升上安装一条木头布尾的龙，也有的放上一条木制的鱼或松枝和小三角形红旗的。锡升里盛些猪的五脏供乌鸦、喜鹊去吃。满族人往往会在祭祀祖先的第二天举行祭天仪式，也被称为"祭索罗杆"。当天清晨，家人把事先抓好的公猪抬到索罗杆前领牲，猪的嘴、眼皮、尾巴、蹄子和肚皮上割下来一些肉。然后把猪皮剥下，剔出盆骨，大梁骨割五截，骨左三右二，肋扇肉左右各两块，后腿肉各割一条，挖下锁骨，库根（肠头）一条。把碎肉放在院子里三块石头支撑的大锅里煮熟，把米下在肉锅里。在祭祀结束后，每个人都吃"小肉饭"。吃过饭后，用豆秸火把猪皮毛燎净，切成大方块，煮熟后切成细条，大家继续吃，称为"大肉饭"，也称为"燎毛饭"，外族人也可以一起吃。三天之内，所有的肉饭必须被吃掉，如果有剩余，必须埋在索罗杆下。②

对这一习俗，富于想象力的满族民众有自己的理解。

相传，努尔哈赤在大青、二青以及大黄狗的帮助下脱险后，连夜跑进长白山。长白山深谷幽幽，野兽嗷嗷乱叫，天黑了，他就爬到一棵树上过夜。早上，一帮放山挖参的正巧路过这里，见树上坐着一个十五六岁的孩子，便把他从树上抱下来。把头问他姓什么、叫什么，家住什么地方，他就一五一十地把李成梁陷害、追杀他的事讲了一遍。把头觉得努尔哈赤很可怜，就留他和大家一起挖棒槌。因为他年纪小，就负责给大家做饭。

这一天，下着小雨，弟兄几个正在仓子里抽烟。忽然，一只老虎走向这里。把头一看，连忙把自己的帽子甩过去。因为老辈人说，老虎要蹲仓子，放山人就得扔帽子。老虎叼谁的帽子，就是要吃谁的肉，谁就得跟着去，以免伤害大伙儿。把头的帽子老虎没理，兄弟几个一连扔了好几个帽子，老虎都没理。最后，努尔哈赤把帽子扔了过去，老虎猛地睁开眼睛跳起来叼起帽子就走。努尔哈赤依从山中规矩，也只好告别弟兄随老虎而去。但老虎并没有吃他，而是把他领到一个立陡的石砬子上就走了。砬子上有一个大石盖，石盖上长着齐腰深的绿草，绿草当中顶着一嘟噜一嘟噜的红花籽儿。努尔哈赤摘下一

---

① 江帆、詹娜主编：《中国节日志·春节（辽宁卷）》，光明日报出版社2016年版，第271—272页。

② 江帆、詹娜主编：《中国节日志·春节（辽宁卷）》，光明日报出版社2016年版，第74—75页。

嘟噜红花籽，就匆匆忙忙地下了山。弟兄几个正在难过，突然看见努尔哈赤好好地回来了，大家都非常高兴。努尔哈赤把老虎没伤他的事说了，把手里的红花籽儿给大家看。大家一看高兴地蹦了起来，原来这是棒槌籽！第二天，他们在大砬盖上挖了八八六十四棵大棒槌，用这些棒槌换了很多银子，置了兵器、粮草，招兵买马，努尔哈赤终于成为一位能骑善射的大英雄。挖参的那八个弟兄，据说就是后来的八旗头目。努尔哈赤的后代为了纪念这位在长白山挖过参的祖先，在祭祖时，都要在院中竖根高高的大木杆子，说那是努尔哈赤用以挖参的索罗。①

如今，立索罗杆的家庭越来越少，腰站村村民多在门口立灯笼杆，杆顶制作成"风子楼"，风一吹，铮铮转，哗哗响。"风子楼"下挂大红灯笼，以示一年五谷丰登。如今，挂灯笼的习俗在当地一直保留，肇氏家庭年年都挂红灯笼，放眼望去，整个村子一片红火。②

在满族，祭祀祖先的第三天，要举行祭索绳仪式。当天清晨，主人把供奉的索袋打开，拴好索绳。抓公猪领牲后，在佛托妈妈案前杀死，燀毛后切块入锅。煮熟之后，将肉块摆成整猪的样子放在方盘内，又称"摆件子"，然后萨满按照固定程序进行祭祀。在祭祀结束后，主人将猪肉搬进屋内供人食用。吃完后，将索绳放在袋子里。把骨头、下水等扔到街外的柳树下，以求祖先保佑家人平安幸福。③

20世纪末，江帆在辽宁省东部的新宾满乡调查满族祭祖礼俗时发现，当地"换索"也称"祈福"，而且供品不再用猪，而用鸡、鱼，且此礼多由本家主妇主持，柳树的位置也从街外转到了院内。索绳在当地是要年年更换的，把新索从柳树上取下，挂到族中孩子们及未婚青年脖子上，随后把前一年的旧索换下。换完索后，还要把煮熟的"水团"（大）供在佛托妈妈位前，小的则供孩子们抢食，认为这能带来福气。④

3. 祭祖

满族民众在每年的农历腊月三十都会举行祭祖仪式。当天早上，主家会在院门上摆放两把铡刀，院中摆放高桌并把一高背椅摆到桌子上。室内也需摆设

---

① 江帆、詹娜主编：《中国节日志·春节（辽宁卷）》，光明日报出版社2016年版，第117—118页。
② 江帆、詹娜主编：《中国节日志·春节（辽宁卷）》，光明日报出版社2016年版，第252页。
③ 江帆、詹娜主编：《中国节日志·春节（辽宁卷）》，光明日报出版社2016年版，第75页。
④ 江帆：《新宾满乡祭祖礼俗调查》，《民俗研究》1999年第1期。

供桌，将祖宗牌位和家谱置于桌上，用以供奉。先把不绑嘴的生猪抬进屋内祖宗案前进行"领牲"，随后杀了这头猪并分解成八件，对着祖宗案摆好。按照辈分大小，全家人跪在祖宗牌位前进行祭拜，与此同时，萨满跳"太平鼓"（也称"烧旗香"）助兴。再早些时候，比较富裕的人家必须年年祭祀，普通人家或生活贫困的人家只需要在分居另立祖宗牌位时进行祭祀。但若是当年收成不好，也可延期祭祀。仪式结束后，全家一起吃白肉片，外人是不准吃白肉片的。①

祭祖习俗传承久远，辽宁各地许多县志都有提及。如光绪三十四年（1908年），按《辽中县志》载："除夕，为一岁之尽期，故称曰除夕。家人依次祭祖（即祖先也），祭天地等。子侄辈向父兄行跪拜之礼，谓之'辞岁'。子刻，设桌于庭前，焚香迎神。盖谓是夕诸神莅，凡事取顺利，语忌不吉，以为诸神临莅而能赐之以福也。"② 祭祖时语言忌讳不吉，人们祭拜祖先，祈求福佑。祭祖时"各家均诣祖茔焚香，恭请先灵归家度岁，谓之'请年'。距先茔较远者，则于大路之旁（名曰十字路口），焚香化楮，望祭遥请而已"③。因此有些地区祭祖时要到路口焚纸帛冥镪等物，如民国八年（1919年）《凤城县志》载："三十日……及初昏，至路口望祭先人，焚纸帛冥镪等物。"④ 民国十五年（1926年）《新民县志》中更为详细地描述了除夕祭祖的情形："日过午，设猪头、香供、酒烛于祖先龛前，外神差等，是谓上供。家主鞭香叩首，是谓与祖先辞岁。次及各神位前叩首，亦此意。惟不及灶神，盖以灶神升天。此时尚未接神，神固不在也。奉神毕，外燃炸炮。家中幼与长，卑与尊，叩拜辞岁。事毕，始晚餐。入夕，灯烛辉煌，香烟缭绕。初昏备具望祭先人包袱、冥镪，向十字路口焚化。"⑤ 祭拜时要"并奉诸神纸码，家主冠带焚香叩头，曰上供，亦曰'安神'"⑥，还要设贡品，如民国二十七年（1938年）《西丰县志》记述了当地祭祖情形："除夕又曰'除日'。祖先、天地、灶神前皆陈供品，堂中设桌一上置香斗，盛红粱，糊红纸，内列诸神纸马，陈香烛果品，鸡鱼猪首等设毕鸣爆竹，主人焚香叩拜曰'安神'。"⑦ 可见满族祭祖习俗源远流长，最大特

---

① 江帆、詹娜主编：《中国节日志·春节（辽宁卷）》，光明日报出版社2016年版，第73—74页。
② 凤凰出版社编选：《中国地方志集成·辽宁府县志辑1》，凤凰出版社2006年版，第623页。
③ 凤凰出版社编选：《中国地方志集成·辽宁府县志辑15》，凤凰出版社2006年版，第509页。
④ 凤凰出版社编选：《中国地方志集成·辽宁府县志辑14》，凤凰出版社2006年版，第115页。
⑤ 凤凰出版社编选：《中国地方志集成·辽宁府县志辑1》，凤凰出版社2006年版，第367—368页。
⑥ 凤凰出版社编选：《中国地方志集成·辽宁府县志辑11》，凤凰出版社2006年版，第607页。
⑦ 凤凰出版社编选：《中国地方志集成·辽宁府县志辑12》，凤凰出版社2006年版，第548页。

征是以氏族为核心传承沿袭，并各氏族独具特色。① 下面简单说明各地不同时间祭祖仪程。

1990年至1994年间，江帆在辽宁省东部的满族聚居县新宾调查当地的祭祖习俗。调查报告显示当地的除夕祭祖从农历十二月三十日下午开始，祭祖时先将家族谱单从祖宗匣中请出挂于西墙，然后在两边贴对联，上贴挂签，挂签颜色与本家所属旗分相同，谱单前面设供桌或香案，上面摆设酒、菜、饽饽等祭品，祭品前设置香炉、蜡台。进香之后，居住在一起的全家人由长者带领向祖先行三次磕头礼。拜神是在大年初一清晨，村中同一家族者及大家庭中已分居另立门户者，皆聚到保存本族族谱的族长家，行跪拜祖宗之礼。此礼唯有家族中的姑娘被看作外人，可以不跪，而行一种"抚鬓礼"。族中长辈一般多在此时商议一些与家族有关的大事。初一早晨仍煮食饺子，煮熟的饺子捞出的第一碗供于祖宗板前，意在先请祖宗食用。除夕祭祖摆设的供桌一直持续至初六，此间每天须进香且更换供品。初六日，家中老少由长者带领再次叩拜祖宗，燃放鞭炮后，便可将祖宗板前供品撤去，一切物品复位。②

1997年，王光在辽宁省西部的北宁市（今辽宁省北镇市）调查该地佟氏家族"供影"祭祖习俗时发现，佟氏家族的"供影"习俗随着时代的变迁简化了许多，主要仪程如下：除夕下午将平时倒背着放在西墙前的画像摆放在北墙前。在影像前放一张长桌，桌上摆着丰盛的祭品，有水果、糕点、饺子、米饭、素菜等各三份，并在像前点燃起六根香、六根红烛。家中主事的夫妇穿戴整齐，准备煮饺子。男主人把祖宗像前的地打扫干净，并铺两条新麻袋。晚上家人齐聚，坐在炕上观看中央电视台的春节联欢晚会。午夜十二点的钟声响起时，晚辈领着他们的孩子出去放爆竹。放完爆竹后，晚辈拜影。拜影之后，小辈向长辈磕头拜年。③

2005年，徐立艳在黑龙江省宁安市宁西乡依兰岗满族村调查当地瓜尔佳氏的祭祖习俗时，发现他们的祭祖活动从午时开始。午时整，在家祭堂前大门正中，由穆昆达（家族长）将扎的草把挂起，作为举行家祭的标志。该家族的祭祖活动持续两天。第一天进行震米（也叫饽饽祭）和续谱仪式。满族把大黄米视为祭祖的圣物，祭祖时必须先用大黄米作成撒糕或打糕来供奉祖先，意思是报答祖先护佑家族获得丰收。在震米的同时，家族长和族中有威望的老察玛要进行续谱。在第二天辰时开始请佛爷。首先从祖宗板上取下佛爷架子摆好，

---

① 赵展、赵尔劲：《满族祭祖与萨满教形似而质异》，《中央民族大学学报》2002年第3期。
② 江帆：《新宾满乡祭祖礼俗调查》，《民俗研究》1999年第1期。
③ 王光：《最后的祭坛——北宁佟氏家族"供影"祭祖习俗的调查》，《民俗研究》1998第1期。

再取南面的佛爷匣子，挂上黄幔子，放上象征着祖神的六条彩条。放上大小两张供桌，小的在南，大的在北。上置七个酒盅和七碟撒糕。接着拈香、敬酒、献供。然后是祭神树，摆供、叩拜、倒香。①

21世纪初，金朝力到河北省承德市调查当地满族的祭祖习俗，发现当地满族祭祖活动也要进行两天，按老辈人的说法叫"祭双不祭单"。祭祀前同样要做相应的准备，如确定祭祀时间，再把一个系着红布条的干草把绑到大门上，或者在索罗杆顶端系上红线绳，表示要祭祖了。第一天早晨六七点钟，人们将屋里院外收拾一新。尤其是西屋，更要打扫得干干净净。祭祀开始时，先由主祭祀人把祖匣从祖宗板上请下来，放在西"万字炕"上。然后，主祭人右腿跪在炕沿上，打开祖匣盖，恭恭敬敬地把祖像、祖谱和木制五色旗请出来。然后长辈在前、晚辈在后，进行跪拜，主祭人将一只非白色的公鸡拿到祖像前，再上一遍香，用满语颂扬祖宗的功德，禀明祭祖的用意，请列祖列宗前来"领牲"。杀完祭祀猪后，就"摆件子"。然后，在主祭人的祷告中，所有族人对祖宗行跪拜之礼。礼毕唱神歌，族中人一起拍手应和，然后熄灭灯火，举行背灯祭。②

21世纪初，孙炜冉调查居住于吉林省九台市（今长春市九台区）莽卡满族乡的石氏家族（满语：益克特里哈拉）的祭祖礼仪，发现该家族的祭祖习俗至今仍完好地保留着原始图腾崇拜、祖先英雄崇拜等家祭、野祭仪式。石氏家族称祭祖仪式的事前准备为起坛，主要工作是检查祭祀前的准备工作。而祭祖仪式的正礼，首先是悬大神案子。萨满与族人虔诚地焚香礼拜后，从西墙祖宗板上庄严肃穆地请下祖爷匣子，从中请出绘有石氏家族六位大萨满大神案子，悬挂在西墙上。接下来是摆供品，要将所有供品逐一有序地摆放在大神案子前面的供桌上。同时，要将诸多木雕瞒尼神偶依序排列在供桌的前面。一切就绪后，族人依照长幼辈分分批拜祭。拜祭后，举行隆重的排神仪式。排神分室内、室外两个场地进行。室内也称神堂，由德高望重的老萨满承担。室外又称神坛，由萨满协同两个助手完成排神任务。承担排神的两位萨满都要穿上神服，系上腰铃，击鼓诵唱。接下来是放神：首先恳请首席瞒尼神——按巴瞒尼降临神坛，巡视检查此次活动还有哪些不周不足之处；其次，要将所有瞒尼神统请一遍，逐一表演；再次，是对动物神的祭典；最后，是该家族不同绝技的表演。③

---

① 徐立艳：《宁安满族瓜尔佳氏当代祭祖习俗述略》，《满族研究》2006年第2期。
② 金朝力：《从承德满族习俗看满族的祖先崇拜》，《满族研究》2006年第1期。
③ 孙炜冉：《满族石氏家族祭祖习俗调查》，《满族研究》2009年第3期。

笔者到吉林省吉林市龙潭区乌拉街满族镇调查付氏家族祭祖习俗，调查显示付氏家族祭祀时间从除夕开始直至正月十五结束。在除夕当天清晨，族内女性就开始准备各种祭品，和传统家祭仪式所需器物相比，现在使用的器物种类和数量都有所减少。付氏家祭时首先要"亮谱"，即将家谱从"祖宗匣"中取出，悬挂在西墙上。在付氏家祭传统中，"亮谱"时需要所有男性成员参加，但现在只要"亮谱"之家的人参加即可。"亮谱"后，要在西屋北炕上摆一张长方桌，桌上摆放各种丰盛的祭品，这个位置又被称为"吊杂"。在之后十五天的祭祀周期里，每次族人祭拜祖宗都向"吊杂"磕头，意思是祖宗都被请在"吊杂"处用餐。除了本族人外，祭祀期间如有外人前来拜年也需向"吊杂"处行礼，以示敬意。

"接神"是春节祭祖仪式的高潮，时间是午夜十二点，在此之前，所有能够赶来参加仪式的族人都早早地到来，准备参加仪式。仪式之前，在族长的带领下，人们在院中点燃一堆木火。在木火燃烧正旺的时候燃放鞭炮，这时族长面朝大门的方向开始接神。族人们依次恭敬站立，保持肃静。当族长说完接神辞之后，所有族人一起跪拜磕头，然后转进西屋。回到西屋后，族长将"吊杂"处的四个酒盅斟满，所有族人再次向祖宗磕头，完成"接神"仪式。

初一早晨要早早起来，族长先在小供桌上点香，再带领家里男子跪拜磕头。早饭准备好后将大供桌上的食物首先更换，之后家人才开始吃饭。早饭后不久，没有参加午夜"请神"的外地族人纷纷来到族长家里给祖宗拜年，当人们来到后，先要在外整理衣衫，然后进入西屋，恭恭敬敬地在"吊杂"前跪倒，磕三个头，然后起身站立，完成祭祖。[1]

21世纪初，田小书在吉林省九台市调查九台地区罗关氏家族的祭祖仪式，发现该家族的祭祖习俗以跳家神为主，其主要礼仪有亮谱填谱（续谱）、摆神案、做打糕、摆供品、跳饽饽神、请神、领牲、摆腱子、跳肉神、吃大肉饭、背灯祭、祭天、祖爷穿袍换索。与满族其他家族祭祀相比较，九台罗关氏家族祭祀主要有四个特征：保留了比较完整的清代铜祭器；有家族世代传承下来的家萨满；有完整的神本子和比较规范的祭祀程序；为祖爷穿袍、萨满跳格格舞。[2]

2011年，晁啸、沈琳、徐业鑫在辽宁省新宾满族自治县腰站村调查当地的春节习俗，调查报告显示当地民众除夕这天中午吃完饭，下午两点半以

---

[1] 邵凤丽：《当代乌拉街满族春节祭祖仪式现状及其价值》，《广西师范大学学报（哲学社会科学版）》2013年第2期。

[2] 田小书：《九台满族罗关氏家族祭祖仪式音乐述略》，《满族研究》2014年第1期。

后，要将香碟从祖宗板上请下来。祖宗板共两块，并排放置，下方用榆子（支架）托起。祖宗板下粘着白祖彩，白祖彩后面即祖宗板下方支架之间的空隙，贴有满族传统的春联。祖宗板正下方是供桌，香碟取下来之后就摆在供桌上。吃年夜饭前，整个家族的人在辈分最高的长辈带领下祭祖，按辈分排序，一辈一辈进行三拜九叩，行"磕头礼"，整个过程严肃而有规矩。同时，在吃年夜饭之前，还要烧包袱，包袱是用纸糊成小兜的形状，在长的那一面写上供奉某某之墓，落款写上儿子或者孙子的名字，包袱里装入冥钱、冥衣等物品。①

简言之，祭祖习俗具有很强的历史继承性，经久不衰，它表达了满族民众对自己祖先的尊崇，也帮助他们将自己的满腔情意宣泄出来，虽然随着时代的变迁日益简化，但是依旧顽强地存活于满族民众的生活中。

4. 拜年

满族人家在祭祖后通常要给家中的长辈们拜年，晚辈先向长辈叩头，长辈接受叩拜后，再将压岁钱给晚辈。过去，压岁钱都是装在荷包里的，到了现在，有的长辈直接用红纸包裹"压岁钱"，然后送给小辈。以前同辈间辞岁时用同叩，现在变成了互相问安，道一声"过年好"。住得比较集中的满族人家，往往聚族而拜，先去拜祖先，然后按照辈分，再一一向长辈拜年。

族中的新媳妇拜年可谓是一件大喜事。每年这时，长辈们都会提前备好礼物。拜年这天，新媳妇身着旗袍，脚穿寸子鞋，到族中长者家按辈分给长者们拜年施礼并装烟。长辈们将戒指、耳钳还有银元等礼物赏给新媳妇。若遇着大家族，新媳妇拜完年后会疲惫不堪，甚至累得腰酸脚疼，但是收获颇丰。②

5. 接神

除夕这天，夜半子时，由家中亲长带领子辈，按历书所载诸神方位，焚香叩拜，燃放爆竹，俗称"接神"。光绪二年（1876年）《朝阳县志》写道："元旦，提灯、焚香、分方拜，请诸吉神于家，谓之'接神'，或'先举'。家中所供之天地（俗谓大龙车），移之庭中，如前仪。然后焚香、灌酒、化帛向空北面，叩拜而焚之，祝以吉言。"③民国二十六年（1937年）《海城县志》对此也

---

① 江帆、詹娜主编：《中国节日志·春节（辽宁卷）》，光明日报出版社2016年版，第254—256页。

② 张杰、张丹卉：《清代东北边疆的满族（1644—1840）》，辽宁民族出版社2005年版，第423页。

③ 凤凰出版社编选：《中国地方志集成·辽宁府县志辑23》，凤凰出版社2006年版，第462页。

有记载:"三十日(小建二十九日)为'岁除',又曰'除日'。……至子时接神,则旧历岁去而新岁来矣。"还要在撒于院内的芝麻秸上来回地走动,这叫"踩岁"。因为芝麻开花节节高,这里取其步步登高之意。另外,孩子们还需将柴火抱进外屋,因"柴"和"财"同音,此举有"进财"之意。①

大年三十子夜时分,辽宁各地满族人家都要举行接神仪式。民国初年《抚顺县志》对此有所记载:"除夕日,是为'年关'。……至子时接神,旧岁去新年来矣。"② 民国六年(1917年)《开原县志》描述:"除夕曰为'一年之终'……至半夜后则又接神而至新年矣。"③ 民国八年(1919年)《凤城县志》对此亦有着墨:"三十日,是为'年关'。……至子时接神,则旧岁去,新年来矣。"④

接神的时间通常定在除夕和春节的交接点子时(除夕23时到初一1时之间)。当地传说天上诸神均要在此时下到人间,考察人间善恶是非。所以这个时辰,家家户户都要给神佛上供。如果家中没有设置佛堂,就在堂屋或是院里临时设"天地桌",以供"天地三界十八佛诸神"。民国二十七年(1938年)《西丰县志》提到:"除夕又曰'除日'。……至子时移神桌于庭中,焚香叩拜,曰'接神'。则旧岁去,新年来矣。"⑤

以前辽阳地区民众经常在村内寺庙举行接神仪式。到了寺庙后,人们于佛像前跪拜、上香,恭请神灵回家。吃年夜饭前,人们需得跪拜家中的神灵偶像以及祖宗牌位,祈求福报。一般来说,每家只有男主人、嫡子和嫡孙才有资格接神,且接神过程中忌讳有人说话。光绪三十四年(1908年)《辽中县志》中提到:"子刻,设桌于庭前,焚香迎神。盖谓是夕诸神莅,凡事取顺利,语忌不吉,以为诸神临莅而能锡之以福也。"⑥ 到了民国中后期,这一习俗依旧保存完好,如民国十五年(1926年)《兴城县志》提到:"三十日(小月二十九日)是日也……至五更移财神桌于院中,张灯火,燃爆竹,焚香叩拜,谓之'接财神'。亦有茹素者供九佛,不茹素者供龙驹之别。再按财喜各神所在之方向以香烛接之,谓之'迎神'。"⑦ 又如民国十六年(1927年)《辽阳县志》简略描述了这一节俗:"除夕日(大建三十日,小建二十九日),是为'年关'。

---

① 凤凰出版社编选:《中国地方志集成·辽宁府县志辑8》,凤凰出版社2006年版,第212页。
② 凤凰出版社编选:《中国地方志集成·辽宁府县志辑7》,凤凰出版社2006年版,第51页。
③ 凤凰出版社编选:《中国地方志集成·辽宁府县志辑12》,凤凰出版社2006年版,第282页。
④ 凤凰出版社编选:《中国地方志集成·辽宁府县志辑14》,凤凰出版社2006年版,第115页。
⑤ 凤凰出版社编选:《中国地方志集成·辽宁府县志辑12》,凤凰出版社2006年版,第548页。
⑥ 凤凰出版社编选:《中国地方志集成·辽宁府县志辑1》,凤凰出版社2006年版,第623页。
⑦ 凤凰出版社编选:《中国地方志集成·辽宁府县志辑21》,凤凰出版社2006年版,第538页。

……至子时接神，则旧岁去，新年来矣。"① 而到了民国十七年（1928年）《岫岩县志》对此仍有记载："三十日谓之'除夕'……至夜半而子时将交，则出门向喜财贵神各方位，焚香叩拜，俗呼'接神'。"② 民国二十年（1931年）《义县志》也有所记载："大建三十日……五更，香烛迎神。"③

"接神"归来后，需将香烛供品摆放在供桌之上，桌上置有内装五谷杂粮的斗一个，斗上插着天地九佛以及财神等像。接着点燃纸箔、香烛，然后由家长率子辈，叩拜天地与诸神，接神完毕后，要在大门口放一根横木，防止鬼魅进入家中。在给诸神焚香叩头之后，全家围坐炕桌旁，吃"煮饽饽"（水饺）。民国十五年（1926年）《新民县志》对这一习俗的描写稍有不同："十二月除夕。……初昏备具望祭先人包袱、冥镪，向十字路口焚化。室内男女老幼，此时以包作水饺为事。作完，家长有分赐卑幼压岁钱，一一就领后，敬俟半夜'接神'。"④

20世纪60年代以后，当地民众逐渐改为在自己家中接神。仪式程序和传统相像，只是略有改动。首先去亲友家抱来柴火，俗称"抱柴"。午夜零点，由家长于自家院内唤醒家中所养畜、禽，并在火盆中点燃柴火和枝条（金条），尽力把火苗烧旺。接着要烧高香，需分别面向东南西北四个方向鞠躬、烧香，俗称"拜四方"。上完香，家中男主人先点燃鞭炮，再燃放礼花，接着由儿童把先前已摆放在火盆旁边的水盆端至堂屋，盆中装有鱼，这叫"抱鱼盆"，是为了求得年年有余。仪式结束后，一家之主将火盆端至堂屋，等到第二天一早，将盆中所剩灰烬倒入自家灶膛内。

在辽宁东部本溪清河城镇一直流传着接神的故事，其内容大略如下：

> 有个叫桃花的媳妇，三十晚上把一个快要冻死的老叫花子搀进屋，给老人煮饺子吃。这老头吃了一盘又一盘，还像没吃饱的样子。桃花除了给丈夫留下十来个饺子，剩下的全给老头煮吃了。老头吃完走人，眨眼就不见了。桃花发现盖帘上除了没煮的饺子外，全是金元宝。她知道是遇见了财神，忙喊丈夫："快看，咱家发财了！"丈夫说："发蒙了吧！过年饺子都让要饭的吃了，看咱吃什么？"桃花说："叫花子吃的饺子都变成了金元宝啦！"丈夫就埋怨桃花咋不全煮了，桃花说："还全煮了，看你生气的样子，我都不知道这年怎么过呢！"

---

① 凤凰出版社编选：《中国地方志集成·辽宁府县志辑3》，凤凰出版社2006年版，第361页。
② 凤凰出版社编选：《中国地方志集成·辽宁府县志辑15》，凤凰出版社2006年版，第509页。
③ 凤凰出版社编选：《中国地方志集成·辽宁府县志辑18》，凤凰出版社2006年版，第569页。
④ 凤凰出版社编选：《中国地方志集成·辽宁府县志辑1》，凤凰出版社2006年版，第367－368页。

说得丈夫满脸羞愧，无地自容。此后，善有善报成为当地满族人家尊奉的信条，一代代传承至今。①

直到现在，接神习俗仍有传承。如在腰站村，到了三星高挂中天的时候（即半夜子时），家家户户要提香案迎财神，俗称"接神"，请财神时要鸣鞭炮，大开房门、院门，抱柴（财），然后才能煮饺子，吃年夜饭。②

6. 团圆饭，年饺子

除夕傍晚，辽宁满族人家阖家团坐，共进晚餐，称为"吃团圆饭"，又称"吃年夜饭"。民国十五年（1926年）《兴城县志》中对此有所记载："三十日（小月二十九日）是日也……备筵合家聚饮。至夜具新衣冠遍拜尊长，谓之'辞岁'。合家或坐谈或捏面饺谓之'守岁'……归，煮面饺食之，谓之'食元宝，喝元宝汤'。"③民国二十六年（1937年）《续修桓仁县志》对团圆饭、年饺子亦有描述："除夕……男女团坐，向火谈天，盖辛苦一年，至此方得休息，故无不欢欣歌舞，饱餐鱼肉，痛饮酒浆，以谋精神上之慰藉也。"④团圆饭是春节时期最丰盛的一餐，家中气氛也最为高涨，人们在推杯换盏之间，共庆新年。在外漂泊的人们不论路途多么遥远，都要赶回来吃年夜饭。饭桌上的菜肴必须备成双数的，而且一定要有鱼，寓意着"连年有余"。吃饭的时候，还需在桌子上给姑妈妈留一个位置、摆一副杯筷。

传说姑妈妈是个聪明孝顺的满族姑娘，为侍奉多病的讷讷，她熟读医书，尝遍百草，成为高明的医生。讷讷百年后，她冲破家规，用尽积蓄，风雨无阻为百姓看病，50岁时在行医路上的大榆树下辞世。因她终生未婚，人们尊她为俗"姑妈妈"。给她留个位置，意思是请她来家吃团圆饭。⑤

按照习俗，孩子们吃团圆饭不许吃鸡和蛋，要吃鱼、葱和芹菜。于是，孩子们又有了"脱口秀"："吃鸡，拉饥荒；吃蛋，淘气捣蛋；吃鱼，年年有余；吃葱，聪明；吃芹菜，长大勤快。"⑥

三十晚上满族人家家都要包饺子，饺子需得包出褶才行，俗称"同心饽饽"，意为纪念传说中的勇士阿克占率领大家同心合力平定虎患，换来春节的

---

① 江帆、詹娜主编：《中国节日志·春节（辽宁卷）》，光明日报出版社2016年版，第119页。
② 江帆、詹娜主编：《中国节日志·春节（辽宁卷）》，光明日报出版社2016年版，第256页。
③ 凤凰出版社编选：《中国地方志集成·辽宁府县志辑21》，凤凰出版社2006年版，第538页。
④ 凤凰出版社编选：《中国地方志集成·辽宁府县志辑9》，凤凰出版社2006年版，第370页。
⑤ 曾武、杨丰陌主编：《满族民俗万象》，辽宁民族出版社2008年版，第90页。
⑥ 杨丰陌主编：《御路歌谣满族民俗传说》，辽宁民族出版社2005年版，第174页。

安定祥和。① 人们还把饺子的两角都捏在一起成一种圆形，谓之"元宝"。且摆放时很有讲究，须得横看、竖看都成行，意思是将来"财路四通八达"。晚上12时煮饺子，称作"煮元宝"。光绪三十四年（1907年）《辽中县志》对此即有记载："除夕，为一岁之尽期，故称曰'除夕'。……迎神事竣，家人毕集于堂，酌酒分胙，进饺食（俗称'饺子'），谓之'吃元宝'，名其汤曰'元宝汤'，亦尽人而饮。"② 一直到民国后期，除夕夜吃饺子的习俗都未曾间断，如民国十七年（1928年）《岫岩县志》对此有所着墨："三十日谓之'除夕'……至夜半而子时将交……各户有煮食水饺者，有分食果品者。"③ 民国十八年（1929年）《锦西志》中提到些许内容："三十日为'大年'，古称'除夕'……既返则子孙依次拜亲长，讫共食煮饺，名曰'元宝汤'。"④

夜里12时，全家人吃更岁饺子。有些人家会在除夕饺子里包上几枚铜钱（现在多包硬币）、一块炭碴子，谁吃到了铜钱谁就发财有好运，若是吃到了炭碴则意味着不吉利。包饺子若是剩下了面，老人会说这意味来年有粮吃，若是剩了馅，即谓来年有钱花。如果饺子煮破了，不能说破了，得说"挣"了。饺子煮碎了，也不能说碎了，而要说"碎碎（岁岁）平安"。

煮饺子时烧的是"杏条"柴，取其"兴"字。⑤ 当看见饺子从底下浮上来就要吆喝："小日子起来了！"然后全家跟着一起喊："起来了！起来了！"吃完饺子之后，有的满族人家还会让孩子到柜顶上蹦上三蹦，寓意生活"蹦了个高"。家里的长辈还会把提前装有金钱的荷包送给孩子，称作"压腰儿钱"或"压岁钱"。这些习俗，大多是为了给节日助兴，增添喜庆气氛。

一直到现在，满族人家依旧留有这些习俗，如在腰站村，祭过祖，接过神，就要吃年夜饭了。孩子们在外面放鞭炮的时候，家里的主妇们就在家中包饺子、做菜。开饭时间在午夜11时到12时之间。以前生活困苦，普通民众过年吃的也比较简单，而如今，人们生活越过越红火，年夜饭种类相当齐全。⑥

---

① 丹东市民族事务委员会民族志编纂委员会编：《丹东满族续志》，辽宁民族出版社2009年版，第59页。
② 凤凰出版社编选：《中国地方志集成·辽宁府县志辑1》，凤凰出版社2006年版，第623页。
③ 凤凰出版社编选：《中国地方志集成·辽宁府县志辑15》，凤凰出版社2006年版，第509页。
④ 凤凰出版社编选：《中国地方志集成·辽宁府县志辑22》，凤凰出版社2006年版，第522页。
⑤ 丹东市民族事务委员会民族志编纂委员会编：《丹东满族续志》，辽宁民族出版社2009年版，第59页。
⑥ 江帆、詹娜主编：《中国节日志·春节（辽宁卷）》，光明日报出版社2016年版，第257页。

7. 守岁

除夕之夜，辽宁各地满族人家，无论大人还是小孩，都熬夜迎接新年到来，有"终夜不寐，一年精神"的说法，俗称"熬年"，又叫"守岁"。光绪三十四年（1907年）《辽中县志》中有清晰的记载："除夕，为一岁之尽期，故称曰'除夕'。……事讫，坐以待旦，记之'守岁'。"① 民国八年（1919年）《凤城县志》亦提到："三十日，是为'年关'……是夕，炉香频烧，静坐不眠，名曰'守岁'。"② 又有民国十年（1921年）《兴京县志》记载："除夕，家家悬灯结彩，取'除旧更新'之义，竟夕不眠，名曰'守岁'。"③ 直至民国十五年（1926年）《兴城县志》对此都有所描述："三十日（小月二十九日）是日也……至夜合家或坐谈或捏面饺，谓之'辞岁'。"④ 守岁习俗传承多年，经久不衰，虽经岁月的洗礼，依旧保存完整，如民国二十六年（1937年）《海城县志》记载："三十日（小建二十九日）为'岁除'，又曰'除日'。……至夕，燃烛焚香，静坐不眠，曰'守岁'。"⑤ 民国二十六年（1937年）《续修桓仁县志》记载："除夕：阴历十二月之末日，为'除夕'……竟夕不眠，曰'守岁'。"⑥ 民国二十七年（1938年）《西丰县志》亦有记述："除夕，又曰'除日'。……是夕，烧香燃烛静坐，曰'守岁'。"⑦

古时候守岁有双重含义，一是年轻人守岁为父母祈求长寿，二是老年人守岁为"辞旧岁"。如民国初年（1912年）《抚顺县志》记载："除夕日，是为'年关'。……是夕，烧烛焚香，彻夜不眠，曰'守岁'。长幼以序叩拜，曰'辞岁'。"⑧ 民国十七年（1928年）《岫岩县志》中还提到了"分岁"："三十日谓之'除夕'（月临小建，则以二十九日为率）……既夕，燃烛焚香，卑幼向尊长者叩拜，名曰'辞岁'。家长以钱文分给小儿女，名'分岁'。由是，炉香频烧，静坐不眠，俗呼'守岁'。"⑨ 又有民国二十年（1931年）《义县志》："大建三十日……张灯烛、安神位、祭祖先，正衣冠、拜尊亲，曰'辞岁'。家

---

① 凤凰出版社编选：《中国地方志集成·辽宁府县志辑1》，凤凰出版社2006年版，第623页。
② 凤凰出版社编选：《中国地方志集成·辽宁府县志辑14》，凤凰出版社2006年版，第115页。
③ 凤凰出版社编选：《中国地方志集成·辽宁府县志辑10》，凤凰出版社2006年版，第314—315页。
④ 凤凰出版社编选：《中国地方志集成·辽宁府县志辑21》，凤凰出版社2006年版，第538页。
⑤ 凤凰出版社编选：《中国地方志集成·辽宁府县志辑8》，凤凰出版社2006年版，第212页。
⑥ 凤凰出版社编选：《中国地方志集成·辽宁府县志辑9》，凤凰出版社2006年版，第370页。
⑦ 凤凰出版社编选：《中国地方志集成·辽宁府县志辑12》，凤凰出版社2006年版，第548页。
⑧ 凤凰出版社编选：《中国地方志集成·辽宁府县志辑7》，凤凰出版社2006年版，第51页。
⑨ 凤凰出版社编选：《中国地方志集成·辽宁府县志辑15》，凤凰出版社2006年版，第508—509页。

人秉烛团聚'守岁'。"①

如今的守岁更多的是对辞旧迎新的美好祝愿与祈盼。当晚天刚黑，人们便将家中所有的灯都点亮，当地俗信这样做可以祛除邪祟，而且人们都希望来年家里能亮亮堂堂的。

子时一到，一家人便团聚一处吃年夜饭。饭后，家人一起打麻将、打扑克，满族还会欻嘎拉哈、看小牌、唱秧歌、押会儿等。② 20 世纪 80 年代以来，随着电视机的普及，人们更习惯于在守岁时看春节联欢晚会，随着新年的钟声响起，人们一同祈盼新年的到来。这么一家人聚在一起闹腾，很少有人早睡，大多数人在天色见亮后，方才躺下休息。

辽宁满族有玩嘎拉哈的习俗，关于其由来，有这样一则传说：

> 欻嘎拉哈是满族家孩子玩的一种游戏。据传说，这是金兀术传下来的。在大金国的时候，嘎拉哈还是女真人表示吉祥的宝物呢！
>
> 金兀术，是大金国开国皇帝完颜阿骨打的老疙瘩（最小的孩子），从小长得虎头虎脑，聪明伶俐，什么玩意儿一学就会，淘起气来也是豁牙子啃西瓜——尽是道道。他额娘特别宠爱他，哥哥、姐姐也都得让着他。
>
> 那时，阿骨打是完颜部的首领，一天到晚总有事，也很少管教他，这样，金兀术自小就很任性，做事还没有长性，学什么东西一开始很快，学会一点儿就腻味了。虽说他人很灵，可是习文习武，哪一项都赶不过他的几个哥哥。
>
> 阿骨打慢慢地发现了金兀术这些毛病，常常申斥他。可是仗着额娘的庇护，阿玛的话，金兀术也不朝心里去。这样一来二去，金兀术都十五啦，个头倒是不小，可是正经本领一样也没学会。
>
> 阿骨打怕孩子不成器，想来想去，想出一招。
>
> 一天，他对夫人说："我要到松花江那边去办事，把这老儿子带去，长长见识。"夫人点头同意了。
>
> 金兀术一听带他出远门，挺新鲜，乐得直蹦高，高高兴兴地跟着阿玛走了。
>
> 一路上，金兀术看到不少新鲜事，可是到了江边的一个部落，没几户人家，住了没几天，金兀术就烦了。最挠头的是，他阿玛每天鸡叫头遍，就让他起来弯弓耍刀，晚上，点上松明子，还让他识文念

---

① 凤凰出版社编选：《中国地方志集成·辽宁府县志辑18》，凤凰出版社2006年版，第569页。
② 江帆、詹娜主编：《中国节日志·春节（辽宁卷）》，光明日报出版社2016年版，第82页。

字,这真是赶鸭子上架——强人所难啊!额娘不在,没人护着他,阿玛总沉着脸,金兀术也不敢使性子。

有一天,阿骨打有事要出去,让两个随行当差的看着他。可是,阿骨打一出门,金兀术就脚底抹油——溜啦!

金兀术先到江边,看到很多女真人驾着小船叉江鱼。当叉起一条活蹦乱跳的大江鱼时,金兀术一个劲儿地拍手叫好。日头傍西了,金兀术看到一拨猎人打围(打猎,因须多人合围,也称打围)回来,扛着狍子、野鸡、山跳子(草兔)。那野鸡毛五颜六色,金灿灿的,可好看了。老猎人一看金兀术稀罕,就送给了他。猎人们在树下歇气儿的时候,还给金兀术讲他们在山里打围的事,他都听入迷了。金兀术央求老猎人,明天带他一起进山打猎。

正在这时,那两个当差的跑来了,一见金兀术,拉着他就往回跑。原来,阿骨打回来,见金兀术溜出去玩了一天,来火(生气)了,把两个当差的大骂了一顿。

金兀术连跑带喘的,一进门,看见阿玛沉着脸,两眼直盯着他,吓得脸都白了。金兀术上前一步,给阿骨打恭恭敬敬请个安,问道:"阿玛,您的本领都是您小时候出外求师学来的,是吗?"

"是啊!"

"那为什么不让我出外求师呢?"

"唔?"阿骨打竟一时回答不上来,就反问道:"你也想出外求师?"

"是,阿玛让我去吧,如果学不到本领,我就不回来见您和额娘。"

金兀术发急地说:"你说话当真?"

金兀术马上趴在地上给阿玛磕个头,说:"大丈夫一言既出,驷马难追,孩儿这就走,请阿玛、额娘多保重。"

"学好本领快回来,将来这天下是你的。"阿骨打也动了感情,把金兀术叫起来,给他一张弓,一把腰刀,一杆扎枪。金兀术拿起这三样东西,转身走了。

阿骨打在金兀术走后不几天,就回了家。夫人一看就他一个人回来了,忙问:"老疙瘩呢?"阿骨打说金兀术在松花江那边求到一个好师父,习文练武,很有长进。那地方清静,就让他在那里学本领了。夫人一听孩子能有出息,也就没说啥,可阿骨打还是惦念老儿子。

再说金兀术拜别了阿玛,来到松花江上,也上了小船。看别人手中的渔叉，甩出去又远又准，他也想学，可是自己一甩，直打横儿往江里掉，一条鱼儿也没叉上，一天下来，胳膊又酸又疼。金兀术寻思，叉鱼也算不了什么本领，晃晃脑袋不想学了。傍晚，打鱼的唱着歌回去了，金兀术独自去了江北。

第二天，金兀术路过一个部落，一看十几个小阿哥都在练箭，他看了一会儿，觉得这算不了什么本事，摇摇头又独自走了。

他一边走，一边寻思，能人一定在深山老林，我到那里去找吧，就一个人往东北方向走。

金兀术走进了一片大林子，赶到一片空地时，正好遇上那天给他讲故事的一伙儿猎人。他们正在收围，许多野牲口（野兽）被撵到这片空地上了。只见他们呐喊一声，射箭的射箭，投枪的投枪，一会儿就得到不少野牲口，有的大兽想冲出去，被猎人一扎枪就撂在地上。

金兀术也忙活开了，又射箭，又扔扎枪，可是箭射不多远就掉在地下，最气人的还是那杆扎枪，一歪竟扎到旁边的一棵大树上，一个比他还小的小猎人拿下来，一出手，投出去，正好扎在野兽的身上。金兀术又泄气了，蔫儿不悄地（悄悄地）走了。

金兀术走到大林子边，坐在一根倒木上，又饿又累，独自叹气。忽然，一只山跳子从身边跑过，金兀术跳起来就撵上去，可是怎么也逮不住它。张弓射箭，又没射上。那山跳子跑不远，回过头来，鼓溜着红红的小眼睛瞅着金兀术，像在笑话他。

忽然，"吱！"的一声，这山跳子一下子被一根小木棍打死了。金兀术吃了一惊，一看，一个白发老太太走过来了，说："孩子，这只山跳子给你烧吃吧。"金兀术也饿急了，笼起了火烧起了山跳子。

金兀术一看老太太挺和善，就把自己一路上求师学艺的事说了，最后打个唉声说："我就是找不到一个能人，能一下子教会我各种本领。"

老太太笑呵呵地说："我有一招，可以一下子学会各种本领。"

"那您老快教我吧，我拜您老为师。"金兀术急忙想磕头拜师。

老太太一把拉住金兀术的手，说："只要你能撵上一只狍子，取下它的嘎拉哈，我可以让你成为一个最灵巧的人。你再用箭射死一只野猪，取来它的嘎拉哈，我有法子让你成为一个最有胆量的人。你要能用扎枪扎死一只黑瞎子（黑熊），取来它的嘎拉哈，我让你成为一个最有力气的人。"

金兀术瞪大了眼睛问："真的？"

"真的，只要你取来了这三个野兽的嘎拉哈，就到这棵大树底下来找我。"

"好！"金兀术拎着烤好的山跳子，乐滋滋地走了。

金兀术边走边寻思，得到这三个嘎拉哈，老太太就让我成为一个大能人，那我再见到阿玛和额娘该多神气呵！一高兴，走得更快了。

金兀术走到一个山坡上，忽然看见一只傻狍子正瞪着眼睛瞅着他。哈！机会来了，金兀术心中一喜，提起腰刀赶上前去。这狍子一直到金兀术快到跟前了，才动弹身子，三跳两跳就跑远了。金兀术急了，撒腿就撵，那傻狍子不紧不慢地就把金兀术甩到大后面了。金兀术不甘心，还一个劲地猛追。进了林子了，金兀术跑得喘不过气来，可狍子都没影了。金兀术这才后悔平时没有练脚力的功夫。

在林子里，金兀术又走了一段。说来也巧，一只大野猪正撅着大獠牙，向金兀术跑来。金兀术马上拉弓搭箭，一箭射出去，箭只在野猪身上打个滑就落地了。原来，野猪挠痒的时候，就是在松树上蹭，皮上带了厚厚的一层松油，一般的箭根本射不进去。这野猪让金兀术一惹，直奔金兀术来了。金兀术急得跑到大树后面，野猪张开大嘴，把金兀术撵得围着大树团团转。

突然，金兀术听到大野猪"噢"地叫了一声，回头一看，一支箭射进了大野猪的嘴里，大野猪倒地打了个滚，蹬腿死了。

原来是那伙儿猎人路过这里，见金兀术被野猪撵得直跑，就发箭射死了野猪。金兀术这才后悔自己平时没好好练箭。老猎人说："孩子，你一个人在林子里危险，跟我们一起走吧。"金兀术就跟他们走了。

走不多远，树洞里跑出一只黑瞎子，看见了人，一转身又回到树洞里去了。金兀术忙说："让我来打。"说着，他拿起扎枪赶上去。那黑瞎子一看有人奔它来了，猛地站起来，张着两只大巴掌迎上来。金兀术使劲把扎枪甩出去，可是被黑瞎子一巴掌打掉在地下，黑瞎子又上前扑，一巴掌把金兀术横扫在地，金兀术摔得两眼冒金花。

还没等他爬起身，那黑瞎子号叫一声，向后倒，四脚朝天，扑蹬两下，就不动弹了。金兀术上前一看，一杆扎枪正扎在黑瞎子腋窝上，又准又有劲。金兀术问："这扎枪是怎么练出来的？"老猎人说："我们长年不是行围就是打鱼，常用就练出来了。"金兀术想起自己在松花江横甩渔叉的事，又脸红了。

金兀术这才醒过腔来，要学到大本领，非得从头老老实实学不可。

他又回到松花江，驾着小船，叉大江鱼。一开始投渔叉，还是打横儿，他就向打鱼的请教。胳膊甩肿了，他想着老太太的话，咬咬牙继续练。什么事也架不住天长日久苦练，后来金兀术也能又快、又准地叉上大江鱼啦。

他又跟猎人学射箭，先练臂力，后学箭法，接着练准儿。每天，天刚放亮，金兀术就起来练，晚上就练射香头，这样冬夏不误，练到了能走马射飞雁的程度。

金兀术想起自己被狍子甩掉的事，就每天跟在马后面跑，一直练到浑身湿透为止。最后，连最好的快马他也能撵上了。

松花江冻了又化，树叶绿了又黄，不知不觉一年过去啦。金兀术又瘦又黑，可身子板儿却又结实又灵巧。这时，他想看看自己到底练得咋样了，就上了山。

走了半天，碰到一只狍子，这只狍子也是先瞪眼瞅人不动弹，等金兀术走到跟前，才吱楞一下跑了。跑着跑着，发现人还在后面紧跟着，明晃晃的刀就要砍下来，它就一阵风似的拼命跑起来。跑着跑着，这傻狍子以为一定把人甩掉了，刚一回头，就被金兀术一刀砍死了。金兀术得到了狍子的嘎拉哈。……

金兀术又往前走，遇见一只大黑瞎子，这只黑瞎子看到有人向它走来，就呼哧呼哧地站立起来，举起胳臂就要扑。金兀术憋足了劲，看准了黑瞎子的腋窝，把扎枪使劲扎了过去，黑瞎子倒地滚了一气，咽气了。金兀术得到了黑瞎子的嘎拉哈。

最后，三个野兽的嘎拉哈都得到了，金兀术高兴得连蹦带跳地去找老太太。来到了那棵大树底下，老太太正等着他呢。一看金兀术乐呵呵地来了，说："你把三个嘎拉哈都取来了？"

"是啊！"

"我看看。"

"好！"金兀术笑眯眯的，递了过去。

老太太拿过一看，三个嘎拉哈被擦得干干净净，说："孩子，你把每个嘎拉哈朝上扔三下，再接三下。"

金兀术不知啥意思，只好照着去做。做完了，老太太说："你已经是最灵巧、最有胆量、最有力气的人啦！快回家去吧。"金兀术一听，反倒急了，说："老人家，我还没跟你学本领呢？"

"好孩子，你已经学到本领了。"老太太微笑着说。

155

"啊？"金兀术睁大了眼睛，还没明白。

"孩子，该回家啦，你阿玛和额娘正着急呢。这三个嘎拉哈你带回去吧。"

金兀术低头看看手里的三个嘎拉哈，再一抬头，老太太不见了，金兀术向四处撒目（张望），也不见人影。这才想到老太太一定是个神人，马上对着大树磕了三个头。

金兀术渡过了松花江，回到家里，家里人全围了过来。阿骨打看着金兀术说："当初，你出家门，说学不到本领不回来见我和你额娘，说说，你学到了什么本领了？"金兀术就把自己这几年的经历告诉了阿玛。金兀术取出三个嘎拉哈，对家里人说："这就是那三个野兽的嘎拉哈，老太太说，我取到了，就是一个最灵巧、最有胆量、最有气力的人了。"几个哥哥一看，摇摇头不相信，金兀术二话不说，拽着他们，到屋外比武。

一比武，几个哥哥才服气了，骑马、射箭、投枪哪一项金兀术都赛过他们。

阿骨打和夫人看这老儿子黑了瘦了，可是有出息了，嘴上不说，心里可真比喝蜂蜜水还甜。后来，金兀术成为女真人最能征善战的一个元帅。

金兀术取嘎拉哈的故事传开了。女真各家为了自己的孩子有出息，就把各种嘎拉哈收集起来，让他们也朝上扔着玩。时间长了，欻嘎拉哈就成为孩子们的一种游戏。直到今天，东北的孩子还有玩这种游戏的呢。[①]

除夕是满族春节的一个重要组成部分，它习俗众多，且历史悠久，被视为春节的高潮。虽然随着时间的流逝，其习俗发生了不同程度的变化，但其中蕴涵的辞旧迎新、求福纳吉的意味未曾有过改变。

（三）初一之后

除夕高潮之后，满族民众又迎来初一及之后的各项仪式活动，如拜年、会亲友、捏破五等。

1. 初一拜年

元旦，即大年初一，满族人家都会早早地起来，穿新衣戴新帽，相互恭贺新春，谓之"拜年"。满族民众历来重视血缘亲情和人情往来，在春节这个阖

[①] 何晓芳主编：《辽宁省少数民族民间故事大系·满族卷（上卷）》，民族出版社2015年版，第10—16页。

家欢乐的节期，亲人朋友相互走动十分频繁，这一习俗自古已有，辽宁各地县志中记载得十分详细。

出门拜年之前，必须先在家中祭拜天地、祖先，将神灵接到家中，然后才是对周围亲朋好友的祝贺。康熙二十二年（1683年）《广宁县志》记载："正月元旦，五鼓祭天、地、祖先。"① 光绪二年（1876年）《朝阳县志》："元旦，提灯、焚香、分方拜，请诸吉神于家，谓之'接神'，或先举。家中所供之天地（俗谓'大龙车'），移之庭中，如前仪。然后焚香、灌酒、化帛向空北面，叩拜而焚之，祝以吉言。先焚谷草一束或燃木火一盆于侧，谓之'发纸'。"② 民国二十年（1931年）《铁岭县志》的描述与今俗相似："正月一日为元旦，一切语言均取吉利。长幼着新衣冠，就神位前依次行礼，曰'接神'。俗谓是时'诸神下界'，欢迎吉神。迎毕，又在天地、灶君、祖先位前，焚香燃烛，陈设祭品、纸马，鸣爆竹，更煮水角子食之，曰'元宝汤'。孩童欢喜尤甚，按时宪书所载，喜、财、福、禄各神方向出行，至附近祠庙焚香叩拜，路遇熟人亦不接谈，偶听人言，用占全年顺利。回家后，取各种玩具游戏，彻夜不眠，曰'守岁'，取一年壮健。"③

在清代，家中接神结束后，"男女各拜家长，以次递拜。然后出拜亲友，邂逅为礼"④。"侵晨各集村中，子弟著新服，沿门呼拜见面，同称发财发财，谓之'拜年'。"⑤ 中华民国成立后，虽然将元旦改为春节，但正月初一是一年的岁首，人们的观念和行为还是在遵守着传统。民国元年的《抚顺县志》中写道："翌晨，各整衣冠，长幼依次叩拜，曰'拜年'。族党、戚友来拜，亦往答之。"⑥ 有些家族中建有祠堂，则是先到祠堂内祭拜先人，祭祖，然后再祭拜族中耆老长辈。民国六年（1917年）《开原县志》载："黎明早起，先祖祠而后家长，子孙皆向之行礼，谓之'拜年'。"⑦

民国时期，人们的习俗随着政治的变化而发生了改变，以县城内居住的市民变化最为明显。民国八年（1919年）的《凤城县志》记载道："其居县城者概由门缝投刺，即为'拜谒'。主人不以为慢，习常也。家家饮食从丰，炉不

---

① 凤凰出版社编选：《中国地方志集成·辽宁府县志辑21》，凤凰出版社2006年版，第285页。
② 凤凰出版社编选：《中国地方志集成·辽宁府县志辑23》，凤凰出版社2006年版，第462页。
③ 凤凰出版社编选：《中国地方志集成·辽宁府县志辑11》，凤凰出版社2006年版，第605页。
④ 凤凰出版社编选：《中国地方志集成·辽宁府县志辑21》，凤凰出版社2006年版，第285页。
⑤ 凤凰出版社编选：《中国地方志集成·辽宁府县志辑23》，凤凰出版社2006年版，第462—463页。
⑥ 凤凰出版社编选：《中国地方志集成·辽宁府县志辑7》，凤凰出版社2006年版，第50页。
⑦ 凤凰出版社编选：《中国地方志集成·辽宁府县志辑12》，凤凰出版社2006年版，第281页。

断香，灯不熄火。"① 普通市民开始由门缝互相投刺拜年贺卡。民国十六年（1927年）的《绥中县志》中记载："乡里长幼俱相通拜，城市商号感情深者投刺亲临，浮泛者令人互送名片而已。"② 民国二十年（1931年）《铁岭县志》载："晨餐后，族党戚友登门叩拜，相见互揖，各道年喜，亦有投刺者，家主择日答拜，由一日至四日乃止。"③ 投刺完毕后，家主还要对送名片、贺卡的亲友进行答拜，这也是过年相聚的一种机会。

民国时期的拜年礼仪也发生了变化，新习俗都需要一定的时间才能得到沉淀。民国二十年（1931年）《义县志》记载旧历习俗："朝食水饺。戚友谒门，投刺互拜，话每采取吉利，曰见面发财。数日之内，往来不绝。街市商贾除售点心、糕饼外，余皆闭关，停止交易。旧俗，人与人初相遇，行一揖礼，旗俗行请安礼，今用脱帽鞠躬礼，而行一揖礼及请安礼尚复不少，盖亦习之惯也。"④ 清朝通常行请安礼，民国之后开始推行脱帽鞠躬礼，但是人们狃于旧俗，行请安礼的人不在少数。民国二十六年（1937年）《海城县志》载："稍疏者，则以名刺投之。数日间往来不绝。"⑤ 可见随着时间的推移，官方推行的习俗已经逐渐得到渗透，被人们接受。

虽然拜年的礼仪发生了变化，但是人们在新年期间求吉、驱邪，渴望新一年顺顺利利的心愿没有改变。这就表现在人们的语言上，无论是清朝还是民国，人们都是挑选美好的祝词来恭贺自己的亲朋好友，也渴望别人对自己回以祝福。光绪二年（1876年），《朝阳县志》载："子弟著新服，沿门，呼拜见面，同称发财发财，谓之'拜年'。"⑥ 民国八年（1919年），《凤城县志》记载道："正月初一日，是为一岁之首，咸取顺利，戒恶言。"⑦ 民国十九年（1930年），《辽中县志》记载："比间族党，日相拜谒，并以吉利语交相颂祝。远则以柬贺之，曰'拜年'。"⑧ 民国二十六年（1937年）的《海城县志》更是记载道："黎明时，卑幼向尊长叩拜贺岁，俗称'拜年'。天明，族党、戚友互相拜贺，见面辄曰：'新春大喜'或'见面发财'诸吉利语。"⑨ "新春大喜""见面

---

① 凤凰出版社编选：《中国地方志集成·辽宁府县志辑 14》，凤凰出版社 2006 年版，第 114 页。
② 凤凰出版社编选：《中国地方志集成·辽宁府县志辑 23》，凤凰出版社 2006 年版，第 135 页。
③ 凤凰出版社编选：《中国地方志集成·辽宁府县志辑 11》，凤凰出版社 2006 年版，第 605 页。
④ 凤凰出版社编选：《中国地方志集成·辽宁府县志辑 18》，凤凰出版社 2006 年版，第 554 页。
⑤ 凤凰出版社编选：《中国地方志集成·辽宁府县志辑 8》，凤凰出版社 2006 年版，第 207 页。
⑥ 凤凰出版社编选：《中国地方志集成·辽宁府县志辑 23》，凤凰出版社 2006 年版，第 462—463 页。
⑦ 凤凰出版社编选：《中国地方志集成·辽宁府县志辑 14》，凤凰出版社 2006 年版，第 114 页。
⑧ 凤凰出版社编选：《中国地方志集成·辽宁府县志辑 1》，凤凰出版社 2006 年版，第 623 页。
⑨ 凤凰出版社编选：《中国地方志集成·辽宁府县志辑 8》，凤凰出版社 2006 年版，第 207 页。

发财"这样的祝福话语一直延续到今天。

到了现在,初一早上,满族无论长幼人人都换新衣,早饭后,人们开始拜年。先在自家拜,然后走村串户,按照辈分,依次拜年。进屋先拜祖宗板,后给长辈拜年。见到长辈先请安,后行打千礼,打千的形式男女有别。男人拜年见面"打千儿",这是满族男子请大安的礼节。其礼为先敏捷地掸下袖头,左腿前屈,右腿后蹲,左手扶膝,右手下垂,头与身略向前倾,口念"给某某人拜年,过年好",然后磕头。新媳妇拜年要梳京头戴头饰,双手扶膝下蹲。拜完年,再逐位装烟、点烟。① 拜完长辈后,平辈之间也要相互祝贺,年龄小的给年龄大的行礼时,肩膀与肩膀要相撞,问候"某某过年好",称为"贺岁"。② 等秧歌来家里拜年了,孩子们像一群家雀吵吵嚷嚷地跟在秧歌队屁股后,唱:"一进大门抬头观,看看你家灯笼杆,灯笼杆好比摇钱树,灯笼杆下把金马驹拴。金马驹跑来金马驹颠,金马驹驮着元宝山,问问金马驹哪里送,送到你家来拜年。"③ 空气中充满了快活的气息。

在腰站村,满族民众大年初一清晨就开始拜年了,大多数人家集中在这一时间段拜年,且大多赶在十二点之前拜完。但只要没过正月十五,凡遇到亲戚朋友,均需互相拜年问候。初一这天,村民们都早早起床,精心准备新年的第一顿饭,待吃过早饭、放过鞭炮后,村民们即开始给自家的长辈拜年,并要鞠躬说声"过年好"。长辈们通常都会准备很多瓜子、糖果来热情招待上门拜年的客人,若有孩子来拜年,还要给压岁钱。旧时满族人很讲究礼仪规矩,如在除夕夜里,儿子要给父母行磕头礼,女子则行"蹲安礼",俗称"半蹲儿"和"抚鬓礼"。请小安时行的"蹲安礼"有两种:一种是正面对长辈,双手扶膝下蹲;另一种是侧身向长辈,双手相合到右肋下,下蹲。请大安时行"抚鬓礼",双膝跪地,衣角平展铺地,不露脚,上身前倾,右手缓起缓落抚鬓三次,动作越慢,就越能体现出行礼者对长辈的尊重之情。④

2. 初二会亲友

正月初二,是满族"三天年"的第三天。人们开始对初一给自己拜年的亲朋好友进行答谢,请客吃饭,这当然少不了品尝各种美味火锅,吃"会年菜"。亲友、邻里之间的相互宴请,称为"会年茶"。主菜都是火锅,或白肉血肠酸菜,或鸡肉蘑菇粉条,再配上猪皮冻、猪耳朵、排骨、口条、猪肝、猪肚、肘

---

① 孙桂林主编:《中国节志·春节(吉林卷)》,光明日报出版社2015年版,第21页。
② 曾武、杨丰陌主编:《满族民俗万象》,辽宁民族出版社2008年版,第98页。
③ 杨丰陌主编:《御路歌谣——满族民俗传说》,辽宁民族出版社2005年版,第173页。
④ 江帆、詹娜主编:《中国节日志·春节(辽宁卷)》,光明日报出版社2016年版,第258页。

花、面肠等凉盘。"会年茶"是增强亲情、友情的一种方式。也是从这天开始，新婚夫妇携带礼物，到双方尊长家拜年，称"拜新年"。尊长家设火锅宴招待，并赠送几支绢花，由新婿为新妇插戴头上，正像诗中写的那样："左提礼袋右提匣，拜罢姨家拜舅家。新婚时于少人处，为妻揽镜理绢花。"[1]

在正月初二、初三这两天，满族同汉族一样也有女儿回娘家的风俗，如果由于种种原因已经结婚的女儿留在娘家过年，家人都会对此感到不愉快。但是随着时代发展，观念也与时俱进，如今过年，人们更加注重的是家人团圆，阖家欢乐，而不去过分关注是否在娘家过年。特别是独生子女家庭，很多夫妻不再拘泥于旧俗，选择轮流到双方父母家中过年。

但是在腰站村已经出嫁的女儿大多不会在娘家过年，她们会在正月初二、初三由家人陪同回娘家拜年。此时，春节便进入了新的高潮，女儿回家不仅会带上丰厚的礼品，娘家也会准备丰盛的餐食款待，对回家的女儿女婿表示欢迎。[2]

3. 捏破五

正月初五，俗称"破五"，满族人家这天节俗主要围绕"破"字展开，把旧的、破的东西重新置换，用全新姿态迎接新一年的到来。在这一天，满族人家要包饺子吃，寓意着将所有的财运和喜事都包到饺子里，即捏破五，饺子需捏严实，以求吃完饺子后一年吉利。家家户户都可以把从年三十到初五堆攒的脏水和垃圾倒出去，而且这一天不可相互串门，最好待在自己屋里，这都是为了祈求新的一年顺顺利利。

清朝时期，"破五之内不得以生米为炊，妇女不得出门"[3]。从初一到初四，人们都只能吃年前备下的饺子、豆包、黏糕等食物，不能用生米下锅煮饭，这是因为生米下锅寓意着家人会变得"生分"。但是破五这天可以用生米生面做饭。

辽宁各地县志亦有提到捏破五习俗。光绪二年（1876年）《朝阳县志》记载："五日正午，举各神前所供物品焚香化帛，一律彻去，谓之'破五'。"[4]当天，以前供奉给神灵的供品，都要以火作为中介，贡献给神灵，叫做"送神"。其余供品也要一同撤走。

在正月里有很多禁忌，主要意愿是趋吉避灾。民国八年（1919年）的

---

[1] 曾武、杨丰陌主编：《满族民俗万象》，辽宁民族出版社2008年版，第96页。
[2] 江帆、詹娜主编：《中国节日志·春节（辽宁卷）》，光明日报出版社2016年版，第259页。
[3] （清）富察敦崇：《燕京岁时记》，北京古籍出版社1981年版，第46页。
[4] 凤凰出版社编选：《中国地方志集成·辽宁府县志辑23》，凤凰出版社2006年版，第462页。

《凤城县志》记载:"初五日,名为'破五'。远乡亲友,互通往来,此五日内庭忌扫除水不外拨。"① 民国十五年(1926年),《兴城县志》记载:"是日也,撤供棹,开箱柜,试剪刀,过此,妇女始外出拜贺,亦曰'破五'。"② 之前禁打扫庭院、洒水、用剪刀等习俗也都可以做了,日子恢复得和往常一样。民国二十年(1931年)的《铁岭县志》的描述与今俗相似:"五日午前,各神位前供品一致撤去,家主跪拜如仪,曰'送神'。是日晨,家家仍食水角子,曰'捏破'。此五日内无分贫富,饮食丰美,屋内忌洒扫,尘垢堆积屋角,过六日始除之。"③

另外,初一到初五在神灵、祖先面前供奉香火的形式也要改变,由长香改为早、中、晚三次焚香。民国二十六年(1937年)《海城县志》记载:"由初一迄初五日,所供诸神位前香尽即续,谓之'长香'。过此则朝、午、夕三次焚香。"④

正月初五,清河城村的满族人家要在这天"送穷五",即"破五",意思是到初五这天,可打破诸多禁忌,从年三十到初五积攒的垃圾被视为"穷土",倒掉垃圾,就是送"穷"出门。这个习俗,在满族农家一直沿习至今。⑤

4. 过年禁忌

"过年"属庆贺性节日,为了来年万事顺意,满族人家禁忌很多,如不许洗脚,因为"洗脚臭大酱"。⑥ 还不许女人接财神,恐冲撞财神。更不许说不吉利的话,"死""完""没""光""缺"等字眼通通不许提及。除夕晚上饺子煮破了,得说"挣了""涨了",饺子熟了,要说"生了",以求来年能多挣钱以及高升。碟碗等碎了,不能直接说"碎了",要说"岁岁(碎碎)平安"。哪怕是无意间失火了,也必须说火烧旺运。此外,还有诸多禁忌,如初一不能往外倒水、倒灰;扫地时要往屋里扫,以免把财扫出去;一直到初七,都不许女人做针线活儿等等。

正月里必须遵守的禁忌在行为表现上尤为突出,并且满族和汉族在这些禁忌上的表现相同。民国十六年(1927年)《辽阳县志》中记载:"内庭忌扫除,水不外泼,诸事四民及汉满蒙大致略同。"⑦ 民国二十年(1931年)的《铁岭

---

① 凤凰出版社选:《中国地方志集成·辽宁府县志辑14》,凤凰出版社2006年版,第114页。
② 凤凰出版社编选:《中国地方志集成·辽宁府县志辑21》,凤凰出版社2006年版,第537页。
③ 凤凰出版社编选:《中国地方志集成·辽宁府县志辑11》,凤凰出版社2006年版,第605页。
④ 凤凰出版社编选:《中国地方志集成·辽宁府县志辑8》,凤凰出版社2006年版,第208页。
⑤ 江帆、詹娜主编:《中国节日志·春节(辽宁卷)》,光明日报出版社2016年版,第275页。
⑥ 张佳生:《中国满族通论》,辽宁民族出版社2005年版,第243页。
⑦ 凤凰出版社编选:《中国地方志集成·辽宁府县志辑3》,凤凰出版社2006年版,第357页。

县志》的描述与今俗相似:"此五日内无分贫富,饮食丰美,屋内忌洒扫,尘垢堆积屋角,过六日始除之。"这是在"破五"之前需要遵守的禁忌。另外,年前结婚的新婚夫妇携礼物去娘家拜年时,"至十三日必返。盖已至灯节,不准看娘家灯,看则穷娘家。此为最要之禁忌"[1]。

在民国二十六年(1937年)的《海城县志》中,习俗活动描述较为详细,把普通民众、商人应该遵守的行动禁忌、语言禁忌都一一列出了。"前一日为除夕……俗谓'除夕诸神下界',言之吉凶关乎一岁之休咎,故出吉语,戒恶言,以取顺利。内堂忌洒扫,水不外泼。黎明时,卑幼向尊长叩拜贺岁,俗称'拜年'。天明,族党、戚友互相拜贺,见面辄曰:'新春大喜'或'见面发财'诸吉利语。稍疏者,则以名刺投之。数日间往来不绝。元日,晨餐水饺,午饭开盛宴。商号闭门休息,停止交易,闺房停针线,俗谓之'忌针',正月内仅初二、十二、二十二,三日不忌。张籍《吴楚歌词》:'今朝社日停针线',此风自唐时已有矣。初三日五更行送神礼,如接神仪。"[2]

满族民众行事素来重视纳福趋吉,且多重视言语的力量,这一点在节日期间更是体现得淋漓尽致。民国八年(1919年)《凤城县志》记载道:"正月初一日,是为一岁之首,咸取顺利戒恶言,时方交子,俗谓'新神下界',家长衣冠致敬。凡天地、灶神祖先位前,各爇香燃烛。"[3]满族民间流传着过年说吉利话的传说:

> 每年的大年三十晚上,关东山的满族百姓都会在亥时将尽、子时将临之际,在院内摆上火盆,挂上香斗,点燃蜡烛和彩色灯笼,在祖先、神灵牌位前烧纸,放鞭炮,迎接各路神仙、祖先的到来,当然也包括财神,这个习俗叫做"接神"。这个时候,家里要保持安静,女主人要和当家人说吉祥话,也要给祖先、神灵说吉祥话。这个接神的习俗是从什么时候开始的呢?

> 据说,在很久很久以前,关东山上有一户庄稼人,当家的姓李,夫妇俩还有一个儿子,日子过得很紧巴,过年吃饺子都要相互留着点儿肚子,怕自己吃饱就不够其他家里人吃。他们家是村子里最穷的人家,别人家都会在过年的时候接财神,喜气洋洋。可是李老汉脾气倔,他家闭门关窗,就是不接,反正接不接都挨穷。

> 一转眼,李老汉的儿子李福已经二十多了,还迎娶了放羊的姑娘

---

[1] 凤凰出版社编选:《中国地方志集成·辽宁府县志辑11》,凤凰出版社2006年版,第605页。
[2] 凤凰出版社编选:《中国地方志集成·辽宁府县志辑8》,凤凰出版社2006年版,第207页。
[3] 凤凰出版社编选:《中国地方志集成·辽宁府县志辑14》,凤凰出版社2006年版,第114页。

吉丽。这位姑娘聪明乖巧,和气温顺,爱和乡亲们相处,村里对吉丽是人见人夸。原来有很多财主主动求娶吉丽,她都不同意,偏偏嫁给了家里穷得吃不饱饭的李福,好多人都感到惋惜。

自从有了新娘子之后,李福也变得勤快了许多。春天浇地,夏天侍弄庄稼,田地被他整理得生气勃勃。在冬天,他还自己修建了一个打铁铺,给邻居村民修整农具,也攒了几千文铜钱。李老汉也不猫冬了,帮儿子打铁,早晚捡粪,来年地里的肥料也不愁了。

这一年大年三十,李老汉家里也贴起了对联,放鞭炮,吃饺子。村里的邻居看到这一幕纷纷过来看,穷得叮当的李老汉也要接财神了。到了半夜亥时已过,子时将至,李老汉在院子中央支起大火盆,烧起大火堆,财神码子也升了,鞭炮也放了,灯笼杆上的灯笼把李家照得红彤彤的。村民都围在李家门口,只听李老汉说:"新娶媳妇把门开。"

院中正拿着杏条煮水饺的儿媳妇吉丽接过公公的话,说:"财神喜神接进来。"当家人说:"院中柴火旺。"新媳妇说:"家里金满箱。"李老汉说:"鞭炮一齐响。"新媳妇说:"百事都顺当。"李老汉说:"纱灯明晃晃。"新媳妇说:"丰年多打粮。"

周围看热闹的邻居听到吉丽的话,都交头接耳地相互称赞:"看人家新媳妇多会唠嗑儿。"这一年,李老汉家因为地里粪上得多,粮食也多,家里喂起了四头肥头大耳的猪仔,再加上养在院子里的鸡、鸭、鹅,老李家彻底地从穷日子里"翻了梢"。街坊邻居都说是李老汉家托了吉丽的福。大家看他家发展得这么红火,纷纷都去学吉丽过年的吉利话,希望自己家也这么红火。

邻居老梅家的当家人回家就夸老李家的吉丽会唠嗑儿,他老婆听着酸酸的:"不就是吉利话吗?跟谁不会说似的,我能说得比她还好。"

"是吗?你也有这本事,到大年三十你也说说听听。"

一转眼又是一年大年三十,老梅家的当家人把火盆张罗着生了起来,点燃蜡烛,挂灯笼,也是一片红火的气氛。当家人走到门口,说:"新娶媳妇把门开。"老梅家媳妇正忙着煮饺子呢,见饺子锅翻花开,拿水瓢往里兑凉水,一边说:"这回可坏了,全煮片汤了。"她猛然想起要挑过年话说。一寻思,词来了。大声说:"按下葫芦瓢起来。"当家人说:"院中柴火旺。"媳妇说:"小心烧了房。"当家人说:"鞭炮一齐响。"媳妇说:"震得我心忙。"当家人说:"纱灯明晃晃。"

媳妇看饺子锅翻开了,就说:"你在照死灯那干什么,快把这片汤饺子往出捞啊!"把当家人气得直翻白眼,大过年正接神的时候,不好多说什么,忍气压气吃饺子。这几句话说得还不如不说好!

梅家妻子的话真的就应验了,这一年他家大事小事接连不断,总之就是按下葫芦起了瓢。家里房子烧了,粮食也没往年产得多了。

而李老汉家的日子真是芝麻开花节节高,人们不自觉地就会把这两家的媳妇进行比较,嘱咐自己家新进门的媳妇。李家媳妇吉丽会说话,日子过得好;梅家媳妇不会说话,日子就下来。要想一年过得好,大年三十晚上,屋里人要说吉丽(吉利)话,不要说"梅妻"(霉气)话。①

三、元宵节

在满族传统节日文化体系中,元宵节是一个大节。元宵节,又名元夕节、小正月,时间为每年的农历正月十五。

正月是农历的元月,古人称"夜"为"宵",正月十五是一年中第一个月圆之夜,是一年的复始,象征着春天的到来,故有元宵节名称的由来。又根据道教"三元说":正月十五日为上元节,七月十五日为中元节,十月十五日为下元节,主管上、中、下三元的分别为天、地、人三官,天官喜乐,上元节要燃灯,故元宵节又称为上元节、灯节。

在四时八节中,元宵具有独特的文化品性,它虽没有依据具体的节气点,但在节日体系中地位突出。② 早在 2000 多年前的西汉,元宵节就已经出现,在汉文帝时期,正式下令将正月十五定为元宵节。元宵节作为中国传统节日,历经千年,早已成为各族人民阖家欢度、共庆良宵的佳节之一。

(一)元宵节的节期

元宵节的节期与节俗活动,随历史的发展不断延长、扩展。就节期长短而言,汉代才一天,到唐代已为三天,宋代则长达五天,明代更是自初八点灯,一直到正月十七的夜里才落灯,整整十天。满族人过元宵节的历史十分悠久。据清代史料文献记载,东北地区的元宵节节庆活动会持续五天左右。"乾隆初,

---

① 详见夏秋主编:《满族民间故事·辽东卷(上卷)》,辽宁民族出版社 2010 年版,第 250—252 页。

② 萧放:《岁时——传统中国民众的时间生活》,中华书局 2002 年版,第 122 页。

定期于上元前后五日（十三至十七日）观烟火于西苑西南门内之山高水长楼……凡宗室、外藩王、贝勒、公等及一品武大臣、南书房、上书房、军机大臣及外国使臣等咸分翼入座……次乐部演舞灯伎，鱼龙曼衍，炫曜耳目。伎毕然后命放烟火。"《啸亭续录》描绘了嘉庆年间齐齐哈尔城过上元节的情景："上元，城中张灯五夜，村落妇女来观灯者，车声彻夜不绝。有镂五六尺冰为寿星灯者，中燃双炬，望之如水晶人。""京师灯会更为热闹。从皇宫、官府到八旗人家皆张彩灯。"①

民国时期，辽宁省元宵节的节期有三、四、五天不等。民国十年（1921年）《庄河县志》记载："十三日，商家张灯，好事者制龙灯、龙船、秧歌、灯政司诸戏，沿街唱舞，至十七日止。"②《凤城县志》载："城内各商户灯光如画，花炮震耳，鼓乐喧阗，前后共三日，即十五日为正节。"③元宵节自十四日起至十六日止，期间举办种种娱乐事项。此外，民国十七年（1928年）《岫岩县志》中更为详细地将三天的节日活动加以区分，"十五日为上元节，俗呼'灯节'，又曰'元宵节'，今改为春节。绅商各户于十五日之前后，共计三日，……十四日为试灯，十五日正灯，各家煮食汤圆，并以供神，复备小灯送诣祖墓。十六日为残灯，颇有歌舞之气象，今已不盛行矣。"④到了民国十五年（1926年），辽宁省《新民县志》记载："灯节以十三日起至十六日止。"⑤为期四天。

（二）灯火之闹

"火树银花合，星桥铁锁开。暗尘随马去，明月逐人来。"唐代苏味道所写的《正月十五夜》恰到好处地描绘了正月十五元宵夜，到处灯火通明，相互辉映的景象。

元宵节又名灯节，顾名思义与流光溢彩的灯火分不开。在辽宁地区元宵节亦是张灯结彩。"是夕，灯火花炮倍盛，有星桥火树之观。游人杂沓，穰往熙来，夜分乃止。"⑥元宵之夜，城里乡间到处燃放灯火。不论皇室贵戚还是平民百姓，富家子弟或是深闺淑女，均可打破常规出游赏灯。满族人还会在这一天挂花灯，猜灯谜，撒路灯，送灯，做面灯，参加热闹欢腾的灯官会。

民国十五年（1926年）《新民县志》记载："十五日为元宵节，亦谓'灯

---

① （清）昭梿：《啸亭续录》卷1，中华书局1997年版，第375年。
② 凤凰出版社编选：《中国地方志集成·辽宁府县志辑14》，凤凰出版社2006年版，第472页。
③ 凤凰出版社编选：《中国地方志集成·辽宁府县志辑14》，凤凰出版社2006年版，第114页。
④ 凤凰出版社编选：《中国地方志集成·辽宁府县志辑15》，凤凰出版社2006年版，第505页。
⑤ 凤凰出版社编选：《中国地方志集成·辽宁府县志辑1》，凤凰出版社2006年版，第366页。
⑥ 凤凰出版社编选：《中国地方志集成·辽宁府县志辑3》，凤凰出版社2006年版，第357页。

节'。乡村住户院内各竖望竿，悬灯于上。城里则纸糊彩灯多种，陈于肆门，观者杂沓。更燃放花炮或盒灯，鼓吹喧阗，颇形热闹。"① 这一天，人们在农家小院内竖望杆悬灯，糊彩灯、燃花炮，享受着纯真质朴的田园生活。同样，对于繁华热闹的都市生活而言，元宵节热闹欢庆的氛围更是显现得淋漓尽致。民国二十年（1931年）《义县志》记载："十五日，为'元宵节'，亦谓'灯节'，又谓'上元'。是夜，城门大开，通宵不闭，谓之'放夜'，按《西京记》记载：'西都京城，平时金吾傅乎以禁夜行。惟是夜，乡村住户，院内屋内均齐设灯烛，通衢张灯结彩，银花火树，备极辉煌。'"② 民国二十三年（1934年），《奉天通志》又有"十五日为'上元节'，俗称'元宵节'，又曰'灯节'。省县街市，张灯三日。旧例，商家预制各式彩灯悬于门际，形肖人物、瓜果、禽兽、鱼蟹；或用纱绢，或用彩纸，穷工极巧，角胜争奇。沈阳四平街灯市，可拟京师，近则代以电炬矣。"③ 彩灯的形式多种多样，有人物、瓜果、动物等形状。在材质上，又有纱绢、彩纸之分。可见人们对于彩灯的制作用尽心思，并以精湛的技艺相互争奇斗艳。其中，沈阳四平街也就是今天的沈阳中街，灯市的繁华程度堪比当时京师盛况。可见，元宵节作为休闲娱乐性节日，在人们心中具有较高的地位。辽宁省鞍山农历正月十五的晚上，当明月升起的时刻，在乡间农舍内外的仓房、马棚和井台等处，均燃起灯火；在城镇街市店铺悬挂各种彩灯，火树银花，杂以鞭炮，笑语喧哗，非常热闹。

除了挂纸灯外，制作冰灯也是满族元宵节一大特色节俗活动。"在正月十五日，满族除接彩灯外，还制作'冰灯'，张灯三日。"④ 在瑷珲、卜魁、宁古塔的元宵灯节中，满族的传统冰灯大放异彩。《黑龙江外纪》记载了嘉庆年间元宵灯会场面及观灯盛况，"上元，城中张灯五夜，村落妇女来观剧者，车声彻夜不绝，有镂五六尺冰为寿星灯者，中燃双炬，望之如水晶人。此为难得。"宁古塔的冰灯用矾水淋雪成冰，在纸片上镂八仙、观童等像，然后剪下来做灯，夜间燃烛放光，顿呈奇观。沈兆禔在《吉林记事诗》中作诗赞曰："玲珑剔透放光明，一片心同彻底清。仙佛镂空谁得似，美人狮象雪雕成。"⑤

1. 猜灯谜

满族人喜欢观彩灯，不仅因彩灯造型美观，还因多数彩灯都写有灯谜。元

---

① 凤凰出版社编选：《中国地方志集成·辽宁府县志辑1》，凤凰出版社2006年版，第366页。
② 凤凰出版社编选：《中国地方志集成·辽宁府县志辑18》，凤凰出版社2006年版，第556页。
③ 丁世良、赵放主编：《中国地方志民俗资料汇编·东北卷》，书目文献出版社1989年版，第23页。
④ 沈阳市民委民族志编纂办公室编：《沈阳满族志》，辽宁民族出版社1991年版，第286页。
⑤ 转引自刘中平、鞠延明：《传统岁俗节日中的满族特色》，《满族研究》2009年第4期。

宵节除了赏灯之外，吟灯联、猜灯谜也成为元宵娱乐活动的重头戏。灯谜的谜面和谜底不许有相同的字出现，妙趣横生，富有知识性。灯谜俗称"灯虎"或"文虎"。因为打猎最难射的是虎，灯谜设意曲折，含义广泛，不易猜中，所以猜灯谜也叫"射虎"。①

清康熙年间《铁岭县志》有记载："夜则比户悬灯结彩，花烛辉煌，男女游人，络绎不绝，夜分乃止……是夕，尝有雅人韵士出灯谜，粘灯下，明敏者猜之，中则鸣锣，赠以文具。不中则鸣鼓，大众一笑，亦趣事也。"②民国六年（1917年）《开原县志》提及"文人学士或设定灯谜以寄兴趣。"③民国二十年（1931年）《义县志》记载："十四日至十六夜止，观灯者（催液时玉莫催，铁铜金锁彻明开，谁家见月能端坐，何处闻灯不看来）途为之塞，文人悬灯粘谜以角巧思。"④

灯谜最早是由谜语发展而来的，起源于春秋战国时期，是一种富有规诫、诙谐、笑谑的文艺游戏。把写有谜语的纸条贴在灯面上供人猜测取乐。谜语内容上自天文下至地理，古今中外包罗无遗，集趣味性和知识性于一体，受到社会不同阶层、不同年龄人们的喜爱，文人雅士最为受用，以表情趣。按《西湖志余》记载："元宵前后，好事者或为藏头诗句，任人猜之，谓之'猜灯'。俗称'打灯虎'"。⑤至民国二十七年（1938年）《西丰县志》载："十五日为正节，是夕，灯火花炮倍盛，游人杂沓，亦有于静处猜灯谜以博笑者，夜深乃止。"⑥猜灯谜已成为满族元宵节不可缺少的节俗活动之一。

2. 撒路灯

灯节这一天，人们会将各式各样的彩灯悬于门际。此外，还有专人组织做灯笼和可以点火的纸包等。到傍晚，人们便以锣鼓为前导，随后举着灯笼的人依此排成两队，人们把做好的纸包放在地上燃放。因为纸包的燃烧时间比较长，在辽宁地区人们称这一特有的习俗活动为"撒路灯"，以此来增添节日的欢乐氛围。同时，也借此满足人们祈福平安的心理愿望。

---

① 转引自刘中平、鞠延明：《传统岁俗节日中的满族特色》，《满族研究》2009年第4期。
② 凤凰出版社编选：《中国地方志集成·辽宁府县志辑11》，凤凰出版社2006年版，第605—606页。
③ 凤凰出版社编选：《中国地方志集成·辽宁府县志辑12》，凤凰出版社2006年版，第281页。
④ 凤凰出版社编选：《中国地方志集成·辽宁府县志辑18》，凤凰出版社2006年版，第556页。
⑤ 转引自凤凰出版社编选：《中国地方志集成·辽宁府县志辑8》，凤凰出版社2006年版，第208页。
⑥ 凤凰出版社编选：《中国地方志集成·辽宁府县志辑12》，凤凰出版社2006年版，第546—548页。

光绪二年（1876年）《朝阳县志》详细地记载了这一活动的流程："元宵前，新婿偕妇备茶点物品来岳家拜年，谓之'拜新年'。亲友如之，元宵时约集村众敛棉花子数十斤，碾而碎之，和以油，掺以香屑，有以锯屑和石油用者，纳于釜中，自十四起至十六止。入夜，众执灯笼排列敲锣击鼓于前，二人异锅于后，沿路按家分布之，一办三年，谓之'撒路灯'或'扮饰'。"① 人们在"撒路灯"时，相应的还会伴有一系列表演活动。"青年子弟十数人，为男女老幼之形，演唱通俗吉利歌词，相副路灯。而行到处则其家燃放花炮，开门列炬以示欢迎。如是三日而止，谓之'灯花会'。"② 民国二十三年（1934年）《阜新县志》对"撒路灯"也有相关的描述："晚间，沿村布灯，俗谓'散路灯'，城镇昼则游街巷舞为高脚，夜则铁树银花相辉映。游人络绎，万头攒出。"③

3. 灯官会

据资料记载，清代时东北地区的元宵节就已出现相应的民间衙署，设有"灯官"一职。康熙年间瑷珲、卜魁的元宵节中，出现民间衙署——灯政司，由满汉民众在神像前抓阄，推举一人为本届的"灯官"，其往往由屠侩担任。灯官"出巡"时，也要鸣金开道，威风凛凛，"市声肃然"，甚至"官亦避道"。吉林乌拉古城的"灯官"从上任到卸任，有一套不成文的规定：正月十四日天黑，"灯官"着官服，拜关帝、城隍，就意味着上任了。然后接连巡游三日，每日早、午、晚三次。十五日深夜，要增巡几次，由他组织灯节，维持秩序。十六日晚初更后他又着官服拜庙，之后脱去官服，和"官娘"差役等同伴同时卸任。民国期间，"灯官"的扮相，仍按清代"八旗"官制来扮装。④

光绪二年（1876年）《朝阳县志》对灯官会上各种表演人物，如老迈婆、灯官、达子官有较为细致的描述：又扮演一人戴白顶或红顶凉帽，穿黄马褂，系红战裙，腰跨腰刀，手执蝇甩，摇摆前导者，谓之"达子官"。"一人穿彩衣，践朱履，发带牛角纂耳，挂红椒坠，手持笤篱或雕翎扇，相随于后者，谓之'老迈婆'，余皆鱼贯随之。又一人白顶秋帽，貂尾双垂，補服长袍，坐独杆轿上，押随于后，谓之'灯政司'，亦曰'灯官'。"⑤ 民国二十三年（1934年）《奉天通志》中记载：一人扮官府，骑长木，一人扮演官娘，倒骑驴，杂

---

① 凤凰出版社编选：《中国地方志集成·辽宁府县志辑23》，凤凰出版社2006年版，第463页。
② 凤凰出版社编选：《中国地方志集成·辽宁府县志辑23》，凤凰出版社2006年版，第463页。
③ 丁世良、赵放主编：《中国地方志民俗资料汇编·东北卷》，书目文献出版社1989年版，第184页。
④ 刘中平、鞠延明：《传统岁俗节日中的满族特色》，《满族研究》2009年第4期。
⑤ 凤凰出版社编选：《中国地方志集成·辽宁府县志辑23》，凤凰出版社2006年版，第463页。

役拥护，走街串巷，查灯火等演出剧目。"又杂陈龙灯、狮子、高跷、旱船、秧歌、灯官（按一人扮官府骑长木，两人前后肩之而行。扮官娘者倒骑驴背随后，杂役数人拥护之，沿户查灯；无灯或灯数不足者，罚以元宵千百，受罚者无异词）诸剧，士女游观，填溢衢巷。乡间是夜，庭户亦盛张灯烛，杂办诸剧，燃放烟火，唯不若城市之盛耳。"[1]

不同地区娱乐活动的形式与人物造型各不相同，人们往往会依当地的特色与喜好而定。在辽宁丹东地区，从正月十四到十六夜晚有灯会。灯会有"灯官"，头戴顶子兰翎小帽，反穿皮袄毛朝外，大红裤子，手拿一把扇子，坐在由二人或四人抬着的一根扁担或板凳或"圈椅"上。每到一户要唱几句不成文的喜歌，每户根据家中经济情况，给予财物上的赞助。灯样不一，有宫灯、走马灯或仿动物造型的各式彩灯。[2]

辽宁鞍山地区，正月十四、十五、十六，过去还盛行"拜官灯"（亦称"灯官会"）的风俗，即由一人反穿皮褂，头戴硬盖帽，上插松树桡子，扮作"灯正司"，又一人扮成灯官娘娘，身穿红袄，两耳夹大红椒，各乘一台由椅子、木杆搭成的轿子，走街串户，谓之"灯官出巡"。今岫岩满族自治县一些地方还保留着这种风俗。

现在，辽宁地区的满族在元宵节晚上的活动，与传统社会并无大异。20世纪八九十年代，辽宁凤城满族在元宵节晚会举行"灯官会"，由一人扮成"灯官"，反穿皮袄，帽后插松枝代表花翔；另一个人扮成"灯官娘子"，反穿肥袄，耳戴红辣椒。灯官、娘子各乘椅轿，由人抬着走街串户，宣扬挂灯并提醒防火。每到一户，主人必须亲迎，临别必赠以"红包"，以示吉利和答谢。[3]这一习俗在岫岩如今已经消失，但岫岩文艺工作者根据这个节日编排的文艺节目仍活跃在舞台上。

近年来，为促进传统文化的传承发展，政府机构也开始逐渐介入。每逢正月十五，沈阳市政府会在棋盘山举办盛京灯会。在灯会上，可以看到能工巧匠们精心雕琢的各种冰灯，可以猜灯谜、赏秧歌、看杂技、二人转，品尝各种东北特色小吃。此外，沈阳的许多社区还举办社区灯会。[4] 虽然民俗文化的传承

---

[1] 丁世良、赵放主编：《中国地方志民俗资料汇编·东北卷》，书目文献出版社1989年版，第23页。
[2] 丹东市民族事务委员会民族志编纂办公室编：《丹东满族志》，辽宁民族出版社1992年版，第62页。
[3] 《凤城满族自治县概况》编写组：《凤城满族自治县概况》，辽宁大学出版社1986年，第35页。
[4] 江帆、詹娜主编：《中国节日志·春节（辽宁卷）》，光明日报出版社2016年版，第242—243页。

形式随着社会的发展在不断变化，但中国人一直热衷于追求热闹欢腾的节日氛围。

4. 送灯

元宵节，人们在悬灯结彩、热闹欢庆之余，民间还在这天夜晚上坟、送灯，纪念故去的先人。① 墓祭送灯是满族民众元宵节特有的民俗活动之一。民国十年（1921年）《凤城县志》记载了这一习俗："十五日，以元宵等物供神为元宵节，亦名'灯节'，各家纸糊灯，夜送祖茔，谓可照至九泉。"② 在夜幕降临之际，人们备好香烛焚楮，到祖坟前祭拜亡灵并送去灯盏，来表示家族后继有人，展现了满族民众饮水思源，不忘根本的传统美德。人们还向仓房、马房等处送灯，无不灯火明亮。民国二十年（1931年）《安东县志》记载："十五日，为'上元节'，亦名'元宵节'，亦名'灯节'。乡俗以豆面或荞面为灯，添油其中，昏时送于先墓燃之，谓之'送灯'。而居室内外，仓房、马棚以及庙中，并上，无不有灯。"③

现在，"送灯"这一习俗仍是东北地区满族人家悼念亡人的方式之一。乡俗以豆面或荞面添油做灯，晚上把灯送到祖坟上。家中屋里屋外，院里院外，畜舍、庙宇、井台等处都放一只点燃的灯或蜡烛。④ 辽宁东部地区，正月十五日晚，家家户户都会提着灯笼、香、纸来到祖坟前，把灯放在坟头上点燃。民国时期的灯笼是用荞麦面蒸成的灯碗，而如今，多是用红色的纸做成的纸灯罩，或是玻璃罩、罐头瓶代替，在里面放上蜡烛，制成小灯。此外，给祖先送灯的蜡烛一定不能用白色。民间俗信，如果用白色的蜡烛，后辈子孙就会因娶不上媳妇而打光棍，到坟上送灯的人也必须是男性成员。如果坟地离家比较近，可以将灯送到坟上；如果坟离家较远，可以把灯送到家附近冰封的河道上。这些灯既是送给祖先的长明灯，也是祈求祖先保佑后人一年风调雨顺、幸福安康的平安灯。⑤

5. 照贼

元宵节这天，人们还会拿出元旦残烛，照遍家宅，俗称"照贼"。这种习俗系由女真族旧俗放偷日沿革而来。女真族人元宵节这天，宝物、车马等为人

---

① 胡世民：《鞍山市民族志》，鞍山市民族宗教事务委员会1999年版，第41页。
② 凤凰出版社编选：《中国地方志集成·辽宁府县志辑14》，凤凰出版社2006年版，第114页。
③ 丁世良、赵放主编：《中国地方志民俗资料汇编·东北卷》，书目文献出版社1989年版，第165页。
④ 丹东市民族事务委员会民族志编纂办公室编：《丹东满族志》，辽宁民族出版社1992年版，第62页。
⑤ 江帆、詹娜主编：《中国节日志·春节（辽宁卷）》，光明日报出版社2016年版，第91页。

所偷，不加追究，而且即使与小偷相遇也一笑过之，并且允许小偷拿去一点小物品。到了清朝，此俗则演变为"照贼"的习俗。是日夜里，打着灯笼照遍室内外僻静之处，谓之"照贼"。[1] 光绪三十三年（1907年）《海城县志》："又燃元旦残烛，绕宅遍照。据云以免窃盗，此（比）户皆然，即古所谓照虚耗也。"[2] 至民国十九年（1930年）《辽中县志》载："元宵，为正月十五日。此日饮食从丰，一如元旦等日，惟是夕各家院宇遍置蜡烛，光照四表，意谓可以除不洁也。"[3] 民国二十年（1931年）《铁岭县志》等也有"又燃除夕接神之残烛，遍照院内曰不遭强盗"[4] 的记载。

6. 做面灯

元宵节这天，满族人家都要挂上各式各样的彩灯，举办冰灯会和灯会。每逢十五的夜晚，有的农村人家还习惯举行"验月份"活动。民国八年（1919年）《凤城县志》记载："乡间以荞面做灯椀十二，以应本年十二月，闰月则增一灯，某灯应某月，碗边捏摺志之。各贮黄豆一粒，蒸熟视某碗豆涨，以验月份旱涝。向晚，添油及捻燃之，分置黑暗处，谓'照除不祥'。"[5] 民国十六年（1927年）《安东县志》记载："十五日，为'上元节'，亦名'元宵节'，亦名'灯节'。乡俗以豆面或荞面为灯，添油其中，昏时送于先墓燃之，谓之'送灯'。而居室内外、仓房、马棚以及庙中、井上，无不有灯。亦有作面灯十二，按月序蒸之，以卜水旱。夜灯时，候风色卜米菽丰凶，颇验。"[6] 以及民国二十六年（1937年）的《海城县志》等文献皆有"乡民送灯于祖墓。儿女戏作面灯十二蒸之，以卜某月旱涝，并分置暗处，以除不祥"[7] 记载。

面灯，又称十二月灯，这种十二月灯是用豆面做的，其上部是一寸余直径的圆形油灯碗，灯身略细，底脚与灯碗口径一致，和古代陶豆相似。做成十二个同样的灯，在灯碗上沿分别剔出一至十二个锯齿状牙儿，一个牙儿便是正月，两个牙儿为二月，以此类推。另做一个鱼灯和鹿灯。面灯做成后用锅蒸，

---

[1] 沈阳市民委民族志编纂办公室编：《沈阳满族志》记载，辽宁民族出版社1991年版，第289页。
[2] 凤凰出版社编选：《中国地方志集成·辽宁府县志辑8》，凤凰出版社2006年版，第208页。
[3] 丁世良、赵放主编：《中国地方志民俗资料汇编·东北卷》，书目文献出版社1989年版，第57—58页。
[4] 凤凰出版社编选：《中国地方志集成·辽宁府县志辑11》，凤凰出版社2006年版，第605—606页。
[5] 凤凰出版社编选：《中国地方志集成·辽宁府县志辑14》，凤凰出版社2006年版，第114页。
[6] 凤凰出版社编选：《中国地方志集成·辽宁府县志辑16》，凤凰出版社2006年版，第240页。
[7] 凤凰出版社编选：《中国地方志集成·辽宁府县志辑8》，凤凰出版社2006年版，第207—208页。

揭锅后看各月灯碗里干湿情况，或剩水多少，以此来预测这一年各月份的寒暖、旱涝。水多了表示冷、涝，无水则为热、旱，所以揭锅时要念蒸灯歌，祈求这一年风调雨顺。鱼灯和鹿灯最忌变形，揭锅时这两个灯没变形，户主人就会高兴地喊：今年可是大吉大利呀！用豆面蒸灯，就是要防止它变形，蒸好的面灯一凉就硬，便可倒上麻油或其他油，放一棉花灯芯，就可以点灯，哪个月灯花亮，就认为哪个月有喜事。以蒸灯测寒暑，以灯型辨吉凶，以灯花报喜庆，反映了人们对丰收年的期望。元宵节蒸十二月灯的这种古俗直至近现代尚有保留。如住在张广才岭的满族人，直至 20 世纪 50 年代，还保留着这种习俗。①

而对于大多数满族人来说，做十二生肖灯纯粹是为了增加节庆气氛和节日食品，因为黄豆面做的饽饽，甜美好吃。② 辽宁岫岩地区在做面灯时的蒸灯歌唱到："正二三月水没腰，四月灯碗刚发潮，五干六湿七八焦，九月十月干裂瓢。五谷丰登家家乐，冬月腊月勿须瞧。"③ 人们以此来预祝这一年的风调雨顺。虽然这种蒸面灯的习俗在某些程度上带有迷信色彩，但它却反映了人们重视气候和农耕，并饱含了对丰收年景的期望。

（三）锣鼓之闹

元宵节人们除了逛灯市、赏烟花外、扭秧歌、跳太平歌，耍民间杂技更是满族人元宵节不可缺少的民俗活动。唐宋时期在灯市上便出现各种杂耍技艺，戏曲表演等文艺活动，极大程度上活跃了节日热闹欢快的氛围。关于元宵杂戏，《帝京岁时纪胜》记载较详："元宵杂戏，剪彩为灯。悬挂则走马盘香，莲花荷叶，龙凤鳌鱼，花篮盆景；手举则伞扇幡幢，关刀月斧，像生人物，击鼓摇铃。迎风而转者，太极镜光，飞轮八卦；系拽而行者，狮象羚羊，骡车轿辇。前推旋斡为橄榄，就地滚荡为绣球。博戏则骑竹马，扑蝴蝶，跳白索，藏矇儿，舞龙灯，打花棍，翻筋斗，竖蜻蜓；闲常之戏则脱泥钱，踢石球，鞭陀螺，放空钟，弹拐子，滚核桃，打杂杂，踢毽子。京师小儿语：'杨柳青，放空钟。杨柳活，抽陀螺。杨柳发，打杂杂。杨柳死，踢毽子。'都门有专艺踢毽子者，手舞足蹈，不少停息，若首若面，若背若胸，团转相击，随其高下，动合机宜，不致坠落，亦博戏中之绝技矣。"④ 北京作为全国的政治、经济中心就地方性文化而言其发展程度较高。在辽宁元宵节当晚也有敲锣打鼓闹元宵

---

① 刘中平、鞠延明：《传统岁俗节日中的满族特色》，《满族研究》2009 年第 4 期。
② 曾武、杨丰陌主编：《满族民俗万象》，辽宁民族出版社 2008 年版，第 101 页。
③ 杨茂主编：《满族民俗·沈阳陨石山满族民俗村》，知识出版社 2002 年版，第 83 页。
④ （清）潘荣陛：《帝京岁时纪胜》，北京古籍出版社 1981 年版，第 11 页。

的习俗。据民国四年（1915年）《铁岭县志》记载：元宵节的文娱活动相对较少："十五日为'上元节'，亦曰'灯节'，沿街悬灯，爆竹之声四彻市街，锣鼓齐鸣。食汤圆，曰'元宵'。有太平歌、龙灯、狮子、旱船诸戏。"①

关于"闹元宵"的由来，辽宁当地还有这样的传说："开天辟地的时候，天底下没有房子，人都是一堆一堆地住在山洞里。山上的野兽比人还多，每年都有野兽结帮下山吃人的情况发生。人们慢慢看出飞禽走兽来吃人时心不齐，常为了食物争来争去。野兽当中，狮子、老虎、豹最凶。飞禽中，凤凰最厉害。于是大家商量按照狮子的声音造出一面锣，按照老虎的声音造出一副钹，按照豹的声音造出一面鼓，又按照凤凰的声音造出了唢呐。又到了过年的那天，野兽们又要下山了，人们拿起锣、鼓、钹、唢呐吹吹打打，一直闹到天亮。那些野兽远远一听也不敢来。第二天，大家都平平安安过了年，可是这些野兽还是不死心，过完年又都下山来，大家只好一直敲敲打打闹下去，直到正月十五，那些野兽才死心，再也不敢来了。所以，一直到现在人们在过元宵节的时候都要敲锣打鼓，热热闹闹地过节。"②

1. 扭秧歌

秧歌是一种用锣鼓等乐器伴奏，将演出与舞蹈融为一体的汉族民间艺术，也是一门载歌载舞的综合艺术。我国东北地区的民间舞蹈一般由秧歌、旱船、龙灯、踩高跷、扑蝴蝶等一起配合演出，人们将这种民间艺术统称为"秧歌"。元宵佳节，秧歌便成为一种老少皆宜的娱乐活动。清咸丰七年（1857年）《开元县志》关于秧歌记载描述为规模较小，表演单一，如"美男子数十人，衣文衣，唱俚曲，观者如堵，曰'秧歌'。"③《柳边纪略》记载的节日欢庆更为具体："'上元夜，好事者辄扮秧歌。秧歌者，以童子扮三四妇女，又三四人扮参军，各持尺许两圆木，戛击相对舞，而扮一持伞镫卖膏药者前导，傍以锣鼓和之。舞毕乃歌，歌毕更舞，达旦乃已。'按今之秧歌与此微异。大抵前导者反穿皮褂，斜披串铃，手执长鞭，前行开路；继其后者为一参军，靴帽袍褂，跨腰刀；继为沙公子，汉装文生，手持折扇；继为老叟，伛偻拄杖；继为老妪，耳佩红椒，手持蒲扇；继则丑旦相匹偶，或十数卖膏药者殿后。行列环形，错

---

① 凤凰出版社编选：《中国地方志集成·辽宁府县志辑11》，凤凰出版社2006年版，第147页。
② 江帆、詹娜主编：《中国节日志·春节（辽宁卷）》，光明日报出版社2016年版，第55页。
③ 丁世良、赵放主编：《中国地方志民俗资料汇编·东北卷》，书目文献出版社1989年版，第117页。

综歌舞，间以科白，鼓钹和之，或加鼓吹。"① 民国十五年（1926年）《兴城县志》中描写元宵节娱乐活动开始增多，出现龙灯、高跷、旱船等各种杂剧，"十五日为元宵节，由十四日起商民各家张灯结彩，所办龙灯、高跷、旱船、狮子等杂剧，各街跳舞。俗曰'歌秧'，即古乡人傩遗之义。"②

扭秧歌除了作为民间娱乐活动存在，满足人们的精神需求外，同时具有傩俗之遗意，驱逐邪疫之说。民国十年（1921年）《兴京县志》记载："十五日为'上元节'，家家供献元宵，通衢悬灯结彩，乡人做剧，曰'太平歌'，谓可驱逐邪疫，与古之傩略同。"③ 民国十八年（1929年）《桓仁县志》记载："上元节，又曰'灯节'，家家供献元宵，通衢悬灯结彩，施放花爆。乡人做剧，呼曰'秧歌'，比户欢迎，谓其可以驱逐邪疫，与古之傩略同，虽近戏，犹有古礼存焉。"④ 至民国二十年（1931年）《铁岭县志》记载："十五日，为'元宵节'，亦曰'灯节'。由十四日起，昼则各商家闭户，奏管弦，演杂剧，龙灯、秧歌、高脚、旱船，沿街跳舞，或乡人傩之遗意乎"。⑤

现在正月十五满族仍然吃元宵、张灯、舞灯、扭秧歌。2011年的正月十四，辽宁新宾满族自治县腰站村在新宾广场还举办了全县的秧歌大赛，各村镇都有代表队参加。⑥

2. 太平歌

"太平歌"是辽东满族民间一种具有浓郁民族特色和地域特色的舞蹈形式。"太平歌"是满族地秧歌，俗称"鞑子秧歌"，每到元宵节前后，满族民众都要扭太平歌。其表演一臂在前，一臂在后，以大伸大展为主要特征，上身晃动，下身屈，双脚交错，动作大起大落。同时，人物的扮相、服饰、道具、舞姿动律等多源自跃马、射箭、战斗之类的原始满族生产状态，也有的系模仿鹰、虎、熊等动物的动作。扬、蹲、盘、跺、摆、颤等动作，姿态丰富，刚劲豪放，具有满族早期渔猎生产和八旗战斗生活的鲜明特色。⑦ 在清代《檐曝杂记》卷一中翔实地记载了人们演唱太平歌的盛况："上元夕，西厂舞灯、放烟

---

① 丁世良、赵放主编：《中国地方志民俗资料汇编·东北卷》，书目文献出版社1989年版，第23页。
② 凤凰出版社编选：《中国地方志集成·辽宁府县志辑21》，凤凰出版社2006年版，第537页。
③ 凤凰出版社编选：《中国地方志集成·辽宁府县志辑10》，凤凰出版社2006年版，第315页。
④ 凤凰出版社编选：《中国地方志集成·辽宁府县志辑9》，凤凰出版社2006年版，第51页。
⑤ 凤凰出版社编选：《中国地方志集成·辽宁府县志辑11》，凤凰出版社2006年版，第605—606页。
⑥ 江帆、詹娜主编：《中国节日志·春节（辽宁卷）》，光明日报出版社2016年版，第260页。
⑦ 江帆、詹娜主编：《中国节日志·春节（辽宁卷）》，光明日报出版社2016年版，第101—102页。

火最盛……未、申之交，驾至西厂……日既夕，则楼前舞灯者三千人列队焉，口唱太平歌，各执彩灯，循环进止……则三千人排成一'太'字，再转成'平'字，以次作'万'、'岁'字，又依次合成'太平万岁'……舞罢，则烟火大发，其声如雷霆，火光烛半空，但见千万红鱼奋迅跳跃于云海内，极天下之奇观矣。"①

扭太平歌这一习俗从古流传至今，表现了人们对国家政治清明、社会安定祥和、百姓安居乐业，以及风调雨顺、无灾无难、一片繁荣安康的希冀。百姓们口唱歌曲，手持彩灯，列队变幻，借用歌舞展现出对天下太平盛世的祈愿。

3. 民间杂技

民国时期，在辽宁地区有关太平歌的记载较少，更多的是关于高跷、舞龙、舞狮、旱船等民间杂耍的记录。民国八年（1919年）《盖平县志》记载："正月十五日为'上元夜'，则为'元宵'。家家食汤圆而以元宵名之。是夜，邑城悬灯结彩，鼓乐喧阗，街市商家多放花炮，有火树银花之观。兼有灯谜、龙灯、秧歌诸杂技。三江、山东各会馆并演夜戏，灯月交汇，歌声嘹亮，几同不夜之城。一时游观者填塞街巷，甚盛事也，此汉志所云'金吾不禁欤'。今民国改用阳历此举渐归歇止，然于财用正自节省多矣。"② 民国十七年（1928年）《岫岩县志》记载："十五日为上元节，俗呼'灯节'，又曰'元宵节'，今改为'春节'。绅商各户于十五日之前后，共计三日，多置彩灯悬挂门庭。商家燃放花炮，居民闲暇办演高跷、狮子、龙灯、旱船，各事沿街耍舞三日。十四日为试灯，十五日为正灯，各家煮食汤圆，并以供神，复备小灯送诣祖墓。十六日为残灯，颇有歌舞之气象。"③ 民国二十年（1931年）《铁岭县志》记载："十五日为'元宵节'，亦曰'灯节'。由十四日起，昼则各家商户闭户，奏管弦，演杂剧，龙灯、秧歌、高脚、旱船沿街跳舞，或乡人傩之遗意乎；夜则比户悬灯结彩，花烛辉煌，男女游人，络绎不绝，夜分乃至。各家食元宵。"④ 民国二十六年（1937年），在《续修桓仁县志》中又有"于是日之先后（十四、十五、十六日）举办种种娱乐事项，如龙灯、高跷、旱船、秧歌、狮子、灯官等。各种扮演，变幻离奇，令人不可思议，盖人民在此休假期间作此消遣余兴，情固应尔，所以地方官吏亦不之禁也。"⑤ 等记载。此外，在民国

---

① （清）赵翼：《檐曝杂记》，曹光甫、赵丽琰校点，上海古籍出版社2012年版，第15页。
② 凤凰出版社编选：《中国地方志集成·辽宁府县志辑13》，凤凰出版社2006年版，第176页。
③ 凤凰出版社编选：《中国地方志集成·辽宁府县志辑15》，凤凰出版社2006年版，第505页。
④ 丁世良、赵放主编：《中国地方志民俗资料汇编·东北卷》，书目文献出版社1989年版，第113页。
⑤ 凤凰出版社编选：《中国地方志集成·辽宁府县志辑9》，凤凰出版社2006年版，第368页。

《开原县志》①《锦西县志》②《安东县志》③ 中对元宵节举行的各类文娱活动也有相应的记载。可见,在辽宁地区人们关于节庆期间的文化内容十分丰富。

新中国成立之后,正月十五送灯的人慢慢减少,但是吃元宵的习俗一直沿袭至今。节日里大街小巷都是一片张灯结彩、鞭炮齐鸣的热闹景象,文娱活动形式逐渐多样化,灯会内容也是丰富多彩,而元宵节"灯官会"这一娱乐活动在满族地区已鲜有流行。

(四)走百病

满族妇女还有在正月十六举行"走百病"的习俗。当天,男女老幼相约走出家门,穿街过巷,希望可以在新的一年里送走百病,健康平安。据《柳边纪略》记载:"十六日,满洲妇女群步平沙,曰'走百病',或联袂打滚,曰'脱晦气',入夜尤多。"④ "走百病"与"脱晦气"早在17世纪初叶已经十分盛行。每当农历正月十六日,日暮之后,满族妇女即三五成群,结伙成伴去空旷僻静之所,步行一周,或到邻居家里稍坐片刻,谓之"走百病"。有的满族妇女则互相拽扯衣袖在沙地上打滚,谓之"脱晦气"。

清咸丰七年(1857年)《开元县志》记载:"'元宵',鸣金鼓,放火树,挂灯烛,群游过桥,曰'散百病'"⑤。直至民国时期,"走百病"的习俗记载也从未间断,习俗文化内容逐渐完善,资料显示其中大多数为女性参与。清朝,元宵节"走百病"活动的出现打破了以往每年农历初五之前妇女不准出门的习俗。民国二十年(1931年)《义县志》记载:"十六日,士女登城,或游街巷间,名曰'走百病'。"⑥ 民国二十六年(1937年),辽宁海城县志记述:"十五、十六二日士女游街巷间,或赴戚友处,名曰'走百病'。"⑦ 至民国二

---

① "佣工人皆于此日清算,截止至十五日为上元节,俗称元宵节。是日一切杂剧皆沿街游行歌舞。各工商家晚间亦悬彩灯鸣铙鼓,并演火树银花之戏。"出自凤凰出版社编选:《中国地方志集成·辽宁府县志辑12》,凤凰出版社2006年版,第281页。

② "较大村镇有饰灯官刀以查悬灯者,燃放烟火。如盒子、灯手花、泥花等扮相。耍物如龙灯、旱船、狮子等。男女游观,夜分乃止,有鼓舞升平之意焉。"出自凤凰出版社编选:《中国地方志集成·辽宁府县志辑22》,凤凰出版社2006年版,第521页。

③ "城市商家悬各色彩灯光明如昼,又有火树银花,杂以爆竹砰訇一遍街市,而龙灯、秧歌、高脚、诸杂剧,同时锣鼓喧闹,沿街唱舞,士女观者如云,前后共三日,以十五日为正节。食品有汤圆,俗名'元宵',家家购备,祭毕合家食之应节。"出自凤凰出版社编选:《中国地方志集成·辽宁府县志辑16》,凤凰出版社2006年版,第240页。

④ 转引自张佳生:《中国满族通论》,辽宁民族出版社2005年版,第244页。

⑤ 丁世良、赵放主编:《中国地方志民俗资料汇编·东北卷》,书目文献出版社1989年版,第117页。

⑥ 凤凰出版社编选:《中国地方志集成·辽宁府县志辑18》,凤凰出版社2006年版,第556页。

⑦ 凤凰出版社编选:《中国地方志集成·辽宁府县志辑8》,凤凰出版社2006年版,第208页。

十七年（1938年）记载："是日俗称'走百病'。妇女戏谓如此游行可以不生百病也。"①

有些地方，妇女走百病的方式是结伴在冰上打滚，称"轱辘冰"。② 清初，每当正月十六日，宁古塔等地的满族妇女，不分老少，联袂而出，到河冰上卧倒，男人们聚到河边观望。卧河冰发展到后来，就成了"滚冰"，男女都可以参加，但仍以姑娘为多，由青年媳妇带领，成群结队到村边小河或井台上"滚冰"，以滚掉晦气，迎来吉祥。大龄未婚青年滚完冰，长辈令其动一下荤油大坛，俗称"动大荤（婚）"，预兆今年能成亲。③ 民国八年（1919年）《凤城县志》有记载："正月十六日，近河泡者妇孺驶水上，名曰'走百病'"④ 民国二十年（1931年）《西丰县志》亦称："是日，俗称'走百冰日'，妇女多作滑冰戏，谓如此游行，可以不生百病也。"⑤ "骨碌冰"，也叫"走百病"，人们到冰面上放爬犁、打陀螺、滑冰、打滚，边打滚边念唱："骨碌冰，骨碌冰，腰不疼，腿不疼"，意为在新的一年里，没病没灾，旺旺兴兴。⑥ 人们除了在元宵节走百病外，据现代相关资料记载，在正月二十这一天其他地区的满族妇女也会走百病。如"除了除夕、新春、十五外，正月二十是满族妇女的节日。当晚，妇女们三五成群，结伴远游，或走沙滚冰，或嬉戏欢闹，叫做'走百病'"⑦。但近年来走百病习俗日渐衰微，只在部分中老年人中流行。

（五）接笊篱姑姑

接笊篱姑姑是东北满族人一项特色春节民俗活动。传说笊篱姑姑是位能歌善舞的漂亮姑娘，有一年春节，她在借笊篱回家的路上，被西面牛圈旁的冻牛粪绊倒身亡。人们为了表达对她的怀念之情，妇女们每逢春节时都会接笊篱姑姑。在正月十四或十六晚，人们将一把用新柳条编的笊篱拴在五尺长的木杆上，用白纸糊在笊篱凸面上，上面画一个姑娘的脸，涂上胭脂，系上彩巾，并给她戴上花，在横竿上穿上红衣服，做出两只手，手里拿着手帕，这就是"笊篱姑姑"。人们把她供在西房山，挑一个聪明伶俐的十三四岁的小姑娘，红布扎头，到西房山把"笊篱姑姑"请（举着）到院子里，随后，族中男女老幼都

---

① 凤凰出版社编选：《中国地方志集成·辽宁府县志辑12》，凤凰出版社2006年版，第546—548页。
② 张杰、张丹卉：《清代东北边疆的满族》，辽宁民族出版社2005年版，第424页。
③ 刘中平、鞠延明：《传统岁俗节日中的满族特色》，《满族研究》2009年第4期。
④ 凤凰出版社编选：《中国地方志集成·辽宁府县志辑14》，凤凰出版社2006年版，第114页。
⑤ 丁世良、赵放主编：《中国地方志民俗资料汇编·东北卷》，书目文献出版社1989年版，第130页。
⑥ 曾武、杨丰陌主编：《满族民俗万象》，辽宁民族出版社2008年版，第101页。
⑦ 丁睿：《中华民族传统节日文化读本》，中国书籍出版社2013年版，第25页。

围着"笊篱姑姑"跳舞歌唱,直到夜深。有的地方请笊篱姑姑占卜,围观者可以向其提问,如果回答肯定,笊篱姑姑便向前点一个头;如果回答不肯定,笊篱姑姑就向后点一个头。如果问话人心无诚意,她便左右摇摆,不屑作答。扮"笊篱姑姑"的女孩不仅要聪明,而且不能说谎。这一娱乐性的占卜活动于掌灯时分开始,至午夜停止。[1] 他们一边跳一边放声唱起《请笊篱姑娘歌》:笊篱姑娘本性白,藏朵花,背捆柴,扭扭搭搭下山来,你也拍,我也拍,拍着手儿跳起来。[2] 也有一些资料记载:正月十六日晚,满族妇女有接笊篱姑姑的习俗,用以占卜一年的收成或妇女闺事。"是日晚,妇女们将笊篱打扮成人型,画上嘴脸,穿上衣服,由二女孩携至厕所、猪圈等处,边走边念念有词,请笊篱姑姑进屋,然后将笊篱放于桌上,烧燃香火祭奠。随后,由一妇女主持问卜一年吉凶祸福,众妇女围听,嬉笑声不绝于耳。"[3] 位于辽宁的锡伯族和满族人家都有向笊篱姑姑乞巧、祭拜笊篱姑姑等习俗。

当地流传着许多关于笊篱姑姑的传说,以下为其中一则:

从前,有个聪明的媳妇,人们都叫她笊篱姑姑。

笊篱姑姑家里有个大水缸,她扎把笊篱哗啦哗啦地捞。别人问:"你干什么呢?"

"我选稻种呢,飘在上头的是半仁瘪子,沉在底下的才是成的,留作种子。"

选完稻种选芝麻,笊篱姑姑又哗啦哗啦地捞。别人问:"飘在上边的都扔了吧?"

"不,芝麻和稻子不一样,飘在浮头上的才是成好的,沉底的是差的。"

人们从笊篱姑姑那学会了选种,这回再种地,缺苗断垄可就差多了。直到现在谁问选种怎么选?有人就会告诉你:"去问笊篱姑姑。"

笊篱姑姑还是个爱干净的人,屋里、院里每天都打扫得干干净净,可天长日久,粪啦、垃圾啦越攒越多,往哪倒呢?笊篱姑姑琢磨来琢磨去,倒自家的地里吧。上了粪的地,庄稼长得真好。打这儿人们才知道,种地还得上粪呢。

不知过了多少年,笊篱姑姑老了,在一年的正月十五那天死去了。笊篱姑姑虽说是死了,人们还是忘不了她。满族人家每逢正月十

---

[1] 刘中平、鞠延明:《传统岁俗节日中的满族特色》,《满族研究》2009年第4期。
[2] 朱正义:《漫话满族风情》,辽宁民族出版社2002年版,第114页。
[3] 沈阳市民委民族志编纂办公室编:《沈阳满族志》,辽宁民族出版社1991年版,第289页。

五，家家户户都打扫得干干净净，去到笊篱姑姑经常干活的牲口棚、猪圈喊一声："笊篱姑姑回家过节吧"这个风俗在新宾老城满族人家里一直流传。①

据相关研究资料，满族元宵节接笊篱姑姑这一习俗与汉族人迎厕神紫姑有相似之处，一些记载紫姑神的史料中也曾提及笊篱。民国二十年（1931年）《铁岭县志》记载："又有用除夕煮水角（饺）之笊篱糊以纸，画耳、目、口、鼻置厕旁，是夕用童男女二人扶持之，卜年景旱涝，彼以叩头答之，第几月旱涝，即可叩首，所谓'请紫姑神'也。俗传紫姑本人家妾，为大妇所逐，元夕死，故世人作其形，以迎之，卜云：'子胥不在，曹妇已行，小姑可出。'子胥，婿也，曹，大妇也。"② 民国二十六年（1927年）《海城县志》记载："正月的尾十三日，乡村妇女多用香烛、茶酒，夜请天仙或紫姑，问休咎丰歉。妇女二人，各用箸三双，祝曰：'姑姑灵，姑姑圣，筷子姑姑有灵应。'然后问事，是则点首应之，否则不动。或有用笊篱者。"③

（六）庙会

元宵节万家灯火，百姓出游。由于密集的人口流动以及众多娱乐活动表演形式，东北满族的一些地区在寺庙附近还会形成庙会，为小商贩与杂技艺人提供活动场所。民国九年（1920年）《锦县志》记载："十五日，'火神庙会'。舁神像出巡；诘朝入城游行，四街所经之处，商家燃爆仗于门，拈香致敬。"④ 民国十五年（1926年）《兴城县志》记城隍爷出巡："更于十五日，以肩舆抬城隍像四街游行，所经之处，焚香致敬，俗曰'城隍爷出巡'。凡此节之前后日，绅商士民互相备筵宴会，俗曰'换年茶'，亦曰'会春酒'。"⑤ 到了民国二十年（1931年），辽宁省义县这一天则举行了大佛寺庙会："是日城内大佛寺庙会，花炮杂陈，食品玩具罗列成市。工商皆放假，游人塞途，男女往来，极一时香火之盛，勅金吾弛禁（前后各一日谓之'放夜'）。"⑥ 辽宁沈阳陨石满族民俗村的村民，在元宵节期间，大人、孩子都会兴高采烈地去逛"庙会"。

---

① 何晓芳主编：《辽宁省少数民族民间故事大系·满族卷（上卷）》，民族出版社2015年版，第182—183页。
② 丁世良、赵放主编：《中国地方志民俗资料汇编·东北卷》，书目文献出版社1989年版，第113页。
③ 丁世良、赵放主编：《中国地方志民俗资料汇编·东北卷》，书目文献出版社1989年版，第74页。
④ 丁世良、赵放主编：《中国地方志民俗资料汇编·东北卷》，书目文献出版社1989年版，第192页。
⑤ 凤凰出版社编选：《中国地方志集成·辽宁府县志辑21》，凤凰出版社2006年版，第537页。
⑥ 凤凰出版社编选：《中国地方志集成·辽宁府县志辑18》，凤凰出版社2006年版，第556页。

庙会上有各种各样的风味小吃摊，也有卖各种各样年货的货摊，加上耍猴、打把式、卖艺的表演，充满了喜庆热烈的气氛。①

（七）饮食

无论对于哪一民族而言，元宵节吃汤圆早已作为标志性活动，被人们广而熟知。人们在这一日食糯米面、豆沙馅的"圆子"，因其是元宵节的应时食品，又称为"元宵"，用水煮食或用油炸食。正月十五，正是月圆之时，再食"圆子"，寓意合家团圆幸福。饱经分离之苦的八旗人家，十分喜爱这个象征幸福团圆的节日。②

清康熙二十年（1681年）《广宁县志》记载："上元张灯三夜，人家粉糯米裹珍错为圆，彼此相饷，曰'送元宵'。"③ 至民国二十七年（1938年）《西丰县志》记载："各家均食汤圆，俗曰'元宵'。上元节前，戚友馈赠多以元宵。"④ 这一习俗流传在沈阳、新民、锦县、辽阳、锦西、辽中等地从未间断。对于汤圆的制作及食用，民国九年（1920年）《锦县志》记载："以糯粉裹糖为丸，油煎或蒸、或煮食之，名'元宵'，即'汤圆'别号，戚友以之相馈遗。"⑤ 汤圆作为节令性食品，人们多在正月十五前后节期食用，同时亦可以作为礼品相互遗赠，以表亲近。民国十五年（1926年）《新民县志》记载："食品以汤圆为应节，俗名'元宵'，家家食之，仍可作为赠送品。然逾过此时则不能用矣。"⑥

满族人虽然过节吃元宵，但仍离不开饺子，那天包的饺子越大越好，饺子大意味着家养的猪大。⑦ 此外，有些满族人在元宵节还习惯吃年糕。⑧ 人们以食物为载体寄托着家人团聚、生活美满的期望。辽宁一些地区还会在此期间会年茶，沟通邻里，成为群体成员间凝聚情感的纽带。光绪二年（1876年）《朝阳县志》详尽记载："时有以杂务相讼者，官须随时，裁判之非。素昔言词滑

---

① 杨茂主编：《满族民俗·沈阳陨石山满族民俗村》，知识出版社2002年版，第83页。
② 张佳生：《中国满族通论》，辽宁民族出版社2005年版，第243页。
③ 凤凰出版社编选：《中国地方志集成·辽宁府县志辑21》，凤凰出版社2006年版，第285页。
④ 凤凰出版社编选：《中国地方志集成·辽宁府县志辑12》，凤凰出版社2006年版，第546—548页。
⑤ 丁世良、赵放主编：《中国地方志民俗资料汇编·东北卷》，书目文献出版1989年版，第192页。
⑥ 凤凰出版社编选：《中国地方志集成·辽宁府县志辑1》，凤凰出版社2006年版，第366页。
⑦ 刘中平、鞠延明：《传统岁俗节日中的满族特色》，《满族研究》2009年第4期。
⑧ 胡世民：《鞍山市民族志》，鞍山市民族宗教事务委员会1999年版，第41页。

稽者，不能为之。元宵后邻里各治酒席分邀共饮，不醉不归，谓之'会年茶'。"① 民国六年（1917年）《开元县志》："各家之会年茶皆在此数日中。"②

（八）打画墨儿

正月十六晚上（有些地方是十五、十六两天），东北许多地区的满族人家都要举行有趣的活动，人们不拘男女老少都要往脸上抹黑，称之为"打画墨儿"。平时满族礼法甚严，做媳妇的对公婆、叔公、大伯子毕恭毕敬。可是到了这天，不仅兄弟媳妇与大伯子互相往脸上抹黑，还可以不拘辈分去跟叔公打画墨儿，一般叔嫂之间更无忌讳了。相互抢先往对方脸上抹黑，意味着祝愿对方平安吉祥，这是辽金时期女真人"纵偷日"的遗风。抹黑原是满族的一种惩罚行为，把人的脸用锅灰抹黑，拉到街上示众，表示当事人已没脸见人。

为什么一种对人的惩罚行为变成平安吉祥的象征了呢？有一种有趣的解释是：

> 传说有一年某村大火，人们太累了，只有一半人救火，神发怒要惩罚没救过火的人，让乌鸦告诉脸上有烟灰的人，即救过火的人带上珠子作标记，可免受灾难。有一个俊媳妇，让救火的叔公、大伯子、丈夫洗净了脸睡觉。当她知道这个消息时，沉睡的男人怎么喊也喊不醒，她急中生智，用锅灰给丈夫、叔公、大伯子抹了黑脸，他们才得到免灾珠串。第二天正是正月十六，他们醒来知道这件事，找乌鸦替俊媳妇讨免灾珠串，乌鸦告诉他们，只要她脸上有救火痕迹，就可以免灾，他们赶忙回家给俊媳妇的脸上抹黑。这一家在新年中没遭到任何灾患，因此留下了打画墨儿的习俗。

这一传说的实质，是展示满族人民善良美好的品格。③

四、填仓节

填仓节是满族继元宵节后又一传统节日。人们会在每年的农历正月二十五日祭祀仓神，祈望一年五谷丰登。"填仓节"亦称"添仓节""天仓节"，这一节日在我国北方地区广泛流传，在今天的满族中仍然盛行。所谓填仓，就是指往农家仓房中添粮食。在这一天人们会象征性地向粮仓里面添粮食，有些地

---

① 凤凰出版社编选：《中国地方志集成·辽宁府县志辑23》，凤凰出版社2006年版，第462—463页。

② 凤凰出版社编选：《中国地方志集成·辽宁府县志辑12》，凤凰出版社2006年版，第281页。

③ 刘中平、鞠延明：《传统岁俗节日中的满族特色》，《满族研究》2009年第4期。

方还会举行一些相应的习俗活动，以此来寄托人们对于来年粮食丰收的美好愿望。

在满族，关于填仓节有这样一个传说。

> 据说，在很多年以前，北方连续几年的旱灾导致颗粒无收，但是朝廷却不管百姓的死活，依旧催税收捐，百姓民不聊生，灾民不计其数。这时有位负责看守粮仓的仓官，不忍心看到百姓生活疾苦，于是开仓放粮来救济百姓。而这件事被皇帝知道了，要拿他问罪，无奈之下仓官放火烧了粮仓，自己也纵身火海。因为恰好这一天是正月二十五，为了怀念这个仓官的壮举，每年的这个时候人们便会用草木灰在院内外打囤填仓，寓意着填满粮仓，因而有"填仓节"之称。

受传统的农耕社会的影响，填仓节主要流传在农村地区。

虽然每年的农历正月二十五日为填仓节，但实际上满族人过填仓节节期的习俗活动前后共持续三日，自二十四日起至二十六日。民国十五年（1926年）《新民县志》记载："二十五日为填仓节。先一日，二十四晨起，用灶内柴灰撒圈于院内。名曰'作囤盖''作囤盖兆丰年也'。更搭米饭一盂，用粱秸制成农器，散插饭上，送置仓房，名曰'填仓'，是为'填小仓'。至二十五日，再续添新饭于盂，名为'填老仓'。至二十六日，乃撒。"[1] 也有一些地区在二十日或二十三日称为"填小仓"，二十五日称为"填大仓"。如民国二十年（1931年）《铁岭县志》记载："二十三日为新仓日。是日，新妇母家送馒首于其家，谓之'填仓'，其家备筵款待。"[2]《义县志》有"二十日夜，以谷、黍、麦、豆等面蒸丸，祀仓、箱、井、臼之神，名曰'填仓'，亦谓之"添仓。"[3] 可见，不同地区的习俗活动以及活动时间也各不相同。

（一）作囤盖

在满族，作囤盖是满族填仓节的一大特色活动。什么是"作囤盖"呢？民国十五年（1926年）《新民县志》记载："二十五日为'填仓节'。先一日，二十四晨起，用灶内柴火撒圈于院内。名曰'作囤盖''作囤盖兆丰年'。"[4] 辽宁新民的人们会在二十四日清晨，用炉灶内的柴灰、草木灰在院子内撒成圈形，称其为"作囤盖"，有祥瑞兆丰年的意思。民国十八年（1929年）《锦西志》记载："二十五日为'填老仓日'，侵晨自园场沿道撒灰，盘旋至院内粮仓

---

[1] 凤凰出版社编选：《中国地方志集成·辽宁府县志辑1》，凤凰出版社2006年版，第366页。
[2] 凤凰出版社编选：《中国地方志集成·辽宁府县志辑11》，凤凰出版社2006年版，第606页。
[3] 凤凰出版社编选：《中国地方志集成·辽宁府县志辑18》，凤凰出版社2006年版，第557页。
[4] 凤凰出版社编选：《中国地方志集成·辽宁府县志辑1》，凤凰出版社2006年版，第366页。

止，俗称'引仓龙'。"① 辽中地区人们通过在粮房焚香，祈祷来年谷物丰收。辽宁省县的作囤盖习俗与辽宁省新民、锦西地区相比，不同之处在于人们会在圆形内放少许谷物，祈求来年五谷丰登。民国二十年（1931年）《义县志》记载："二十五日，为'填仓日'，亦曰'老填仓'，用灶内柴灰布地作囤形，中置诸谷少许，曰'填仓'，盖作粮囤，兆丰年也。"②

（二）填仓

每逢填仓节，农民向仓廪焚香祭拜是较为普遍的活动，在辽宁满族各个地方都广为流传。光绪二年（1876年）《朝阳县志》记载："二十五日黎明，以柴灰在院内外遍作大团中，盖少许五谷，焚香燃烛。谓之'添仓'。"③ 人们会在灰圈内撒五谷并焚香燃烛。光绪三十三年（1907年）《海城县志》又有"二十五日，为填仓日。农家及米店皆以梁秸心作小末耜，盛饭一盂，并纳仓廪中，焚香拜祭，俗谓'填仓'。"④ 光绪三十四年（1908年）《辽中县志》记载："二十五日，为添仓之期。焚香于粮房，俗谓'有仓龙'，盖预祷丰年之意。"⑤ 皆在祈祷新的一年里谷物丰收。

民国六年（1917年）《沈阳县志》记载："二十四日俗称为'仓日'。农家米肆各以秋秸制末耜之属，并饭，置囷廪中，焚香致祭，谓之'填仓'。"⑥ 辽宁满族各地区的习俗活动大致相同，靠农业为生种植农作物农家或经销农产品的粮商，在这一天用梁秸心制成末耜，盛饭一盂，放入粮仓中，焚香祭拜。至于撤祭时间，一般是三天后或者二月二那一天。民国十六年（1927年）《辽阳县志》记载："二十五日，为'填仓日'。农家及粮店皆以梁秸心作小末耜，盛饭一盂，并纳仓廪中，焚香拜祭，俗谓'填仓'，三日乃撤，或二月二日撤。"⑦ 辽宁抚顺、西丰等地均有此俗记载。而民国二十六年（1937年）《海城县志》的记载则是于填仓节前一日即二十四日盛饭纳入粮仓中。

在辽宁的开原、沈阳以及岫岩等地满族人的填仓则是较为简单的焚香祭拜。民国六年（1917年）《开原县志》记载："二十五为'填仓节'，各农家及粮店均向仓廪中焚香拜祭，俗称'填仓'。"⑧ 民国十七年（1928年）《奉天省

---

① 凤凰出版社编选：《中国地方志集成·辽宁府县志辑22》，凤凰出版社2006年版，第521页。
② 凤凰出版社编选：《中国地方志集成·辽宁府县志辑18》，凤凰出版社2006年版，第557页。
③ 凤凰出版社编选：《中国地方志集成·辽宁府县志辑23》，凤凰出版社2006年版，第462−463页。
④ 凤凰出版社编选：《中国地方志集成·辽宁府县志辑6》，凤凰出版社2006年版，第276页。
⑤ 凤凰出版社编选：《中国地方志集成·辽宁府县志辑1》，凤凰出版社2006年版，第624页。
⑥ 凤凰出版社编选：《中国地方志集成·辽宁府县志辑1》，凤凰出版社2006年版，第198页。
⑦ 凤凰出版社编选：《中国地方志集成·辽宁府县志辑3》，凤凰出版社2006年版，第357页。
⑧ 凤凰出版社编选：《中国地方志集成·辽宁府县志辑12》，凤凰出版社2006年版，第281页。

北镇县志》记载:"二十五日为'天仓日',农人及米店盛饭一盂纳仓廪,焚香拜祭,俗谓'填仓'。"① 至民国十七年(1928年)的《岫岩县志》对这一习俗解释为百姓希望粮多草广,仓囤内的粮食取之不尽,用之不竭。"二十五日为填仓日,各家均于粮仓、米箱内焚香,致祝,盖取用之不竭之意也。"②

据其他县志资料记载,满族人家在填仓时也有在饭盂内或粮仓内插农具等物品的习俗。满族农民家家在这天都要煮黏高粱米饭,用大碗装好放在粮仓里,用秫秸编制一只小马、一把锄头、一个犁杖等农具插在饭顶上,寓意为马往家拉、粮仓高产、犁好庄田。黏高粱米饭放仓里后,需添三次,次数越多越好,以示粮多、仓满。③ 宣统二年(1910年)《绥中县志》记载:"二十四五日,为'填老仓'。各粮米处插香,掷黍团。盖取先兆丰年之意也。"④ 民国八年(1919年)《凤城县志》记载:"二十五日,名为'仓日',咸以秫米造饭去汁,盆盛之,用粱秸为犁锄各农具,散插饭中,送置粮仓,名曰'填仓',三日乃撤。"⑤ 至民国十五年(1926年)《兴城县志》记载:"二十五日以饭一碗或碟盛面包一枚,置米囤中或箱柜上,焚香祭之,谓之'填老仓'。"⑥

辽宁省丹东市的满族人当天会用高粱秆做成车马放在粮囤上,或者端盆干饭放在仓里,连添三日,新中国成立后农村多数仍在传承此俗。⑦ 今天,在辽宁省朝阳市和辽阳市的满族,还在延续此习俗。沈阳陨石山满族民俗村在这天"填仓",各家各户会用高粱米、小米、苞米碴子三样粮食做捞饭,蒸煮八成熟,希望可以确保庄稼收熟八成。男人们动手制作小锄头、小镰刀、小犁杖、小车等。天一亮就到仓房内,在粮囤子尖上放一碗饭和三炷香,念丰收歌:"人畜两旺粮满仓,风调雨顺多得力,鸡鸭鹅狗家禽旺,吾们老少谢上仓。"⑧ 在凤城满族自治县,到这天,农民家里用一盆黏高粱米干饭放入仓内,插上秫秸制的小马和各种农具,意为宝马驮来五谷丰登的好年景。⑨

---

① 凤凰出版社编选:《中国地方志集成·辽宁府县志辑22》,凤凰出版社2006年版,第128—129页。
② 凤凰出版社编选:《中国地方志集成·辽宁府县志辑15》,凤凰出版社2006年版,第505页。
③ 孙辑六主编:《满族风情录》,四川民族出版社1994年版,第25—26页。
④ 凤凰出版社编选:《中国地方志集成·辽宁府县志辑23》,凤凰出版社2006年版,第135页。
⑤ 凤凰出版社编选:《中国地方志集成·辽宁府县志辑14》,凤凰出版社2006年版,第114页。
⑥ 凤凰出版社编选:《中国地方志集成·辽宁府县志辑21》,凤凰出版社2006年版,第537页。
⑦ 丹东市民族事务委员会民族志编纂办公室编:《丹东满族志》,辽宁民族出版社1992年版,第62—63页。
⑧ 杨茂主编:《满族民俗·沈阳陨石山满族民俗村》,知识出版社2002年版,第83页。
⑨ 《凤城满族自治县概况》编写组:《凤城满族自治县概况》,辽宁大学出版社1986年版,第36页。

(三) 蒸斗

满族填仓节这一天，新妇也是节俗活动的重要参与者。民国二十年（1921年）《铁岭县志》记载："二十三日为'新仓日'。是日，新妇母家送馒首于其家，谓之'填仓'，其家备筵款待。"① 以及民国二十年（1921年）《义县志》中卷记："以黍团供仓囤，焚香拜祝，女子新嫁归宁者必先期返夫家行填仓礼，母家戚族各以蒸食相饷，俗曰'蒸斗'，夫家具酒肴款之。"② 民国二十六年（1937年）《海城县志》记载："新妇归宁者，必先期返夫家行填仓礼。母家以蒸食相馈。俗曰'蒸斗'。夫家具酒肴款之。"③ 这期间如果新嫁的女子回了娘家，一定要返回夫家行填会礼，也就是填仓礼。娘家人会送她一些蒸熟的食物，人们称作"蒸斗"，让女子带回去，这时夫家则要准备好美酒佳肴款待新妇。新妇从一个家庭走入另一个家庭，并将食物从娘家带到夫家，也体现在我国传统的农业社会中。

(四) 祭祀仓神

此外，一些满族地区填仓节还有祭祀仓神的习俗。民国二十年（1931年）《铁岭县志》记载："二十五日为'母仓日'，农家于是日祭仓神。"④ 同年《义县志》记"二十日夜，以谷、黍、麦、豆等面蒸丸，祀仓、箱、井、臼之神，名曰'填仓'，亦谓之'添仓'。"⑤ 粮商们或家有粮仓的人家都会举行各种仪式来祭祀仓神，祈求仓官爷可以保佑风调雨顺，五谷丰登。而今部分地区，随着人们生计方式的改变，该习俗已经不再存在。

囤仓从古至今都是存放丰收果实的库房，古人称圆为囤，方为仓。满族人通常以一碗米饭"填仓"，随后烧香祭祀，以祈求诸神保佑，岁稔年丰，五谷满仓，粮田富庶，免受自然灾害的侵扰。填仓节就是这样将美好的愿望诉诸节日的仪礼来表达。

五、二月二

"二月初二日，中和节，俗称'龙抬头日'。"⑥ 农历二月初二是满族的传

---

① 凤凰出版社编选：《中国地方志集成·辽宁府县志辑11》，凤凰出版社2006年版，第606页。
② 凤凰出版社编选：《中国地方志集成·辽宁府县志辑18》，凤凰出版社2006年版，第557页。
③ 凤凰出版社编选：《中国地方志集成·辽宁府县志辑8》，凤凰出版社2006年版，第209页。
④ 凤凰出版社编选：《中国地方志集成·辽宁府县志辑11》，凤凰出版社2006年版，第606页。
⑤ 凤凰出版社编选：《中国地方志集成·辽宁府县志辑18》，凤凰出版社2006年版，第557页。
⑥ 凤凰出版社编选：《中国地方志集成·辽宁府县志辑1》，凤凰出版社2006年版，第198页。

统节日之一。早在唐代二月二就初现雏形，但是直至元代才成为我国传统的节日之一。元代末年的熊梦祥曾在《析津志》一书的《岁纪篇》中记载道："二月二日，谓之'龙抬头'。五更时，家家户户都撒石灰于井畔周遭糁引白道，直至家中房内，这时人们不用扫地，恐惊了龙眼睛。辽宁新民满族地区，也有将二月二称为花朝的。民国十五年（1926年）《新民县志》记载："二月初二日，古为'中和节'。又为'花朝'，谓'百花生日'也，俗为'龙抬头日'。"① 二月二为什么会称'龙抬头'呢？这是因为这里的"龙"是指二十八宿中东方苍龙七宿星象，每到仲春卯月之初，黄昏时分"龙角星"就从东方地平线上出现，故而这一天称为"龙抬头日"。又因为传说中龙象征着祥瑞，能够行云布雨、消灾降福，所以自古以来，人们在二月二这天庆祝，来祈求风调雨顺、五谷丰登。在辽宁民间满族各地区，二月二的节俗活动传承悠久、内容丰富。"引龙""照虫烛""熏香""撒灰囤"等都是当地人在这一天中重要的节俗活动。

（一）领龙

二月二，满族有引龙之俗。"领龙"又称为"引龙"、"迎龙"或"引青龙"、"引钱龙"，所谓"引龙"就是通过人们一系列的行为活动"引龙入家"，祈求一年中风调雨顺。这一习俗在我国北方地区较为常见，史料记载领龙习俗最晚在元代的时候就已经出现。元代欧阳玄功有"二月都城动春野，引龙灰向银床画"之句可为之证明。② 明、清、民国时期"领龙"习俗格外流行。民国十八年（1929年）辽宁地方志《锦西志》记载："二月初二日，为'龙抬头日'，晨引仓龙，如填老仓。"③ 引龙的习俗大致可以分为两种，一种是"撒灰引龙"，另一种是"汲水引龙"。"撒灰引龙"指在农历二月二的这天早上，人们用草木灰、谷糠或者是灶灰、石灰撒在院内，摆成龙形。"汲水引龙"是指清晨到家门外的水井，在水中担一担水，汲水回家，称作"引青龙"。惊蛰前后万物复苏，蚊虫盛行，百姓认为这样的两种方式可以引龙出世。民国十五年（1926年）《新民县志》记："盖，惊蛰节常在此月，昆虫始动，故以龙为言也。"④ 民国十六年（1927年）《安东县志》记载："二月二日，古为'中和节'，俗谓'龙抬头日'。以惊蛰率在此节前后，蛰虫始振，故以龙为言也。"⑤

---

① 凤凰出版社编选：《中国地方志集成·辽宁府县志辑1》，凤凰出版社2006年版，第366页。
② 雒树刚主编：《中国节日志·二月二》，光明日报出版社2016年版，第46页。
③ 凤凰出版社编选：《中国地方志集成·辽宁府县志辑22》，凤凰出版社2006年版，第521页。
④ 凤凰出版社编选：《中国地方志集成·辽宁府县志辑1》，凤凰出版社2006年版，第366页。
⑤ 凤凰出版社编选：《中国地方志集成·辽宁府县志辑16》，凤凰出版社2006年版，第241页。

其中,"撒灰引龙"又细分有两种撒灰习惯。一是从大门外开始,一路撒到自己家的井沿边。按《帝京景物略》云:"二月二日为龙抬头,煎元旦祭余饼,熏床炕。曰'熏虫儿',谓'引龙'。"① 民国六年(1917年)《开原县志》记载:"二月初二日为龙抬头日,盖时当惊蛰前后,为龙蛇始振之期,各家皆用短香燃火遍置于屋内,有罅隙处,谓能避毒虫,又由庭内铺灰道自大门出至井台止,谓之'领龙'。"② 民国十六年(1927年)《辽阳县志》亦有记载:在这一天"各家庭中撒灰道,由大门撒出至井堰止,俗谓'领龙'"③。此外,在辽宁抚顺、沈阳等地也均有此习俗。至民国二十六年(1937年),在海城二月二的这天早上人们会"以灰屑布庭中,作圆囤形,引至门外井堰止"④。如今,相关学者调查报告所显示,满族的"引龙"习俗资料的记载与民国时期并无大异。人们在院中撒灰成道或画圆圈,引龙祀拜,希望新的一年里农事活动顺利进行。

二是自河边、水缸、井台等处,一路撒灰到院中或自家水井。又因为自古以来人们俗信龙是居住在水中,所以二月二这天在引龙撒灰时,总是离不开水。清晨,人们从河边(或井旁)到院子里,用草木灰画上弯弯曲曲的"龙道",在院子里用草木灰画出"粮囤儿",意为把龙从水中领到院子里,然后致祭,以求风调雨顺,五谷丰登。⑤ 光绪二年(1876年)《朝阳县志》记载:"二月二日黎明,谓是日为'龙抬头',故皆以柴灰作线,自水缸下引至井台。复以谷糠作线,自井台引之水缸下,并曰青龙去黄龙来云云,谓之'引龙'。"⑥ 民国二十年(1931年)《铁岭县志》记载:"二月二日曰'中和节',亦曰'龙抬头',按惊蛰节约在是日前后,故曰'龙抬头'。当日未出时,各家用灶膛灰,由水缸处起撒出大门,至附近井沿止,谓之'领苍龙出,引青龙入'"⑦。

自20世纪90年代至今,在沈阳、丹东、鞍山、辽阳、本溪等地仍流传,每到二月二当地人都要从水里将龙"领"回家里。一大早,人们洗漱干净,穿戴整齐,用铁锹在"灶坑"里扒些新灰,以"领龙"之用。如果家门离水井或河边较远,便拿着锹和装满灶灰的篮子来到井边或河边,灰撒得越细越好,一直撒到自家的水缸、灶台及仓房处。而近几年,辽宁省本溪县沙河沟"领龙"

---

① (明)刘侗/于奕正:《帝东景物略》,北京古籍出版社1983年版,第67页。
② 凤凰出版社编选:《中国地方志集成·辽宁府县志辑12》,凤凰出版社2006年版,第281页。
③ 凤凰出版社编选:《中国地方志集成·辽宁府县志辑3》,凤凰出版社2006年版,第358页。
④ 凤凰出版社编选:《中国地方志集成·辽宁府县志辑8》,凤凰出版社2006年版,第209页。
⑤ 曾武、杨丰陌主编:《满族民俗万象》,辽宁民族出版社2008年版,第101-102页。
⑥ 凤凰出版社编选:《中国地方志集成·辽宁府县志辑23》,凤凰出版社2006年版,第463页。
⑦ 凤凰出版社编选:《中国地方志集成·辽宁府县志辑11》,凤凰出版社2006年版,第606页。

的人家越来越少。据村里的老人讲，有了"自来水"后，老百姓吃水、用水再也不是一件愁事。如今为数不多的"领龙"群体中，以五六十岁以上的老年人居多，常年养成的心理惯制依然在支撑着他们身体力行地实践这一风俗习惯。①

（二）撒灰囤

俗话说"二月二，龙抬头，大囤满，小囤流"。撒灰囤这一习俗活动也是满族农民们祈求年景丰收的一种情感表达。撒灰囤就是在院内撒上草木灰，呈现出囤形的图案。民国十年（1921年）《庄河县志》记载："初二日，中和节。俗称'龙抬头日'。各家夙兴，以灰画圈于庭院，以杂谷置之中心，谓之'打灰囤'。"② 此时的记载相对较粗泛，用草木灰在庭院内画圈，中间置以五谷。民国十六年（1927年）《安东县志》记载："各家庭院用灶灰画圆圈，谓之'打灰囤'，中置五谷以掩之，饲鸡啄以卜丰歉。"③ 又民国十七年（1928年）《岫岩县志》记载："二月初一日为'中和节'，初二日为'龙抬头日'，家家于寝晨时，在庭院布灰作圆形，中成十字，内置杂粮一捻，名曰'打灰囤'。"④ 由此可见，此时人们的习俗活动已经带有占卜预测之意，在院子里撒出几个大小一致的圆圈，并在圆圈里面画上十字来表示粮囤。随后把苞米、谷子、麦子等杂粮撒在各个粮囤内，让鸡、鸭等家禽去啄，看其先吃掉哪种粮食，就意味着这种粮食来年会丰收。有些人家还会在粮囤和自家房屋的门前画些梯子状的灰线，寓意"飞龙上天"，将龙领进家内。这些行为都寄托了人们对新一年里粮谷满仓的期望。民国八年（1919年）《盖平县志》所记载的"撒灰囤"有驱虫避害之意。"吾邑人谓二月二日为'龙抬头'，侵晨家家用灶灰在庭院中，多做大圆圈形，名'撒灰囤'。盖以二月惊蛰，蛇蝎虫蚁蠕蠕渐动，用灰圈包围镇压之，不欲其肆行，妨害于人也。"⑤

如今，辽宁省沈阳市辽中区城郊乡卡力马村的村民于惊蛰日在墙角撒上石灰，以防虫蚁。二月二当天，在墙角或房屋四周撒石灰，有时将石灰撒成蛇、弓等图案。据说这样可以用蛇虫的形状驱赶吓跑毒虫，以达到驱邪避凶的目的。⑥

---

① 詹娜：《仪式、记忆知识传承——辽东满族"二月二"节俗调查》，《满族研究》2009年第3期。
② 凤凰出版社编选：《中国地方志集成·辽宁府县志辑14》，凤凰出版社2006年版，第472页。
③ 凤凰出版社编选：《中国地方志集成·辽宁府县志辑16》，凤凰出版社2006年版，第241页。
④ 凤凰出版社编选：《中国地方志集成·辽宁府县志辑15》，凤凰出版社2006年版，第506页。
⑤ 凤凰出版社编选：《中国地方志集成·辽宁府县志辑13》，凤凰出版社2006年版，第176页。
⑥ 雒树刚主编：《中国节日志·二月二》，光明日报出版社2016年版，第133页。

(三) 照虫烛

"二月二，照房梁，蝎子蜈蚣无处藏。"惊蛰前后，毒虫开始滋生繁衍，活动频繁。辽宁地区的满族人通常会在这天驱除害虫。一般来说，这一活动都是在夜晚举行。夜晚，人们会拿着蜡烛照向墙壁和房梁，因为这些虫子一见到亮光就会掉下来，人们就可以消灭掉它们。在辽宁海城、西丰等地都有此俗。如光绪三十三年（1907年）《海城县志》、民国初年《抚顺县志》、民国十六年（1927年）《辽阳县志》以及民国十七年（1928年）的《奉天省北镇县志》皆记载："至夜燃烛于室中暗处，名为'照虫烛'。"[1]

惊蛰前后，春回大地，万物复苏，蛰虫始振。满族人除了会在二月二日晚照虫烛外，民间还会在二月二熏香除虫。辽宁新宾，满族的旗人会起得很早，在仓房的粮囤子里插上香，一个粮囤中插十二根绿香或金锭香。除此之外，妇女们还会在房山墙垛的墙缝里插上香，见缝就插，把过年时剩下的香头也插在墙缝中，甚至房子的石缝中也会插上香。除了香烛熏虫，民间还流行一种油烟熏虫。康熙二十三年（1684年）《锦县志》记载："二月二日，豆汁摊饼以食，又铛煎枣糕曰'薰虫'。"[2] 锦县和广宁县在吃春饼时一般会配上豆汁。

辽宁沈阳辽中区城郊乡卡力马村仍在沿用传统油烟熏虫的方法，人们认为这样象征着把虫蝎当做食物然后吃掉，就可以避免虫蝎侵害。但是在多年的传承过程中，这一习俗发生了形变，最初油烟熏虫的活动已经消失，而油煎食物的习俗保存下来。[3]

(四) 敲龙头、插龙尾

一些其他满族地区在二月二还有"敲龙头"的习俗。如光绪二年（1876年）《朝阳县志》有："以棒棍敲打过梁门户，以避蝎与蚰蜒。"[4] 人们用扫帚、棍棒或鞋子敲打房梁头、门户、墙壁、床炕等地，以避蜓蚰、蛇蝎、老鼠、蜈蚣等虫物。光绪三十四年（1908年）《辽中县志》记载："二月二日，俗称'龙抬头'。晨起，以竿敲梁。谓之'敲龙头'，意谓龙蛰起陆。"[5] 活动的主要

---

[1] 凤凰出版社编选：《中国地方志集成·辽宁府县志辑3》，凤凰出版社2006年版，第358页。凤凰出版社编选：《中国地方志集成·辽宁府县志辑6》，凤凰出版社2006年版，第276页。凤凰出版社编选：《中国地方志集成·辽宁府县志辑7》，凤凰出版社2006年版，第50页。凤凰出版社编选：《中国地方志集成·辽宁府县志辑22》，凤凰出版社2006年版，第129页。

[2] 凤凰出版社编选：《中国地方志集成·辽宁府县志辑16》，凤凰出版社2006年版，第404页。凤凰出版社编选：《中国地方志集成·辽宁府县志辑21》，凤凰出版社2006年版，第285页。

[3] 抚顺市政协文史资料委员会：《抚顺满族民俗》，抚顺市新闻出版局出版1999年版，第67页。

[4] 凤凰出版社编选：《中国地方志集成·辽宁府县志辑23》，凤凰出版社2006年版，第463页。

[5] 凤凰出版社编选：《中国地方志集成·辽宁府县志辑1》，凤凰出版社2006年版，第624页。

目的即为驱除害虫。

每逢二月初二，位于辽东满族地区有小孩的人家还会进行一项重要的民俗活动，即"插龙尾"，又叫做"串龙尾"。当地的满族人认为，二月二这天不好动针线，免得扎了龙眼。所以，每逢二月初一，都要提前将"龙尾"串好。"龙尾"是用高粱秆和色彩多样的圆布条、长布条串成的"龙"形挂件。初二一早，妇女们便会将"龙尾"缝在小孩的衣襟上，以求孩子健康成长，驱邪避害。

在辽宁新宾满族的妇女用苫房草串"龙尾"，去掉败皮枯叶，剪寸余长骨节，用五彩线串制椭圆形盖帘，作龙头；又穿彩色圆布片于草节中间，为龙身；再剪彩布条成穗，作龙尾，制成一大一小两条龙，大者为龙，小者为蛇。辽北的主妇们还要将龙尾悬挂于屋门、院门和房梁上，以示青龙正待升天腾云。又盘龙尾于柜箱或炕席下，说是能招祥纳福，财物满盈，不招虫蛀。如今，随着人们生活水平的逐渐提高，"插龙尾"习俗也逐渐消失，在当地仅有那些上了年纪的老人还依稀然记得龙尾的制作方法，但大多仅保存于记忆当中。[①]

（五）饮食习俗

1. 烙虫虾

中国节日习俗与美食文化往往密不可分，在二月二这一天不同的地方有不同的美食，但是大多与"龙"相关。满族人经常会给食物加上"龙"的修饰，比如吃面条叫吃"龙须"，吃春饼叫吃"龙鳞"，吃水饺叫吃"龙耳"，吃馄饨叫吃"龙眼"，吃米饭叫吃"龙子"等等。

据民国时期辽宁省地方志记载，当时满族人更为普遍的节日饮食即吃"龙鳞"——春饼。民国四年（1915年）《铁岭县志》记："二月二日为'中和节'，炊春饼。"[②] 民国十年（1921年）《庄河县志》记载："合家以荞麦做饼，包菜食之，谓之'煎饼'。"[③] 民国十五年（1926年）的《新民县志》对二月二吃饼这一习俗做出了解释："是日，家家食面饼，取意曰'烙虫虾'。"[④] 意为赶走虫蝎。辽宁兴城人在吃春饼时，会注重面饼的薄厚程度，以薄为尚，还会卷上炒菜配合食用。《兴城县志》记："二月初二日，俗呼为'龙抬头日'。家

[①] 詹娜：《仪式、记忆与知识传承——辽东满族"二月二"节俗调查》，《满族研究》2009年第3期。

[②] 凤凰出版社编选：《中国地方志集成·辽宁府县志辑11》，凤凰出版社2006年版，第147页。

[③] 凤凰出版社编选：《中国地方志集成·辽宁府县志辑14》，凤凰出版社2006年版，第472页。

[④] 凤凰出版社编选：《中国地方志集成·辽宁府县志辑1》，凤凰出版社2006年版，第366页。

家食春饼，以薄为尚，卷以炒菜。"① 在辽宁，多数满族地区的人们都认为二月二吃春饼可以除虫。

满族人还会在这一天"烙饽饽"。20世纪八九十年代，由于经济条件有限，人们多用玉米面或秫米面烙饼。如今，生活水平提高，人们常烙"白面饼"。辽宁沙河沟村，二月二当天一早"领龙"完毕，家里的主妇就开始准备"烙饼"。当地人俗信，主妇在这天烙饼，可以将家里、田里的虫子烙死，来年定会有个好收成。②

2. 烀猪头肉

每逢二月二，满族人家不仅要吃"龙须面"和"龙鳞饼"，猪头肉作为一道节俗美食也深受满族人民的喜爱。辽宁满族地区二月二吃猪头肉的资料记于民国八年（1919年）《凤城县志》中："是日各家食猪头肉，啖煎饼。"③ 但这一习俗并不是十分普遍，新中国成立以来才广泛流传。农户每在此日吃猪头，吃煎饼，烙饴子，祈求农业丰收。④ 人们往往会白天烀猪头，打春饼，吃春饼卷豆芽猪头肉。猪头烀好后，取下下颌骨，拴上绳，做成一种叫"卡巴车"的玩具，孩子们牵着玩具满街玩耍。又有歌谣"猪头肥美饼儿薄，龙道弯弯趣话多。最是童儿心里乐，绕街牵动卡巴车"，说的就是满族过二月二的习俗。⑤

在辽东，用当地的满族人话讲"头"就表示新的一年开始了，新年就都得以头为准，所以就吃猪头肉、洗头、剃头，这样会预示新年有个好的开始。⑥ 辽宁抚顺满族人家会把头年腊月宰的猪，在年三十给祖先上供，过了初六，就把猪头放到"哈什里"（仓房），一直留到二月二再拿出来烀着吃。当地人俗信，全家人在这天吃了猪头就象征着今年定会交好运，在新的一年里有个好的"开头儿"，如龙抬头步步登高。⑦

（六）剪龙头

在辽宁满族还流行着这样一个习俗，即不论男女老少，在正月内不准剪头发，必须等到二月二"龙抬头"时才许剪发。究其缘由，有此说法：明代以

---

① 凤凰出版社编选：《中国地方志集成·辽宁府县志辑21》，凤凰出版社2006年版，第537页。
② 詹娜：《仪式、记忆与知识传承——辽东满族"二月二"节俗调查》，《满族研究》2009年第3期。
③ 凤凰出版社编选：《中国地方志集成·辽宁府县志辑14》，凤凰出版社2006年版，第114页。
④ 张佳生主编：《满族文化史》，辽宁民族出版社1999年版，第551页。
⑤ 曾武、杨丰陌主编：《满族民俗万象》，辽宁民族出版社2008年版，第101页。
⑥ 詹娜：《仪式、记忆与知识传承——辽东满族"二月二"节俗调查》，《满族研究》2009年第3期。
⑦ 抚顺市政协文史资料委员会：《抚顺满族民俗》，抚顺市新闻出版局出版1999年版，第67—68页。

前，汉族男儿皆蓄发。男子幼时都会把头发扎成牛角形的小髻，称为"总角"。年龄稍大些，就把头发下垂，覆颈披肩，称为"垂髫"。15岁左右，把头发束成髻，盘在头顶，总发为髻，称为"束发"。20岁成年行冠礼，戴上成人帽子，称为"成丁"或"弱冠"。而满人的风俗是从额角两端引一直线，直线以外的头发全都剃去，仅留颅顶发，编成辫子，垂在脑后。因满人原以狩猎为生，男子剃发留辫主要为了在捕猎禽兽时，不让头发被风吹散，遮住眼睛。清顺治二年（1645年）六月，顺治皇帝福临颁布"剃发令"要求汉人效仿满人发式。直到民国初年，乡民在谈到前清剃发之诏后说，"明朝体制一变，民间以剃发之故，思及旧君，故曰'思旧'。相沿即久，遂误作'死舅'。"可见，正月不剃头原是为"思旧"，在传承中，谐音讹传为"死舅舅"。①

光绪三十四年（1908年）《辽中县志》记载："妇女于是日，为童孩剃头。盖取龙抬头之意云。"② 民间认为在这一天剃头，会使人鸿运当头，福星高照。为孩童剃头，希望借龙抬头之吉时，保佑孩子们健康成长，长大后出人头地。在满族，还有个"妈妈令"是说"正月剃头妨舅舅"。③ 据说，清朝政府发布命令，要求所有国民必须剪发，有人怀念明朝，就在正月里不剪发以表示"思旧"。"思旧"相沿已久，遂误传为"死舅"，便有了今天的习俗令。现今在农村满族老年人中，尚喜沿袭此俗。④

俗语言："二月二剃龙头，一年都有精神头。""领龙"完毕，吃罢烙饼，辽东人便开始"洗龙头""剪龙头"。当地人俗信，二月二是龙抬头吐水的日子，倘若这天洗头或是剪头发，一年内都会头清目爽，聪明伶俐。所以每到二月二时，男的要剪头发，女的要洗头发。在生活水平相对较低的传统社会，剪头发常常由家里胆子稍大、敢于下手的长辈或亲戚朋友来完成。如今，尽管人们还沿袭着"二月二，剪龙头"的习俗，除少数中老年人还自己剪头发外，多数人都会到专业的理发店剪发。对他们来讲，理发已不仅是头发的长短问题，更是关涉着脸面和时尚。⑤

（七）妈妈令

"妈妈令"是满族老一辈人儿留下来的禁忌，通过一代又一代妈妈的口传，

---

① 江帆、詹娜主编：《中国节日志·春节（辽宁卷）》，光明日报出版社2016年版，第93页。
② 凤凰出版社编选：《中国地方志集成·辽宁府县志辑1》，凤凰出版社2006年版，第624页。
③ 抚顺市政协文史资料委员会：《抚顺满族民俗》，抚顺市新闻出版局出版1999年版，第67页。
④ 丹东市民族事务委员会民族志编纂办公室编：《丹东满族志》，辽宁民族出版社1992年版，第63页。
⑤ 詹娜：《仪式、记忆与知识传承——辽东满族"二月二"节俗调查》，《满族研究》2009年第3期。

教育孩子明事理，守规矩。满族二月二这一天"妈妈令"有很多，大多都与龙相关。比如，这天是不能用刀的，用刀会伤了龙头。妇女在这一天禁动针线，以防伤龙目。①

民国十八年（1929 年）《锦西志》记载："忌刀砌云，恐斫龙头也。"② 辽东人还有一些特殊的饮食习惯与饮食禁忌。例如，晚上要食饺子，表示食龙肉。但不能吃面条、粉条等条状食品，以免触怒龙王。③ 在辽宁新宾，有二月二印脾之说。这天天刚亮妇女们就起来，她们在院子里和大门外的平地上，用硝灰画上不同大小的圆圈，圈内画个十字，八点钟左右，她们把孩子前襟和兜肚解开，让孩子们"爬"（趴）在十字中间，肚子贴地印脾，孩子妈妈则在圆圈旁边祷告："印脾十字中，龙盘圈里形，带走腹中病，肚子永不疼。"这段祈祷并不是人人都会的。一般妇女的祷词是："龙王爷、蛇仙，你们保佑我的孩子，不得大肚子食水病。请龙王、蛇仙顺着硝灰画的圆圈行走，多走几遍就把孩子的食积带走消除了。"这种"印脾"的举动，是提醒妇女养育孩子，饮食有节，不乱吃生冷零食，以免孩子们得上"食积"，亦称"食水"，即腹中有硬块等症状，医生亦称此病为"痞疾"，是消化系统病症。④

二月二也是满族人家企盼家中孩子学业有成的日子。在过去，私塾先生多选择在这一天招收学生，称为"占鳌头"。学生们也会念叨着："二月二，龙抬头，龙不抬头我抬头。"如今，在相关的满族节俗资料中仍可以找到此类记述，如："小儿辈懒学，是日始进书房，曰'占鳌头'。"⑤

中国人素来以龙为图腾，华夏儿女皆为龙的传人。二月二，龙抬头，各种与龙相关的民俗活动从古流传，至今仍被人们践行，百姓们祈求可以得到龙的赐福，祈求在新的一年里五谷丰登，风调雨顺，也体现了人们对于美好生活的追求。

六、花朝

花朝节，是我国古代满族纪念百花生日的节日，简称花朝，又有"百花生

---

① 刘中平、鞠延明：《传统岁俗节日中的满族特色》，《满族研究》2009 年第 4 期。
② 凤凰出版社编选：《中国地方志集成·辽宁府县志辑 22》，凤凰出版社 2006 年版，第 521 页。
③ 詹娜：《仪式、记忆与知识传承——辽东满族"二月二"节俗调查》，《满族研究》2009 年第 3 期。
④ 抚顺市政协文史资料委员会：《抚顺满族民俗》，抚顺市新闻出版局 1999 年版，第 68 页。
⑤ 刘中平、鞠延明：《传统岁俗节日中的满族特色》，《满族研究》2009 年第 4 期。

日""花神节""挑菜节"之称。自唐至今,花朝节经历了兴起、繁盛、衰落、复兴等多个阶段。花朝节主要流行于东北、华北、华东等地区。不同地区的花朝节,其节日时间也各不相同。在辽宁地区据县志记载,一般于农历的二月初十日举行。如光绪三十三年(1907年)《海城县志》、民国十七年(1928年)《奉天省北镇县志》、民国十八年(1929年)《锦西志》、民国二十七年(1938年)《民国西丰县志》①记:"初十日,为花朝,百花生日也。"民国十五年的《新民县志》记载当地二月初二为花朝:"二月初二日,古为'中和节',又为'花朝',谓'百花生日'也,俗为'龙抬头日'。"②

（一）赏花

百花争艳,五彩缤纷。节日期间正值早春,人们常结伴到郊外观赏,踏青游玩,欣赏百花竞放的醉人景致。因此,春游赏花便成为花朝节习俗活动之一。其中,"赏红"是花朝节最具代表性的风俗习惯。这天,人们于各类花树上的枝条系上各色绸缎,随风飘逸,美不胜收。这是妇女孩童们于花朝当日所进行的主要活动,以庆贺花王生日。徐珂在《清稗类钞》中有记载:"二月十二日为花朝,孝钦后至颐和园观剪彩。时有太监预备黄红各绸,由宫眷剪之成条,条约阔二寸,长三尺。孝钦自取红黄者各一,系于牡丹花,宫眷太监则取红者系各树,于是满庭皆红绸飞扬。而宫眷亦盛服往来,五光十色,宛似穿花蛱蝶。"③可见在花朝节系幡赏红,不分贵族平民,亦是风行全国的风俗习惯。

（二）祭花神

清代蔡云有诗云:"百花生日是良辰,未到花朝一半春;万紫千红披锦绣,尚劳点缀贺花神。"花神生辰,不少农人都会聚集在花神庙内设供祭祀,也有人们会选择在自家花园设花神位供奉。民国十六年(1927年)《辽阳县志》记载:"初十日,为'花朝',百花生日也。花园设花神位,焚行礼。"④ 在辽宁抚顺,定二月初十或十九日为花朝节,节俗与其他地区并无大异,"初十或谓十九为'花朝',百花生日也。花园设花神位,焚香行礼。"⑤ 此外,民国二十年(1931年)《铁岭县志》的记载显示,辽宁铁岭的人们在此时要为花神设置神位,用素馔祭之,莳花者于该日酹酒祭祀。即"二月八日为百花生日,莳花者于是日酹酒祭之。(或曰十二日为花朝)"⑥同样,民国二十六年(1937年)

---

① 凤凰出版社编选:《中国地方志集成·辽宁府县志辑12》,凤凰出版社2006年版,第547页。
② 凤凰出版社编选:《中国地方志集成·辽宁府县志辑1》,凤凰出版社2006年版,第366页。
③ （清）徐珂:《清稗类钞》,中华书局2010年版,第28页。
④ 凤凰出版社编选:《中国地方志集成·辽宁府县志辑3》,凤凰出版社2006年版,第358页。
⑤ 凤凰出版社编选:《中国地方志集成·辽宁府县志辑7》,凤凰出版社2006年版,第50页。
⑥ 凤凰出版社编选:《中国地方志集成·辽宁府县志辑11》,凤凰出版社2006年版,第606页。

《海城县志》亦记："初十日，为'花朝'，百花生日也。花园设花神位焚香祭之。"①

（三）饮花酒，食花糕。

中国节日习俗往往与饮食文化密不可分，花朝节的美食自然离不开对花儿的加工制作，比如用花制成的百花糕与花朝酒。传说蒸制花糕始于武则天时期。据说武则天嗜花成癖，每年花朝节这一天都会令宫女采集百花和米一起捣碎，制成糕点，并将花糕赏赐给群臣。就这样，上行下效，花朝节制作花糕的习俗就形成了。

花朝节的祭祀、赏红、食糕等习俗反映了古人爱花、护花的喜好，对自然万物报以敬畏喜爱之心，而这也正是中国传统习俗文化形成的土壤。虽然今天花朝节逐渐淡出了人们的视野，但其所具有的文化魅力并未褪去，作为传统民族文化的重要组成部分，依旧是人民群众的精神食粮，饱含着华夏传统花文化和农耕文化的特质。

七、上巳节

上巳节是我国古代民间的传统节日之一，民间俗称三月三，亦是满族人在春季宴饮踏青的节日之一。上巳节最初源起自先秦时期，形成于汉代。起初，其节期并不固定，只是规范在农历三月上旬的一个巳日，即"元巳"，又因为每年元巳的时间大约在农历三月三日前后，所以到后来才固定在每年的三月初三为上巳节。在辽宁大多数地区的地方志中也都有关于上巳节的记载。民国十七年（1928年）《岫岩县志》记载："三月初三日为上巳（按古以三月第一巳日为上巳，今改为三月初三）。"② 民国二十六年（1937年）《海城县志》记载："三月初三日，为上巳（按古以三月第一巳日为上巳，如上丁，上戊之类。后人称三月三日为上巳）。"③ 在这一天，人们会来到水边进行沐浴、宴饮、踏青、曲水流觞等民俗活动。

（一）修禊之期

修禊作为上巳节的重要习俗活动，同时也是满族人都喜爱的户外活动。修禊指的是在某个月中的"除"日，为消灾求福而举行的仪式。修禊一事多在水

---

① 凤凰出版社编选：《中国地方志集成·辽宁府县志辑8》，凤凰出版社2006年版，第209页。
② 凤凰出版社编选：《中国地方志集成·辽宁府县志辑15》，凤凰出版社2006年版，第506页。
③ 凤凰出版社编选：《中国地方志集成·辽宁府县志辑8》，凤凰出版社2006年版，第210页。

边举行，取涤旧荡新之义，意在洗濯去垢，消除不祥。应劭《风俗通义》中，把禊列入祀典一卷。"禊者，洁也。春者蠢也蠢蠢摇动也，《尚书》以殷仲春，厥民析。言人解析也。疗生疾之时，故于水上衅洁之也。巳者，祉也，邪疾已去，祈介祉也。"①

春天万物生长之际，疾病也容易滋生，人们认为在水中洗濯可有防病疗病之效。魏晋南北朝时期上巳节十分流行，形成了曲水流觞的习俗。诗人王羲之笔下的"兰亭集会"正描写了三月三上巳节这天群贤毕至，少长咸集，会于会稽山阴之兰亭，修禊事也的景象。在崇山峻岭、茂林修竹之处，文人雅士列坐在河流两旁，将酒器放在曲水的上游，任其随曲水流下，酒杯停在谁的面前，谁就要饮酒赋诗。足见古时文人们的风雅情趣。而发展到今天，踏春成为上巳节主要的活动之一，满族人多在此前后到郊外散步游玩。如光绪三十三年（1907年）《海城县志》记载："三月初三日，为上巳（按古以三月第一巳日为上巳，如上丁，上戊之类。后人改为三月初三）古人修禊之期，人多至郊外踏青。"② 此外，在民国六年（1917年）《开原县志》③、民国十六年（1927年）《民国辽阳县志》④、民国十七年（1928年）《奉天省北镇县志》⑤、民国十八年（1929年）《锦西志》⑥ 等地方志都对上巳节有简单的介绍。而光绪二年（1876年）辽宁朝阳地区的满族人已经不再流行过上巳节，有"三月三日，修禊之事，久废不讲"⑦ 之说。

（二）情人节

魏晋以后上巳节修禊和清除不祥的祓除仪式的意义已经大大减弱，这是因为当时的社会崇尚自然、追求纵情山水。渐渐地，出游赏玩和踏青之意愈发浓厚。三月春光，风景灿烂。无数满族单身男女走出家门，感悟自然，结伴而

---

① 王利器校注：《风俗通义校注》，中华书局1981年第382页。
② 凤凰出版社编选：《中国地方志集成·辽宁府县志辑6》，凤凰出版社2006年版，第276－277页。
③ 凤凰出版社编选：《中国地方志集成·辽宁府县志辑12》，凤凰出版社2006年版，第281页。"初三日为上巳，古人于此日修禊。今亦有于此日游行郊野者谓之踏青。"
④ 凤凰出版社编选：《中国地方志集成·辽宁府县志辑3》，凤凰出版社2006年版，第358页。"初三日，为上巳节。（按古三月第一巳日为上巳，如上丁上戊之类，后人改为三月三日。）古人修禊之期，人多至郊外踏青。"
⑤ 凤凰出版社编选：《中国地方志集成·辽宁府县志辑22》，凤凰出版社2006年版，第129页。"三月初三日，为上巳，古人修禊之期，人多至郊外踏青。"
⑥ 凤凰出版社编选：《中国地方志集成·辽宁府县志辑22》，凤凰出版社2006年版，第521页。"三月初三日为上巳，古人修禊之期，人多至郊外踏青。"
⑦ 凤凰出版社编选：《中国地方志集成·辽宁府县志辑23》，凤凰出版社2006年版，第463页。

行。《诗经·郑风·溱洧》有云:"溱与洧,浏其清矣。士与女,殷其盈矣。女曰'观乎?'士曰'既且'。且往观乎?洧之外,洵訏且乐。维士与女,伊其将谑,赠之以勺药"。表现了少男少女相约出游,两情相悦者互赠芍药以表心意。在我国封建的传统社会,上巳节为满族未婚男女提供了接触的机会,成为单身男女相识相遇的日子,便成为中国男女表达爱慕的"情人节"。

(三)祈求生育

祭祀高禖、祈求生育也是满族上巳节独特的节日习俗。高禖,又被称作"郊禖",由于供奉在郊外而得名,相传是民间管理婚姻和生育的女神。据说高禖女神往往有着十分发达的胸部和大腿,肚子向前凸出。汉代画像石中就出现过这种高禖的形象。位于辽宁的红山文化遗址中的女神陶像也是生育女神的形象。在三月三日这天,满族人祭祀高禖,祈求生育,全民求子,因而在某种程度上来说上巳节是满族人的"求子节""生育节"。

(四)王母蟠桃会

在满族,人们关于上巳节有这样一则传说。相传王母娘娘开蟠桃会也是在三月三,虽然西王母的诞辰是七月十八,但是每年的三月初三,王母娘娘都要在瑶池举行蟠桃盛会,天界的各路神仙都要来参加,为王母娘娘庆贺寿辰,又叫做"蟠桃会"。由此,三月三也成为道教的重要节日之一。光绪三十四年(1908年)《辽中县志》记载:"三月三日,俗谓'王母蟠桃会日',古为上巳。"[1] 宣统二年(1910年)《绥中县志》记述辽宁绥中,家家会在园内种植瓜果,好似蟠桃盛宴。"三月三日,古为上巳,俗谓'王母蟠桃会'。家家园内种植瓜果,盖附会蟠桃,生意之故也。"[2] 据民国十五年(1926年)《新民县志》记载:"三月初三日,古为上巳辰,俗为'王母蟠桃会日'。蓍者以是日为会期,相率聚饮于三皇庙。本地无此庙,每集会于县衙之山西庙内。"[3] 民国十八年(1929年)《锦西志》记载:"三月初三日为蟠桃会,云西王母是日集群仙食桃。大虹螺山玉皇顶,每届斯期香火极盛。"[4] 逛庙会成为辽宁满族地区上巳节常见的节俗。

射兔活动是辽代义县特有的活动之一。民国二十年(1931年)《义县志》记:"三月三日为上巳,国俗刻木为兔,分朋走马射之。先中者胜,负朋下马列跪进酒,胜朋马上饮之,国语谓是日为"陶里桦"。"陶里",兔也。"桦",

---

[1] 凤凰出版社编选:《中国地方志集成·辽宁府县志辑1》,凤凰出版社2006年版,第624页。
[2] 凤凰出版社编选:《中国地方志集成·辽宁府县志辑23》,凤凰出版社2006年版,第135页。
[3] 凤凰出版社编选:《中国地方志集成·辽宁府县志辑1》,凤凰出版社2006年版,第366页。
[4] 凤凰出版社编选:《中国地方志集成·辽宁府县志辑22》,凤凰出版社2006年版,第521页。

射也（国语解上巳日射兔之节也）。"① 到元代，义县上巳节的发展已经逐渐暗淡，"三月初三日，古为上巳辰，亦曰'元巳''上除'（沈约《宋书》'魏以后，但用三月三日，不复用巳），俗为王母蟠桃会。治成西北隅真武庙，是日香火会期，赴会红男绿女概不乏人，然近年来此风亦见消杀。"② 虽然今天上巳节逐渐淡出人们的视野，但仍是我国优秀传统文化星海中一颗闪耀的明星。

八、山神爷生日

满族人是渔猎民族，自古以来主要依靠打鱼狩猎为生。每年满族人会有两次集中狩猎的活动，除了冬至时期的狩猎节，还有农历三月十六的山神节。自清朝起，在我国东北长白山地区的人们就把每年的三月十六定为"山神节"。节日里会举行一系列的祭祀活动，往往通过拜祭山神爷，来表达大山儿女对"神山"生养的感恩敬畏之心。此外，即使是平时进山之前，人们也会烧香摆供，磕头许愿，祈求山神保佑平安，捕猎成功。因此，这一习俗长期流传下来就形成了满族传统节日——山神节。

不同的民族人们所信奉的山神爷是不同的。满族所供奉的山神，指的是老虎。在满族聚居地区，每个村头都有山神庙，庙内有的供老虎的画像，有的庙没有老虎的画像。每到农历三月十六这天，满族的男子们就到山神庙前烧香、上供、祭酒、挂红布条，用以祈求山神爷保佑全年人畜两旺。这是宗教性节日，无大禁忌。③ 为什么称老虎为山神呢？这是因为在古代像野猪等一些动物泛滥，常会到山下破坏农民的庄稼，而人们的生活水平低下，对付一只成年的野猪十分费力，百姓拿其束手无策。作为森林之王——老虎，它的存在一定程度上限制了野猪的数量，同时老虎又是食肉动物，不会破坏农民的庄稼，因而老虎便成为满族山神的代表。

也有一种观点认为，山神爷是指某一人物的化身。传说明末清初有一年，山东莱阳遭遇大旱，百姓们流离失所准备投身他乡，孙良听说东北有人参特产，决定闯关东。途中遇到老乡张禄，二人结为兄弟。一日，在挖参过程中孙良与张禄走散，孙良担心兄弟便一直寻找，连累带饿，就昏倒在一块大石头旁，醒来后在石头上写下了文字："家住莱阳本性孙，漂洋过海来挖参。路上

---

① 凤凰出版社编选：《中国地方志集成·辽宁府县志辑18》，凤凰出版社2006年版，第562页。
② 凤凰出版社编选：《中国地方志集成·辽宁府县志辑18》，凤凰出版社2006年版，第561页。
③ 张佳生：《中国满族通论》，辽宁民族出版社2005年版，第245页。

丢了亲兄弟，沿着蝲蛄河往上寻，三天吃了个蝲蝲蛄，不找到兄弟不甘心。"至此，人们十分敬佩孙良的为人，便将他供奉为祖师爷，老把头。民国十八年（1929年）《桓仁县志》提到："夏历三月十六日，为祀山神，农人共食祭馀，俗呼此日为'老把头生日'。"① 民国二十六年（1937年）又续修补充道："阴历三月十六日为祀山神之日，乡人多有于是日祭老把头者，其义则不可知矣。"② 所以，在东北满族地区有些采参人也会信仰山神爷。据相关满族资料记载，这一习俗仍然流传，满族民间称虎为山神爷，乡间村头多有山神庙。这天是乡间的一个大节，狩猎人、放山人要到山神庙去上供、烧香、祭酒、挂红，以求山神保佑全家人畜平安。

辽宁省的一些其他满族地区还会在此日举行赛田之事，将农历三月十六这一天称为报赛之日，即农事完毕后所举行的谢神的祭祀。人们聚集在村内社祠，祭祀山神和虫神，祀后分食供品，欢聚庆饮，直到醉酒后才相互搀扶回到家中。通过仪式，人们不忘感恩山神与土地神、虫神等对庄稼收获的恩赐，同时也期望新一年里风调雨顺，五谷丰登，有好的收成。《宣统续修桓仁县志》记载："赛田之事，无□举乡间，每以三月十六与六月初六等日会于里社之祠，祀山神虫神，各神共食馂馀，此即为农人报赛之日。又与古党正蜡祭相似，至以田地收数较量丰歉，以为胜负，兹无此俗。"③ 民国十年（1921年）《兴京县志》记载："赛田乡间于三月十六日、六月初六日，祭于山神虫王各社，祭毕，食馂扶醉而归，即古田赛之义。祈祷向无专坛，时逢亢旱，即藉关帝、龙王各庙，建醮祈雨，以慰舆情。"④ 满族的先民通常会在山上找一棵高大粗壮的大树用来祭祀，村民们在这棵大树下宰杀牲畜，焚香祈祷。夜晚人们点起篝火，在树下载歌载舞。

对于满族人来说，农历的三月十六日无论是山神爷生日或是报赛之日，无论祭祀的是老虎山神还是孙良老把头，都寄托着人们对自然馈赠的感恩之心以及祈求农业丰收的美好愿景。虽然节俗活动仪式不同，但是人类仍用那固有的思想观念世代相传，向生养万物的自然报以感恩。

---

① 凤凰出版社编选：《中国地方志集成·辽宁府县志辑9》，凤凰出版社2006年版，第182页。
② 凤凰出版社编选：《中国地方志集成·辽宁府县志辑9》，凤凰出版社2006年版，第369页。
③ 凤凰出版社编选：《中国地方志集成·辽宁府县志辑9》，凤凰出版社2006年版，第51—52页。
④ 凤凰出版社编选：《中国地方志集成·辽宁府县志辑10》，凤凰出版社2006年版，第315页。

九、清明节

"'清明节'二十四节气之一,载在历书,俗谓'鬼节'"。[1] 清明节是中国的传统节日。相较于其他节日而言,清明节在农历中并没有一个固定的节日时间,据民国十八年(1929年)《续修桓仁县志》记载:"此节无定期,盖以夏历推定,不出二、三两月中。"[2] 清明节同样又是满族传统祭祀节日,称为"墓祭"。原来在每年农历三月五日举行(有些地区则在四月上旬),现在则在二十四节气的清明举行,流行于东北满族地区。如今的清明节是在每年公历的4月5日前后,春分后第十五天。这一节日最初流传于汉族,但由于我国大杂居、小聚居的人口居住分布状况,汉族与其他少数民族的文化逐渐交流融合,许多少数民族也会在清明节这一天举行系列的仪式活动。我国东北地区,满族作为人数较多的少数民族之一,其清明节的节俗活动更是独具特色。

杜牧《清明》一诗云:"清明时节雨纷纷,路上行人欲断魂。借问酒家何处有,牧童遥指杏花村。"清明节是人们祭扫墓地,缅怀故人的节日。从古至今,不论是穷人还是富人,不论身在何方,人们都会在清明时节回归故里,备上酒食果品、纸钱、香烛等物到坟地祭拜先人。由于坟墓长久地经受风雨侵蚀,坟墓会出现水土流失、塌陷或杂草丛生等情况,所以这一天人们多会带上铁锹和镰刀等工具修坟填土,清除杂草,以此希望祖先的魂灵安谧并且得到先人庇佑。关于修坟,民国十九年(1930年)《朝阳县志》记载:"'清明',或用车工,或用担挑,以封其先人之墓,随后及于平等及他人之墓,皆化帛奠酒,谓之'填坟'。"[3] 此外,修缮坟茔也向他人传达出墓中的先人有后世子孙祭扫之意。当然也有一些人会受到其他因素影响,不能亲自祭扫,但是身为子孙后代,人们仍不会忘记中华民族传统的孝道精神,而是会选择望空祭拜。民国二年(1913年)《海龙县志》对此有相关记载:"距坟近者,躬亲祭扫;距坟远者,备香楮、酒肴,望空致祭。"[4] 关于祭祀的流程,按照习俗人们会先

---

[1] 凤凰出版社编选:《中国地方志集成·辽宁府县志辑8》,凤凰出版社2006年版,第210页。

[2] 丁世良、赵放主编:《中国地方志民俗资料汇编·东北卷》,书目文献出版社1989年版,第89页。

[3] 丁世良、赵放主编:《中国地方志民俗资料汇编·东北卷》,书目文献出版社1989年版,第243页。

[4] 丁世良、赵放主编:《中国地方志民俗资料汇编·东北卷》,书目文献出版社1989年版,第310页。

将食物供祭在先人墓前，焚化纸钱，点燃香烛，接着为坟墓培上新土，并折几枝嫩绿的柳枝插在坟上，有些地区的汉族人们还会在坟上压些纸钱，借此寄托对逝去故人的思念之情。民国八年（1919年），辽宁省《盖平县志》关于清明节修坟填土的内容也有记载："清明日人家皆上塚，焚香楮祭奠，扫墓添土。"① 对于祭拜时间，其实并不仅仅局限在清明节当天，如民国二十年（1931年），辽宁义县县志描述对祭扫时间的安排就较为宽松："以先后十日为上塚期，各谒先茔，增覆新土，焚楮奠祭，置纸钱于塚上以祀之。"②

（一）墓祭插佛托

清明之际，扫墓插佛托是满族人所特有的节日习俗。据《清代东北边疆的满族》一书记载：清朝，在东北边疆地区，"满族受汉族影响，也把清明作为祭奠亲人的日子，上坟扫墓。与汉族不同的是，汉族在坟上压纸钱，满族则在坟上插'佛托'。'佛托'满语为'fodo'，汉译为'萨满祭祀中祈福用的柳枝'。"③ 又有"佛朵""佛头""佛多""佛陀"之称，是满族崇拜的女神"佛托妈妈"的简化，因此"佛托妈妈"也称为"柳树妈妈"。关于其由来，当地民众有自己的说法：

> 每逢清明节，满族人上坟，总要在坟上插佛托，这事还得从罕王说起。
>
> 罕王与妻子佛三娘会师以后，兵马增多了，由原来的四旗扩展到八旗。五千人为一旗，八旗能有四万多人。朝廷看罕王一天比一天强大，怕他造反，就派大将军李中挂帅，带领十万兵马前来讨伐。
>
> 罕王知道信儿后，抓紧操练兵马，又亲自监造十门铁炮，佛三娘又将铁炮安上了轮子，在营盘摆下了战场。罕王担心阵中没有阵胆，难以取胜，于是佛三娘自告奋勇去请佛托老母下山。罕王担心佛三娘身怀有孕出事，不想让她去。众将纷纷请求，愿意前往。佛三娘说："不，还是我去好，我熟悉路，佛托老母又是我的姑母，请大王放心。"
>
> 佛三娘走后，十万官军向罕王杀来，把八旗军团团围住。战鼓咚咚，杀声四起，官军天天骂阵。罕王三次出兵都败了回来，自此挂起免战牌，按兵不动，单等佛托老母到来。

---

① 凤凰出版社编选：《中国地方志集成·辽宁府县志辑13》，凤凰出版社2006年版，第144页。
② 凤凰出版社编选：《中国地方志集成·辽宁府县志辑18》，凤凰出版社2006年版，第561页。
③ 张杰、张丹卉：《清代东北边疆的满族》（1644—1840），辽宁民族出版社2005年版，第425页。

这一天，只见佛托老母骑着一只七叉八叉的梅花鹿驾云而来，她左手拿着拂尘，右手拿着七星宝剑，后面跟着佛三娘，骑着一匹桃红马，拿着长枪。罕王率领部下急忙出来迎接，又请出令箭令牌，交给佛托老母指挥。佛托老母马上令人摘去免战牌，调兵遣将，分兵把口，放号炮三声，去击明军。

明军一看，便摇旗呐喊，从四面八方杀来，八旗军在佛托老母指挥下，勇不可当。双方交战，兵对兵将对将，杀声、哭声、喊声、骂声都搅在一起，从早晨一直杀到黄昏。佛三娘一连挑了四员明将，自己的肩膀也受了刀伤，又怀着七八个月的身孕，在乱军中厮杀震动了胎气，腹痛难忍，浑身直冒虚汗。佛三娘心想，小儿可能要早生，可是身边都是男兵，没有一个女人，心中焦急，疼得她从马背上滚了下来，大喊一声："快去找罕王！"

旗兵手忙脚乱，把她扶到一棵大榆树下。佛三娘刚背靠断壁坐下，婴儿就已经呱呱坠地，亲兵想上前又不敢上前。这时佛托老母来了，刚把婴儿包好，可惜佛三娘又中了一支流箭，死在了战场上。

罕王赶来抱头大哭。就在这时，又杀过来一股官兵。罕王急劲推倒了残墙，盖住了佛三娘的尸体，拿刀上马杀向敌人。佛托老母把婴儿交给亲兵抱过去，又亲手把拂尘插在佛三娘的"坟"上作为纪念。佛托老母望天空拜了拜，说了声："我今天要开杀戒了。"

只见她手中宝剑向空中一指，念动真言，口内吐出神火，就见呼呼浓烟突起，唰唰烈焰腾空，眨眼工夫条条金蛇狂舞，团团火球飞向官军烧去。罕王下令马上点火炮，晴空里响起五声霹雷，一下子天昏地暗，风火大作，呼噜噜轰隆隆，飞沙走石；淅沥沥哗啦啦，山水爆发。大火烧得狼和獐子满山乱跑，大水冲得官兵人仰马翻，呼天喊地，鬼哭狼嚎。主帅李中烧得焦头烂额，被罕王连人带马一刀砍为两段。官军失去主帅，全军大乱，纷纷跪下投降。罕王收降官兵不下七八万人。

仗一打完，佛托老母就骑着梅花鹿腾云而去。罕王带领全军将士跪倒在地，望空拜了三拜，感谢佛托老母。

佛托老母的拂尘仍然插在佛三娘的坟上没有带走。打这往后，凡是满族人家死了人，就用木棍做杆，用四色纸做成像拂尘的东西，插在坟头上，表示祭奠。因为这是佛托老母留下的，人们就管这叫插佛陀。这个习俗一直流传到现在。①

如今，辽宁满族清明墓祭插佛托习俗仍在传承。2018年、2019年清明节前夕，辽宁大学民俗学调研团队前往辽宁省新宾满族自治县腰站村、永陵以及沈阳市于洪区静安村等地展开调研，对佛托的制作过程进行了采录。到底什么是佛托呢？佛托是用一根1米多长拇指粗细的柳树棍，上穿一截苞米骨，周围扎上五色纸条，佛托顶部用的花一般都是荷花，也有用牡丹花或芍药花的。这家是什么旗就决定着花是什么颜色，如果这家是正黄旗就扎一朵黄色的花，是正红旗就扎一朵红色的花，是正白旗就扎一朵白色的花，是正蓝旗就扎一朵蓝色的花。如果是镶黄旗就在黄花下边衬白边，是镶红旗就衬绿边，是镶白旗就衬黄边，是镶蓝旗衬红边。纸团下飘着一圈五彩纸条，为红、黄、蓝、白、绿五种颜色。剪好的图案有方形和圆形两种，象征着天圆地方。据说苞米骨代表裸体女性，而扎缠的一团五彩纸条便是代表子孙，一团纸团包住苞米骨，五彩纸条飘垂其下。此外，满族人还将佛托的纸束剪成钱串状，这同汉族人清明上坟烧纸一样，也有给逝去的故人送钱之意，让先人在另一个世界里也有钱花。

满族清明节插佛托习俗的起因与努尔哈赤的一段故事有关。传说努尔哈赤的脚心有七颗红痦子，李成梁准备将他押送北京领赏，而李成梁小妾喜兰却偷着将努尔哈赤放跑，自己上吊身亡。努尔哈赤为了报答喜兰的救命之恩，便封喜兰为佛托妈妈，民间百姓为了表达对喜兰的追念和敬意便在清明节插佛托。

随着社会文明程度的提高，满族传统的丧葬形式——土葬——发生了改变，"插佛托"这一习俗便在传承过程中也发生了变化，满族清明节的节俗活动也开始吸收借鉴汉族的墓祭文化。"新中国成立后，多数地方实行火葬，老坟深埋，无法添土插佛头，而是改在村边、十字路口烧纸祭祀。……个别地方的满族也有在坟头压纸的。"② 墓祭作为清明节重要节俗之一，维系着先人与后辈间的情感沟通，延续着个人与家族的传承。这是中华儿女敦亲和睦、行孝品德的表现，也是人们不忘先人、知恩而报的表达。

佛托在汉语中有柳树、柳枝之意。所以，满族的清明节还有插柳习俗。《中华全国风俗志》记载："满洲清明墓祭，新坟插佛朵，旧坟插柳枝，皆示人有后意。"③ 俗话说："有心栽花花不开，无心插柳柳成荫。"杨柳具有强大的生命力和旺盛的繁殖力，清明节人们会在茔地插柳枝祭拜先人，亦是希望通过

---

① 何晓芳主编：《辽宁省少数民族民间故事大系·满族卷（上卷）》，辽宁民族出版社2015年版，第35—36页。

② 鲍晓华主编：《朝阳市少数民族志》，辽宁民族出版社2004年版，第220页。

③ 转引自李澍田主编：《东北民俗资料荟萃》，吉林文史出版社1992年版，第359页。

对柳树的接触将其生命力与繁殖力转移到人的身上，表达着满族人对后世代代相传、生生不息的希冀。

插柳作为一种习俗，据《北平风俗类征》载，早在金代女真清明时分就有"儿童插柳，祭扫坟茔"的记录。至民国六年（1917年）更有"三月清明，人称鬼节，人家皆于是日备冥锭，携锹帚，扫墓插柳"①等较为详细的描述。所谓插柳就是人们在一些特定的日子将柳枝插于某处。清明节除了墓祭插柳，还会将柳枝插于房中、门首等处。民国十六年（1927年）《兴城县志》记载："诣坟填新土，焚香化纸以祭之，插柳枝以房中。"②

关于清明节插柳习俗的来历有多种说法，说法之一是为了纪念介子推。

相传春秋时期，晋公子重耳为逃避迫害而流亡国外，流亡途中，在一处渺无人烟的地方，又累又饿，再也无力站起来。随臣找了半天也找不到一点吃的，正在大家万分焦急的时候，随臣介子推走到僻静处，从自己的大腿上割下了一块肉，煮了一碗肉汤让公子喝了，重耳渐渐恢复了精神，当重耳发现肉是介子推从自己腿上割下的时候，流下了眼泪。十九年后，重耳做了国君，也就是历史上的晋文公。即位后，文公重重赏了当初伴随他流亡的功臣，唯独忘了介子推。很多人为介子推鸣不平，劝他面君讨赏，然而介子推最鄙视那些争功讨赏的人。他打好行装，悄悄地到绵山隐居去了。晋文公听说后，羞愧莫及，亲自带人去请介子推，然而，介子推已离家去了绵山。绵山山高路险，树木茂密，寻人谈何容易。有人献计，从三面火烧绵山，逼出介子推。大火烧遍绵山，却仍旧没见介子推的身影，火熄后，人们才发现背着老母亲的介子推已坐在一棵老柳树下死了。晋文公见状，恸哭。装殓时，在树洞里发现一封血书，上面写道："割肉奉君尽丹心，但愿主公常清明。"为了纪念介子推，晋文公下令将这一天定为寒食节。第二年，晋文公率众臣登山祭奠，发现老柳树死而复活，便赐老柳树为"清明柳"，并晓谕天下，把寒食节的后一天定为清明节。

民国十五年（1926年），辽宁《新民县志》对此便存有相关记载："清明节，此节不定在三月。盖以旧历推定不出二三两月之中。是日，家家以纸帛上坟祭祖，又各取柳枝插于门首。缘因谓，介子推于是日焚死绵山，后人哀之，

---

① 凤凰出版社编选：《中国地方志集成·辽宁府县志辑12》，凤凰出版社2006年版，第281页。
② 丁世良、赵放主编：《中国地方志民俗资料汇编·东北卷》，书目文献出版社1989年版，第237页。

插柳以招魂。"① 插柳习俗除了在清明节中有较多记载，其次便是出现在寒食节的相关文献中。民国二十七年（1938年）《西丰县志》记载："三月，清明日俗为鬼节，家家扫墓培土，致祭。是日妇女小儿折取柳枝，遍插头鬓，或房檐上亦一种招魂之举也。又前一日为寒食节，古者介子推被晋文公焚于绵山，适在是日，后人怜之，不忍于是日动烟火，故寒食取禁烟之义。"② 清明节，家家户户除了折柳枝插门首，房檐有"招魂续魄"之意，妇女小儿折取柳枝，插在头上亦一种招魂之举，以此来纪念介子推。《奉天通志》记载，民国时期的辽宁人会把这种"曲作连环簪头上的柳叶或柳枝，称其为'柳树狗'"③。

清明时节，万物复苏，草木萌发，世间一派生机勃勃的景象。人们插柳戴柳，形成了丰富多彩的柳文化。柳树在清明节除了有纪念介子推的"招魂续魄"说，当然还有一些其他的说法。

其二，免虿毒，避虫蝎。清明前后气温渐升，各种毒虫、病毒开始繁殖滋生。这时，人们把柳枝戴在头上或插在房檐、门首等处，认为柳枝可以驱赶毒虫。清代，《燕京岁时记》云："至清明戴柳者，乃唐高宗三月三日祓禊于渭阳，赐群臣柳圈各一，谓戴之可免虿毒。"④ 清同治二年（1863年）《宣恩县志》也有"清明，插柳叶于门，簪柳于首，曰辟毒疫"⑤ 之说。此外，明清之际，据来华的朝鲜使团李商凤将其在华所见所闻的著录《北辕录》记载："三月清明节，各家牲醴、扫墓、填坟土、挂纸钱、插柳门窗以避虫蝎。"⑥ 人们将柳树视为一种具有神力的植物，希望可以通过插柳戴柳这种习俗活动，避免虫疫，以求身体康健。

其三，辟邪说。柳树又称"鬼怖木"，在百姓心里，柳树具有避鬼驱邪的作用。故而，在清明节人们将柳枝插到门上，认为这样还可以防止恶鬼进入家中。据天一阁所藏明代方志《池州府志》载："清明士女戴柳枝及插门之左右，俗云辟邪。"⑦ 民国时期，胡朴安的《中华全国风俗志》中也有"清明日，家家门插新才知，俗意谓可松疫鬼"⑧ 之说。

---

① 凤凰出版社编选：《中国地方志集成·辽宁府县志辑1》，凤凰出版社2006年版，第366页。
② 凤凰出版社编选：《中国地方志集成·辽宁府县志辑12》，凤凰出版社2006年版，第547页。
③ 丁世良、赵放主编：《中国地方志民俗资料汇编·东北卷》，书目文献出版社1989年版，第25页。
④ （清）富察敦崇：《燕京岁时记》，北京古籍出版社1981年版，第57页。
⑤ 郭康松：《戴柳、插柳风俗考论》，《湖北大学学报（哲学社会科学版）》2002年第5期。
⑥ ［韩］李商凤：《北辕录》，复旦大学文史研究院，韩国成均馆大学东亚学术院大东文化研究院合编：《韩国汉文燕行文献选编》（第16册）复旦大学出版社2011年版，第94—95页。
⑦ 转引自郭康松：《戴柳、插柳风俗考论》，《湖北大学学报（哲学社会科学版）》2002年第5期。
⑧ 转引自陶忠炎：《从清明柳俗谈柳的文化象征》，《民俗研究》2012年第3期。

其四，明目说。还有一种说法认为清明插柳可以明眼。宋代《梦粱录》中提到、在寒食那一天，"家家以柳条插于门上，名曰'明眼'"①。到了清道光二十九年（1849年）《遂溪县志》亦云："清明日折柳枝悬门，并插两鬓，曰'明目'。"② 可见关于清明节插柳明目一说流传时间较长。人们除了在清明节插柳以求"明目"外，同样还要遵守一些禁令，避免头目不"清明"。如民国八年（1919年），东北《望奎县志》记载："清明节，为扫墓日。妇女忌针，动针者头目不清明也。"③ 据说这一天是妇女们的休假日，妇女们要放下手中的活计，若不然，对视力会有很大的伤害。

其五，延年祈寿说。民间有谚语："戴个麦，活一百；戴个花，活百八；插根柳，活百九。"柳树易存活，生命力顽强的这一特性，使人们希望自己可以通过插柳、戴柳的节俗活动像柳树一样健康、长寿。在我国一些地区又有"清明不戴柳，红颜成皓首"的说法，这里的柳枝便成了护身延命的象征。

其六，转生说。在满族流传着这样一句谚语。谚云："清明不带柳，来生变黄狗。"这句谚语在我国如河北、湖北、河南等地的一些其他地区亦有流行。从人们的思想观念看出清明节这一天戴柳与否，与死后转世是有莫大关系的。

其七，纪年华。清明戴柳还有纪年华之义。这一习俗是宋代"寒食"冠礼的遗存。宋代是将男女成年行冠礼的时间统一定在"寒食节"。据《梦粱录》记载："凡官民不论大、小家，子女未及冠笄者，以此日上头。"④ 因此，象征青春之意的青青嫩柳就作为成年的一种标志。人们在清明节插柳、戴柳便表现出对美好青春年华的珍惜与留恋。宋代赵元镇在《寒食书事》一诗中曾云："寂寞柴门村落里，也教插柳纪年华。"久而久之，清明戴柳这一习俗便流传下来，成为人们祈求红颜永驻的象征。到了民国时期，在东北地区的一些地方志中也有此记载。民国六年（1917年）《沈阳县志》记："清明，人家上冢，折柳枝置门侧，有插柳纪年遗意。"⑤ 民国十九年（1930年）及以前的辽宁营口地方志的资料《营口县志》亦记："是日，家家上冢祭扫，填新土，门前插柳，

---

① （宋）吴自牧：《梦粱录》，三秦出版社2004年版，第21页。
② 转引自郭康松：《戴柳、插柳风俗考论》，《湖北大学学报（哲学社会科学版）》2002年第5期。
③ 丁世良、赵放主编：《中国地方志民俗资料汇编·东北卷》，书目文献出版社1989年版，第456页。
④ （宋）吴自牧：《梦粱录》，三秦出版社2004年版，第21页。
⑤ 丁世良、赵放主编：《中国地方志民俗资料汇编·东北卷》，书目文献出版社1989年版，第49页。

有古人纪年华之遗意焉。"① 综上所述，满族清明节与柳树二者密切相关。

（二）休闲游戏

1. 半仙之戏

"绿柳阴中秋千影，游人知道是清明。"秋千是我国古代民间游戏之一，唐朝之前，秋千之戏就已经十分盛行。但是最初关于秋千的记载却并不是与清明节相关，而是出现在立春时期。南朝梁《荆楚岁时记》记载："立春之日……又为打毬、秋千之戏。"到了唐代，秋千逐渐成为寒食、清明等节庆期间主要的习俗活动。《开元天宝遗事》记载："天宝宫中至寒食节，竞竖秋千，令宫嫔辈戏笑以为宴乐。"这里已明确指出荡秋千是在寒食节时举行的。书中还记载了宫女们在寒食节荡秋千时的具体活动情况：她们身穿彩衣绣裙，登上秋千架后，上下凌空翻飞，体态轻盈优美，简直像是天上的仙子飘飘而降。唐玄宗看得入迷，因而称其为"半仙之戏"。明清之际，秋千之戏已经成了清明节的主要娱乐活动之一，皇族百姓对这一活动都十分喜爱。明代刘若愚在《酌中志》中描述："三月初四日，宫眷内臣换穿罗衣。清明，则'秋千节'也，带杨枝于鬓。坤宁宫后及各宫，皆安秋千一架。"② 历史上，人们经过地域间的迁徙流动，秋千戏从山东等地迁移到了满族人聚居的东北，成为清明节习俗活动之一。民国二十六年（1937年）《磐石县乡土志》记载："满族清明（'鬼节'）：是日也……直、鲁移来之民则作秋千戏者。"③

关于秋千的来源，《事物纪原》卷八秋千条引《古今艺术图》稍详，谓："北方戎狄爱习轻趣之态，每至寒食为之。后中国女子学之，乃以彩绳悬树立架，谓之秋千。或曰本山戎之戏，自齐桓公北伐山戎，此戏始传中国"④。秋千最初是进行军事训练的一种工具，后来才逐渐演变为一种娱乐性活动，受到广大人民的喜爱。

2. 郊游踏青

清明时节万物复苏，草长莺飞，满族人通常会在这天外出踏青游玩。"四五月青草初生，载酒牵羊，饮宴于江边林下，号曰：'耍青'。"⑤ 风和日丽，万物复苏，人们沐浴在春光里，在农活之余"偷得浮生半日闲"，回归自然，

---

① 丁世良、赵放主编：《中国地方志民俗资料汇编·东北卷》，书目文献出版社1989年版，第139页。
② （明）刘若愚：《酌中志》，北京古籍出版社1994年版，第179页。
③ 丁世良、赵放主编：《中国地方志民俗资料汇编·东北卷》《磐石县乡土志》，书目文献出版社1989年版，第287页。
④ 转引自夏日新：《长江流域的岁时节令》，湖北教育出版社2004年版，第109页。
⑤ 刘中平、鞠延明：《传统岁俗节日中的满族特色》，《满族研究》2009年第4期。

感受生命。宋代孟元老的《东京梦华录》记载:"寒食第三节,即清明日矣。凡新坟皆用此日拜扫。都城人出郊。……四野如市,往往就芳树之下,或园囿之间,罗列杯盘,互相劝酬。都城之歌儿舞女,遍满园亭,抵暮而归。"① 同样,在当今春暖花开、生机勃勃之际,除扫墓外,年轻人还在这一天脱掉冬装,换上春装。满族有"清明不脱棉裤,死后变兔子。清明不脱棉袄,死后变家雀"的俚语。这一天人们走到郊外游玩,称为"踏青"。

3. 风筝之戏

郊外踏青,必不可少的娱乐活动当属"放纸鸢"。明清时期,《帝京岁时纪胜》记载:"清明扫墓,倾城男女,纷出思郊,担酌挈盒,轮毂相望。各携纸鸢线轴,祭扫毕,即于坟前施放较胜。"② 在我国古代,人们扫墓之后,往往会放风筝祭祀祖先。通常会在较长的竹竿顶端绑上钱线,然后插在死者的坟上,春风把钱线高高吹起,轻盈飘逸,寓意着先人精神之永存。此外,青年男女纷纷踏青郊游,牵引纸鸢,轮毂相望,又有求姻缘之意,希望借此来抒发男女心中的春心情意。

纸鸢作为一项民间游戏,同样也丰富了孩童们的娱乐活动。民国二十年(1931年)《义县志》记:"又在是节左右,城乡儿童恒以纸糊飞潜等物状形,系以绳或线假风腾空,牵之为戏,名曰'风筝'。按《事物纪原》记载:"风筝巧制不一,其上悬灯,又以竹为弦,吹之有声如筝,故曰风筝。正二月俗竞放之,清明后风不升,乃止。"③ 传统的满族清明节放风筝活动,在名称与制作方法更是独具特色。这一天,"小孩用秫秸瓢和皮(席篾)扎成大小不等的'倭瓜'状,外面糊纸,画上若干道纹饰,放在道边上任风吹跑,叫作'放倭瓜'"④。放风筝作为娱乐活动之一,不仅可以放松身心、排解苦闷,而且据宋朝李石的《续博物志》中记载:"春日放鸢,引线而上,令小儿张口而视,可以泄内热。"⑤ 可见,我国古代人民的智慧无处不在。

(三)饮食习俗

满族清明节除了祭祖、扫墓和踏青等习俗活动,满族的时令美味也是一大特色,这一天家家都会吃面食。民国十五年(1926年)《兴城县志》记载,清明节吃面食的饮食习俗与寒食节的关系是密不可分的。"清明前三日,家家多

---

① (宋)孟元老撰,邓之诚注:《东京梦华录注》,中华书局1982年,第178页。
② (清)潘荣陛:《帝京岁时纪胜》,北京古籍出版社1981年版,第16页。
③ 凤凰出版社选编:《中国地方志集成·辽宁府县志辑18》,凤凰出版社2006年版,第561—562页。
④ 张佳生:《中国满族通论》,辽宁民族出版社2005年版,第245页。
⑤ 转引自张小妮:《唐宋女子清明节时的风筝活动》,《兰台世界》2013年第6期。

备饼饵食之，盖取寒食禁烟之遗意，故曰寒食节，亦曰禁烟节。"① 又有民国十八年（1929 年）《桓仁县志》记载："家家以麦面做饽饽，团聚而食。"② 民国十九年（1930 年）《朝阳县志》记载："是日，必皆食面，谓之'过清明'"。③ 在饮食习俗上，满族还有一些朗朗上口的"妈妈令"。比如"清明不吃蛋，穷的乱战战""清明不吃豆，穷的乱抖嗖"等等。这天要吃鸡蛋、吃豆腐，尤其要吃春饼。因为手擀的春饼像荷花叶，又名"荷叶饼"。此饼是将两片薄薄的面饼合在一起擀，擀得很薄，才能称为正宗春饼。当年有钱的人家吃春饼，要将肉丝炒绿豆芽、葱丝蘸面酱卷在春饼内，吃起来又香又软。而穷人家则只能用鸡蛋炒豆芽加上粉条卷春饼，或者是从地里挖出来的小根菜，加上鸡蛋丝、粉条等烙煎饼盒子吃。如今，春饼、煎饼盒子早已成为满族地区家常菜。此外，民国二十六年（1937 年）《磐石县乡土志》还有记载："清明（'鬼节'）：是日也，各家食鸡蛋糕，亦有食饺子者，并须祭扫坟墓。"④

（四）植树节

清明节又称为"植树节"。俗语言："植树造林，莫过清明"。民国六年（1917 年）《开原县志》记载："三月清明，俗称鬼节。人家皆于是日备冥镪、携锹幕、扫墓插柳，今已改为植树节，为全国栽植树木之期。"⑤ 民国八年（1919 年）《盖平县志》记载："自民国纪元，以清明为植树节，令各校学生以次栽树，即标记此树为某某植，亦盛事也。不数年间，树林阴翳，佳木葱茏，此举不惟舒畅学子身心，并以培植林业。种树喜培佳子弟，此语可藉诵之。"⑥ 植树造林成了清明节的新增活动，不但可以美化环境，而且对于舒畅学子身心也有很大的帮助。民国时期，据东北不同地区的县志记载，清明节的植树也有不同的活动安排。民国十七年（1928 年）《辽阳县志》记载："三月清明日，俗为鬼节……今改植树节，咸就隙地栽树。"⑦ 民国二十年（1931 年）《铁岭县志》记载："今为植树节，学校放假一日，守土官率僚属及各学校往邑东龙首山植树、摄影，列为盛典焉。"⑧

---

① 凤凰出版社编选：《中国地方志集成·辽宁府县志辑 21》，凤凰出版社 2006 年版，第 538 页。
② 凤凰出版社编选：《中国地方志集成·辽宁府县志辑 9》，凤凰出版社 2006 年版，第 182 页。
③ 丁世良、赵放主编：《中国地方志民俗资料汇编·东北卷》，书目文献出版社 1989 年版，第 243 页。
④ 丁世良、赵放主编：《中国地方志民俗资料汇编·东北卷》，书目文献出版社 1989 年版，第 287 页。
⑤ 凤凰出版社编选：《中国地方志集成·辽宁府县志辑 12》，凤凰出版社 2006 年版，第 281 页。
⑥ 凤凰出版社编选：《中国地方志集成·辽宁府县志辑 13》，凤凰出版社 2006 年版，第 176 页。
⑦ 凤凰出版社编选：《中国地方志集成·辽宁府县志辑 3》，凤凰出版社 2006 年版，第 358 页。
⑧ 凤凰出版社编选：《中国地方志集成·辽宁府县志辑 11》，凤凰出版社 2006 年版，第 606 页。

（五）农事活动

我国自古以来一直都是农业大国，清明前后，阳光明媚，温度适中，春雨飞洒。这一时期，除了种植树苗的存活率高，满族人们也会在此时开启一年的劳作，进行春耕。一辈又一辈的耕种经验使人们总结出了"清明前后，种瓜种豆"等相关农谚，这些农谚又指导人们进行农业生产。民国十八年（1929年）《安图县志》记载："俗语云：'二月清明麦在头，三月清明麦在后。'盖以此节可定种稼之早晚耳。"[1] 又《西丰县志》记载，大约在民国二十七年（1938年）左右，该地"现已视清明为一种农事纪念日，至期备酒食以食家人及雇工，无古人于饮食中寓凭吊之意焉。"[2]

清明节从古至今，随着朝代的更迭不断演变，文化习俗内容不断丰富。几经沉浮，流传至今，成为中华优秀传统节日之一。随着时代的发展，社会的进步，今天的清明节对于人们来讲，无论是告慰先人以寄哀思，还是郊游踏青外出游玩，其丰富多彩的文化内涵和功能，都展现了中华民族独特的民族精神。

十、领神节

萨满教是满族传统宗教信仰，是一种基于原始信仰发展起来的民间宗教，主要流传于中国东北和西北地区各阿尔泰语系的民族中。在其每一个宗教仪式中，都有一群负责掌管仪式的人，即"萨满"。

氏族内对于萨满的选定，往往需要举行一系列出徒领神仪式，只有通过仪式活动，才能得到族群成员认可，真正成为一名合格的萨满。对于满族人而言，每年会举行两次仪式，据资料记载，每年农历三月初三日和九月初九日为春秋两季"开马拌日"，也称为"开马拌节""大神节"或"领神节"。所谓"开马拌"是为新萨满举行的出徒领神仪式，通过了这个仪式，新萨满便可以单独顶香领神从事祭祀活动了。没有通过这一仪式的萨满，族人是不会认可的，所以说这一仪式是对新萨满的综合考验和验收的仪式。在这个仪式上，新萨满要放"飞虎神""火炼金神""蟒神""水獭神"等。其中以放"水獭神"

---

[1] 丁世良、赵放主编：《中国地方志民俗资料汇编·东北卷》，书目文献出版社1989年版，第296页。

[2] 丁世良、赵放主编：《中国地方志民俗资料汇编·东北卷》，书目文献出版社1989年版，第130页。

最为惊险，没有一定的技艺是通不过的。① 仪式中新萨满需要完成相应的仪式活动，看他是否能顺利通过考验，借此来评定新萨满是否具有保护氏族的能力。可见族人对萨满的要求十分严格，萨满自身也承担着重大的家族责任。

也有一些满族地区称此类仪式为"抬神"仪式。"开马拌"就是新萨满的"抬神"仪式，通过这个仪式，就可成为正式萨满。故民间称三月三、九月九为大神节。又有诗赞曰："演剧酬神三月三，元天岭下共停骖。仙人不为盲人会，有瞽齐来醵饮甘。"在满族，领神节只有萨满精通，大多数族内人都是参加看热闹的。因此，领神节是一个传统的宗教性节日。

---

① 张佳生：《中国满族通论》，辽宁民族出版社 2005 年版，第 245 页。

第二章　夏季节日

一、佛诞节

佛诞节，又称"浴佛节""佛诞日"，为每年农历的四月初八，是佛祖释迦牟尼的诞辰。这一天常被视作是一年中最隆重的佛教节日之一，对于信仰佛教的满族人来说亦是一个重要节日。我国纪念佛诞节最初在东汉时期，《三国志》中记载：每浴佛，在路边设酒饭，请人就食。佛诞节仅限于在寺院内举行，发展至魏晋南北朝时才开始流向民间。汉魏六朝时，如浴佛、行像、散花、伎乐表演、造幡求福等印度传统佛诞节仪先后被引介进入中国，而施斋、抄经、造像之类非印度传统佛诞节仪也在地方化过程中先后被增衍出来，最终佛诞日由一个宗教性的纪庆日子演变成为中国人的传统节日之一。随着各民族文化不断地交流融合，信奉佛教的人也越来越多。

关于释迦牟尼的诞生，在辽宁部分满族地区流传着这样一个传说。

> 在古印度，有一个富庶的迦毗罗卫国，国王被称为净饭王。净饭王有一位妻子叫摩耶夫人。这位净饭王仁慈和善，善理国政，只可惜多年没有子嗣。有一天，摩耶夫人梦见有一匹六牙白象进入她的身体里，随后夫人就怀孕了。在当时印度有这样一习俗，凡是女子在生产之前都要回到娘家去。当摩耶夫人走到蓝毗尼园婆罗树下时忽然觉得一阵腹痛，随后太子便诞生了。小太子一生下来就会走路，一手指天，一手指地，说："天上地下，唯我独尊。"小太子便是后来的释迦牟尼佛，而出生的这一天正是中国农历的四月初八，人们就称这天为佛诞日。这一天，各地的佛教信徒聚集在寺庙内，参加浴佛仪式。这就是"浴佛节"名称的由来。

有关佛诞日的时间，史料记载的释迦牟尼佛生日的具体时间说法不一。其一，关于二月初八日的记载。《荆楚岁时记》云："二月初八，释氏下生之日，迦文成道之时。"① 其二，关于四月初八的记载。《魏书》记载："释迦于四月八日夜从母右胁而生。"②《荆楚岁时记》亦有："四月八日，诸寺各斋，以五色香汤浴佛，共作龙华会。"③《东京梦华录》记载："四月八日，佛生日。十大禅院各有浴佛斋会，煎香药糖水相遗，名曰浴佛水。"④

据地方县志记载，辽宁省满族地区人们多会选择在四月初八这一天过佛诞节。民国十六年（1927年）的《辽阳县志》、民国十七年（1928年）的《奉天省北镇县志》、民国十八年（1929年）的《开原县志》及《锦西志》、民国二十七年（1938年）的《西丰县志》对此俗均有相关记载，如："四月初八日为佛诞节，性喜佛教者必焚香跪拜。"⑤ 可以看出，在当时一些地区的佛诞节还主要是一些信仰佛教的人在参与。民国二十年（1931年）的《铁岭县志》对浴佛仪式展开详细的记述："四月八日为佛诞日，诸佛寺设斋，以五色香水浴佛，作龙华会，以都梁香为青色，郁金香为赤色，邱隆香为白色，附子香为黄色，安息香为黑色，以灌佛顶，一般好佛者为之。"⑥ 人们用五色香水浴佛，用小铜勺盛着香汤浴灌佛顶，这不仅仅是洗浴太子佛神像，也是佛家借此洗涤人们内心的污浊、净化世间众生心灵的仪式活动。

民国二十六年（1937年），辽宁海城各地佛寺均会于此日举办法会，农民也于当日放工休息一天："四月初八日，为'佛诞节'。即释迦如来生日。各处佛寺皆于此日办会，农家放工。"⑦ 这时，佛诞节的受众也越来越广泛，节日的性质开始发生转变，佛诞节从最初的宗教性节日，成为一个普适度较高的节日庆典。但今天对大多数人来说，对佛诞节的关注更多的仍是佛教信徒。

二、端午节

历史上，满族与汉族有着较为深厚的文化交往，对汉族文化也采取兼收并蓄的态度。在满族文化中，端午节又名当午、五月节、药香节和女儿节，民国

---

① （梁）宗懔撰，（隋）杜公瞻注：《荆楚岁时记》，姜彦稚辑校，中华书局2018年，第27页。
② （北齐）《魏书》卷一一四《释老志》，中华书局1974年，第1409页。
③ （梁）宗懔撰，（隋）杜公瞻注：《荆楚岁时记》，姜彦稚辑校，中华书局2018年，第39页。
④ （宋）孟元老撰，邓之诚注：《东京梦华录注》，中华书局1982年，第102页。
⑤ 凤凰出版社编选：《中国地方志集成·辽宁府县志辑12》，凤凰出版社2006年版，第281—283页。
⑥ 凤凰出版社编选：《中国地方志集成·辽宁府县志辑11》，凤凰出版社2006年版，第606页。
⑦ 凤凰出版社编选：《中国地方志集成·辽宁府县志辑8》，凤凰出版社2006年版，第210页。

时期也被称为"夏节"。满族认同端午节由来的"纪念屈原说","今五月五日作粽并带叶,五花丝遗风也。"① 同样也认为五月节包含驱邪禳灾的主题,满族还流传着与此相关的传说:很久以前,天帝派使者到人间体察民情,使者扮成卖油翁吆喝道:"一葫芦二斤,两葫芦三斤。"人们争先购买,只有一老汉,非但不买,反而告诉卖油翁算错了账。卖油翁尾随老汉,并告诉他,今夜瘟神将下界降瘟疫,要老汉赶紧回家,在自家房檐上插些艾蒿,门上插根柳枝,柳枝上拴个小布猴和小笤帚,家里人绑上五彩线,并叮嘱老汉不要告诉那些买油的。好心的满族老汉跑遍了全村,告诉了众乡亲。结果,家家插艾蒿,人人绑五彩线,全村人都得救了。②《帝京岁时纪胜》中对这一日习俗进行了总括性的记述:"五月朔,家家悬朱符,插蒲龙艾虎,窗牖贴红纸吉祥葫芦。幼女剪彩叠福,用软帛缉逢老健人、角黍、蒜头、五毒老虎等式,抽作大红硃雄葫芦,小儿佩之,宜夏避恶。家堂奉祀,蔬供米粽之外,果品则红樱桃、黑桑椹、文官果、八达杏。午前细切蒲根,伴以雄黄,曝而浸酒。饮余则涂抹儿童面夹耳鼻,并挥洒床帐间,以避虫毒。饰小女尽态极妍,已嫁之女已各归宁,呼是日为女儿节。"③

（一）插蒲艾、贴葫芦

清朝末期,五月节这一天家家"檐端插蒲、艾"④、桃枝,还要在门口悬挂手执彩麻小帚的"黄布猴"。这一日被认为是"瘟神会",因此要用小扫帚除瘟疫。心灵手巧的满族女子用红、黄纸叠葫芦或符印,下面再粘贴上桃叶,贴在门上或者是挂在门上。葫芦寓意多样,既有能盛药、祛毒的寓意,也有着"福禄"的内涵。家里有院子的话,房檐走廊下也要挂两三株蒲艾。东北有些地区不仅要挂蒲艾,还要"耳塞艾一团,谓诸虫不入"⑤,避免耳疾。明清时期的来华的朝鲜使臣在《燕行录》中记载了辽东地区端午节时的情形:"满头插艾,檐端排插青艾,比家皆然。"⑥ 这些习俗的由来还有一个传说。

古代有个满族女子,在战乱中抱着大孩子、领着小孩子奔跑,敌兵逼近了,她扔下小孩子,抱着大孩子继续奔跑。原来,小孩子是她亲生的,大孩子是邻家孤儿。这件事感动了前来人间降瘟的瘟神,他

---

① 丁世良、赵放:《中国地方志民俗资料汇编·东北卷》,书目文献出版社1989年版,第27页。
② 孙辑六主编:《满族风情录》,四川民族出版社1994年版,第26页。
③ （清）潘荣陛:《帝京岁时纪胜》,北京古籍出版社1981年版,第21页。
④ 丁世良、赵放:《中国地方志民俗资料汇编·东北卷》,书目文献出版社1989年版,第27页。
⑤ 凤凰出版社编选:《中国地方志集成·辽宁府县志辑14》,凤凰出版社2006年版,第114页。
⑥ （清）林基中编:《出疆录·燕行录全集（第七十二册）》,东国大学校出版社2001年版,第70页。

退了敌兵，又告诉女子五月初五在屋檐下插艾蒿、桃枝、蒲草，可以避免瘟疫。女子马上把这事儿告诉了大家，于是五月初五早晨，家家屋檐下都插上艾蒿、桃枝、蒲草。

民国时期，插蒲艾、贴葫芦等驱邪避瘟为主旨的习俗活动得到了很好的传承，基本的形式没有太大改变。关于插艾蒿，满族至今流传着这样一则传说。

从前，有一个地方，这个地方坏人特别特别多，这些坏人把坏事都做绝了。这件事儿也不知道怎么的，就传到了皇帝的耳朵里了。皇帝大怒，马上传下了圣旨，命当朝的一位姓刘的大人去查查看，说："如果要真是这样的话，咱们把这个地方所有的人都杀掉。"

刘大人接旨以后，就换成便装，去那个地方看察看。他一进村子，就看见一个村妇，背上背着一个大孩子，地上领着一个小孩子。刘大人看了挺奇怪，就在道旁瞅。

这个村妇可能有急事，走得又急又快，把这个小孩子拽得跟头把式的。刘大人一看生气了，这个地方民风真是有问题，这个村妇也真是可恶，你该背小的，领大的，瞅她把小的拽的，这是何道理呀？难道不是她亲生的，才这样对他？就叫随从："把这个村妇叫来问问！咋回事？"

这个村妇被带到刘大人面前。刘大人就问："你怎么能背着大孩子领着小孩子呢？"

这个村妇说："老爷呀！是这么回事。我背着的这个大一点的孩子，是我丈夫前窝儿留下的，在地上走的小孩子，是我到他家以后生的。因为我是后妈，后妈就得把前窝的孩子高一眼看待，所以我背着他，这个小的是我亲生的，就得严一点。"

刘大人一听，哎呀！你这个村妇心眼挺好使啊，这样的人不是坏人，该留下来。刘大人就说了："我告诉你呀，我这次是奉皇帝的旨意，在五月初五那天，要把这个村子里的人全都杀掉。你是好人，到那天，你就把艾蒿插在你的房檐上，我告诉士兵，有艾蒿的这家人不杀，你就没事了。"

这个村妇一听，是这么回事儿。她谢过刘大人，回到了家里。农村谁家都有个三亲六故，这不，她为了让大伙儿都不死，就告诉这些亲戚，五月初五房檐下插艾蒿，可以免死。这就一传十，十传百，你告诉我，我还有亲戚呢，就这么往外扩延。也真就怪了，平时作恶的人家，就没人告诉。

就这样，五月初五那天，皇上派兵，凡是没有插艾蒿的人家，都通通抓去杀头了，插艾蒿的人家就留住了性命。

打那以后，就成了规矩，每年五月初五这天，家家都插上艾蒿，变成了插艾蒿避灾祸的习俗。这个习俗一直流传到今天。[①]

另外，满族民间还流传一个《插艾蒿的来历》。

端午节是中国民间传统的佳节，每年这一天，人们总是吃粽子，喝黄酒，绣荷包，系五彩线。住在山村里的家家户户，房檐底下还要插上一绺一绺的艾蒿和臭蒲。过端午节，为什么要插艾蒿和臭蒲呢？在满族聚居的村落里，流传着这样一段故事。

传说很早以前，世上的恶人触怒了山神和土地。山神和土地一气之下，到玉皇大帝面前奏了一本，说世上人心最坏，天底下没有一个好人，请玉皇大帝严加惩罚。

玉皇大帝听了山神和土地的奏本，非常生气，即刻传旨命令雷神爷、闪神爷下界，把房屋全部轰倒烧光，活人一个不留，全部劈死。

雷、闪二神领旨下殿，走出南天门，遇上了太白金星。太白金星问："二位神仙意欲何往？"

雷、闪二神齐声回答："奉旨到下界，严惩人间的恶人。"接着把山神和土地的奏本及玉皇大帝准奏之事复述了一遍，说完转身要走。太白金星拦住说："二位神仙且慢，待我到玉皇面前进谏。如进谏不成，二位神仙再去也不迟。"太白金星说罢，匆忙来到玉皇面前，说："江河千条长短不一，高山万座不能齐头并立。天下黎民百姓，犹如江河高山，善恶不能等同。如一律问罪，岂不是善恶不分了吗？"

玉皇大帝觉得太白金星说得有理，又问道："依仙翁之见，当以何策压恶扬善呢？"

太白金星说："以臣之见，可暂容几日，待我细细查访，分清皂白再做计较。"

玉皇大帝说："也罢，就依仙翁之见，速去速回。"

太白金星离开天庭，手持拂尘，脚踏祥云转眼来到人间。他一连走过几处村庄，没见一人做过什么恶事，也没见一人行过善事。太白金星继续往前走，遇上一条拦腰深的大河，河面挺宽，河水挺急。他见对岸一个媳妇怀里抱着一个四五岁的大孩子，手里扯着一个两三岁的小孩子，到了河边丢下小孩，抱着大孩子先过河。河对岸的小孩离

[①] 夏秋主编：《满族民间故事·辽东卷（上卷）》，辽宁民族出版社 2010 年版，第 89—90 页。

开讷讷"哇哇"直哭。她把大孩子抱过河，才转回身去抱撂在河对岸的小孩子。

太白金星看得清清楚楚，非常气愤，心想："这样的女人实在可恶，该当雷劈。看来山神和土地所奏，乃为实情。"媳妇抱着小孩返回河这边后，放下了小孩子，又要把大孩子往怀里抱。大孩子挺懂事，说："讷讷，我自个儿走，弟弟小你抱弟弟吧。"这个媳妇偏不抱小的，又把大孩子抱在怀里。太白金星越看越气，迎上去问："你这个人为什么这么坏？"

媳妇听了一愣，反问道："我怎么坏了？"

太白金星说："我说你坏，你就是坏。你过河不抱小的，先抱大的，走路还是抱大的，不抱小的。"

媳妇一听明白了，说："这位老人你不知道，我怀里抱的孩子从小死了讷讷，地上走的是我亲身所生。亲生儿虽小有亲生母亲在，这个大孩子虽大没了生身母亲疼爱，我一个做继母的怎么能先抱自己的孩子，丢掉先头留的孩子呢？"

太白金星一听恍然大悟，心说："没想到天底下竟有这样的好心人。若非我细心查访，险些皂白不分。"太白金星想了一会儿又问道："你们村里的人都这么好吗？"

媳妇说："扶老携幼、照顾孤儿寡母这本是理所当然的事，不好的人也有，为数不多。"

太白金星听完点头称是，就脚踏祥云回到天宫，将所见所闻奏给玉皇大帝。玉皇大帝听罢，正要传令取消雷神、闪神荡平人间的命令，不料山神和土地又来奏本，还是说世上的人如何如何坏。玉皇大帝一听，决定还是不收回原命。太白金星又跪奏道："容臣再到人间走一趟，告知那些好人躲开，免受灾难。"

太白金星第二次下到人间，找到那个好心的媳妇说："我告诉你一件事，明天正晌午时，玉帝派雷、闪二神下到人间，要把所有的房屋烧尽，把所有的活人都劈死，你用艾蒿插在房檐上，明天就可不遭雷劈，把臭蒲插上就可不遭火烧。凡是好人，都请你传言一声。"说完一道金光不见了。

媳妇知道是神仙点化，急忙把这件事告诉了村民。媳妇从来不传瞎话，一说大伙都信了。你传我，我传你，亲传亲，邻传邻，村传村，堡传堡，没用一天工夫，那些不做坏事的家家户户房檐底下，都插上艾蒿和臭蒲了。

到了第二天午时三刻，雷神爷闪神爷来到人间，本想趁这机会好好施展一下神威，没想到不少人家房檐底下插上了一绺绺的艾蒿和臭蒲，顿时他俩的精神减了一半，觉得该挨雷劈、遭火烧的人已经不多，这样兴师动众、大动干戈不值得。可玉皇大帝又有令，就不得不打一顿闪，滚一阵雷，下几个雨点，就回天宫交差去了。

好人不该挨雷劈，遭火烧，坏人也跟着占了便宜，坏人知道了插艾蒿和臭蒲的秘密，第二年五月初五也照好人的样子学。雷、闪二位神仙一看，还是打一阵闪，滚一阵雷，下几个雨点，返回天宫交了差。从那以后，每到农历五月初五这天，家家户户都要在房檐底下插上艾蒿和臭蒲。每年这一天，雷闪二神都要到人间来一趟，打一阵闪，滚一阵雷，下一阵急雨，便回天上交旨。虽说坏人没挨雷劈，没遭火烧，这种传统习俗还是告诉人们要多做好事，别做坏事。不信你品吧，每年的五月节前后两天，准有一次雷阵雨。①

（二）戴荷包、佩五彩线

女真族创立的后金沿袭了辽的风俗。满族入关之后，荷包的样式、款式精致了很多。《燕京岁时记》里记载女子会缝制角黍、五毒虎、小葫芦、粽子等形状的荷包，分给孩子们佩戴。② 其他长辈们也会特意制作多余的荷包，分发给自己的晚辈或者街坊四邻，代表着对孩子们平安长大的期望。青年男女也要佩戴荷包，心灵手巧的姑娘，在玲珑剔透的荷包里装上香草，挂在衣裙上，或者悄悄地塞给心上人，以此传情。出嫁的女儿还会在这一日归宁，因此五月节也被称为"女儿节"。

汉代应劭《风俗通》记载："五月五日，以五彩丝系臂，名'长命缕'，一名续命缕，一名辟兵缯，一名五色缕，一名朱索，辟兵及鬼，命人不病瘟。"长命缕在辽代又称为"合欢结"。小孩子们手腕儿上、脚脖儿上系有五彩线，胸前佩戴帛制的小荷包，意为祓除不祥，长命百岁。正如诗中写的那样："家家檐下艾飘香，户户侵晨踏露芳。巧女提将五彩粽，笑分邻舍小儿郎。"据《荆楚岁时记》记载，六朝时已有此风。

至于如何处置佩戴之物，有一种说法是因五月节又名"午节""天中节"，因此中午饭过后，孩子将自己佩戴的五色绳和荷包扔到道路中间。还有一种说法是在五月节第一场雨后，孩子们将佩戴之物扔到雨水或者河里，意味着让河

---

① 中国民间文艺研究会辽宁分会编：《满族三老人故事集》，春风文艺出版社1984年版，第454—457页。

② （清）富察敦崇：《燕京岁时记》，北京古籍出版社1981年版，第66页。

水将瘟疫、疾病冲走，谓之可去邪祟、禳灾异，会带来一年的好运。

(三) 吃角黍、鸡蛋、饮雄黄酒

作为一年生活的节日之一，五月节也有着与往日不同的食俗。角黍原本为了纪念屈原，"屈原于是日溺于汨罗江，居人每届是日以角黍飨之，故遗风也"①。角黍从刚开始形成到现在，也是在不断变化的过程。《本草纲目·谷部四》记载："古人以菰叶裹黍米煮成"，用的是"黍"，黄米，形状为"尖角"，"近世"则多为"糯米"。角黍的形状也改变，"有角粽、有锥粽、有菱粽、九子粽"②，还会亲友之间互相馈赠。清代宫廷内部皇帝和官眷们不仅食用粽子，而且还会用粽子供祖祭神，摆于养心殿东、西佛堂和圆明园。皇帝在端午节当天赏赐给军机大臣、翰林官等人粽子，既是表示节日欢愉，又能维系君臣感情。

其余节日食品还有凉糕（又名粉团）、鸡蛋，饮雄黄酒。鸡蛋是早餐时人人必吃的食物。妈妈或奶奶把煮熟的鸡蛋放在小孩儿肚子上滚几滚，逗得孩子直笑，然后剥皮给小孩子吃，说是这样以后不会肚子疼，不苦夏。到民国时期，丹东地区出现了吃鸭蛋的习俗。五月节，商、民们过节，"午后休息半日"③ 到一日不等。家人们准备的午膳也是要尽可能的丰盛。

端午时节由于北方夏季天气燥热，人易生病，瘟疫也易流行，再加上蛇虫繁殖，易咬伤人，因此在这一日的所有活动都是围绕着驱除毒虫瘟疫展开的。民国八年（1919年）《盖平县志》从五行角度对端午的"恶日"进行了解释："五月五日为'端阳节'，又名'五毒日'。盖五月属午，五日为端午二午相属，火旺之相。过旺则为毒，故用艾蒿桃枝砟砂雄黄之物，以解之。"④

雄黄是中国传统药材，中国传统医学认为其有杀虫解毒、驱妖避邪之效。因此在端午节当天，妇女午前细切蒲根，伴以蒲黄，曝而浸酒。午宴过后的雄黄酒，会被涂到孩子的耳、鼻、额头、手、足等处，如此能够使孩子们免受蛇虫的伤害。孩子佩戴的荷包内也盛雄黄粉少许（或者朱砂）用来避虫。雄黄酒要洒到屋子、院子、还有床下的各个角落，避免毒虫进入家门。

(四) 游戏娱乐

1. 登高"采露"

端午节这一日最有满族特色的是"踏青"或称为"踏露"。在五月节当天

---

① 丁世良、赵放：《中国地方志民俗资料汇编·东北卷》，书目文献出版社1989年版，第53页。
② 丁世良、赵放：《中国地方志民俗资料汇编·东北卷》，书目文献出版社1989年版，第430页。
③ 凤凰出版社选编：《中国地方志集成·辽宁府县志辑3》，凤凰出版社2006年版，第359页。
④ 凤凰出版社选编：《中国地方志集成·辽宁府县志辑13》，凤凰出版社2006年版，第175页。

凌晨，年轻人会搀扶着老人，带着孩子，到郊外采露。在这一日集体登山、涉水，就是要采集结晶的露水、泉水或者是河水，"用露水洗脸洗手，喝口溪水，谓可不生眼疾，不生疮，不肚子疼，此外还有这天早晨吃煮鸡蛋不'苦夏'的说法"①。这叫作"踏露去病"。在登高的过程中还会采集"年息花"（杜鹃花的一种），用"年息花"露水洗眼睛可治眼疾、不长疮。晒干后制作成"鞑子香"，可以用作过年祭祀的香火。

2. 赛龙舟

龙舟竞赛是端午节的重要内容，这种竞赛多由宫廷举办，全民观看。乾隆帝在观看热闹的龙舟竞赛时提笔写下《竞渡》诗："此俗始荆楚，特以纪岁时。"清朝北京从五月初一开始到五月初五，朝廷在河内组织龙舟竞赛，夺取龙标，岸上"香坛纷纭，游人络绎"，热闹非凡。

宫廷内则是端午之日于圆明园举办龙舟竞赛。"上于端午日命内侍竞渡于福海中，皆画船箫鼓，飞龙鹢首，络绎于鲸波怒浪之间。兰桡鼓动，旌旗荡漾，颇有江乡竞渡之意。每召近侍王公观阅，以联上下之情。今上（指嘉庆帝）亲政后，亦屡循旧制观之。"② 该节日是纪念与防病相结合的节日，无大禁忌。在关外的时候会下水进行比赛，等到入关后，习俗发生变化，以旱船为主。清朝末期国力衰微，龙舟竞赛的规模逐渐缩小。民国时期，满族端午习俗渐少。

3. 射柳

满族存在着"尚柳"观念，对柳树抱有崇高的敬意。清明时节的佛托、五月节的射柳等等，在一些仪式场合都能看到柳树的身影。满族的射柳习俗于辽金时期就已经出现，相沿成俗，直至清末的时候记载逐渐减少。关于"射柳"一词，最初记载于《辽史》："若旱，择吉日行瑟瑟仪以祈雨。前期，置百柱天棚及期，皇帝致奠于先帝御容，乃射柳。皇帝再射，亲王、宰执各一射。中柳者质志柳者冠服，不中者以冠服质之。不胜者进饮于胜者，然后各归其冠服。又翼日，植柳天棚之东南，巫以醴酸、黍稗荐植柳，祝之。皇帝、皇后祭东方毕，子弟射柳。皇族、国舅、群臣与礼者，赐物有差。"③ 在辽代存在的射柳是作为祈雨仪式的一个组成部分，具有神秘色彩。"行射柳、击球之戏，亦辽俗也，金、因尚之。"

金朝时期的射柳沿袭辽代，但是改变了其文化属性，变为一种娱乐、竞赛

---

① 胡世民：《鞍山市民族志》，鞍山市民族宗教事务委员会1999年版，第42页。
② 张佳生：《中国满族通论》，辽宁民族出版社2005年版，第246页。
③ 转引自郭康松：《射柳源流考》，《湖北大学学报（社会科学版）》1994年第2期。

习俗。《金史·礼志》中记载了当时女真人对射柳的具体内容、评定胜负的标准。"凡重五日拜天礼毕，插柳球场为两行，当射者以尊卑序，各以帕识其枝，去地约数寸，削其皮而反之，先以一人驰马前导，后驰马以无羽横镞箭射之。既断柳又以手接而驰去者，为上，断而不能接去者，次之。或断其青处，及中而不能断，与不能中者，为负。每射，必伐鼓以助其气。"① 射柳习俗在每年的五月五日、七月十五日、九月九日的节日都会举行。

到了明代，射柳习俗主要在北京和东北一带继续流传。明沈德符《万历野获编》记载：京师及边镇最重午节。至今各边，是日俱射柳较胜，士卒命中者，将帅次第赏赉。京师唯天坛游人最胜……竟以骑射为娱，内廷自龙舟之外，则修射柳故事，其名曰走骠骑，盖金元之俗。②《帝京岁时纪胜》描述清朝北京城内的端午习俗："午后家宴毕，仍修射柳故事，于天坛长垣之下"③。清代射柳沿袭了明代的射柳场所。但因为射柳习俗的传承对象一直是官僚阶级、王公贵族，没有普及到民间，因此到清末之后，射柳习俗基本已经销声匿迹。

（五）贴天师符

《燕京岁时记》援引北京民谚"善正月，恶五月"④，五月被认为是不好的月份，因此才会在这一日举行围绕驱瘟除疫的活动。五月节时请道士写下五毒符，所谓"五月五日午，天师骑艾虎。五毒化成尘，邪魔归地府"⑤。五毒其说不一，但一般为蛇、蝎、蜈蚣、壁虎（或蜥蜴）、蟾蜍（或蜘蛛）。清代，北京地区的市肆间会出售"绘画天师钟馗之像"或者"绘画五毒符咒之行"，人们争相购买，贴于门上。关于天师符的由来，在《后汉书·礼仪志》里记载，五月五日用朱索五色印装饰于门户，"以止恶气，是即天师符之由来欤"⑥。民国时期有关于天师符的少量记载。锦西（今葫芦岛市）地区，医生开的药配合着"镇魇之符"，⑦ 会得到很好的效果。民国以后，在县志中，天师符习俗逐渐淡出人们视野。

---

① 转引自宁昶英：《敬柳观念的多元性——谈满族的射柳习俗》，《内蒙古教育学院学报》1993年第Z1期。
② 转引自韩丹：《我国古代东北民族的射柳活动考》，《哈尔滨体育学院学报》2004年第1期。
③ （清）潘荣陛：《帝京岁时纪胜》，北京古籍出版社1981年版，第21页。
④ （清）富察敦崇：《燕京岁时记》，北京古籍出版社1981年版，第69页。
⑤ 朱培初：《古代端午民俗及民间手工艺》，《装饰》2010年第6期。
⑥ （清）富察敦崇：《燕京岁时记》，北京古籍出版社1981年版，第65页。
⑦ 凤凰出版社编选：《中国地方志集成·辽宁府县志辑22》，凤凰出版社2006年版，第521页。

三、关帝圣会

关公的"忠、义、礼、节、勇"精神不仅在汉族中受到尊敬,受儒家文化的熏陶,满族对关公更是尊崇,满族不仅尊称关公为"关玛法",更是每年举办五月十三"关帝圣会"进行祭拜,年节祭祖等重要节日也要表达尊敬。

根据学者们的考证,民间祭祀关羽最初起源于关羽故里。关羽故里为今山西运城常平乡常平村。关羽出于行侠仗义、为民除恶,杀了当地恶财主吕熊之后,亡命异乡。其族人避祸匿于四十里外东古村,其父母年迈,无力逃生则双双投井自尽。关羽之义举,双亲之惨死,深深感动了乡中父老,乡民自发地为其看家护院。关羽被害之后,噩耗传来,乡民念其德,自发地供奉香案,悼其亡灵,里人争拜,络绎不绝。移居东古村的关姓族亲改关羽之故居为宗祠,祭祀关羽则由此而生。关羽遇害地湖北当阳也修建祠庙祭拜关羽。关羽所具备的"忠、义、礼、节、勇"是人们崇拜和敬仰的原因,统治者将关羽塑造为完美的勇武忠义的化身,成为封建国家祭祀神祇和皇家保护神。

满族对关羽的信仰早在万历年间就已经出现。满族形成关帝崇拜信仰与努尔哈赤和皇太极父子息息相关。因努尔哈赤出身女真奴隶主家庭,精通女真文、汉文、蒙文,受到《三国演义》《水浒传》的影响,勇猛、讲义气、忠贞不贰的关羽亦是努尔哈赤心中的楷模。皇太极更是从小受到汉文化的熏陶。在顺治年间,关羽的故事通过口头、书面的方式广为传播。其形象在满族心目中也被理想化和神格化,在神祇中对应人物为关玛法,他出世于东海,盗耶鲁里神马,与超哈占王爷比武等等。正如乾嘉时人记载:"伏魔呵护我朝,灵异极多,国初称为'关玛法'。'玛法'者,国语谓祖之称也。"清人王嵩儒言:"本朝未入关之先,以翻译《三国》为兵略,故其崇拜关羽。其后有托为关神显灵卫驾说,屡加封号,庙祀遂遍天下。"[①] 清朝入主中原以后,统治者认为能取得政权,是赖关羽神灵保佑,功不可没,所以特别尊崇。清朝历来的皇帝对关帝信仰极力提倡,不断为其加封谥号。在清朝一代关羽被追加的封号总括为"仁勇威显护国保民精诚绥靖翊赞宣德忠义神武关圣大帝"。

另一方面,满族的传统宗教为萨满教,信奉万物有灵论,萨满教是多神崇拜的宗教。关帝信仰盛行于满族崛起的时期,成为朝廷官方大力推崇信仰对

---

① 朱一玄、刘毓忱编:《三国演义资料汇编》,百花文艺出版社出版1983年版,第708页。

象，关帝作为神灵之一，也被纳入萨满教信仰之中。据记载，努尔哈赤在建赫图阿拉城时已建了家庭祠堂，俗称"堂子"。在祭"堂子"时，即已将关公和佛陀本尊、观音菩萨等作为朝祭的主角。官方供奉关帝始于皇太极，据《清史稿·吉礼三》记载，皇太极天聪二年（1628年）祭天时即"附祀关帝庙"。

顺治入关之后在北京地安门外建关帝庙，全国府县建庙，春秋虔诚致祭。朝野官民，都要在关圣帝单刀赴会之日——五月十三日——在关帝庙致祭，俗称庙会。清朝时关羽受到了极高的荣誉，其祭祀典礼甚至作为国家祭神祭天的重要典礼之一。清廷规定每年五月十三日致祭，其仪注均与京城相同。除了国家祭典外，宫廷里尚有自己的祭典。

在满族民间也一直延续着祭拜关公的习俗。在民国二十六年（1937年）《黑龙江志稿》记载满族祭祖在祭拜的祖先里面就包括关公："八旗汉军祭祖。汉军祖龛设于堂屋。有的设五案，由左至右分别为财神、关帝、七（柒）神、观音、祖宗；有的设四案，由左至右分别为关帝、七神、观音、祖宗。"① 如今新宾的满族大户爱新觉罗氏（肇）家族供奉的神板子上共有九个香碟，除了供奉他们的清肇祖原皇帝猛哥贴木儿、兴祖直皇帝福满、景祖翼皇帝觉昌安、显祖宣皇帝塔克世和太祖高皇帝努尔哈赤外，还供有圣宗佛、观音菩萨、关圣帝君和佛托妈妈。在沈阳市辽中区蒲河满族村爱新觉罗家族的祖先堂中，供奉的有南三位恩古伦佛、正古伦佛、佛库伦佛，北五位彰嘉古佛、看家古佛、佛托妈妈、华严大师、南海大士，其中的彰嘉古佛便是关公。肇氏家庭供奉祭祀的神位中，已将关圣帝君的关羽作为保家神而加以祀祭。

满族民间对关帝的祭拜集中于五月十三日，其缘由常见于两种说法。一为农历五月十三日，传说是关羽的生日，另一种为"十三日，俗传为关帝单刀赴会日"。人们对关帝的忠心、勇猛表示敬佩，以此纪念这位英雄人物。此日也被称为"雨节"，常言道："大旱不过五月十三。"关于其来历，有这么一则传说。

> 从前有这么一家，有三口人，老两口领一个姑娘。他家住得离河沿挺近。这姑娘天天都端着盆，到河边洗衣服。姑娘已经十七八岁了，有一天姑娘又去河沿儿洗衣服，天都黑了也没回来，爹妈四处找也没找到。第二天一早，姑娘才回来。她讷就问她："你去哪了？"姑娘说："我也不知道我去的是哪，那家有个小子对我可好了，要跟我结婚，我和他说，回来跟阿玛和讷商量一下。"实际这家是龙王殿龙

---

① 庄福林：《满族的祖先崇拜》，《松辽学刊（社会科学版）》1995年第1期。

王一家，那小子是龙太子。姑娘讷说："咱也不了解他们，不行。"姑娘说："不行也晚了，我们都住在一起了。"那阵儿守旧，她讷说："这还了得了？你自己说嫁就嫁了？你都不知道他家在什么地方。"姑娘说："他家就在那大石板底下，那天不怎么来一阵风，就把我吹那去了，不信我带你也去看看。"她讷一听，这姑娘癔症了，净说胡话，就把她关起来了。

关了半年，姑娘生了一条小龙，小龙一天天长大了，就在屋里跑着玩。有一天，小龙上房梁了，姑娘讷过来一看，哎呀妈呀，是个大长虫，她讷要打死，姑娘说："不能打，那是我的孩子，不许你碰它。"姑娘讷傻眼了，这姑娘不光是癔症了，还疯了，把一条长虫养在屋里，说是自己的孩子。给门锁上了，回去就告诉了姑娘阿玛，说："你快拿斧子把长虫剁了，这要是传出去咱没脸见人了！"姑娘阿玛就把斧子磨得快快的，晚上就去了姑娘的屋，见小龙的脑袋在姑娘旁边，身子绕在房梁上。姑娘阿玛举起斧子"咔嚓"就是一斧子，一下子就把小龙尾巴剁掉了，小龙疼的"嗷嗷"叫唤，姑娘见她阿玛把小龙砍了，起来就和她阿玛厮打起来，告诉小龙说："小龙，你快走，你在这待不住了，去找你阿玛去。"姑娘把窗户一搁，小龙腾空飞起，一溜烟走了。

这条秃尾巴龙，是五月十三生的。从这以后，每年它都这个时候回家看它讷，每次来都行风行雨。后来，形成规律了，开春大旱也不怕，五月十三肯定下雨，所以种地的都说：大旱不过五月十三。①

民国二十年（1931年）《义县志》中有较为详细的活动记载："六月二十四日，南关帝庙会，八旗官兵等集资演剧五台即五日。大开筵宴振刷精神，极一时冠裳之盛。民国初此举逐湮。"②虽然民国时期义县此举消失，但是在东北不少满族村落，这样的祭祀活动伴随着关公的民间传说不断传承。据蒲河满族村村民介绍，当初努尔哈赤被人围城，而城内并没多少人能够抵御敌人，后来关老爷显灵，整个城内随即灯火通明，满满的都是人，就把敌兵给吓退了，也有关老爷大吼了一声把敌人吓退之说。鉴于此，满族出兵时，都得提前祭祀一下关老爷。因此，关帝也多在蒲河村满族人家里供奉，蒲河村的满族村民将关公视为自己的祖先神之一来供奉，把他放在满族祖先佛龛上左边第一位，在祭关公的同时就相当于祭祖了。

---

① 夏秋主编：《满族民间故事·辽东卷（上卷）》，辽宁民族出版社2010年版，第263—264页。
② 凤凰出版社编选：《中国地方志集成·辽宁府县志辑18》，凤凰出版社2006年版，第564页。

关公亦成为儒家伦理在民间的人格偶像。中华民族对关羽的"忠、义、礼、节、勇"等崇拜,实际上是对符合儒家标准的英雄和先贤形象的道德崇拜。满族作为中华民族的一部分,也对忠肝义胆、义薄云天的关公怀有敬佩的态度,不仅表现在每年五月十三的关帝庙会,更是融入了日常生活。

四、虫王节与青苗会

中国自古以来就是农业大国,农业是乡村社会中的头等大事。在传统古代农业社会中,人们对自然灾害无能为力,例如洪涝、干旱、蝗灾等等,其中尤以旱涝和蝗灾影响最为严重。在人无能为力的时候,民众们转向与自然相关的农业神灵祈求帮助,于是各种神灵,例如虫王神、棉花神、土地神、八腊、土地神等纷纷诞生。

在中国社会的历史中最为典型祛除蝗害、祈祷风调雨顺与农业丰收的农业神,是被纳入正祀的八腊神(也称八蜡)。但八腊神信仰在东北地区分布较少,如明嘉靖《辽东志》载"八腊庙二,辽阳一,在城隍庙内,广宁一,在城外东,嘉靖甲戌总兵却永建"①。全辽之地,仅有两处有八蜡庙,并且一处建于城隍庙内。可见八腊在东北数量之少。明代江北地区的八腊信仰非常普遍,在河北、河南、山东、山西、陕西建有大量庙宇。在东北地区,较为突出体现人们祈求农业的神灵为虫王神,"虫王者八腊(蜡)之一"。此信仰与青苗会相伴而生。清朝中期出现此种信仰,据时人纪昀称,"余乡青苗被野时,每夜田垄间有物,不辨头足,倒掷而行,筑地登登有声,农家习见不怪,谓之'青苗神'"②。

东北地区的满族也同样有着青苗神信仰,并在每年的六月初六每家派一人去庙内朝拜,祭祀,保佑丰收。这种农业神信仰同样出现在四川的羌族、青海的土族等少数民族之中。全国范围而言,青苗神信仰如今在陕西、宁夏等地区保存更为完好。满族青苗会组织建立在萨满信仰、虫王信仰基础之上,萌发于明清之际;到清代中叶初具形态;清末民初时,不仅仅是简单的看青组织,更是成为组织协调村庄内部的乡村自治组织。③ 除虫王祭拜、选定青苗会之外,

---

① (明)任洛:《辽东志》,辽海书社1934年版。
② 张松梅、王洪兵:《青苗会组织渊源考》,《东方论坛》2010年第1期。
③ 王洪兵:《冲突与融合:民国时期华北农村的青苗会组织》,《中国社会历史评论》2006年第7卷。

满族还有着在这一日晾晒衣服、书籍、蓄水做酱等习俗。

（一）节期的选择

大多数的东北乡村都是借助虫王会集会的机会设立青苗会。相传六月六为虫王生日（说法不一），与南方大多数以刘猛将军为原型的抵御灾害的形象不同，东北的农业神没有出现具体的人格神。由于受满族民间信仰萨满教的影响，满族流行着关于虫王的传说也别具一格。萨满教认为，各种虫子都由"虫王"统管着，六月六是虫王放"马"的日子，为此，人们要供奉虫王，以免它的"兵马"祸害庄稼。过去，满族多做菠利叶饼或椴树叶馎馎送到田地里，并在地里插上小旗，岫岩、凤城等地的满族则一户出一人朝拜虫王庙，杀猪祭祀，祈求虫王爷免灾。[①]

（二）祭祀习俗

六月六在满族被认为是虫王生日，每个家庭在当天必须派一人去虫王庙朝拜，求虫王爷免除"虫蝗害稼"。庙内还要"六日，为'虫王会'，村民备香楮、供品，赴虫王庙致祭"[②]。在黑龙江举行的杀猪仪式，又叫作"踩猪"祭祀，还有萨满的参与。乡亲父老于这一日，"齐集中街财神庙（附塑虫王神像）向虫王位前焚香致祭，并在庙内设席，宴会入会者各出会资"，先是集体参与虫王的朝拜大礼，由萨满祭牲。礼毕之后"招集各农户聚食"，"以祭余会食"[③]，"乡里醵饮为盛"[④]，食毕则散。

青苗会也在这一日举办。趁着父老乡亲齐聚一堂，享用虫王会祭品的时候，大家在宴席上商定青苗会会费和各种规定，并且"选定看守禾稼者"[⑤]。其主要职责为在庄稼即将成熟的时候保护庄稼，在民国末年社会动荡的时期，还要防范盗贼。

（三）晒衣节

六月六这一日也叫作"晒衣节""晒伏""晒虫节"。满族家家都习惯在这天晾晒衣物，传说在这天晾晒衣物不遭虫蛀。六月六当天如果晴天，皇宫里的全部銮驾也都要陈列出来暴晒，皇史、宫内的档案、实录、御制文集等，也要摆在庭院中通风晾晒。在清朝时，这一日也被称为"晾经节"，北京周围大大小小的寺庙都会把经书摆出来晾晒，防止经书潮湿、虫蛀鼠咬。在旧京的白云

[①] 卢光：《论满族岁时习俗》，《黑龙江民族丛刊》1998年第4期。
[②] 凤凰出版社编选：《中国地方志集成·辽宁府县志辑16》，凤凰出版社2006年版，第241页。
[③] 凤凰出版社编选：《中国地方志集成·辽宁府县志辑9》，凤凰出版社2006年版，第182-183页。
[④] 凤凰出版社编选：《中国地方志集成·辽宁府县志辑11》，凤凰出版社2006年版，第147页。
[⑤] 凤凰出版社编选：《中国地方志集成·辽宁府县志辑14》，凤凰出版社2006年版，第115页。

观里有道教典籍五千多卷,在每年的六月初一到初七,白云观都要举行晾晒经书的活动。广安门内的善果寺也会逢六月初六作斋,举办"晾经法会",僧侣们要礼佛、诵经,人们也会到善果寺里观看晾晒佛经,这一日还会形成小型的集市。直到清末民初,这种晾晒习俗仍得到较好的保持,"斯文家曝书,富贵家晒衣",因此这一日又被称为"曝书晒衣之日"。

(四)蓄水做酱

在这一日也可以"腌渍食品",也是据说这一日制作的食物不易腐败,村民们腌制些酱、醋之类的食物,"蓄水作酱、腌物,经年不腐,又宜作醋及曲"①。

(五)洗大象

明清时期,六月初六初伏之时,都要举行洗象仪式。《都门杂咏》中记载:"六街车响似雷奔,日午齐来宣武门。钲鼓一声催洗象,玉河桥下水初浑。"在这一日,象房的象奴和驯象师敲锣打鼓,引着大象出宣武门,到城南墙根的护城河中让象洗澡。在洗象处附近还要搭棚张彩,有监官负责监洗。当天也会临时设有很多茶棚、小吃摊,如同赶庙会一般,车轿人马如潮。为观看洗象活动,有钱的人家会提早占据附近酒楼茶肆的好位置,以一饱眼福。大象对那时的百姓来讲,终究是稀罕之物。观象时,大象戏水之声、观者的惊讶赞叹之声以及小商小贩的吆喝声,欢声笑语连成一片,如同过节。②

虫王会虽是地域性的称呼,但是节日的习俗事项各地都是普遍存在的,具有广泛性。青苗神信仰反映在传统的农业社会、科学技术不发达的时期,人们向外界祈求帮助,表达希望丰收的愿望。随着社会环境的变迁,成立青苗会从最初作为保护粮食庄稼的自发性组织,演变为在乡村起到协调作用的自治组织,对农民生活起到了积极作用。

---

① 凤凰出版社编选:《中国地方志集成·辽宁府县志辑16》,凤凰出版社2006年版,第240—242页。

② 吴汾、匡峰:《老北京的年节和食俗》,东方出版社2008年版,第16页。

第三章 秋季节日

一、立秋

立秋,是二十四节气中的第十三个节气,每年公历8月7日或8日太阳到达黄经135°时为立秋。《月令七十二候集解》记载:"立秋,七月节。立字解见春。秋,揫也,物于此而揫敛也。"清代《清嘉录》记载:在江浙一带往往是"立秋前数日,罗云复叠,细雨帘织,金风欲来,炎景将褪,谚云:预先十日作秋天"。立秋,认为暑气已消,是秋天的开始。这个时候,梧桐树开始落叶,如俗话所说"落叶知秋"。秋意来得最早的是我国北部黑龙江和新疆北部地区,由于我国地域辽阔,十一月中旬秋意才到达雷州半岛,等到海南岛就已经到元旦了。立秋作为秋节的第一个节气,在古代农业社会中有着重要的指示作用,在科技飞速发展的今天,人们对立秋的关注已越来越少。满族在这一日的习俗主要集中在食俗上,吃肉面、汤饼或者黄米饽饽。

立秋作为二十四节气之一,是农民从长期的农业劳作中得出的经验和规律。自然,立秋对农事有着重要的意义。潘荣陛《帝京岁时记胜》中记载:"秋前五日为大雨时行之候,若立秋之日得雨,则秋田畅茂,岁书大有。谚云:'骑秋一场雨,遍地出黄金。'"立秋是棉花保伏桃、抓秋桃的重要时期。"棉花立了秋,高矮一齐揪",对棉花要进行打顶、整枝、去老叶、抹赘芽等。茶园秋耕要尽快进行,农谚说"七挖金,八挖银",这时也是除掉杂草的好时节。华北地区的冬小麦、白菜也要在这时候利用仅有的热量条件,抓住播种时机。

满族在立秋时没有太多的习俗,主要的习俗是在饮食方面,既是符合时节的饮食举措,也迎合古人驱辟邪趋吉的心理。《帝京岁时纪胜》中记载:"立秋预日,陈冰瓜,蒸茄脯,煎香薷饮,院中露一宿,新秋日合家食饮之,谓秋后无余暑疟痢之疾。"① 民国二十六年（1937年）《海城县志》记述："立秋日，亦食肉面，曰秋饱。按《四民月令》初伏荐麦。又《荆楚岁时记》六月伏日作汤饼，名辟恶。伏面之说盖本于此。"② 又或者是吃黄米面饽饽，"立秋之日，皆吃黄米面饽饽，谓之'吃秋'，饱五谷收藏"③。

二、七夕节

七夕节又有乞巧节、穿针节、七月七、雨节等名称。"七"在《周易》的卦卜辞中有"反复、归来"的意思，故以七月七日为节。"七月七"为牛郎织女相会的日子。满族七夕主要的节俗活动有穿针乞巧、陈瓜果、拜双星等等。在男耕女织的农业社会，由男性负责农事，女性则在家中负责纺织、编织等家庭手工业和家庭内务。女性是七夕节俗的主要参与者和崇拜者，是乞巧活动的主要推行者与承载者，女性参与七夕活动是对自我价值的认可，表现了传统女性对于争求家庭地位、获取社会身份认同的积极态度。④

（一）七夕节的演变

东汉应劭的《风俗通义》最早将七月七日称为七夕节。汉代是七夕节中的牛郎织女故事发展的重要时期，一则是神话故事的传播和发展；二来还与武帝刘彻出生于七月七日有关。后来还流传出武帝七夕会王母的传说。《汉书·武帝纪》载，武帝于七岁立为太子也与七有关。《汉武故事》中说："王母遣谓帝曰：'七月七日，我当暂来。'帝至日扫宫入内，然九华之灯。"又说：七月七日，上于承华殿斋，日正中，忽有青鸟从西方来，集殿前。上问东方朔，朔对曰："西王母暮必降尊像，上宜洒扫以待之。"⑤ 南朝梁宗懔《荆楚岁时记》则对七夕节民俗事项记载更为详细。"七月七日，为牵牛、织女聚会之夜。……是夕，妇女结彩缕，穿七孔针。或以金、银、鍮石为针，陈瓜果于庭中以乞巧。有喜子网于瓜上，则以为符应。"⑥ 穿七孔针是汉代开始形成的习俗，陈瓜果，女子团坐在院中摆双星乞巧，早上看喜蛛应巧，蜘蛛结网类似于女性的纺织，结构巧妙，形式独特。唐代七夕节亦有在楼上陈列瓜果酒炙、摆设坐

---

① （清）潘荣陛：《帝京岁时纪胜》，北京古籍出版社1981年版，第26页。
② 凤凰出版社编选：《中国地方志集成·辽宁府县志辑8》，凤凰出版社2006年版，第211页。
③ 凤凰出版社编选：《中国地方志集成·辽宁府县志辑23》，凤凰出版社2006年版，第464页。
④ 蔡丰明：《七夕乞巧习俗与古代女性文化心理》，《寻根》2009年第4卷。
⑤ 鲁迅：《鲁迅辑录古籍丛编》，人民文学出版社1999年版，第424—425页。
⑥ （梁）宗懔撰，（隋）杜公瞻注：《荆楚岁时记》，姜彦稚辑校，中华书局2018年版，第57、59页。

具，祭牵牛和织女二星的习俗；宋代七夕节，民间搭建"乞巧棚"，称为"仙楼"，上刻牛郎、织女及王母等仙人像以祭拜乞巧，宋代还出现了摩睺罗，传说是佛教的黑天神，是舞蹈之神，之后在民间演变为"伎艺天女"，宋朝时成为巧神的象征之一。

唐代乞巧同汉代魏六朝时期一样，首先是陈设瓜果等祀织女和穿针乞巧，其次是在织机上、瓜果上、花草上寻蛛网以验巧。可以说，七夕节俗的各种内容都是同人们的生活相联系的。七夕节在五代、宋、元、明、清时期大体保留着唐代以前传统风俗的同时，由于社会的发展和各地自然环境及政治、经济、文化背景的不同，有所变化，显示出某些地方特色，而整体来说得到了丰富与发展。

七夕节的民俗事项最重要的为祀双星乞巧。与之相较，满族的乞巧习俗主要为"丢针"乞巧，穿针乞巧，拜双星、银河等。

（二）穿针乞巧、"丢针"乞巧

七月六日晚上，满族女子们用碗盛水置于庭院中，"及日午用"①。在七月七日当天，妇女或者是未出阁的幼女们精心打扮，赴友人邀约，欢度佳节。穿针乞巧的时间各地不一，有些地方，例如辽阳地区是在中午。又比如民国二十七年（1938年）《西丰县志》中记载"晚间陈瓜果于庭，幼女穿针乞巧"②。中午将一碗水放在院中晒着，然后将绣花针轻放于碗中，针漂浮在水面上，碗底映照出针影，折射出纺锤形、棒槌形，针形等象征姑娘手巧的程度。《帝京景物略》记载："七月七日之午，丢巧针。妇女暴盎水日中，顷之，水膜生面，绣针投之则浮，则看水底针影，有成云物、花头、鸟兽影者，有成鞋及剪刀、水茄影者，谓之得巧。"③《宛署杂记》称之为"七月浮巧针"④。若影子为云物、花头、鸟兽影就是心灵手巧者，成为"得巧"；不得巧的样子形状各样不一，有粗如锤、细如丝等等，这表明乞巧失败。在《燕京岁时记·丢针》中也见相关记载："京师闺阁，于七月七日以碗水暴日下，各投小针，浮之水面，徐视水底日影，或散如花，动如云，细如线，觕如椎，因以卜女之巧拙。俗谓之丢针儿。"⑤唐代宫廷内还曾流行难度更大的九孔针，给宫中嫔妃们各赐九孔针、五色线，在月光下穿过者为得巧。

---

① 凤凰出版社编选：《中国地方志集成·辽宁府县志辑11》，凤凰出版社2006年版，第147页。
② 凤凰出版社编选：《中国地方志集成·辽宁府县志辑12》，凤凰出版社2006年版，第547页。
③ （明）刘侗、于奕正：《帝东景物略》，北京古籍出版社1983年版，第69页。
④ （明）沈榜：《宛署杂记》，北京古籍出版社1982年版，第192页。
⑤ （清）富察敦崇：《燕京岁时记》，北京古籍出版社1981年版，第74页。

（三）祀双星

"晚间陈瓜果于庭"。当晚上夜色渐浓，牵牛星和织女星从天空中显现，月亮也爬上柳梢头时，人们在院中摆上瓜果，同时设置香案，在院中"拜牛女"。一起祭拜牛郎织女的不只有女性，家中的男孩子、老人也会一起在院子里祭拜。南宋吴苪《七夕戏成二绝》之一云："如何老子临风坐，也望天河牛女星"。可见七夕节与牛郎织女传说紧密结合，深入人心。

（四）牛女泪

七夕是牛郎织女相会的日子。七夕节"雨节"的由来与牛郎织女关系密切。满族中除了流传着喜鹊搭桥的传说外，还流传着在这一日露水可以除病的传说。

牛郎织女因被王母娘娘分开，只能在每年七月七日相会一次。相传这一日喜鹊作为通人性的动物，主动为二人相见搭桥，因此喜鹊头顶脱毛皆因搭桥所致。北宋韩琦律诗《七夕》云："若道营桥真浪说，如何飞鹊尽秃头。""鹊桥仙"的词牌也是来自于此。因"是日牛女二星会诉离情，滴泪为雨"，七夕节又称"雨节"，"占雨者每盼之"。

老北京人在七夕还有接露水的习俗，和满族的出远门采露水有相似之处。在这种习俗中露水都有祛灾、除病的说法。传说这一日的露水为牛女泪，是牛郎和织女相会的泪水。另一种说法是与牛郎织女的民间传说有关。传说牛郎用百花的露水给生病的老牛饮用，并擦拭伤口，老牛的病立即痊愈了。因此，民间也有接七月七露水疗伤的习俗。

（五）巧食

晚上祭拜的香案或设于院中，或者设于葡萄架下、豆架旁，周围陈设上用西瓜雕刻的"花瓜"。织女作为人们祭拜的偶像之一，为了使织女愉悦地传授技艺，人们也会在香案上摆上扑粉、胭脂等，以讨好织女。在宋朝还出现了一种面制食物"巧果"，也是取其乞巧之意。当然，人们乞的不仅仅是巧，还有祈求姻缘、家里老人长寿、容颜美丽等等。在老北京还保留着吃巧食的习俗，四合院里的妇女这天要用面粉塑制带花的食品及各式各样的面制食品，如馄饨、面条、花卷，还要用面粉捏成小耗子、小刺猬、小兔子等，蒸好后要陈列在院子里的几案上，让天上的织女来比评，看谁做得巧、做得精美。夜晚一家人围坐在院子内一边欣赏星空的星斗，一边吃着各种式样的"巧食"，其乐融融。七夕节前夕，街面上的饽饽也被适时地制作出来，上面还印着织女的图案，还有些酥饼、酥糖，被称为"巧酥"，意味着"巧酥"巧人。①

已有两千多年历史的七夕节，在 2006 年 5 月 20 日被国务院列入第一批国家非物质文化遗产名录。七夕节积淀着浓郁的民族文化，和人们渴望忠贞、期望团圆以及对美好幸福生活的追求。在现代生活中，女性已经广泛参与到社会生活的各个方面，乞巧也以各种新面貌出现在人们生活中，传承至今的七夕节体现了中华民族对智慧、灵巧永无止境的追求。

三、丰收祭祀节

丰收祭祀节是满族特有的节日，没有固定节期，大致时间为农历七月十五到十月初一。举办节日的目的是新粮入仓，请祖先吃席，表达对祖先的感激之情，感恩他们保佑自己获得丰收，同时祈求诸神继续保佑明年丰收。

在农历七月十五之后，田地里的糜子已经成熟。满族人家要用糜子、黏高粱磨成面，内包小豆馅，外包苏子叶蒸苏子叶饽饽，饽饽蒸熟后先供给祖先品尝。采摘的新果摆放在供桌上，点燃鞑子香，先祭祀神灵和祖先，意为请神灵和祖先来尝尝新打的粮食和新采的水果，称"荐新"，也称"场院祭"。祭祀完祖先，邀请亲朋好友团聚，共同欢度节日。聚餐之后，大家在院落中载歌载舞，欢庆丰收。其中所唱的《欢庆丰收歌》的歌词是："九月里来九重阳，千家万户庄稼上场。一年辛苦结了果，欢庆丰收合家忙。接姑娘来娶媳妇，远亲近邻还有街坊。老亲少友都来到，欢欢喜喜齐聚一堂。杀肥猪来推碾忙，大摆宴席酬四方。穿新衣来换新装，齐把丰收庆贺一场。"

传说古代满族女子发现了柞蚕，并把养蚕煮茧抽丝织绸的技术主动传授给大家，被尊为"蚕姑姑"。因此在这一日蚕茧丰收也要祭祀"蚕姑姑"。祭祀时，摆上苏叶饽饽和酒菜，意为请蚕姑姑来吃喜，和大家共享丰收的喜悦。

满族的丰收祭祀一直延续至今。在政府部门的引导下，设立了"中国农民丰收节"，体现出国家对农业、农民的重视。"中国农民丰收节"更是为满族"丰收祭祀节"提供了全新的发展契机。

"中国农民丰收节"设在每年的秋分，是第一个在全国层面专为农民设立的节日。这是一个将农业、旅游、文化资源进行共通的节日，许多农业和文化资源就是旅游资源，而文化和旅游产业的发展又能有效反哺农业。我国幅员辽

---

① 吴汾、匡峰：《老北京的年节和食俗》，东方出版社 2008 年版，第 19 页。

阔，民族众多，不同民族都拥有着各具特色的民俗文化。设立农民丰收节，能够发挥不同文化的优势，推动农民文化的大交流、大发展。在东北地区的农民丰收节突出了东北地域特色，如"吉林·九台满族农民'丰收祭'"，九台区有着极为丰富的原生态萨满文化遗存，其塔木镇是清代生产基地"五官屯"所在地。在仪式中，瓜尔佳氏罗关家族举办了打糕、杀黑猪祭祀等活动，还有萨满参与祭祀，充分发挥满族的民族特色。这样独具特色的满族丰收节还有很多，例如 2020 年 9 月 22 日在哈尔滨市双城区举行的"满族丰收节"，绥化市的永安镇也举办了"满族丰收节"，并且还展示了满族特有的花棍舞。满族花棍舞从起源开始就是在重大节日和庆典的时候来表演，表达喜悦之情。

四、中元节

农历七月十五是中元节，是祭祀祖先、悼念亡者的重要日子。中元节又被称为"七月半""鬼节""七月望"等。受汉文化的影响，古代满族人非常重视七月十五这个节日，并形成了集祭祀、娱乐、郊游为一体，俗称"孝亲节"的民间节日。

（一）中元节的来由

中元节根源于秋收祭祖，我国古代有秋尝祭祖的传统。西汉思想家董仲舒《春秋繁露》记载："古者岁四祭。四祭者，因四时之所生熟，而祭其先祖父母也。故春曰祠、夏曰礿、秋曰尝、冬曰蒸。此言不失其时，以奉祭先祖也。过时不祭则失为人子之道也。祠者，以正月始食韭也。礿者，以四月食麦也。尝者，以七月尝黍稷也。蒸者，以十月进初稻也。此天之经也，地之义也。孝子孝妇缘天之时，因地之利，已受命而王，必先祭天，乃行王事。"[1]可见在七月历来就有祭祀祖先的惯例，但此时还没有形成固定节期。

中元节形成于南北朝至隋唐时期，至宋朝趋于完善。南朝梁武帝信奉佛教，将佛教定为国教，并举办了盂兰盆会，自此成俗，接下来的统治者也都举办盂兰盆会，以报祖德。佛教的盂兰盆节融入了儒学的"孝"和慎终追远的思想，顺应中国本土思想。盂兰盆是梵文 Ullambana 的音译，意为"救倒悬"。《盂兰盆经》说，目连以其母死后极苦，如处倒悬，求佛救度，佛令他在僧众夏季安居终了之日（即农历七月十五日），备百味饮食，供养十方僧众，即可

---

[1] （汉）董仲舒：《春秋繁露》，中华书局 2012 年版，第 467 页。

解脱。① 相传在此日修行斋戒，可获得百倍福报。因此僧侣们在这一日做盂兰盆会，以百味五果供养佛祖，以求福报，解救父母在阴间的倒悬之苦，报答父母的养育之恩。晋末南朝之际，盂兰盆首先在荆楚地区由寺院推至民间，成为约定俗成的岁时法会。后人还逐渐增加了加拜忏、放焰口、河灯等活动，家家追荐祖先亡灵，以超度亡魂野鬼。

　　道教于东汉末年出现了天、地、水三官，但是与三元（上元、中元、下元）结合出现于魏晋南北朝之后。② 三官，"天官赐福，地官赦罪，水官解厄"，七月十五中元节是地官赦罪的日子，据说仙去的祖先可以看望家人，是个专属于祭拜故去亲人的日子。中元节根源于秋收祭祖与盂兰盆的结合，经过道教的改进得以进一步完善，最后形成了流传至今的中元节。受汉文化的影响，古代满族人非常重视七月十五这个节日，民众也会邀请僧道念经，杀牲致祭，并放荷灯、彩船于水，目的是超度亡魂。和其他的祭拜节日相同，扫墓祭拜是重要的民俗事项，但是根据地方具体活动形式有所不同。

（二）扫墓、祭拜祖先

　　中元节祭祀祖先的习俗自宋代开始由来已久。"七月十五日/中元节，先数日市井卖冥器……及印卖《尊胜目连经》。"③ 宋代的中元节前几天，市井之中就出现祭祀的冥器、《尊胜目连经》等物品。《颜氏家训》中载："若报罔极之德，霜露之悲，有时斋供，及七月半盂兰盆，望于汝也。"④ 也表明中元节中已经包含着对父母的悲思。"四时祭祀，周、孔所教，欲人勿死其亲，不忘孝道也"⑤。正因中元节包含着孝道、慎终追远的文化内涵，因此满族自古对中元节也是极其重视，满族在历史发展过程中，也形成了在中元节祭拜祖先的习俗。不仅满族百姓祭拜先祖，在宫廷内的皇室也要在太庙举办祭祖大典，《清史稿·吉礼三》记载："顺治初，直省府、州、县设坛城北郊，岁以清明日、七月十五日、十月朔日，用羊三、豕三、米饭三石、香烛、酒醴、楮帛祭本境无祀鬼神。"⑥ 民间祭祖形式则是更加多样化和随意。《帝京岁时纪胜》记载："中元祭扫，尤胜清明。绿树阴浓，青禾畅茂，蝉鸣鸟语，兴助人游。"⑦ 可见中元节如清明一样备受重视，也具有孩童亲近自然游玩的性质。

---

① 傅功振、樊列武：《浅析"中元节"及其现实意义》，《寻根》2008年第2期。
② 萧放：《亡灵信仰与中元节俗》，《文史知识》1998年第11期。
③ （宋）孟元老撰，邓之诚注：《东京梦华录注》，中华书局1982年版，第211页。
④ （北齐）颜之推：《颜氏家训》，燕山出版社1995年版，第235页。
⑤ （北齐）颜之推：《颜氏家训》，燕山出版社1995年版，第235页。
⑥ 赵尔巽：《清史稿》《吉礼三》，中华书局2022年版，第1854页。
⑦ （清）潘荣陛：《帝京岁时纪胜》，北京古籍出版社1981年版，第27—28页。

在中元节当天，满族老幼都不出远门，因为家族中各支都必须派人参加祭拜。祭拜对象不仅有各支各户已经亡故的父母，还有各支共同的祖先①。普通满族人家会携带着时令瓜果、香和纸钱祭祖，到墓地后，集体修整墓地，"并芟刈坟草"②。有些地方如桓仁满族自治县可以为坟培土，叫做"添坟"③；有些如西丰县"拜墓祭扫，一如清明，但不培土"④。旧时，离家远无法到墓地祭拜的人，会在自己家周围的十字路口烧纸钱，祭拜先祖和亲人，这一举动还有"超度枉死者之魂"⑤的寓意。届时是七月半，有些农作物成熟，需要用新米向祖先祭祀上供，向祖先报告一年的收成。

住在山上的养蚕人家也会准备"香楮"和供品用来祭祀山神。这一日农村人家多面食，还会带着新蒸的馒头祭拜祖先。

（三）放河灯，祭鬼神

佛教、道教以儒家的孝文化为基石，共同形成了今天的中元节。节俗中，"中元普渡"的表征物莲花灯，以其动人的视觉形态喻示行善赎罪，传递民众对美好情境的向往。莲在中华文化中是高洁清廉的象征。北宋周敦颐做《爱莲说》赞誉莲花有着君子一般的品格。莲花也是佛教圣物，佛教初创之时，古印度有莲崇拜。在佛法东传的过程中也大量的以莲喻佛，表明其清净等佛法内涵。在中元节习俗不断变异的过程中，人们在日常生活中发挥主体能动性，将莲和荷叶作为一个整体，而不仅仅是单支的莲花。明清时期，中元节放河灯及其信仰广泛流行。以灯供养神灵，赦孤魂野鬼，将心比心、推己及人，诸恶莫作、众善奉行。尊祖敬神、积善成德、广施仁义、福泽后世成为中国传统价值观善恶判断的重要标准。⑥

满族称放到河中的灯为莲灯，莲灯的制作材料多样，造型各异，有用天然植物荷叶和莲蓬制作的，也有用彩纸叠成莲灯的形状，为了让纸叠的莲灯漂流得更远些，让水浸湿得更慢些，还会在灯上涂一层松脂，下面做芦苇支架。夜晚放出一盏盏河灯，河灯里的蜡烛在黑夜里隐隐闪烁，沿着河水一路向远方飘去，意味着"慈航普渡"以"渡溺鬼"⑦。

---

① 刘中平、鞠延平：《传统岁俗节日中的满族特色》，《满族研究》2009年第4期。
② 凤凰出版社编选：《中国地方志集成·辽宁府县志辑10》，凤凰出版社2006年版，第314页。
③ 凤凰出版社编选：《中国地方志集成·辽宁府县志辑9》，凤凰出版社2006年版，第182—183页。
④ 凤凰出版社编选：《中国地方志集成·辽宁府县志辑12》，凤凰出版社2006年版，第547页。
⑤ 凤凰出版社编选：《中国地方志集成·辽宁府县志辑12》，凤凰出版社2006年版，第281页。
⑥ 梁川：《孝善并行——中元"放河灯"节俗文化再探》，《民族民俗文化》2015年第1期。
⑦ 凤凰出版社编选：《中国地方志集成·辽宁府县志辑14》，凤凰出版社2006年版，第473页。

广州的满族人为了表示对家乡的怀念，会在灯底座写下"直上长白"四个字；在北京的满族人会在灯上写下祖先的名字，还有祭祀用语。清朝皇帝专门写过一首《中元节观河灯》的诗，记载当时放河灯的盛况："太液澄波镜面平，无边佳景此宵生。满湖星斗涵秋冷，万朵金莲彻夜明。逐浪惊鸥光影眩，随风贴苇往来轻。泛舟仅用烧银烛，上下花房映月荣。"①"万朵金莲"可见当时放河灯的盛况。在河里漂流的不仅有河灯，还有各式各样的彩船，各种鱼灯、玲珑的小宝塔和壮观的大宝塔，观灯的人群熙熙攘攘。河中还有几十只龙头凤尾的大彩船，船上鼓乐齐鸣，鞭炮声此伏彼起。漂浮在河里的万千小船就如同漫天的星斗，岸上的人群拿着彩灯翩翩起舞，可谓是热闹非凡。宁古塔满族的放河灯，"一江灯火满江星"，十分壮观，可见中元节受欢迎的程度。②民国时期的中元节放河灯虽不如清朝规模盛大，但是节俗也是相当完备。

（四）赛威呼

在辽宁、北京、河北等满族聚居区还存在着一种自古留下来的"赛威呼"。"威呼"在满语里是船的意思，也就是赛船③。《奉天通志》记载："《柳边纪略》宁古塔船小者曰威弧，独木，锐首尾，古所谓剖木为舟者是也。可受三四人。"满族久居"白山黑水"之间，长期过着狩猎、采集和捕鱼的生活。满族居住的东北地区有着广阔的水域，到湖泊或海洋去捕鱼、采珠是满族人的一种生产方式。驾驶的独木船、桦皮船成为他们捕鱼和采集的交通工具，驾驭船只的能力是满族人从事生产所需的基本技能。劳动之余或闲暇之际，他们会竞相追逐嬉戏，比拼驾船的技能来愉悦身心。后逐渐演变为赛船竞技，希冀以高超技能获得更多的劳动产品，来满足生产生活的需要，赛船便成为一项比较古老的满族民间体育活动，深受满族人民的喜爱。④

满族入关后，水域变少，赛威呼的形式也发生了变化，转变为旱地赛船。其玩法是5人排成纵队双手各共握一根竹竿，形成船状，在陆地进行集体赛跑。这种体育游戏有一个特别规定：赛跑时最后一名选手要面朝后面，以表示这是舵手。获胜者会受到族人的尊重。通过这种运动还可以提升村屯的凝聚力和向心力。随着满族的兴衰，这种体育赛事也在清朝末期逐渐销声匿迹。1985年辽宁省挖掘、整理满族体育项目赛威呼，通过民间和学校的推广，成为竞

---

① 转引自赵书：《满族民间节日——中元节》，《满族研究》2004年第4期。
② 刘中平、鞠延平：《传统岁俗节日中的满族特色》，《满族研究》2009年第4期。
③ 赵书：《满族民间节日——中元节》，《满族研究》2004年第4期。
④ 陈立华、董航、陈勇：《满族赛威呼文化的演变与传承》，《大连民族大学学报》2018年第4期。

技、娱乐和表演项目。这种集体赛跑形式在全国许多地方都有，只不过不叫赛威呼，而称"齐心合力跑"或"火车头跑"等，有的双手不握竹竿，而改成绳子。这一项趣味性很强的比赛项目，在群众性运动会上很受欢迎。

（五）祭麻谷

满族在中元节之前，还有麻谷节。《宛署杂记》中对麻谷进行了说明："宛平西山一带，乡民以十五日取黍苗、麻苗、粟苗，连根带土，缚竖门之左右，别竖三丛，立之门外，供以面果，呼为祭麻谷。"[①]

东北各地的麻谷节节期不一致，大部分地区在中元节之前，农历七月十三日。关于"麻谷"的含义，不同地区有着不同的解释。"取旧谷既没新谷即升之义"[②]，七月十三日旧谷已经吃完，刚好新谷也已经成熟；"新麻谷结实奠亡者"[③]，用新稻谷的秸秆填到坟上，使坟墓更加稳固。

东北部分地区因中元节和麻谷节的节日主旨相同，同为悼念逝去的亲人，且日期也较为接近，因此也有将麻谷节和中元节结合在一起过的。麻谷节悼念的亲人有着节日的特殊性，不如中元节、清明节的悼念去世的亲人范围广泛。例如在民国《海城县志》中为"新丧者"[④]，民国《西丰县志》中为"殁未经年者"[⑤]。麻谷节当天，亲友去坟上致祭，带着"香楮、供品"，烧纸哭奠。

中元节的扫墓祭祖、烧法船、放河灯等节俗，包含着中华民族的传统美德，"人生百善孝为先"，孝道，是爱心、善心的体现。节日是家庭伦理教育中最集中的、有效的时机，在这样神圣的时空内，将逝去祖先的记忆重新调回到人们脑海中，表达后辈对祖先的爱戴、崇拜和感激。

五、中秋节

农历八月十五为中秋节，是我国的传统佳节，与春节、端午、清明并称为中国汉族的四大传统节日。满族从汉族借鉴，并融合本民族特色，形成了独特的节日习俗。满族称中秋节为"八月节"，满语称"扎宫比亚业能业"。"月到中秋分外明"，秋月圆满，后人们把月圆视为团圆的象征，故又称其为"团圆

---

① （明）沈榜：《宛署杂记》，北京古籍出版社1982年版，第192页。
② 凤凰出版社编选：《中国地方志集成·辽宁府县志辑11》，凤凰出版社2006年版，第607页。
③ 凤凰出版社编选：《中国地方志集成·辽宁府县志辑12》，凤凰出版社2006年版，第281页。
④ 凤凰出版社编选：《中国地方志集成·辽宁府县志辑6》，凤凰出版社2006年版，第277页。
⑤ 凤凰出版社编选：《中国地方志集成·辽宁府县志辑12》，凤凰出版社2006年版，第547页。

节"，民国时期将其改为"秋节"。

（一）中秋节的由来

满族中秋节源于汉族，节期同在农历八月十五。宋代《梦粱录》载："八月十五日中秋节，此日三秋恰半，故谓之'中秋'。此夜月色倍明于常时，又谓之'夕月'"。① 我国古历法农历七月、八月和九月为秋季，三个月依次为孟、仲、季，故而八月为仲秋，八月十五为仲秋正中叫"中秋"。又因八月十五的月亮比平常更明亮，故也称之"月夕"。

满族赋予月亮神奇的力量，对月亮极度崇拜，经常祭月、供月。中秋节源自天象崇拜，由上古时代秋夕祭月演变而来。祭月，是古代人对"月神"的一种崇拜活动。古代人认为月有生命、意志和神奇的能力，因而将月亮作为崇拜的对象，祈求它的保佑。中秋节始见于周代，当晚要举行迎寒和祭月活动。"中秋"一词现存文字记载最早见于《周礼·春官·籥章》："中春，昼击土鼓，龡〈豳诗〉以逆暑。中秋夜迎寒，亦如之"。② "迎寒"即为"迎月"。到了汉代，这一节日已初具雏形，但时间在立秋那天。晋代开始有赏月活动，但仍未成俗。直到宋代，才把八月十五定为中秋节。到清代，各地又出现了"拜月""烧中秋""走月亮""放天灯"等习俗。满汉民族长期杂居，尤其清军入主中原以后，满汉兼容并蓄，文化上也相互吸收借鉴，满族同汉族一样，也是极重视中秋节这一节日，因此中秋节也是满族一年中的大节，如在民国六年（1917年）的《开原县志》中记载了"此与端午为一年两大节"③。

（二）中秋节节俗活动

中秋节在满族称之为"八月节"。关于满族人如何过中秋，《中国满族通论》对这一习俗进行了总括。"满族过中秋，要合家吃'团圆饭'。晚上月亮初升之际要祭月。在庭院西侧向东摆一架木屏风，屏风上挂有鸡冠花、毛豆枝、鲜藕之类，是供玉兔的。屏风前陈放一张八仙桌，桌上供一个大月饼。祭时，焚香叩头，妇女先拜，男人后拜。祭毕，将月饼切开，每人分食块，称谓吃'团圆饼'。"④ 而且《满族文化史》中也有同样的记载：中秋节，满族同汉族一样，也是极重视这个节日。八月十五日，秋月圆满，人们把月圆视为团圆的象征。满族人户要吃"团圆饭"。晚上在月亮初升时要供月，在院内西侧向东

---

① （宋）吴自牧：《梦粱录》，三秦出版社2004年版，第46页。
② 孙诒让：《周礼正义》，中华书局2016年版，第35页。
③ （清）凤凰出版社编选：《中国地方志集成·辽宁府县志辑12》，凤凰出版社2006年版，第281页。
④ 张佳生：《中国满族通论》，辽宁民族出版社2005年版，第247页。

摆供桌，桌上供鲜果、月饼，屏风上挂供月兔的毛豆枝、鸡冠花、鲜藕等。祭时，焚香、叩头。妇女先拜，男人后拜。祭毕，全家人吃月饼，称为"团圆饼"。① 除此以外，还有些地方人们要互相馈赠"送节礼"。比如，据《中国地方志民俗资料汇编》载民国时期的绥化地区便有此俗，"亲友互以月饼、西瓜相馈遗，谓之'送节礼'"②。由此我们可以看出满族人过中秋节的主要习俗活动有：

1. 吃团圆饭

满族过中秋，要合家吃"团圆饭"，一般外出办事和远离家乡的人，要赶回去同家人一起过团圆节。回娘家省亲的姑娘也不例外，要返回夫家与家人团聚过节。明代《帝京景物略》中载："女归宁，是日必返其夫家，曰团圆节也。"③ 这一天，如果没有特殊的事情不要轻易离开家，否则不吉利。到了民国时期，满族好多地方也都有这样的习俗，比如民国二十年（1931年）的《义县志》载："家人团集，儿女分甘，故或谓此节为团圆节"。④ 在海城也有这样的习俗："是夜家人团集，儿女分甘，故又谓之'团圆节'云"。⑤ 中秋与儿女相聚、团圆，是人们异常甜蜜的时刻。

除了外出的人们要回家过节，在家忙碌的士、农、工、商也要在这天抽出闲暇时间来休息，"放假备筵聚饮，一如午节"⑥。如民国时，开原这天"城乡停止营业市"⑦；在新民地区"城、镇、乡、曲一例休作丰食"⑧ 来庆祝中秋；在义县，同端午节一样，农工要放假，休息天数半日到一日不等。在抚顺"农商咸休假一日"⑨，来庆贺过节；在海城"商民休息半日"⑩，西丰也是"午后商民休息半日"⑪。到了民国末年，中秋放假旧例也在实行，如双城到了中秋

---

① 张佳生主编：《满族文化史》，辽宁民族出版社1999年版，第552页。
② 丁世良、赵放主编：《中国地方志民俗资料汇编·东北卷》，书目文献出版社1989年版，第443页。
③ （明）刘侗、于奕正：《帝京景物略》，北京古籍出版社1983年版，第69页。
④ 凤凰出版社编选：《中国地方志集成·辽宁府县志辑18》，凤凰出版社2006年版，第566页。
⑤ 丁世良、赵放主编：《中国地方志民俗资料汇编·东北卷》，书目文献出版社1989年版，第77页。
⑥ 凤凰出版社编选：《中国地方志集成·辽宁府县志辑21》，凤凰出版社2006年版，第538页。
⑦ 凤凰出版社编选：《中国地方志集成·辽宁府县志辑12》，凤凰出版社2006年版，第281页。
⑧ 凤凰出版社编选：《中国地方志集成·辽宁府县志辑1》，凤凰出版社2006年版，第367页。
⑨ 凤凰出版社编选：《中国地方志集成·辽宁府县志辑7》，凤凰出版社2006年版，第51页。
⑩ 凤凰出版社编选：《中国地方志集成·辽宁府县志辑8》，凤凰出版社2006年版，第212页。
⑪ 凤凰出版社编选：《中国地方志集成·辽宁府县志辑12》，凤凰出版社2006年版，第547页。

"各机关及学校均休假一日"①。在秋季繁忙的时刻,人们通过节日休息来放松,缓解疲劳,娱乐身心,并得到情感满足,这一是节日有别于常日的功能之一,同时也可以看出人们对节日的重视。

除了节日休息、团聚之外,还有清除旧账的习俗。依据旧例,一年中有两次讨要欠账一次在端午节,另一次就在中秋节。有账单的商铺可以上门去要账,讨回所欠的账目;长期欠款的可以在这几天还款。在民国时期一些地区的县志中均有这样的记载,如民国《东丰县志》中载:"商铺与秋节索讨欠债,结束账目,至今不衰"②。双城县也有这样的风俗:"是节之前,商户讨欠,为第二次之结账,如端阳时"③。

这一天的饮食也与往日不同,有了闲暇休息的时间,又有家人相聚一堂,因此饮食较常日丰盛,"家家以酒食相庆"④。各个地区均会"开盛宴",饮食从丰,如辽阳、兴京、庄河等等,但丰盛程度依据家庭经济状况而定。据清代《康乾遗俗轶事饰物考》所载:"满族贵族过中秋节十分热闹,饭菜也与以往不同,晚餐有冷荤,四炒菜,炖肉烙饼炖粉丝,也有吃涮羊肉、烤羊肉或猪肉什锦火锅的。"⑤可见饮食之丰盛。到了民国时期,如西丰县,"商家盛馔三日,农家一日"⑥,经济富裕的人家会连续三日大摆筵席。对普通民众来说,"时正收获田禾,乡民忙碌,过节者,惟饮食从丰"⑦,此时正赶上农忙时节,家家户户都在忙碌,到了中秋,就以丰盛的食物来犒劳自己。辽中也有此俗,此日"农家以酒食劳佣工"⑧,在锦县和广宁,"贫者亦勉营食物合家饮啖"⑨,就算是贫穷的人家也会在当天丰盛饮食,合家欢聚,赏月尽欢。

2. 吃月饼

中秋节在饮食上必少不了月饼这一节令食品。满族同汉族一样也都喜欢吃

---

① 丁世良、赵放主编:《中国地方志民俗资料汇编·东北卷》,书目文献出版社1989年版,第422页。
② 丁世良、赵放主编:《中国地方志民俗资料汇编·东北卷》,书目文献出版社1989年版,第363页。
③ 丁世良、赵放主编:《中国地方志民俗资料汇编·东北卷》,书目文献出版社1989年版,第422页。
④ 凤凰出版社编选:《中国地方志集成·辽宁府县志辑9》,凤凰出版社2006年版,第182—183页。
⑤ 完颜左贤:《康乾遗俗轶事饰物考》,内蒙古大学出版社1990年版,第53—54页。
⑥ 凤凰出版社编选:《中国地方志集成·辽宁府县志辑12》,凤凰出版社2006年版,第547页。
⑦ 凤凰出版社编选:《中国地方志集成·辽宁府县志辑14》,凤凰出版社2006年版,第115页。
⑧ 凤凰出版社编选:《中国地方志集成·辽宁府县志辑1》,凤凰出版社2006年版,第624页。
⑨ 凤凰出版社编选:《中国地方志集成·辽宁府县志辑16》,凤凰出版社2006年版,第404页;凤凰出版社编选:《中国地方志集成·辽宁府县志辑21》,凤凰出版社2006年版,第286页。

月饼。满族人在饮食上喜欢糕点、饽饽类的食物,比如苏耗子、黄米糕、萨其马……汉族的节令食品月饼也受到了他们的喜爱,中秋节吃月饼,也是满族的习俗。传统的饼是圆形的,清代还有特制的祭月月饼,此月饼比日常月饼"圆而且大",俗称"团圆饼"。明代《北京岁华记》载:"饼面绘月宫蟾兔"[1]。满族也认同汉族嫦娥奔月的神话传说,认为月亮里住着美丽的嫦娥和玉兔,饼面都绘了月中蟾兔。清代富察敦崇在《燕京岁时记》载:"至供月月饼到处皆有。大者尺余,上绘月宫蟾兔之形。有祭毕而食者,有留至除夕而食者,谓之团圆饼。"[2] 由此可见,至清代时民间中秋吃月饼已广泛流传,有一尺大小,上面绘了月中蟾兔。中秋月饼不仅是特色食品,还可以相互馈赠,还是祭月的供品。更重要的是要把月饼吃掉,以求团圆幸福。民间吃月饼通常要将月饼切成均匀的若干份,按人数平分,每人分享一块月饼,象征团圆。如家中有人外出,便要特地留下一份,象征他也参加了中秋团圆。

以月饼为中秋特色食品及祭月供品的风俗大概始于明朝。民间广泛流传着元末八月十五吃月饼杀鞑子的传说。元朝末年,元惠宗为了防止老百姓造反,派鞑子到各村屯来镇压和管制老百姓。百姓们想出了一个计策。在农历八月十五这天,家家户户做月饼,名义上是祭拜月亮的,其实是用月饼传递信息,上面写着"今夜子时,统一起义",最后家家户户一起行动把鞑子杀死了,高高兴兴吃着月饼庆祝。这个传说不仅在汉族广泛流传,也得到了满族人的认可,比如民国十七年(1938年)的《锦西志》载:"家家食月饼,谓系岳忠武公兵临朱仙镇,河北义民谋起兵应之,秘书八月十五日杀鞑子纸条置饼中,遍布市近,期共举事,虽不见史志,然传说固甚久也。"[3] 可见,民国时,这一传说仍然活跃,且中秋吃月饼的习俗一直在传承。

节日当夜,明月升空,家家在院里摆一桌子,放上月饼、苹果、桃、梨、葡萄等水果和食品,围坐桌边,分食月饼,共度团圆佳节。"在食品中,除月饼、水果外,还必备一碟连皮煮熟的芋头仔。在拜月时,一边吃芋头,一边剥着芋头皮,一边讲'剥痴剥疥,剥给隔邻老太太',以示将病痛抛去。"

3. 送节礼

满族人在中秋节有互相赠送节礼的习俗。秋季是收获的季节,各种新鲜的瓜果蔬菜都已经成熟。宋代时人们过中秋节重在"秋尝",所尝之物有石榴、葡萄、西瓜等时令水果。清代时这一习俗仍保留下来,一到八月,家家户户会

---

[1] 转引自张勃:《〈北京岁华记〉手抄本及其岁时民俗价值》,《文献》2010年第3期。
[2] (清)富察敦崇:《燕京岁时记》,北京古籍出版社1981年版,第79页。
[3] 凤凰出版社编选:《中国地方志集成·辽宁府县志辑22》,凤凰出版社2006年版,第522页。

买来各种节令水果,如民国《双城县志》中载:"节前,市上满列鲜果待售,大都贩自奉之医巫闾山"①。满族同汉族一样也有"送节礼"的习俗,中秋节"亲友则以西瓜、月饼或鲜果互相馈遗,亦谓之'送节礼'"②。

　　送节礼的习俗历史久远,所送礼品多为月饼,也有一些新鲜的水果。明清时期,中秋节馈送月饼已成全国风行的习俗。明代《宛署杂记》"八月馈月饼"条注云"士庶家俱以是月造面饼相遗"③。明代《帝京景物略》也载"月饼月果,戚属馈遗相报。"④ 月饼象征团圆,赠送月饼是愿亲戚朋友生活美满幸福。到民国时这一习俗仍在传承,通过礼品来传达情意,鲜果、月饼既是供月的祭品,也是必不可少的节日礼品。据清宣统二年(1910年)的《桓仁县志》记载,当地过中秋前一两天,有提前向亲人赠送月饼瓜果的习俗,即"先一二日以月饼果品,相互馈送"⑤。其他地区如兴京、锦县、义县、广宁均有"先一二日以月饼果品互相馈送"⑥"月饼西瓜相饷"⑦的风俗记载。现如今此习俗仍盛行不衰,寄托着人们美好的祝愿。

　　4. 供月、祭月

　　满族先民有祭日、月、星辰的习俗。供月、祭月是从玩月、赏月发展而来的民间信仰仪式。满汉长期杂居,两族文化相互渗透,满族"祭月"受到汉族"赏月"的影响,东北有些满人过中秋,不叫"赏月",而称"供月",这显然是祭月遗留下来的风俗。

　　唐宋时期人们过中秋节主要是通过赏月、玩月来表达诗情意趣,重视节日的娱乐性。明清时期中秋节的节日性质发生了变化,人们同样赏月、玩月,但更关注月亮背后的神秘意义,通过供奉、祭祀来寄托美好愿望。清代拜月之俗较前代盛行,清代潘荣陛的《帝京岁时纪胜》记载了清代京城祭月的风俗:"十五日祭月,香灯品供之外,则团圆月饼也。雕西瓜为莲瓣,摘萝卜叶作婆罗。香果苹婆,花红脆枣,中山御李,豫省岗榴,紫葡萄,绿毛豆,黄梨丹柿,白藕青莲。云仪纸马,则道院送疏,题曰月府素曜太阴皇君。至于先丁后

---

① 丁世良、赵放主编:《中国地方志民俗资料汇编·东北卷》,书目文献出版社1989年版,第421页。
② 丁世良、赵放主编:《中国地方志民俗资料汇编·东北卷》,书目文献出版社1989年版,第466页。
③ (明)沈榜:《宛署杂记》,北京古籍出版社1982年版,第192页。
④ (明)刘侗、于奕正:《帝京景物略》,北京古籍出版社1983年版,第69页。
⑤ 凤凰出版社编选:《中国地方志集成·辽宁府县志辑9》,凤凰出版社2006年版,第182—183页。
⑥ 凤凰出版社编选:《中国地方志集成·辽宁府县志辑10》,凤凰出版社2006年版,第315页。
⑦ 凤凰出版社编选:《中国地方志集成·辽宁府县志辑16》,凤凰出版社2006年版,第404页。

社，享祭报功，众祀秋成，西郊夕月，乃国家明禋之大典也。"① 从中可以看出祭月的瓜果品类繁盛，有西瓜、脆枣、葡萄、黄梨等多种，对月亮的崇敬更是超越前代，甚至将月神奉为"月府素曜太阴皇君"，中秋节祭月的风俗还上升到了国家典礼的层面。

祭拜月亮已经成为清代重要的中秋习俗。清代有俗谚"八月十五月儿圆，西瓜月饼供神前"。祭月前要做好准备，摆好供品，在晚饭后月亮升上天空时进行。如清代《燕京岁时记》载八月十五祭月，用果饼，剖瓜瓣如莲花，还设月光纸，向月而拜。祭拜的对象是月神，也称太阴星主、月姑，或月宫姑娘。祭拜人群一般以妇女为主。京师谚曰："男不拜月，女不祭灶。"② 人们认为月亮里面住着美貌的嫦娥仙子，男子不便相见。祭拜时满族人会设供品，"陈瓜果于庭以供月，并祀以毛豆、鸡冠花"③；张挂木刻版印的"月光神马"。整个祭月仪式：在月亮未升起时，祭月的人家先朝月出的方向把月光神马贴好，设下供案，把一些应时瓜果鲜枣、葡萄、藕、带枝的毛豆、鸡冠花、西瓜、月饼等摆好，等月亮升起，便燃香祭祀太阴。妇女儿童相继叩拜许愿，拜完后，把月光神马烧毁，撤供，把祭品月饼、瓜果分给家人享用。

当然，所奉的供品也是有讲究的，水果是新鲜的时令水果，月饼是特制的祭月月饼，此月饼比日常月饼"圆而且大"，带枝的毛豆是兔子喜欢吃的食品，鸡冠花象征着月亮里的梭萝树，藕是九节藕，西瓜必参差切之，如莲花瓣形。关于"月光神马"，也叫"月光纸"。明代《帝京景物略》说："纸肆市月光纸，绩满月像，跌坐莲花者，月光遍照菩萨也。华下月轮桂殿，有兔杵而人立，捣药臼中，纸小者三寸，大者丈，致工者金碧缤纷。家设月光位，于月所出方，向月供而拜，则焚月光纸，撤所供散家之人必遍。"④ 纸肆里卖的月光纸，上面画月亮的像，画里面有月光遍照菩萨跌坐在莲花上，下面是月宫桂殿，前面有玉兔人立执杵而捣臼。这种月光神马小的三寸、大的一丈，精致的还在纸上洒金。

至民国时拜月、供月习俗仍在盛行，是满族各地过中秋必不可少之俗，寄托着人们对月神的祈愿。《丹东满族志》载："八月节，农历八月十五，这天晚上，当月亮出来时，在院内摆供桌，桌上放月饼、瓜果梨桃。全家大小对月叩

---

① （清）潘荣陛：《帝京岁时纪胜》，北京古籍出版社1981年版，第29页。
② （清）富察敦崇：《燕京岁时记》，北京古籍出版社1981年版，第78页。
③ （清）富察敦崇：《燕京岁时记》，北京古籍出版社1981年版，第77—78页。
④ （明）刘侗、于奕正：《帝京景物略》，北京古籍出版社1983年版，第69页。

头。供后，家人围桌食之"①。其他地方也是如此，如在辽阳县人们会在"月初升时，陈瓜果月饼于庭，焚香叩拜，以祭太阴，俗称'供月'"②；在桓仁县，家家皆以鲜果月饼等物，于夜间陈祀庭中，以庆团圆之明月，俗曰"拜月"③。可以看出，与清代相比，很少再贴月光纸，而是在自家庭院直接向月而拜。但后来随着时代发展这种供月风俗虽有遗存，但已不普遍，"此事乡僻行之者甚少"④。新中国成立后，这一节日仍保留在民间，唯有供月习俗不普遍，但仍然存在。

清代时人们还以月亮来占卜阴晴圆缺，如清人顾禄《清嘉录》卷八"八月半"条记载："中秋俗呼八月半，是夕，人家各有宴会，以酬佳节。人又以此夜之晴雨，占此年元宵阴晴。谚云：'八月十五云遮月，来岁元宵雪打灯。'"⑤如果这一年中秋没有月亮的话，则来年的元夜会有雪。

5. 兔儿爷

明清时期北京的中秋节还新添了一个重要的中秋节节令物件——兔儿爷。早在明代纪坤的《花王阁剩稿》中就有北京人中秋供兔儿爷的记载。他说："中秋节多以泥撰兔形，衣冠踞坐如人状，儿女祈而拜之。"这表明，明代中叶以后，民间中秋已有在祭月之际摆兔儿爷的习俗，但此时尚未形成风气，直到清代才兴盛起来。这与民间流行的一个关于兔儿爷的美好传说有关。

> 话说有一年八月，京城闹了瘟疫，一下子病倒了许多人。十五这天，嫦娥借着月光，见到了京城百姓的不幸，就派玉兔下凡相救。玉兔化作一位美丽的少女，降临京城，挨家挨户为人们治病。她奔忙了一整夜，救治了很多人，自己也累昏了过去。等她醒来时，天已大亮，人们围着她，目光中充满关切。原来，她刚才昏过去后便显露原形。她把原委告诉了大家，并向大家告别，飞向缥缈的云端。这个传说在老北京人中流传很广，表达了人们对兔儿爷的好感和怀念。后来，每到八月十五这一天，京城百姓都会供奉兔儿爷，感恩玉兔救病之恩。

清代时，北京的满族人都会在中秋节供兔儿爷。兔儿爷或是捣药的玉兔，其形兔首人身，手持玉杵；或是金盔金甲的武士，有的骑着狮、象、虎等猛兽

---

① 丹东市民族事务委员会民族志编纂办公室编：《丹东满族志》，辽宁民族出版社1992年版，第64页。
② 凤凰出版社编选：《中国地方志集成·辽宁府县志辑3》，凤凰出版社2006年版，第360页。
③ 凤凰出版社编选：《中国地方志集成·辽宁府县志辑9》，凤凰出版社2006年版，第369页。
④ 凤凰出版社编选：《中国地方志集成·辽宁府县志辑9》，凤凰出版社2006年版，第51页。
⑤ 江玉祥：《中秋节的民俗事项》，《文化透视》2011年第5期。

或孔雀、仙鹤等飞禽。关于兔儿爷的造型，清《燕京岁时记·兔儿爷摊子》中有记载："每届中秋，市人之巧者用黄土抟成蟾兔之像以出售，谓之'兔儿爷'。有衣冠而张盖者，有甲胄而带纛旗者，有骑虎者，有默坐者。大者三尺，小者尺余。"① 可见"兔儿爷"形态各异。还有一种肘关节和下颌能活动的兔儿爷，俗称"叭嗒嘴"②。清人潘荣陛也在《帝京岁时纪胜》"八月·彩兔"这一章节对兔儿爷进行了描述："京师以黄沙土作白玉兔，饰以五彩妆颜，千奇百状，集聚天街月下，市而易之。"③ 兔儿爷是用泥塑造出来的，再给它涂上五彩的妆容，造型也千奇百怪，中秋前后在天街下售卖。清代栎翁也有一首关于兔儿爷的诗《燕台新咏》记载："团圆佳节庆家家，笑语中庭荐果瓜。药窃羿妻偏称寡，金涂狡兔竟呼爷。秋风月窟营天上，凉夜蟾光映水涯。惯与儿童为戏具，印泥糊纸又搏沙。"可见，兔儿爷不仅是人们供奉的神物，还是儿童非常喜欢的玩具。

东北的满族在中秋之夜，习惯用纸剪的兔子摆放在院中，将未成熟的大豆放在其眼前，这纸兔子就象征着月中玉兔，它喜欢吃青豆，就以此来喂玉兔。玉兔是天宫的神物，人们在它身上寄托了自己的向往和憧憬。民国时期以后，玩兔爷儿的习俗在老北京和东北满族地区仍有保留，但不普遍，已慢慢淡出人们的视野。

满族中秋节的各项习俗都表达出了"阖家团圆"的节日主题，如吃团圆饭、吃团圆饼、供月等等，人们赋予这一节日诗情画意的象征意义，满足了人们的团圆心理以及对美与愉悦的追求，这既是对圆月的崇拜，又表达了对平安、健康、团圆、生活美好的祈愿。

六、重阳节

"遥知兄弟登高处，遍插茱萸少一人。"大家都很熟悉王维的这首《九月九日忆山东兄弟》。题目中的九月九日便是重阳节，诗中所描绘的登高、插茱萸等活动也正是重阳节俗。重阳节是汉族的重要节日，满族沿袭汉俗，各地县志均有记载此节日。如清光绪三十四年（1908年）的民国《辽中县志》载"九

---

① （清）富察敦崇：《燕京岁时记》，北京古籍出版社1981年版，第79页。
② 卢光：《论满族岁时习俗》，《黑龙江民族丛刊季刊》1998年第4期。
③ （清）潘荣陛：《帝京岁时纪胜》，北京古籍出版社1981年版，第29页。

月九日，为重阳节"①；民国宣统二年（1910年）的民国《绥中县志》载"九月九日为重阳节"②；民国十五年（1926年）的《新民县志》载"九月初九日为重阳节"③。可见重阳节也是满族的重要节日。

（一）节日起源与发展

农历九月九日为重阳，满族也在这一天过重阳节。"重阳"得名于古籍《易经》中的"阳爻为九"。在《易经》中，把"六"定为阴数，把"九"定为阳数，九月初九，日与月皆逢九，是谓"两九相重"，故曰"重九"，同时又是两个阳数合在一起，故谓之"重阳"。明代张岱《夜航船》云："九为阳数，其日与月并应，故曰'重阳'。"九月九日为重阳节，又称"女儿节""登高节""茱萸节""菊花节"等。重阳节是出嫁女儿回家的日子，民间称重阳节为"女儿节"，俗谚说"九月九，搬回闺女息息手"。又因重阳节有登高的习俗，又称"登高节"。据满族资料载："京师重阳节花糕极胜，而关外满族这一天最主要的活动是登高，故称'登高节'"。④ 重阳节还称"茱萸节"，唐代张说《湘州九日城北亭子》云："西楚茱萸节，南淮戏马台。"古人认为折茱萸，以插头，可以辟恶气，抵御初寒，因此茱萸是重阳必不可少的节物。此外，重阳节菊花繁盛，又有赏菊、饮菊花酒的习俗，且菊有长寿之意，因此又为"菊花节"。如民国十五年（1926年）的《兴城县志》载："当此菊花盛开之际，故又名菊花节"⑤尽管重阳别称很多，但都包含了人们对此节日健康祥和美好祈愿。

重阳一词最早见于先秦时期。到了汉代，民间开始流行重阳风俗。魏晋南北朝时，重阳节在民间已经很受重视了。据《齐人月令》载："重阳之日，必糕酒登高远眺，为时宴之游赏，以畅秋志，酒必采茱萸以泛，既醉而还。"⑥重阳节在唐代被官方正式确立为"三令节"之一。到了宋代盛况空前，周密《武林旧事》卷三载："南宋宫廷于八日作重九排当，以待翌日重游乐一番。"⑦明代宫中妃从初时开始吃花糕，九日重阳，皇帝亲自到万岁山登高览胜，此风俗一直流传到清代。

历来关于重阳节的起源有多种说法，有大火星祭仪说、避邪说、求寿说、尝新说等等，但影响较广的是"辟邪去灾说"。如民国八年（1919年）的《盖

---

① 凤凰出版社编选：《中国地方志集成·辽宁府县志辑1》，凤凰出版社2006年版，第624页。
② 凤凰出版社编选：《中国地方志集成·辽宁府县志辑23》，凤凰出版社2006年版，第136页。
③ 凤凰出版社编选：《中国地方志集成·辽宁府县志辑1》，凤凰出版社2006年版，第367页。
④ 刘中平、鞠延平：《传统岁俗节日中的满族特色》，《满族研究》2009年第4期。
⑤ 凤凰出版社编选：《中国地方志集成·辽宁府县志辑21》，凤凰出版社2006年版，第538页。
⑥ 转引自王小英：《重阳节的起源及民俗文化意味》，《黑龙江教育学院学报》2006年第6期。
⑦ 转引正陈艳：《重阳节的起源及风俗文化》，《内蒙古民族大学学报》2011年第3期。

平县志》便有关于"重九避祸"的记载:"盖以九为老,阳九而重之,以九阳已极矣。易云亢龙有悔,阳亢则为灾,不可不有以解之"①。自古"九"象征"久",有长寿之意,双九重之,过满则溢,必有灾祸,因要在这一天解之,避祸。广泛流传的还有桓景登高避祸的故事,其出自吴均的《续齐谐记》。传说有个叫费长房的,神通广大,能呼风唤雨,遣神捉鬼。一天,他对他的徒弟桓景说:"九月九日您家将有天灾人祸,要作准备。"桓景问:"有无办法免除灾难?"长房答道:"有,到那一天做一个红布袋,装些茱萸挂在胳膊上,再带些菊花酒到高山上去饮,可免这场灾难。"于是到了九月九日桓景照师傅的办法带着全家去山上过了一天,平安无事。从此"重九登高,效桓景之避灾",而相沿成俗。满族也认同这一故事,如民国十八年(1929年)的《锦西志》言:"费长房教桓景避灾之故事"②。

(二)重阳节节俗

关于满族人如何过重阳节,刘中平在对满族文化进行研究的过程中对这一节日进行了描述:"九月初九是吉祥如意的重阳节,又叫'重九'。京畿一带的满族有饮菊花酒、赏菊、辞青、占雪以及登高的风俗。"溥杰记载:"在旧历的九月九日为重阳节,在那天须吃菊花糕和花糕,还有'登高'之举。京师重阳节花糕极盛,而关外满族这一天最主要的活动是登高,故称'登高节'。是时,亲朋好友一起登高爬山,到山巅顶峰极目眺望,饮酒唱歌,尤其是将要进山狩猎的人,要在山顶高处设宴饮酒,以预祝丰收,名曰'登高会'。"满族在汉族基础上,融合民族传统,发展出了自己的节日文化,其节日活动主要有:

1. 登高宴饮

重阳节,又称登高节,满族人喜欢在这一天登高宴饮为乐。北宋《事物纪原》载:"九日登高始于桓景。"桓景在九月九因登高躲避了灾害的故事在满族中流传,登高的习俗也源于此。如民国四年(1915年)的《铁岭县志》记载:"九月九日为重阳节,文人多登龙首山,藉以吟咏,谓之'登高'。此说起于汝南桓景。桓景游于费长房之门,一日,长房告景曰:'九月九日汝家当有灾厄,宜急去。并令家人各作彩囊盛茱萸系臂,登高饮菊花酒,此祸可消。'景如言,及还,见鸡、犬、牛、羊皆暴死。"③ 人们认为登高可以辟邪去灾,因此形成了登高避祸的习俗。民国十八年(1929年)的《锦西志》记载:"九月初九日

---

① 凤凰出版社编选:《中国地方志集成·辽宁府县志辑13》,凤凰出版社2006年版,第177页。
② 凤凰出版社编选:《中国地方志集成·辽宁府县志辑22》,凤凰出版社2006年版,第522页。
③ 凤凰出版社编选:《中国地方志集成·辽宁府县志辑11》,凤凰出版社2006年版,第607页。

为重阳节，士间结伴远眺，名曰'登高'。费长房教桓景避灾之故事也"①。《海城县志》记载："携酒登山，俗谓'登高'（盖仿桓景故事）"②。《西丰县志》记载："初九日为重阳节，携酒登山俗谓登高（仿桓景故事）"③。

随着后世的发展，登高除了避祸之外，重阳节的节俗又增添了文人骚客饱览群山胜景、把酒畅欢的雅兴趣事。清代时这一习俗经过其他朝代的发展更加兴盛，登高的去处很多，更增添了无穷乐趣。据清代《燕京岁时记》卷三的重阳记载："九月九日，则都人士提壶携榼，出郭登高，南则在天宁寺、陶然亭、龙爪槐等处……赋诗饮酒，烤肉分糕，洵一快事也。"④ 民国时，此俗在满族仍非常兴盛，其中城镇最盛，以文人雅客者居多，"文人骚客，每于是日，登高眺远，把酒赋诗，俗谓之'登高'"⑤，"九月初九日为重阳节，四民均于是日游行郊野，觅高处以登临，名曰'登高'。士人多有携酒登山，以诗词遣兴写怀者"⑥。三五好友，聚集宴饮，把酒言欢，此乃人生一大快事。登高时所登之处因人而异，如民国《盖平县志》记载登高时的情景："古人是日登高，有登城中央鼓楼者，有登西门外高阜远眺者，至奔赴数十里内高山恣意观览，引类呼朋，敲诗赌酒，在文人学士，每建兹胜会前二三十年所在多有，近者率归沈寂，抑亦时势使然耳。"⑦ 随处皆可登高，可见满族人民对登高远眺的喜爱。

登高之举，城乡迥然。如民国《开原县志》载"士族或携酒登山"⑧、民国《凤城县志》载"居县城者，每登高会饮"⑨、民国《桓仁县志》载"登高之举以城镇为盛"⑩。由此可见，此俗多集中于城镇和上层社会，乡间少有此举。民国《绥中县志》记载："九月九日为重阳节，文士间有登高眺望者，乡间无此举也。"⑪但后来，随着时代的发展，到民国中后期时此俗在民众间"今则罕矣"⑫，渐渐湮灭。如民国《新民县志》记载："九月初九日为重阳节。是

---

① 凤凰出版社编选：《中国地方志集成·辽宁府县志辑22》，凤凰出版社2006年版，第522页。
② 凤凰出版社编选：《中国地方志集成·辽宁府县志辑8》，凤凰出版社2006年版，第212页。
③ 凤凰出版社编选：《中国地方志集成·辽宁府县志辑12》，凤凰出版社2006年版，第548页。
④ （清）富察敦崇：《燕京岁时记》，北京古籍出版社1981年版，第79—80页。
⑤ 凤凰出版社编选：《中国地方志集成·辽宁府县志辑1》，凤凰出版社2006年版，第624页。
⑥ 凤凰出版社编选：《中国地方志集成·辽宁府县志辑15》，凤凰出版社2006年版，第508页。
⑦ 凤凰出版社编选：《中国地方志集成·辽宁府县志辑13》，凤凰出版社2006年版，第177页。
⑧ 凤凰出版社编选：《中国地方志集成·辽宁府县志辑12》，凤凰出版社2006年版，第282页。
⑨ 凤凰出版社编选：《中国地方志集成·辽宁府县志辑14》，凤凰出版社2006年版，第115页。
⑩ 凤凰出版社编选：《中国地方志集成·辽宁府县志辑9》，凤凰出版社2006年版，第182—183页。
⑪ 凤凰出版社编选：《中国地方志集成·辽宁府县志辑23》，凤凰出版社2006年版，第136页。
⑫ 凤凰出版社编选：《中国地方志集成·辽宁府县志辑16》，凤凰出版社2006年版，第241页。

以习俗相率登高以遣兴,然惟骚客文人多有此趣,今又罕见矣"①、民国《续修桓仁县志》记载:"近已鲜矣"②、民国《岫岩县志》记载:"此俗今不盛行矣"③。

2. 祭葛仙

满族在重阳节这一天有祭葛仙的习俗。三百六十行,行行有行规,有祖师爷。葛仙是染布缸神,是染纺业的祖师爷。全国各地均有每年九月初九重阳节染坊内祭祀祖师爷的习俗,与之相伴的还有一位神灵"梅仙",人们将其称之为"梅葛二圣""梅葛仙翁""梅葛先师"。其传说流传于大江南北,说法各有不一。其中一种说法是梅福是西汉学者,王莽专权时弃家求仙。葛洪是晋朝著名的炼丹家,好神仙导养之术。民间传说,古人穿衣原只有白色,后来有一个皇帝为了用衣服颜色区别贵贱,规定皇帝穿黄袍,大臣穿红袍,平民穿青衣蓝衫,并张榜招募能染这三种颜色的人。这时,梅仙翁种植了蓝草,葛仙翁创造了用蓝沤靛染青的方法,葛仙翁带着蓝靛,在九月九日这天进京城揭了皇榜。皇帝见葛仙翁把白布下了染缸,布刚染成焦黄色,就以欺君之罪把他杀了。后来把布捞出来,很快由黄变绿、由绿变蓝,皇帝懊悔错杀了人,便封梅葛二仙翁为染布缸神。每年九月九日重阳节,染场都要祭祀梅葛二仙。满族人也很是崇奉这一祖师爷,在重阳时要休息一天,祭祀"染布缸神",祈求"染仙"保佑,来年染出的布品质好、色度牢,一切顺顺利利。满族各地均有此记载,如民国《庄河县志》载"各染房于是日祭葛仙"④、民国《安东县志》载"各染房于是日祭葛仙"⑤……祭祀既是表达对神灵的敬畏,同时也是娱神,让人们的心灵有所慰藉。除了祭祀之外,染坊在这一天也要犒劳工人,放假休息,如民国《义县志》载"城内染坊以是日犒工"⑥、民国《海城县志》载:"染房犒工放假休息"⑦、民国《西丰县志》载"染坊犒工放假休息"⑧。还有一些地方要在此时救济乞丐,行善施德,民国十七年(1928年)时岫岩地区便有此俗:"各染坊为祭葛仙之圣会,休息一日,大开盛宴,济施乞丐"⑨。

---

① 凤凰出版社编选:《中国地方志集成·辽宁府县志辑1》,凤凰出版社2006年版,第367页。
② 凤凰出版社编选:《中国地方志集成·辽宁府县志辑9》,凤凰出版社2006年版,第370页。
③ 凤凰出版社编选:《中国地方志集成·辽宁府县志辑15》,凤凰出版社2006年版,第508页。
④ 凤凰出版社编选:《中国地方志集成·辽宁府县志辑14》,凤凰出版社2006年版,第473页。
⑤ 凤凰出版社编选:《中国地方志集成·辽宁府县志辑16》,凤凰出版社2006年版,第241页。
⑥ 凤凰出版社编选:《中国地方志集成·辽宁府县志辑18》,凤凰出版社2006年版,第567页。
⑦ 凤凰出版社编选:《中国地方志集成·辽宁府县志辑8》,凤凰出版社2006年版,第212页。
⑧ 凤凰出版社编选:《中国地方志集成·辽宁府县志辑12》,凤凰出版社2006年版,第548页。
⑨ 凤凰出版社编选:《中国地方志集成·辽宁府县志辑15》,凤凰出版社2006年版,第508页。

3. 插茱萸

重阳节被称为"茱萸节",满族人民在这一天要插茱萸以求吉。茱萸是秋季成熟的椒科植物,茱萸可佩带,可食用,可药用。《艺文类聚·木部》曰:"茱萸,椒也。九月九日熟,色赤,可采时也。"[1] 茱萸在九月九日"气烈成熟",因此,"折茱萸房,以插头"[2],认为可以辟恶气,抵御初寒。佩戴茱萸最早可追溯到两汉时期。《杂五行书》载,在屋舍旁种"白杨、茱萸三根,增年益寿,除患害也"。古人认为悬茱萸子于室内,即可"鬼畏不入"。因此,在重阳节这天,人们或佩茱萸囊,或茱萸插头,以驱邪求吉。满族过重阳节也要佩戴茱萸,人们很早便意识到其价值,民国二十年(1931年)《盖平县志》中便记载了人们在重阳这天佩戴茱萸并不是为了美观,而是"茱萸主祛风、宣气、开郁性。虽热而能引热下行"[3]。茱萸不仅具有药用价值,还被人们称作"辟邪翁",因此在重阳节这天,人们或佩茱萸囊,或茱萸插头,茱萸这一节令物件必不可少。

4. 赏菊、饮菊花酒

重阳节正是菊花繁茂之时,满族人要在这一天赏菊饮酒以度此节。菊是应时花草,"霜降之时,唯此草盛茂"。古人视为"候时之草",并且由于菊之独特品性,菊成为生命力的象征。《梦粱录》曾载宋人以菊花、茱萸泡酒,名茱萸为"辟邪翁",菊花为"延寿客",以此二物"以消阳九之厄"。[4] 民间也有谚云"九月九,九重阳,菊花做酒满缸香"。菊花酒如何酿制呢?《西京杂记》卷三记载:"菊花舒时,并采茎叶,杂黍米酿之,至来年九月九日始熟,就饮焉,故为菊花酒。"[5] 登高畅饮菊花酒是人生一大快事。在满族菊花酒是重阳节必备,登高宴饮必饮此酒,即"携酒登山"[6]。菊花不仅是助雅兴之物,而且具有药用价值,满族人很早便意识到其作用。民国时盖平地区记载重阳节"菊花具四时气,备经霜露,得金水之精,能息风除热,古人用之,意在斯乎"[7]。人们认同菊花是延寿之物,言饮菊花酒令人长寿。

除了菊花酒外,赏菊这一雅事也必不可少,"京畿一带的满族有饮菊花酒、

---

[1] (唐)欧阳询:《艺文类聚》,清华大学出版社2003年版,第1330页。
[2] (唐)欧阳询:《艺文类聚》,清华大学出版社2003年版,第1330页。
[3] 凤凰出版社编选:《中国地方志集成·辽宁府县志辑13》,凤凰出版社2006年版,第177页。
[4] (宋)吴自牧:《梦粱录》,三秦出版社2004年版,第55页。
[5] (晋)葛洪:《西京杂记》,上海商务印书馆1927年版,第30页。
[6] 凤凰出版社编选:《中国地方志集成·辽宁府县志辑22》,凤凰出版社2006年版,第129页。
[7] 凤凰出版社编选:《中国地方志集成·辽宁府县志辑13》,凤凰出版社2006年版,第177页。

赏菊"①的风俗。清代潘荣陛在《帝京岁时纪胜》中就描述了京都一带重阳菊花景观,"秋日家家胜栽黄菊,采自丰台,品类极多。惟黄金带、白玉团、旧朝衣、老僧衲为最雅。酒垆茶设,亦多栽黄菊,于街巷贴市招曰:某馆肆新堆菊花山可观"。②菊花遍地,此景甚美。但至民国时期,这个习俗已经渐渐消失了,各地均载"无菊亦无登高者"③。

5. 食重阳糕

满族人喜欢吃黏食,尤其是糕点,重阳糕也是他们必不可少的节令食品。重阳糕是宋代时才出现的重阳食品,但是糕在汉代已经出现,当时称为"饵"。汉代许慎《说文解字》言:"饵,粉饼也"。重阳糕的原料是米粉,用稻米和黍米一起蒸。九月黍熟,祭享先人,重阳糕前身是九月"尝新"食品。唐宋时期重阳糕很流行,唐代时称麻葛糕,宋代已经开始称重阳糕。由于糕面有多种装饰,重阳糕在明清以后又多称为"花糕"。

满族人称糕点为饽饽。重阳期间满族饽饽铺会卖各种制好的糕点,种类繁多,有的还会根据自己的旗属绘上自己的八旗旗帜。如明代刘侗、于奕正《帝京景物略》载"九月九日……面饼种枣果其面,星星然,曰'花糕'。糕肆标纸彩旗,曰'花糕旗'"。④重阳节时皇帝也要将花糕赏给大臣,故明高启诗云:"故园莫忆黄花酒,内府初尝赤枣糕。"重阳这天皇宫内外均要吃重阳糕。清代富察敦崇曾在《燕京岁时记·花糕》中记载:"花糕有二种:其一以糖面为之,中夹细果,两层三层不同,乃花糕之美者;其一蒸饼之上星星然缀以枣栗,乃糕之次者也。每届重阳,市肆间预为制造以供用。"⑤可见花糕种类花样之多。溥杰记载:"在旧历的九月九日为重阳节,在那天须吃菊花锅和花糕……京师重阳节花糕极胜"⑥。可见满族人对花糕的喜爱。

满汉相融,并受到儒家文化的熏陶,自古都有敬老、孝老的传统。到了近代,重阳节被赋予了新的含义,因"九"是数字中的最大数,且"九九"与"久久"同音,含有天长地久、生命长久、健康长寿的寓意。1989年,我国将每年的九月九日定为老人节,将传统与现代和谐地结合起来,使这一传统佳节成为尊老、敬老、爱老、助老的新式节日。

---

① 刘中平、鞠延平:《传统岁俗节日中的满族特色》,《满族研究》2009年第4期。
② (清)潘荣陛:《帝京岁时纪胜》,北京古籍出版社1981年版,第32页。
③ 凤凰出版社选编:《中国地方志集成·辽宁府县志辑21》,凤凰出版社2006年版,第286页。
④ (明)刘侗、于奕正:《帝京景物略》,北京古籍出版社1983年版,第71页。
⑤ (清)富察敦崇:《燕京岁时记》,北京古籍出版社1981年版,第81页。
⑥ 刘中平、鞠延平:《传统岁俗节日中的满族特色》,《满族研究》2009年第4期。

第四章 冬季节日

一、狩猎节

满族是一个以渔猎为主而后转化为以农耕为主的民族。早期满族先民的衣、食、住基本上都在猎物身上索取。他们一年四季都要外出狩猎，满族人称之为"打围"。满洲素以城郭射猎之国著称，满族先世都有精于骑射的传统，他们生息繁衍的白山黑水地带，山高林密，泽深水阔，草丛萋萋，野兽成群，"山中百兽俱有，虎豹为常兽，不甚可畏，往往与人相望而行，人苟不伤之，亦不伤人。熊最猛，苟遇之，无不伤人者，且善与猎人斗。盖虎豹背枪而走，熊则迎枪而扑，失一枪不中，猎人无不肢裂。其次猛兽为野猪，亦多伤人。狼最险，其害人能出人不意。"①

早在南北朝时期，满族先世勿吉人，族人皆善射。《北史》云："勿吉胜兵数千，多骁武，黑水部尤劲，矢皆石镞，人皆善射，以射猎为业"。② 到了金代女真人时代，更以精于骑射著称，《大金国志》载："女真人善骑射，耐饥渴苦辛，骑上下崖如飞，济江河不用舟楫，浮马而渡。"③ 女真人通过狩猎活动，不仅得到了充足的肉食，同时也得到了御寒用的毛皮。满族人直接延续和继承了女真人的骑射与狩猎传统，到努尔哈赤时期，更是把围猎作为战争训练和预演，使狩猎与战争融为一体，企图把狩猎纳入国家统治的轨道。此外，民间满族的狩猎方式多种多样？有朝出暮归者，有两三日而归者，谓之打小围；秋间打野鸡围；仲冬打大围，按八旗排阵而行，成围时，无令不得擅射。据清《绝域纪略》载："十月，人皆臂鹰走狗，逐捕禽兽，名打围。按定旗分，不拘平原山谷，圈点一处，名曰围场。无论人数多寡，必分两翼，由远而近，渐次相

---

① 魏声龢，《鸡林旧闻录》，吉林文史出版社1986年版，第62页。
② （清）阿桂等修撰，《钦定满洲源流考·国俗篇》，刻本。
③ （清）阿桂等修撰，《钦定满洲源流考·国俗篇》，刻本。

通，名曰合围。或曰一合再合，所得禽兽，必饷亲友"①。由此可见狩猎是满族核心的民族精神文化。

打围分大围和小围。春、夏、秋三季打小围。冬至之后行大围，大围是一种集体出猎形式。春夏季节，他们专打一些雄性飞禽和野兽。因为这个季节正是雌性繁殖季节，所以他们不远走也不多打，又因为天气炎热，肉类容易腐败。所以基本上保持够吃就行。秋天，他们以部落为单位，编成"打围"队伍，由有着丰富狩猎经验的人为"猎达"（狩猎队的头头），率领本队猎手进山"打围"。这时他们只打两种"围"：一是打"红围"，主要猎取雄性鹿科，以获取鹿茸；二是打"小围"，以飞禽为主要猎取对象。"打围"的黄金季节是冬季。进入"大雪"节气以后，动物的毛皮也到了御寒期，这时是一年中动物皮张最好的季节。

"冬至"是满族的"狩猎节"，《中国满族通论》对这一节日进行了概括："清代，冬至这天是满族的狩猎节。这个节日在满族先世女真人时期已经形成。冬至前，兽类的夏毛还没有褪尽，越冬的绒毛还没有长全，因此皮色不好，狩猎不宜全面展开。冬至后，兽类夏毛褪尽，皮张的质量转好，此时是狩猎的好季节，于是，这天被认定为狩猎可以全面展开的日子。是日，杀猪宰羊，以家族为单位，歌舞欢宴直至深夜方止。此日后即可进山大规模行猎。该节属时令性节日，无大禁忌。"②

这一天要举行祭祀活动，主要祭祀"山神爷"和"土地"等诸神。"猎达"领着众猎户燃香祷告，求各路神祇保佑族人狩猎时平安无事、多获猎物。祷告之后，由"猎达"领着众猎人进山打"大围"。"打围"的主要用具是扎枪、猎叉和弓箭，这是千百年来满族人狩猎的传统用具。满族人"打围"时，猎狗和海东青是他们得力的助手，"人皆臂鹰走狗"。打猎所获猎物是他们整个冬天的食物。后来随着时代发展，此节慢慢消逝。

二、送寒衣

农历十月初一日，谓之"十月朝"，又称"祭祖节""寒衣节"，与春季的清明节、秋季的中元节并称为一年之中的三大"鬼节"。满族也过此节，满族将

---

① 转引自李澍田主编：《东北民俗资料荟萃》，吉林文史出版社1992年版，第371页。
② 张佳生：《中国满族通论》，辽宁民族出版社2005年版，第247页。

十月初一日称为"下元节"①，亦称"鬼节"②，又为"送寒衣"③"报赛节"④。满族人很重视这一天，每逢此日都要扫墓祭祖。如民国《海城县志》载："十月初一日，为下元节，亦称鬼王节。家家扫墓焚冥楮，俗谓送寒衣。"⑤

送寒衣的历史渊源已久。农历十月在古代中国是一个重要的月份，十月节始服寒服的礼俗自古相传。《礼记·月令》记载："是月也，天子始裘"，天子以穿冬衣的仪式昭告天下寒冬来临。一般认为，寒衣节的原型是秦朝以夏历十月初一为其岁首的节日。秦岁首又是先民祭祖活动的历史遗存，悼亡主题源于远古十月的年节祭祖礼仪，到了后代这一习俗也流传下来。《荆楚岁时记》记载："十月朔日，家家为黍臛，俗谓之'秦岁首'。"⑥ 宋元以后，寒衣节成为与清明、中元并列的悼亡节。清代，寒衣节被称为鬼节。据清《帝京岁时纪胜》载："十月朔，孟冬时享祭宗庙，颁宪书，乃国之典。士民家祭祖扫墓，如中元仪。"⑦ 在清代时，此节日不仅仅是民间普通人扫墓祭祖的日子，更上升为国家祀典，感念先祖恩德。

十月初一这一天，人们要"送寒衣"，特别注重祭奠先亡之人，各地均有记载"阴历十月初一日，为人民祭扫坟墓之日，与清明节、中秋节，为一年之中祭填之期，亦所以追念先祖之意也"。⑧ 此日正为祭拜先祖之日，感念先祖的恩德，并保佑家族平安昌盛。同时，在儒家"孝悌"文化与"灵魂不灭"的原始宗教信仰观念的支配下，古人由生者推及死者，由阳世推及阴间，认为远在黄泉之下的亡亲，需要在十月添衣过冬，作为亡者亲属，有义务为其置备御寒物品，为免先人们在阴曹地府挨冷受冻，因此，这一天，人们还要焚烧五色纸，为其送去御寒的衣物，并连带着给孤魂野鬼送温暖，谓之送寒衣。

关于"送寒衣"，孟姜女送寒衣的故事在全国各地广泛流传着。传说孟姜女新婚宴尔，丈夫被抓去服徭役，修筑万里长城。秋去冬来，孟姜女千里迢迢为丈夫送衣御寒。当她来到长城脚下，得知丈夫已经死去，孟姜女悲痛欲绝，指天哀号，感动了上天，哭倒了长城，找到了丈夫的尸体。她用带来的新棉衣重新装殓丈夫的尸体并安葬。时值古历十月初一，由此产生了送寒衣节。十月

---

① 凤凰出版社编选：《中国地方志集成·辽宁府县志辑3》，凤凰出版社2006年版，第360页。
② 凤凰出版社编选：《中国地方志集成·辽宁府县志辑1》，凤凰出版社2006年版，第367页。
③ 凤凰出版社编选：《中国地方志集成·辽宁府县志辑1》，凤凰出版社2006年版，第624页。
④ 凤凰出版社编选：《中国地方志集成·辽宁府县志辑22》，凤凰出版社2006年版，第129页。
⑤ 凤凰出版社编选：《中国地方志集成·辽宁府县志辑6》，凤凰出版社2006年版，第278页。
⑥ （梁）宗懔撰，（隋）杜公瞻注：《荆楚岁时记》，姜彦稚辑校，中华书局2018年版，第66页。
⑦ （清）潘荣陛：《帝京岁时纪胜》，北京古籍出版社1981年版，第34页。
⑧ 凤凰出版社编选：《中国地方志集成·辽宁府县志辑9》，凤凰出版社2006年版，第370页。

一，烧寒衣，寄托着今人对故人的怀念，承载着生者对逝者的悲悯。

关于这一节日的习俗活动，满族各地均有记载，这一天"与清明中元俗同"①，"除墓祭外并焚冥衣于墓"②。即这一天与清明中元的节俗相同，要焚香，备酒醴，到祖茔致祭，最重要的是焚烧五彩纸冥衣。

农历十月初一这天，首先要像清明中元一样，备好祭品香楮、酒醴，扫墓祭祖。如民国《安东县志》载："十月一，家家具香楮酒醴，往先茔祭扫，谓之上坟，与清明同。"③ 然后要把提前剪好的五彩冥衣进行焚烧，即"剪五色纸为衣焚之，曰烧寒衣"④。所焚烧地方不限，可以在家门口进行，也可以在墓地。烧寒衣"盖有事死如生之意"⑤，十月要立冬天气转凉，人们认为死去的先人也是有感觉的，希望这些冥衣通过焚烧带到阴间，能让先人穿上保暖御寒。

所送的冥衣是有讲究的，清代《燕京岁时记》中对寒衣的形制进行了描述："十月朔，纸坊剪纸五色作男女衣，长尺有咫，曰寒衣。有疏印识其姓字行辈，如寄家书然，家家修具，夜奠而焚之其门，曰送寒衣。今则以包袱代之，有寒衣之名，无寒衣之实矣。包袱者，以冥镪封于纸函中，题其姓名行辈，如前所云。"⑥ 明代时纸坊所剪的寒衣由五色纸制成，长度不过一尺，上面印有各家晚辈的名字，留有印记就像是给先人寄书信一般。到了清代时"寒衣"就不再形同衣形，用纸裹纸箔，代替寒衣，称作"包袱"，其将冥币等物放入纸箔中，题上寄送者在家族的行辈姓名。此寒衣已经非彼寒衣了。所送所祭的对象也是有限制的，并不是所有的先人，"惟不荐于新殁者"⑦。还有一些地区周年逝者在这一天也不送，如民国《海城县志》记载此地有"惟新殁未及周年者不荐"⑧ 的习俗。

除此之外，清代还有一些地区，在这一天有举城隍神像出巡的习俗。如民国《铁岭县志》记载："有清典礼，以清明、七月十五、十月初一，皆舁城隍神像出巡，十月一日尤重，置城隍神像于厉坛，以镇摄（慑）诸鬼。今废。厉

---

① 凤凰出版社编选：《中国地方志集成·辽宁府县志辑1》，凤凰出版社2006年版，第198页。
② 凤凰出版社编选：《中国地方志集成·辽宁府县志辑10》，凤凰出版社2006年版，第314页。
③ 凤凰出版社编选：《中国地方志集成·辽宁府县志辑16》，凤凰出版社2006年版，第241页。
④ 凤凰出版社编选：《中国地方志集成·辽宁府县志辑16》，凤凰出版社2006年版，第404页。
⑤ 凤凰出版社编选：《中国地方志集成·辽宁府县志辑21》，凤凰出版社2006年版，第538页。
⑥ （清）富察敦崇：《燕京岁时记》，北京古籍出版社1981年版，第83页。
⑦ 凤凰出版社编选：《中国地方志集成·辽宁府县志辑18》，凤凰出版社2006年版，第568页。
⑧ 凤凰出版社编选：《中国地方志集成·辽宁府县志辑8》，凤凰出版社2006年版，第212页。

坛在城外西北偶（隅），俗称孤魂台。"① 人们认为城隍爷是掌管阴间的神灵可以震慑恶鬼，保佑平安，因此每至清明、七月十五、十月初一便舁城隍神像出巡，后置于舁城隍神像出巡，震慑恶鬼。但此俗到民国时已经慢慢湮灭。

随着时代的变革，这一节日慢慢衰落，到现在渐渐被人遗忘。寒衣节虽不再盛行，但是其内涵寄托了人们对逝去亲人的思念与敬畏。

三、天长节

十一月，冬至，是二十四节气之一。在中国传统社会，人们不仅将其视为时令变化的坐标，而且也曾长期将冬至与大年对举，民间还流传着"冬至大如年"的俗语，因此又将其称为"亚岁""小岁"。满族同汉族一样，也过冬至，在满族，人们将冬至称为"天长节""消寒节"，到民国时改为"冬节"。

（一）天长节起源与发展

古代满族是游猎民族，对节气的变化非常敏感，他们根据时节的变化安排日常生活。冬至是二十四节气中最重要的一个节气，它也是人们最早测定的节气之一。陈志岁《载敬堂集》说："'夏尽秋分日，春生冬至时'。又谓，冬至，日南至，日短之至，日影长之至"。从冬至开始，太阳北归，北半球接受日照的时间越来越长，白昼也就越来越长，冬至成为一年中白昼最短、夜晚最长的一天。古人以此作为年度时间循环的起点。杜甫诗曰："何人错忆穷愁日，愁日愁随一线长。"其《至后》诗亦云"冬至至后日初长"。均反映了冬至的天气变化。冬至与夏至相对，是一年中阴阳变化的两大时间点，夏至阳盛阴生，冬至阴气盛极而衰，一阳来复。"冬至阳气起，君道长，故贺"②。人们认为：过了冬至，白昼一天比一天长，阳气回升，是一个节气循环的开始，也是一个吉日，应该庆贺。唐代时也流传着"冬至阳生春又来""灰管移新律，穷阴变一阳""渐喜一阳从地复""明日一阳生百福"等诗句，表现了冬至在古代人们生活中的重要性，以及迎接冬至到来的喜悦心情。

冬至节，民间历来十分重视。先秦时期，冬至要祭祀，据现存著作记述，周人（陕西一带）以冬十一月为正月，冬十一月一日为岁首。周人的冬十一月一日岁首与现行"二十四节气"的冬至日期都在阴历十一月，因此有说从周时起周人就在冬至（十一月）举行祭祀活动。《史记·孝武本纪》记载："其后二

---

① 凤凰出版社编选：《中国地方志集成·辽宁府县志辑11》，凤凰出版社2006年版，第607页。
② （清）富察敦崇：《燕京岁时记》，北京古籍出版社1981年版，第90页。

岁，十一月甲子朔旦冬至，推历者以本统。天子亲至泰山，以十一月甲子朔旦冬至日祠上帝明堂，每修封禅。"① 唐宋时，以冬至和岁首并重。宋代孟元老《东京梦华录》记载："十一月冬至，京师最重此节。虽至贫者，一年之间，积累假借，至此日更易新衣，备办饮食，享祀先祖。官放关扑，庆祝往来，一如年节。"② 到了清代，"冬至大如年"。清人很重视冬至。至于节日饮食各地均有不同，北方普遍吃水饺，"冬至馄饨，夏至面"，南方则吃汤圆、年糕等。

（二）天长节的节俗活动

满族人很重视冬至这一节日，民国时，这一天"各机关、学校均放假一日宴饮为乐"③。满族过此节日，主要活动有蒸冬，以及数九消寒，如民国《岫岩县志》记载："十一月冬至日为数九之日，今改为冬节（此节无定日查历可知），各家多以发面蒸作食品，名曰蒸冬，又有制消寒图，以志风雪阴晴者。"④

1. 蒸冬

所谓蒸冬，即以"面粉蒸馒首食之"⑤或者"以面粉裹肉蒸馒首食之"⑥。节日当天，家家用白面裹肉馅，蒸成肉馅馒头，或包饺子。全家围坐同吃饺子、肉馒头，俗称"蒸冬"。在冬至节的前两天，家家户户就开始在石碾石磨上碾高粱米、磨玉米面蒸饽饽，或加以红枣或裹肉……旧时，人家冬至日多蒸馒头食之，说是为本年打粮扬场求风，俗云"冬至不蒸冬，扬场没有风""蒸冬蒸冬，扬场有风"，寓意冬至蒸了冬，明年夏秋两季扬场时就会有风，而风遂人愿，把辛苦劳动打来的粮食扬得干干净净。这样，粮食早日入仓，人们才能早日歇手，也免得遭遇了坏天气而糟践了丰收的成果。由此可见，这句谚语蕴含祈祷来年风调雨顺之意。而"冬至不蒸冬，穷得乱哼哼"这句民谚，则提示人们冬至节不要忘记蒸冬。

2. 数九消寒

从冬至这一天起，就进入了"数九"寒天了。所以冬至"即为数九也""交九"。冬至是一九头，每九天数一九，八十一天后，天气转暖。各地总结出许多概括数九期间寒暖变化的规律，东北数九歌谣说："一九二九不出手，三

---

① （汉）司马迁撰，李瀚文主编：《全注全译史记全本》，北京联合出版公司 2015 年版，第 316 页。
② （宋）孟元老，邓之诚注：《东京梦华录注》，中华书局 1982 年版，第 234 页。
③ 凤凰出版社编选：《中国地方志集成·辽宁府县志辑 16》，凤凰出版社 2006 年版，第 242 页。
④ 凤凰出版社编选：《中国地方志集成·辽宁府县志辑 15》，凤凰出版社 2006 年版，第 508 页。
⑤ 凤凰出版社编选：《中国地方志集成·辽宁府县志辑 6》，凤凰出版社 2006 年版，第 278 页。
⑥ 凤凰出版社编选：《中国地方志集成·辽宁府县志辑 8》，凤凰出版社 2006 年版，第 212 页。

九四九冰上走，五九六九河边看柳，七九河开，八九雁来，九九加一九，耕牛遍地走。"

清代时，从冬至开始，宫中开始填写"九九消寒图"。"冬至，是日俗以为'属九'，仕宦及商富人家，往往检九笔之字汇集九字，粗成文言，字画中空，一日填实一笔，至九九字画填完，而九消矣。此名为'消寒图'"。又或画梅一株，梅花作九九八十一瓣，瓣亦中空，日填一瓣，法与填同，亦名'消寒图'。"① 这种风俗，在清代宫廷中颇为盛行。道光皇帝曾亲书"亭前垂柳珍重待春风"九个双钩空心字，让大臣们逐日描红，填写一画。此俗到民国时尤盛，每年冬至必制消寒图，数九为乐，但多集中于富商人家，如民国《安东县志》载："商富人家往往制九九寒图以志风雪阴晴"②，而"农家做不解此"③。

3. 祭祀拜冬

东北满族的冬至祭天古已有之。根据记载，清朝皇帝冬至是要去祭天的，即"冬至郊天"。根据清富察敦崇《燕京岁时纪》记载："冬至郊天令节，百官呈递贺表。"④ 潘荣陛《帝京岁时纪胜》载："长至南郊大祀，次旦百官进表朝贺，为国大典。"⑤ 冬至祭祀乃是国之大事。满族的祭祀仪式分为折九大祭、树柳枝祭、祈福换锁祭三种。折九大祭，"折"指封土为祭之处，多于冬至前后进行，祭祀对象为"温达浑"和"阿布卡"。"温达浑"即满语"祖先"之意；"阿布卡"，即满语"天"。祭天的主要形式是"立杆"。即树尖杆一，置天井之东南隅，杆底安一石座，杆中插一锡盂。《满洲源流考》记载："我朝自发祥肇始，即恭设堂子，立杆以祀天，又于寝宫正殿，设位以祀神。"⑥ 可见，满族立杆祀天，是从其始祖开始的。到民国时，祭天之俗渐渐消失，偶尔有流传有"拜冬"旧俗。据民国《锦县志》记载："十一月冬至拜冬，惟官长行之。"⑦ 此俗仅局限于官方层面。

民间无祭天之俗，但会在这一天祭祖。冬至节时满族人会杀猪吃白肉。

4. 煮饽饽

汉族过冬至，吃饺子必不可少，满族也是。冬至饺子夏至面，过去人家过冬至，饮食习俗多为吃饺子，俗称"捏耳朵"。饺子在满语中又叫煮饽饽。清

---

① 凤凰出版社编选：《中国地方志集成·辽宁府县志辑18》，凤凰出版社2006年版，第568页。
② 凤凰出版社编选：《中国地方志集成·辽宁府县志辑16》，凤凰出版社2006年版，第242页。
③ 凤凰出版社编选：《中国地方志集成·辽宁府县志辑18》，凤凰出版社2006年版，第568页。
④ （清）富察敦崇：《燕京岁时记》，北京古籍出版社1981年版，第90页。
⑤ （清）潘荣陛：《帝京岁时记胜》，北京古籍出版社1981年版，第36页。
⑥ （清）阿桂等奉敕纂修，《钦定满洲源流考·国俗篇》，刻本。
⑦ 凤凰出版社编选：《中国地方志集成·辽宁府县志辑16》，凤凰出版社2006年版，第404页。

代时，冬至这一天宫中和民间都会煮馎饦。在民间，最有特色的饺子是"猪肉酸菜馅"的，经常会放入硬币以求来年丰收进财。

关于吃饺子的由来有两种遗俗。其一，纪念盘古始祖。清富察敦崇《燕京岁时纪》记载："民间不为节，惟食馄饨而已。与夏至之食面同。故京师谚曰：'冬至馄饨，夏至面'……又《演繁露》记载：'世言馄饨是塞外浑氏屯氏为之。言殊穿凿。夫馄饨之形有如鸡卵，颇似天地浑沌之象，故于冬至日食之'。"① 传说中华民族始祖之一的盘古是生于混沌的，所以冬至节食馄饨有纪念始祖盘古诞生之意。这可能是冬至节吃馄饨的真正起因。其二，馎饦除了自己食用之外，还要在这一天祭祖。清代潘荣陛《帝京岁时纪胜》载："预日为冬夜，祀祖羹饭之外，以细肉馅包角儿奉献。谚所谓'冬至馄饨夏至面'之遗意也。"② 现如今，冬至吃馎饦这一习俗在满族仍在延续，经久不衰。

满族人对冬至很重视，"冬至如大年"。过了冬至，白昼一天一天变长，阳气回升，是个吉利的日子。其虽然在寒冷的冬天，但春天已经不远了，节气循环，外出的人也要回来过节，表示年终有归宿。人们对冬至寄予希望，期待暖春的到来。

四、腊八节

农历十二月初八，俗称腊八。腊八是冬季节日的一个重要的节点，俗话说，"过了腊八就是年"，过了腊八就离新年不远了。满族人也过腊八，并根据本民族的特色，发展出了独特的节日传统。

满族腊八节借鉴并融合了汉族的腊八节。腊八节历史悠久，历来关于腊八节有多种称呼："腊日""君王腊""佛成道日"……通常情况下，腊八节被称为十二月八日或腊日，宗懔《荆楚岁时记》云："十二月八日为腊日"。③ 腊八节又被称为"君王腊"，吴自牧《梦粱录》云："自冬至后戌日，数至第三戌，便是腊日，谓之'君王腊'"。④ 腊八节还被称为"佛成道日"，据说，佛在十二月八日成道，而十二月八日又是传统意义上的腊八节，故腊八节又被称为"佛成道日"。

---

① （清）富察敦崇：《燕京岁时记》，北京古籍出版社1981年版，第90页。
② （清）潘荣陛：《帝京岁时记胜》，北京古籍出版社1981年版，第37页。
③ （梁）宗懔撰，（隋）杜公瞻注：《荆楚岁时记》，姜彦稚辑校，中华书局2018年版，第71页。
④ （宋）吴自牧：《梦粱录》，三秦出版社1994年版，第86页。

"十二月初八日，古以十二月有腊祭，因称腊月，名此日为腊八。"① "腊者，猎也。田猎取兽以祭其先祖"②，古代人们在腊八这天以猎获的禽兽合祭祖先与天地神灵，称之曰腊祭，腊祭之日称腊日，因此，腊八节源于腊祭。"按《说文解字》，冬至后三戌为腊，祭百神也。是言第三戌属何日即为腊，非专以初八为定，考风俗通，夏曰嘉平，殷曰清祀，周曰大蜡，汉改为腊。"③由此而知，腊的名称在各个时代不一样，汉朝以前已经有腊祭仪式，腊祭当天要祭祀百神。而腊祭的时间也是不固定的。先秦时期，腊祭"夏在丑月，殷在子月，周在亥月"；两汉时期腊祭在"冬至后三戌"；魏晋以后，腊日固定在了"十二月八日"，后世沿袭；北宋以后，渐成佛教节日。相传十二月八日是佛祖释迦牟尼成道之日，这天，各寺院取香谷及果实作粥供佛，称此粥为"腊八粥"。清代，满族也过腊八。满族接受了汉族的旧俗，也以腊八为节，即"腊八节，满族习汉俗"④。关于腊八节的节俗活动，满族在汉族基础上，并根据本民族的文化特色，进行了融合发展。比如《奉天通志》卷九十八记载："奉省岁事，满汉旧俗不同，久经同化，多已相类。"⑤

满族同汉族一样腊八节必食腊八粥。东北有俗谚："腊七腊八，冻掉下巴。"说是吃腊八粥是为了黏住下巴，这一习俗一直传承至今。腊八粥，又称"七宝五味粥""佛粥""大家饭"等，是一种由多样食材熬制而成的粥。腊八粥的最早文字记载在宋代。南宋吴自牧《梦粱录》载："此月八日，寺院谓之腊八。大刹等寺，俱设五味粥，名曰腊八粥。"⑥

关于腊八粥的来源，在满族有两种说法。一说"腊八熬粥源于佛教，'腊八粥'又称'佛粥'。满族接受此俗甚早，上至宫廷，下至民间，年年熬腊八粥，以黄米、江米、小豆、绿豆、大豆、枣、栗等合为粥，合家聚食，以祈丰收。"⑦ 这个说法源于佛教的创始者释迦牟尼，其年轻时见众生受生老病死等痛苦折磨，为寻求人生真谛与生死解脱，在雪山苦行六年，虚弱不堪之际，一位牧女便熬乳糜（奶与谷物共煮而成）供养他。释迦牟尼的体力由此恢复，随后于菩提树下入定七日，在腊月初八，悟道成佛。人们为了纪念佛祖在农历的

---

① 凤凰出版社编选：《中国地方志集成·辽宁府县志辑12》，凤凰出版社2006年版，第548页。
② 凤凰出版社编选：《中国地方志集成·辽宁府县志辑13》，凤凰出版社2006年版，第177页。
③ 凤凰出版社编选：《中国地方志集成·辽宁府县志辑13》，凤凰出版社2006年版，第177页。
④ 张佳生主编：《满族文化史》，辽宁民族出版社1999年版，第552页。
⑤ 丁世良、赵放主编：《中国地方志民俗资料汇编·东北卷》，书目文献出版社1989年版，第30页。
⑥ （宋）吴自牧：《梦粱录》，三秦出版社1994年版，第84页。
⑦ 沈阳市民委民族志编纂办公室编：《沈阳满族志》，辽宁民族出版社1991年版，第287页。

十二月初八悟道成佛,便在腊月初八这一天煮粥供佛,腊八也就成了佛祖的成道日。努尔哈赤建都赫图阿拉之后,每年腊月八日都借粥诵经,民间百姓也借此纪念,世代相传,遂成习俗。到了民国这一习俗仍盛行,正如民国《岫岩县志》所载:"俗传如来佛乞食之日,以乞得之米,归而掺合煮粥,与僧徒共食,后人于此日煮粥以为纪念,亦祈福之意也。"①

另一个说法则是腊八粥源于满族。相传,早年有个满族族长,以势欺人,坑害黎民百姓,常年挨家挨户轮流要吃要喝,满族百姓敢怒不敢言。有年腊月初八这天,一个叫乌津拉的农民想出个好主意,用糯米、红糖和十几种干果煮成一种粥,请族长去吃,族长一看生气地问:"你做的这叫什么饭,稀拉巴儿,黏黏糊糊,乱七八糟的!"乌津拉灵机一动,忙想起今天是腊月初八,就信口答道:"这叫'腊八粥'啊,这粥是俺家祖传,族长您老尝尝?"族长一听这个饭名,就非常不顺耳,气得回身走了,从此再也不挨家轮吃了。满族后人为了纪念乌津拉,每逢腊月初八这一天都要煮顿"腊八粥"喝,过"腊八"。② 此传说有待考证,但总之,腊八粥是腊八必不可少的节令食品。

满族做腊八粥的食材虽然不一,但食材总数不会少于八样。古代时,关于做腊八粥所用的食材,据考证就各有不同。宋代时称其为"七宝五味粥",《东京梦华录》云:"诸大寺作浴佛会,并送七宝五味粥与门徒,谓之'腊八粥',都人是日各家亦以果子杂料煮粥而食也。"③ 从宋朝到明清,腊八粥在材料的使用上比较讲究,食材不仅有乳蕈、胡桃、百合,而且有松子、柿、栗等物。宋周密《武林旧事》记载:"八日,则寺院及人家用胡桃、松子、乳蕈、柿、栗之类做粥,谓之'腊八粥'。"④ 到清代时,"用黄米、白米、江米、小米、菱角米、栗子、红江豆、去皮枣泥等,合水煮熟,外用染红桃仁、杏仁、瓜子、花生、榛穣、松子,及白糖、红糖、琐琐葡萄,以作点染"⑤。民国时所用食材就简略了,据满族各地县志记载其多以糜米饭掺入杂色米豆七样煮制。如民国《桓仁县志》载:"用杂粮八种为粥以食之,称为腊八粥"⑥,民国《义县志》载:"家家晨起煮糜米饭掺入杂色米豆七样,连糜米共得八样,俗名'腊

---

① 凤凰出版社编选:《中国地方志集成·辽宁府县志辑15》,凤凰出版社2006年版,第508页。
② 孙辑六主编:《满族风情录》,四川民族出版社1994年版,第27页。
③ (宋)孟元老撰,邓之诚注:《东京梦华录注》,中华书局1982年版,第249页。
④ (宋)周密:《武林旧事》,浙江人民出版社1984年版,第298页。
⑤ (清)富察敦崇:《燕京岁时记》,北京古籍出版社1981年版,第92页。
⑥ 凤凰出版社编选:《中国地方志集成·辽宁府县志辑9》,凤凰出版社2006年版,第370页。

八粥'"①……有些人家更简单，直接以"以黄米为粥"②做腊八粥。虽然所用食材不尽相同，但节日那天，家家户户都会熬制腊八粥食用。

腊八粥除了可以食用之外，还有很多用途。其一，馈赠。腊八时人们经常将其作为节日礼物，分送给亲人朋友，即"除全家吃之外还分赠亲友"③，含有祈福之意，希望亲人朋友吃过，接下来一年平安顺遂。

其二，作粥供佛。清代时，宫廷里除煮食腊八粥外，还要做佛事。"努尔哈赤建都赫图阿拉时便有佛寺，每逢腊八，照例诵经，供腊八粥。后来，成为满族的风俗。"④据《清宫遗闻》记载："腊八日，雍和宫煮粥，供粥，以亲郡王或大臣领其事，中正殿下之左，设小金殿（黄毡圆帐房也），圣驾御焉。御前大臣左右侍，众喇嘛于殿下诵经。"⑤雍和宫内有专门熬制腊八粥的大锅，从腊月初一，内务府便派司员把粥料和干柴运到雍和宫。做粥的材料品种繁多，有奶油、羊肉丁和五谷杂粮以及各种干果等，到初五晚准备好，初六皇帝派大臣会同内务府总管大臣，率领三品以上官员及民夫到庙里监督称粮、运柴。初七清晨，皇帝派来的监粥大臣下令生火，并一直监视到初八凌晨粥全部熬好为止。据说这个腊八粥要一直熬24个小时，直到腊月初八拂晓时分方可以出锅。之后皇帝派来的供粥大臣率领官员开始在佛前供粥，鼓乐齐鸣，众喇嘛进殿念经，随后把粥献给宫廷，同时装罐密封，用快马送往承德行宫和全国各地。直到天亮以后舍粥完毕，盛典才告结束。据说共熬制六锅粥，第一锅供佛，第二锅献给皇帝及宫内，第三锅给王公大臣和大喇嘛，第四锅给文武官员和封在各省的大官吏，第五锅分给雍和宫的众喇嘛，第六锅作为施舍。

清朝道光皇帝还曾作诗《腊八粥》："一阳初夏中大吕，谷粟为粥和豆煮。应时献佛矢心虔，默祝金光济众普。盈几馨香细细浮，堆盘果蔬纷纷聚。共尝佳品达沙门，沙门色相传莲炬。童稚饱腹庆州平，还向街头击腊鼓。"可见当时过腊八节饮腊八粥风俗之盛。到民国时，满族仍有此俗。据《丹东满族志》载："腊八这天有诵经，供腊八粥的庙规。"⑥而且，在民间，"如有僧侣来家化缘，则必以腊八粥相赠。"⑦

---

① 凤凰出版社编选：《中国地方志集成·辽宁府县志辑18》，凤凰出版社2006年版，第568页。
② 凤凰出版社编选：《中国地方志集成·辽宁府县志辑11》，凤凰出版社2006年版，第147页。
③ 张佳生：《中国满族通论》，辽宁民族出版社2005年版，第247页。
④ 刘中平、鞠延平：《传统岁俗节日中的满族特色》，《满族研究》2009年第4期。
⑤ 张佳生：《中国满族通论》，辽宁民族出版社2005年版，第247页。
⑥ 丹东市民族事务委员会民族志编纂办公室编：《丹东满族志》，辽宁民族出版社1992年版，第64页。
⑦ 刘中平、鞠延平：《传统岁俗节日中的满族特色》，《满族研究》2009年第4期。

其三，以粥供果树。在乡间，有用腊八粥供果树习俗，含有默庆丰稔之意。满族人沿袭下来用腊八粥喂养树，祝愿果树生机旺盛，秋季来个"大年"。腊八这天，将梨树、桃树根部割开一个口子，抹上腊八粥，祈其果实丰收，现在此俗在民间还有传承。

除了食腊八粥之外，十二月初八，满族人家照例要泡制"腊八醋"[①]，即将蒜渍于醋内，准备过年吃饺子时作佐料食用。做法极其简单，将剥了皮的蒜瓣儿放到一个可以密封的罐子、瓶子之类的容器里面，然后倒入醋，封上口放到一个温度低的地方。慢慢地，泡在醋中的蒜就会变绿，最后会变得通体碧绿的，如同翡翠碧玉，这被叫做腊八蒜。腊八醋，要泡到大年初一，初一吃饺子，要吃素饺子，取一年素素净净之意，蘸腊八醋吃，别有一番滋味。"腊八醋"不仅味道醇正，而且久放不坏。

腊八冰。清代时，宫廷王府的冰窖在腊八节这天起开始储窖冰块。"腊七腊八，冻死寒鸭"，腊八时节已是冰封严寒之时，人们将皇城之内"三海"等湖泊内结的冰，运输至景山西门外的雪池冰窖等皇家冰窖里，待暑天时，供皇宫及皇族们享用。后来随着王朝的覆灭，这一惯例也随之消失。在民间，满族有些地区有吃"腊八冰"的民俗。吃腊八冰是在腊八的前一两天用陶瓷盆盛满冷开水，并放在院中结成冰，待腊八这天早上磕出冰块全家分食之，旧时的说法是"吃了腊八冰，来年一年不肚疼"。

腊八节是满族的一大节日，腊八是过年的起点，民间如今还有俗谚流传："小孩小孩你别哭，过了腊八就杀猪；小孩小孩你别馋，过了腊八就是年。"从这一天开始满族人就进入了烦琐的节前准备和对新年的美好期待中。

[①] 张佳生：《中国满族通论》，辽宁民族出版社2005年版，第247页。

参考文献

历史文献：

[1] 宗懔，杜公瞻. 荆楚岁时记［M］. 姜彦稚，辑校. 北京：中华书局，2018.

[2] 孟元老. 东京梦华录注［M］. 邓之诚，注. 北京：中华书局，1982.

[3] 吴自牧. 梦粱录［M］. 西安：三秦出版社，2004.

[4] 周密. 武林旧事［M］. 杭州：浙江人民出版社，1984.

[5] 刘侗，于奕正. 帝京景物略［M］. 北京：北京古籍出版社，1983.

[6] 刘若愚. 酌中志［M］. 北京：北京古籍出版社，1994.

[7] 沈榜. 宛署杂记［M］. 北京：北京古籍出版社，1982.

[8] 潘荣陛. 帝京岁时纪胜［M］. 北京：北京古籍出版社，1981.

[9] 富察敦崇. 燕京岁时记［M］. 北京：北京古籍出版社，1981.

[10] 顾禄. 清嘉录［M］. 南京：江苏凤凰文艺出版社，2019.

[11] 徐珂. 清稗类钞［M］. 北京：中华书局，1910.

[12] 金毓黻. 辽海丛书［M］. 沈阳：辽沈书社，1985.

[13] 凤凰出版社. 中国地方志集成·辽宁府县志辑［M］. 南京：凤凰出版社，2006.

[14] 丁世良，赵放. 中国地方志民俗资料汇编·东北卷［M］. 北京：书目文献出版社，1989.

学术著作：

[1] 萧放. 岁时——传统中国民众的时间生活［M］. 北京：中华书局，

2002.

[2] 萧放. 荆楚岁时记研究——兼论中国民众的时间生活 [M]. 北京：北京师范大学出版社，2002.

[3] 萧放. 传统节日与非物质文化遗产 [M]. 北京：学苑出版社，2011.

[4] 张勃. 唐代节日研究 [M]. 北京：中国社会科学出版社，2013.

[5] 张勃. 明代岁时民俗文献研究 [M]. 北京：商务印书馆，2011.

[6] 张佳生. 中国满族通论 [M]. 沈阳：辽宁民族出版社，2005.

[7] 张佳生. 满族文化史 [M]. 沈阳：辽宁民族出版社，1999.

[8] 徐吉军，陈高华. 中国风俗通史 [M]. 上海：上海文艺出版社，2001.

[9] 吉国秀，于雁天. 传统节日：中国民众的生活节奏 [M]. 沈阳：辽宁人民出版社，2020.

[10] 马跃，吕丽，白艳秋. 满族民间文学与民俗文化研究 [M]. 哈尔滨：东北林业大学出版社，2008.

[11] 张杰，张丹卉. 清代东北边疆的满族（1644－1840）[M]. 沈阳：辽宁民族出版社，2005.

[12] 朱正义. 漫话满族风情 [M]. 沈阳：辽宁民族出版社，2002.

[13] 曾武，杨丰陌. 满族民俗万象 [M]. 沈阳：辽宁民族出版社，2008.

[14] 孙辑六. 满族风情录 [M]. 成都：四川民族出版社，1994.

[15] 吴汾，匡峰. 老北京的年节和食俗 [M]. 北京：东方出版社，2008.

[16] 范玉梅. 中国少数民族风情录 [M]. 成都：四川民族出版社，1987

[17] 李澍田. 东北民俗资料荟萃 [M]. 长春：吉林文史出版社，1992

[18] 杨丰陌. 御路歌谣：满族民俗传说 [M]. 沈阳：辽宁民族出版社，2005.

[19] 江帆, 詹娜. 中国节日志·春节（辽宁卷）[M]. 北京：光明日报出版社, 2016

[20] 雒树刚. 中国节日志·二月二 [M]. 北京：光明日报出版社, 2016.

学术论文：

[1] 乌丙安. 满族发祥的摇篮——新宾满族家族民俗背景探查 [J]. 民间文学论坛, 1995, (03): 6-16+43.

[2] 江帆. 新宾满乡祭祖礼俗调查 [J]. 民俗研究, 1999, (01): 37-42.

[3] 江帆. 满族春节习俗的生态特征与文化意蕴 [J]. 节日研究, 2011, (01): 128-147.

[4] 吉国秀, 詹娜, 李阳. 东北地区"二月二"节日传承、记忆碎片化与主体缺失 [J]. 文化学刊, 2009, (02): 136-144.

[5] 詹娜. 仪式、记忆与知识传承——辽东满族"二月二"节俗调查 [J]. 满族研究, 2009, (03): 114-120.

[6] 赵书. 满族民间节日——中元节 [J]. 满族研究, 2004, (04): 88-89.

[7] 刘中平, 鞠延明. 传统岁俗节日中的满族特色 [J]. 满族研究, 2009, (04): 103-109.

[8] 卢光. 论满族岁时习俗 [J]. 黑龙江民族丛刊, 1998, (04): 100-103.

[9] 徐立艳. 节日文化展演与家族民俗保护——以吉林九台石姓满族龙年春节为例 [J]. 黑龙江民族丛刊, 2014, (05): 150-154.

[10] 徐立艳. 宁安满族瓜尔佳氏当代祭祖习俗述略 [J]. 满族研究, 2006, (02): 81-84.

[11] 万建中, 詹娜. 满族饮食习俗的生态意蕴与生存智慧——以辽宁满族春节饮食为例 [J]. 党政干部学刊, 2014, (12): 72-76.

[12] 李岩, 张春阳. 萨满教对满族岁时节俗的影响 [J]. 通化师范学院学报, 2008, 29 (09): 56-58.

[13] 陈立华, 董航, 陈勇. 满族赛威呼文化的演变与传承 [J]. 大连民族大学学报, 2018, 20 (04): 289-292+327.

[14] 邵凤丽. 当代乌拉街满族春节祭祖仪式现状及其价值 [J]. 广西师范大学学报 (哲学社会科学版), 2013, 49 (02): 66-71.

[15] 谢红萍. 节日的构建与都市的想象——以北京市满族颁金节为例 [J]. 满族研究, 2017, (03): 115-121.

[16] 沙奇, 龙开义. 节日展演与族群认同——以新疆满族村落苏拉宫村"颁金节"为例 [J]. 喀什师范学院学报, 2012, 33 (04): 46-48.

[17] 戴淮明. 传统民族节日的现代命名与重新构建——以满族颁金节为例 [J]. 黑龙江民族丛刊, 2011, (02): 110-113.

[18] 马智慧. 花朝节历史变迁与民俗研究——以江浙地区为中心的考察 [J]. 浙江学刊, 2015, (03): 66-74.

[19] 金朝力. 从承德满族习俗看满族的祖先崇拜 [J]. 满族研究, 2006, (01): 110-112.

[20] 张勃. 《北京岁华记》手抄本及其岁时民俗文献价值 [J]. 文献, 2010, (03): 144-156.

[21] 裘真. 岁时广记话遗风——哈尔滨区域的岁时节日习俗 [J]. 学理论, 2008, (23): 74-76.

[22] 李童. 汉魏六朝佛诞节仪考述 [J]. 宗教学研究, 2008, (04): 187-190.

[23] 邵凤丽. 肃穆与欢愉: 传统中元的复调与变奏 [J]. 文史知识, 2022, (8): 6.

［24］邵凤丽．"十月一"与寒衣节［J］．文史知识，2021，(011)：94－98．

［25］王小英．重阳节的起源及民俗文化意味［J］．黑龙江教育学院学报，2006，(06)：94－96．

［26］陈艳．重阳节的起源及风俗文化［J］．内蒙古民族大学学报，2011，17(03)：36－37．

［27］刘全波．送"寒衣"风俗［J］．寻根，2009，(06)：39－41．

［28］郭康松．戴柳、插柳风俗考论［J］．湖北大学学报(哲学社会科学版)，2002，(05)：57－61．

［29］戚文闯，秦星星．论秋千之戏在寒食习俗中之流变［J］．甘肃广播电视大学学报，2018，28(02)：51－55．

［30］陶思炎．从清明柳俗谈柳的文化象征［J］．民俗研究，2012，(03)：47－49．

［31］张小妮．唐宋女子清明节时的风筝活动［J］．兰台世界，2013，(06)：124－125．

［32］郭康松．射柳源流考［J］．湖北大学学报(哲学社会科学版)，1994，(02)：36－38．

［33］宁昶英．敬柳观念的多元性——谈满族的射柳习俗［J］．内蒙古教育学院学报，1993，(Z1)：118－120．

［34］韩丹．我国古代东北民族的射柳活动考［J］．哈尔滨体育学院学报，2004，(01)：1－3．

［35］刘健．试论满族早期的关公信仰［J］．沈阳故宫博物院院刊，2007，(02)：146－151．

［36］龙佳解．关帝信仰与道德崇拜［J］．湖南大学学报(社会科学版)，2005，(04)：43－47．

［37］张松梅，王洪兵．青苗会组织渊源考［J］．东方论坛，2010，(01)：

97－102＋108.

［38］王洪兵. 冲突与融合：民国时期华北农村的青苗会组织［J］. 中国社会历史评论，2006，（00）：337－360.

［39］蔡丰明. 七夕乞巧习俗与古代女性文化心理［J］. 寻根，2009，（04）：39－45.

［40］蒋秀英. 细说中国古代的妇女节——七夕乞巧民俗事象论［J］. 北方论丛，1999，（05）：75－80.

［41］赵逵夫. 七夕节的历史与七夕文化的乞巧内容［J］. 民俗研究，2011，（03）：33－49.

［42］邵凤丽. 记忆、精神与资源：作为公共仪式的东北满族传统节日重建［J］. 节日研究，2023，（01）：106－119.

［43］梁川. 孝善并行——中元"放河灯"节俗文化再探［J］. 中华文化论坛，2015，（07）：181－185.

后　记

　　对满族传统节日的关注和调查已经有近十年的时间。受导师萧放教授的学术影响，我对传统节日研究满怀热忱。自2013年进入辽大工作后，便开始关注区域节日研究。一方面带领研究生持续抄录东北节日文献，将地方志、文人笔记以及正史资料中的节日内容一一抄录、整理和校对。另一方面，多年来在沈阳、抚顺、鞍山、丹东等市、县开展了长期的传统节日调查。2018年以"社会治理视域下辽宁满族节庆仪式的重建与创新研究"为题申报了辽宁省社科基金项目。多年来，我带领研究生、本科生多次奔赴蒲河村、腰站村、静安村等村落进行实地考察，了解传统节日传承的当代样态。

　　在东北节日文献资料抄录、整理过程中，我看到了鲜活的节日内容，也感慨于时代变迁所带来的节日习俗变化。同时，较之于中原地区、东南华南地区，东北节日因独特的地理位置、气候温度与历史文脉，具有强烈的地域色彩。基于此种感受，我在撰写满族节日志过程中，努力勾画满族节日习俗的历史演进过程，同时又试图呈现不同县、市、地区节日的地域性特点。与传统节日志的静态性书写、跨区域书写范式相比，这种兼及历时性和地域性的节日志书写范式是理想化的，写作过程异常艰难，但是仍值得努力一试。

　　回忆往昔，很多次田野调查经历都让我难以忘记。还记得2017年农历五月十三，这是沈阳市辽中区蒲河村举行关帝祭祀的日子。为了能够进行完整地现场观察，我带着几名研究生去蒲河村参加活动。那次活动是凌晨三点半开始，我们一行人约定零点钟从沈阳驱车前往，经过两个小时的车程到达目的地。由于时间尚早，举行活动的"家庙"里还没有人，也没有任何灯光。五月乡村的夜漆黑而寂静，偶有稻田中清脆的蛙鸣传来，让我们不由得生出"稻花香里说丰年，听取蛙声一片"的共感。如果说五月的北方已是春意盎然，禾苗青翠，那么十二月的北方则是寒风凛冽，冰天雪地。2018年的冬天，我带着研究生到抚顺市新宾满族自治县腰站村进行春节调查。作为一个东北人，那刺骨的北风让我浑身发颤，更让南方的同学感受到了什么是彻骨的冷。虽然天寒地冻，但是大家田野调查的热情不减，踩着皑皑白雪，穿梭在人群中，访谈、拍照、记录，完全忘记了零下十几度的寒意。返程时，看到鞋子里已经融化的

后 记

雪水，大家都开心地笑了，这可能就是田野调查的魅力之处。与蒲河村和腰站村的调查相比，静安村的调查最为便利，因为它就位于沈阳市沈北新区，离我们的学校也比较近。这些年，我们课题组先后十几次前往静安村进行调查，参加了春节、二月二、清明节、端午节、中秋节以及颁金节等一系列节日活动。通过这些丰富的田野调查，不仅为课题搜集了充足的田野资料，更让我们看到了传统节日在当下的传承状态。

在田野调查过程中，我们得到了很多人的无私帮助，如果没有他们的帮助，我们将无法完成这项工作。在此特别感谢田野调查中每一个帮助过我们的人。感谢蒲河村的肇江耀、肇普来、肇玉胜、肇启功等；感谢腰站村肇启华、肇毓军、肇恒昌等；感谢静安村的那阳。参与蒲河村调查的研究生有李文娟、李泽鑫、祁业华、金丹妮、杨乐乐、任杰等；任杰在田野调查基础上完成了硕士学位论文《信仰空间的合法化进程——辽中蒲河村村庙的个案研究》，并获得了辽宁大学优秀硕士论文二等奖；参与腰站村调查的研究生有刘波、任杰、武静静、王静文、闫妍等；参与静安村调查的研究生有任杰、朱妍、胡佩佩、宁祥文等。朱妍在调查的基础上完成了硕士学位论文《地方民俗精英推动乡村文化复兴的路径分析——以辽宁省 J 村为例》。除了以上同学，还有关咏阁、裴新华、苏玉瑶、袁泽丽、刘微、张凤鸣和杜文婧等研究生同学也部分参与了满族节日志资料的搜集、整理以及后期文稿校对，在此致谢。

在书稿付梓之际，特别要感谢辽宁大学出版社陈晓东编辑的辛勤付出，才让这部书稿得以呈现在大家面前。

2024 年元月于沈水之阳